Schicksalsorte Österreichs

Johannes Sachslehner

Schicksalsorte Österreichs

styria premium

Inhalt

Erinnern wir uns zu viel?

Zur Bedeutung der Schicksalsorte

Wenn die Menschen schweigen, so werden die Steine schreien.
J. G. Herder, Briefe zur Beförderung der Humanität

Er (der Mensch) muss die Kraft haben und von Zeit zu Zeit anwenden, eine Vergangenheit zu zerbrechen und aufzulösen, um leben zu können: dies erreicht er dadurch, dass er sie vor Gericht zieht, peinlich inquiriert, und endlich verurteilt, jede Vergangenheit aber ist wert verurteilt zu werden …
Friedrich Nietzsche,
Vom Nutzen und Nachteil der Historie für das Leben

Begleitet Wien und Österreich durch die Stürme der Geschichte: der Stephansdom, das Wahrzeichen und Symbol österreichischer Identität.

Im Todesreich des KZs Buchenwald, 16. März 1945, knapp vier Wochen vor der Befreiung des Lagers durch die 6. Panzerdivision der 3. US-Armee. Der 68-jährige französische Gelehrte Maurice Halbwachs, angesehener Professor für Soziologie an der Sorbonne und am Collège de France, ein Schüler Henri Bergsons und Émile Durkheims, stirbt an den Folgen der entsetzlichen Zustände im Lager – die SS-Aufseher haben ihn im Steinbruch buchstäblich zu Tode gequält. Am 23. Juli 1944 hatte die Gestapo Maurice Halbwachs verhaftet und zusammen mit seinem jüngsten Sohn Pierre nach Buchenwald deportiert, der Grund: Als engagierter Sozialist hatte er nie einen Hehl aus seiner Sympathie für die Résistance gemacht, in der sich seine Söhne und Freunde aktiv betätigen. In den letzten Tagen ist der junge spanische Kommunist Jorge Semprún, einst sein Schüler an der Sorbonne, an seiner Seite, teilt mit ihm sein Sterben. *So wie man das Leben teilt, das einem noch bleibt. Der Tod – ein Stück Brot, eine Art Brüderlichkeit. Er betraf uns alle, war die Substanz unserer Beziehungen.* Maurice Halbwachs kann sich von seiner Pritsche nicht mehr erheben, eine Ruhrinfektion raubt ihm die letzte Lebenskraft; neben ihm dämmert der bedeutende Sinologe Henri Maspéro, auch er Professor an der Sorbonne, dem Tod entgegen. *Im Bewusstsein, dass ein Gebet notwendig ist,* rezitiert Semprún für den Sterbenden, der nicht mehr die Kraft hat, auch nur das leiseste Wort zu sagen, einige Verse von Baudelaire – *Er lächelt, sterbend, sein Blick ruht auf mir, brüderlich.*

Ein Appell ruft Semprún von der Seite des Todgeweihten zurück in seinen Block; Tage später wird er die Karteikarte des Toten, dessen Leich-

Seite 2/3: Mahnmal für alle Opfer des Südostwallbaus, Gedenkstätte Kreuzstadl in Rechnitz.

Seite 4: „Schicksalsstunde“ für das Werden Österreichs, Herzog Leopold V. beschwört am 17. August 1186 auf dem Georgenberg in Enns den Abschluss der „Georgenberger Handfeste“; links Herzog Otakar IV. von Steier. Gemälde von Ernst Christian Moser, Neue Galerie im Landesmuseum Joanneum.

nam im Krematorium von Buchenwald verbrannt worden ist, aus dem Zettelkasten der Zentralkartei der „Arbeitsstatistik" ziehen und den Namen seines Professors sorgfältig ausradieren: *Ein Lebender würde nun den Platz dieses Toten einnehmen können.* Jorge Semprún wird die Begegnung mit dem sterbenden Maurice Halbwachs nie vergessen können; indem er von ihm, vom *üblen, fäkalen Geruch des Todes, der in ihm wuchs wie eine fleischfressende Pflanze*, erzählt, demonstriert er seinen Lesern: *Man kann also immer alles sagen. Das Unsagbare, mit dem man uns ständig in den Ohren liegt, ist nur ein Alibi. Oder ein Zeichen von Faulheit. Man kann immer alles sagen, die Sprache enthält alles.*

Die Gnade des Überlebens ist Maurice Halbwachs verwehrt geblieben, wie Millionen anderer Menschen wird auch er Opfer des nationalsozialistischen Mord-Regimes, mit Gewalt für immer zum Schweigen gebracht. Sein Werk jedoch überlebt. Halbwachs kann zwar seine letzte Studie nicht mehr vollenden; auch als Fragment entwickelt sie jedoch posthum ungeahnte Sprengkraft: *La mémoire collective*, „Das kollektive Gedächtnis", 1950 publiziert, setzte sich in neuer, bahnbrechender Weise mit der Bedeutung eines übergreifenden, gemeinsamen Gedächtnisses für Kulturen und Gesellschaften auseinander. Dieses Gedächtnis nun, so postuliert Halbwachs weiter, sei keine tote Ansammlung von Fakten und Daten, sondern etwas sehr Lebendiges. Es bestehe ausschließlich aus kollektiven Erinnerungen, aus gemeinsamen und gemeinsam interpretierten Erfahrungen, ja, aus Millionen von Erzählungen.

Erinnerung ist daher keine akademische Pflichtübung und kein künstlich belebtes Konstrukt. Indem sie uns auf die „Blutspur der vergessenen Ahnen" (Heiner Müller) führt, entwickelt sie revolutionäre Kraft. Indem sie von Unrecht und Leid, von Gewalt und Grausamkeit erzählt, erhebt sie Einspruch und fordert Widerstand. Erinnerung lebt, wenn sie uns den Atem nimmt, uns in ihren Bann schlägt, gleichgültig in welch zeitlicher Nähe oder Ferne das Erinnerte auch liegen mag. Erinnerung ist aber auch Warnung: Sie lehrt uns, dass das Unvorstellbare immer wieder möglich war und wir letztlich damit rechnen müssen, dass es auch in Zukunft passieren wird. Und nicht zuletzt: Erinnerung fordert den Respekt der Überlebenden vor den Toten. Um ein Wort von Theodor W. Adorno abzuwandeln: Sollen die Ermordeten „noch um das einzige betrogen werden, was unsere Ohnmacht ihnen schenken kann, das Gedächtnis"? In der „Zerstörung von Erinnerung", dem Gegenteil von bewusster Erinnerungsarbeit, ortete Adorno das „innerste Prinzip" des Teufels, also eine dem Mensch-Sein diametral entgegengesetzte Haltung.

Jede Erinnerung kristallisiert sich an Orten. „Groß ist die Kraft der Erinnerung, die Orten innewohnt", schrieb bereits Cicero und in einer Aufzeichnung zu seinem großen Roman *Ulysses* notierte James Joyce die Erkenntnis: *Topical History: Places remember events* – eine prägnante

Formel, die auch bedeutet: Jede Erinnerung ist verknüpft mit einem „Erinnerungsraum". Jede Erinnerung hat neben ihrer zeitlichen Dimension immer auch einen räumlichen Bezug, sie ist *per se* „topisch". Maurice Halbwachs dazu in seiner bahnbrechenden Studie: „(...) allein der Raum ist beständig genug, um ohne zu altern oder einen seiner Teile zu verlieren, fortdauern zu können." Orte „festigen und beglaubigen" Erinnerung, wie die Konstanzer Literaturwissenschaftlerin Aleida Assmann betont, und sie „verkörpern auch eine Kontinuität der Dinge, die die vergleichsweise kurzphasige Erinnerung von Individuen, Epochen und auch Kulturen" übersteigt. Und auch jene Orte, an denen Entscheidendes für eine Gruppe, eine Klasse oder auch für eine Nation geschehen ist, lebten nur durch diese Erzählungen. Wenn wir die Bedeutung dieser Orte und des hier Geschehenen für die Gemeinschaft bewahren wollen, dann müssen wir sie erinnern: über sie sprechen, von ihnen erzählen.

Die Aura der Schicksalsorte wächst aus dem ihnen eigentümlichen Bezug zur Vergangenheit, sie ist nach Walter Benjamin ein „sonderbares Gespinst aus Zeit und Raum: einmalige Erscheinung einer Ferne, so nah sie auch sein mag" – die auratische Dimension eines Erinnerungsortes ergibt sich aus der ihm innewohnenden Kraft, dass gerade hier die Absenz und Unnahbarkeit des Vergangenen sinnlich wahrgenommen werden kann.

Die Bereitschaft, sich auf Vergangenheit einzulassen, ist in unserer Gesellschaft nicht immer vorhanden. Ja, vielfach verweigert man jenes „sinnliche" Erlebnis, von dem Walter Benjamin spricht. „Es gibt *lieux de mémoire*, weil es keine *milieux de mémoire* mehr gibt", schrieb der französische Historiker Pierre Nora, Herausgeber der „Erinnerungsorte Frankreichs".

Wer sind wir Österreicher? Welche Assoziationen und Emotionen bestimmen unsere Identität? Welche Gedenkfeiern und Denkmäler, welche Mythen und Rituale, welche materiellen und ideellen Erinnerungsorte bilden zusammen das Netz des kollektiven Gedächtnisses der „österreichischen Nation"? „Wir definieren uns durch das, was wir gemeinsam erinnern und vergessen", formuliert Aleida Assmann. Stellt sich die Frage, woran wir uns tatsächlich gemeinsam erinnern – an Sisi und Kaiser Franz Joseph? An Andreas Hofer und Prinz Eugen, an Stalingrad und Mauthausen, an Zwentendorf und Korfu? An Toni Sailer, Niki Lauda, Ernst Happel und Hans Krankl? Sind wir überhaupt eine „erinnerungsfreudige" Gesellschaft oder liegt uns nicht eher das Vergessen und Verdrängen?

Scheuen wir nicht die Auseinandersetzung mit der Vergangenheit, weil diese Unangenehmes, Schmerzhaftes an das Licht der Gegenwart bringen könnte? Weil die Vergangenheit auch heute noch von uns Stellungnahme einfordert, uns nicht gleichgültig zurücklässt? Am Beispiel eines Gedichts von Paul Celan hat Jacques Le Rider auch diese andere

Seite des Erinnerns aufgezeigt: „Die Erinnerung ist nicht beglückend: Erinnern bedeutet hier Wiederholen, Wiedererleben des Traumas. Die Erinnerung ist keine Sinnstiftung, sondern die Wiederkehr des Bösen und der Todesangst."
Und wer entscheidet über Erinnern oder Vergessen? Wer errichtet die Denkmäler und wer lässt die Gedenktafeln montieren? Machen wir es uns nicht zu leicht, wenn wir die Pflege der österreichischen Erinnerungen an die Archive delegieren, an ehrwürdige Institute auslagern, die sich zwar im gelehrten Diskurs auszeichnen, deren Erkenntnisse aber niemals eine größere Öffentlichkeit erreichen? Verzichten wir mit dem Verschlampen von Erinnerung nicht auf ein reiches Reservoir an Erfahrungen, an Wissen um die faszinierende Bandbreite der *conditio humana*?
Um Missverständnissen vorzubeugen: Es geht nicht um das Durchstöbern von totem, verstaubtem Geschichtsmüll und künstliche Wiederbelebung, sondern um ein Neugewinnen von Verlorenem und Verschüttetem, um spannungsreiche, aufregende Begegnungen. Die Erinnerung eröffnet uns die Möglichkeit, den „furchtbaren leeren Raum" zwischen der Vergangenheit und uns nicht nur mit unseren Gedanken, sondern auch mit unseren Gefühlen zu füllen. „Und, vielleicht, eine Brücke zu finden in den offenen Raum der Zukunft, den wir mit unseren Taten füllen müssen", wie Hortensia Völckers in ihrer Rede 2008 zum „Konzert für Buchenwald" formulierte.

„Die Erinnerung ist wie ein Hund, der sich hinlegt, wo er will", heißt es im Roman *Rituale* von Cees Nooteboom. Dieses Buch will jene Orte nennen, an denen sich „unsere" Erinnerung „niederlegen" und verweilen kann. Es ist ein Beitrag zur Topographie österreichischer Erinnerungen und zu den Kristallisationspunkten des kollektiven österreichischen Gedächtnisses. Es will, wie Nietzsche es formulierte, Altbekanntes, aber auch Vergessenes und Verdrängtes „wieder vor Gericht ziehen" und so den Anstoß zu lebendiger, kritischer Erinnerungskultur geben.

Von Landschaft und Orten

Lange vor der Zeit, in der Österreich auf der Landkarte des mittelalterlichen Europa Gestalt anzunehmen beginnt, fallen Entscheidungen und nehmen Entwicklungen ihren Lauf, die sein späteres Antlitz prägen werden. Seit der mittleren Altsteinzeit, also seit etwa 50.000 Jahren, leben hier Menschen, Vorfahren des modernen *Homo sapiens sapiens*. In unwirtlicher Umwelt kämpfen sie ums Überleben, nomadisierende Jäger und Sammler, die sich auf ihrer Suche nach einem geeigneten Lebensmittelpunkt von der Fülle der Landschaft leiten lassen. Flüsse und Berge, Täler und Ebenen, das Vorhandensein von schützenden Höhlen für die eisigen Winter, der Reichtum an Wild, die Fruchtbarkeit des Bodens, die Schätze der Berge bestimmten die Entscheidung über die Wahl eines Lebensraums. Gleichzeitig begann, wenn auch vorerst bescheiden, der Eingriff in die Natur: durch das Anlegen von Schutzbauten gegen Wind und Wetter, später von ersten Dörfern und Siedlungen, von Äckern und Wiesen, von Bergwerken und Schmelzöfen. Und Landschaft wurde durch das Bezeichnen mit Namen in Vertrautes verwandelt. Flüsse und Berge markieren durch den Klang ihrer Namen die Welt, in der man zu Hause ist. So erhält die Donau, der Fluss der Flüsse Mitteleuropas, später die „Lebens- und Wachstumsader" des aufstrebenden österreichischen Staates, ihren heutigen Namen, der wohl so viel wie „tiefes Wasser" bedeutet, schon in keltischer Zeit, ähnliches gilt für ihre Zuflüsse Inn und Enns, Ybbs und Erlauf.

Aber nicht nur durch Namengebung erhält Landschaft Identität, sondern auch durch die Bezüge, die von ihr zur Welt der Überirdischen hergestellt werden. Unnahbare Berggipfel mochten ebenso zu besonderen heiligen Orten erklärt werden wie Quellen und Grotten, ungewöhnliche Steinformationen und Haine, dem Menschen der Vorzeit, für den die Erde grundsätzlich heilig war, offenbarte die Begegnung mit diesen besonderen, aus der Landschaft herausgehobenen Plätzen ein intensives Erleben des Göttlichen. Sie schenkten Heilung und Inspiration. Kraftvolle Mythen erklärten die Bedeutung dieser Orte, knüpften den Bezug zum konkreten Leben; bestimmte Rituale, die hier ausgeübt wurden, sollten die Erfahrung des Göttlichen weiter verstärken. Als die praktisch denkenden Römer in das Land kamen, übernahmen sie die vorhandenen heiligen Plätze und adoptierten sie – alles hatte Platz im römischen Olymp. Das auf den Erlöser Jesus Christus und seine Frohbotschaft ausgerichtete missionarische Christentum hatte es jedoch schwer, gegen die Macht dieser ortsgebundenen Mythen anzukämpfen – vielfach arrangierte man sich, indem man ein christliches Mäntelchen um die alten „Kultplätze" schlug und sie in „Wallfahrtsorte" verwandelte oder darauf ein Kloster gründete. Hochburgen des katholischen Österreich wie Mariazell und Maria Taferl haben ihren Ursprung in „heidnischen" Kultplätzen.

Im Überirdischen verankert: Die göttliche Austria hält ihre schützende Hand über gesegnete Landschaft. Zeichnung aus: Eduard Duller, Erzherzog Carl von Österreich. Pest 1859.

Manche Orte, die über Jahrtausende hinweg den Menschen des Umlandes als heilig galten, sind heute zu „heil-losen" Rätseln geworden, verloren gegangen ist das Wissen um ihren Mythos, um jene ursprüngliche Erzählung, die ihren Bezug zum Göttlichen beschrieb und erklärte. Meist bleibt es daher bei der bloßen Bestandaufnahme: „Da war einmal etwas." Wer heute im Gipfelbereich des Magdalensbergs in Kärnten die Helenenkirche betritt, steht auf einem Boden, der seit 6.000 Jahren ein Heiligtum trägt: Die spätgotische Kirche löste einen älteren Kirchenbau ab, dieser wiederum einen mächtigen römischen Tempel, dessen Existenz durch erhalten gebliebene Fragmente bewiesen ist. Die Funde zeigen aber auch, dass vor der Tempelanlage bereits eine vorrömische Kultstätte bestand; über den „Inhalt" des Kults kann man nur Vermutungen anstellen; gut möglich, dass hier – so wie auch auf anderen Bergkuppen des Südostalpenraums – die Muttergottheit (Isis-) Noreia verehrt wurde. Jedenfalls gilt: Das Erscheinungsbild des modernen Österreich zehrt noch immer wesentlich von seinem „heidnischen" Erbe, das in eine Zeit weit vor der Staatswerdung zurückreicht.

Eine umfassende Darstellung dieses in der Hauptsache „keltischen" Erbes fehlt noch; die Diskussion darüber, immer wieder angefacht durch engagierte Heimatkundler und Lokalhistoriker, hat für viele wichtige Erkenntnisse gesorgt, vor allem für eine Befreiung von den Vorurteilen der älteren, germanophilen Forschung. Nicht geklärt werden konnte bis jetzt allerdings die Frage nach einer der ältesten überlieferten keltischen Ortsbezeichnungen Österreichs: nach Noreia. Seit dem 18. Jahrhundert zerbricht sich die gelehrte Welt über die Lage dieses legendären Orts den Kopf; viele Antworten wurden gegeben, doch keine konnte durch Funde endgültig bestätigt werden. Ausgangspunkt dieses Rätsels ist ein Hinweis des griechischen Geschichtsschreibers Strabo im fünften Buch seiner *Geographica*, der hier darüber berichtet, dass im Jahre 113 v. Chr. die germanischen Kimbern und Teutonen auf ihrem Kriegszug nach Süden „bei Noreia" ein römisches Heer unter dem Konsul Gnaeus Papirius Carbo besiegt hätten. Dieses Noreia sei, so Strabo, 1.200 Stadien von Aquileia entfernt gewesen – eine Entfernungsangabe, die einen Ort in Kärnten vermuten lässt (1.200 attische Stadien = 213 km). Strabo gibt dann noch einen weiteren Hinweis zu Noreia: „Auch hat dieser Ort ergiebige Goldwäschen und Erzgruben." Und auch Gaius Julius Caesar erwähnt den Namen: In seinem „Gallischen Krieg" schreibt er, dass die Boier in das Stammesgebiet der Noriker eingefallen seien und Noreia zu erobern versucht hätten – die

allen wohldenkenden und auf das Wohl ihres Vaterlandes bedachten redlichen Eidgenossen, freundschaftliche Behandlung und Unterstützung finden, und daß das Schweizervolk auf das sorgfältigste alles verhindern werde, wodurch das Ungemach des Krieges vermehrt werden dürfte. Unter den vielen glücklichen Folgen, welche ein solches Benehmen für die Schweiz hervorbringen wird, wird auch jenes sein, daß die Maßregeln, welche durch feindliche Absichten und Gewaltthätigkeiten abgedrungen worden sind, werden aufgehoben, und die ehemali-

Aus österreichischen Sagenbüchern nicht wegzudenken: Aggstein, die Burg des Raubritters Scheck vom Walde alias „Schreckenwald".

Formulierung Caesars lässt vermuten, dass ihm Noreia als „Hauptstadt" des *ager Noricum*, des norischen Landes, galt. Ausführlicher über die Schlacht bei Noreia berichtet im 2. Jahrhundert nach Christus noch der Historiker Appian von Alexandria, dessen Bericht allerdings nur in einer gekürzten Version aus dem 10. Jahrhundert überliefert ist. Wichtige geografische Details sind damit wohl für immer verloren gegangen. 1929 glaubte der Archäologe Walter Schmidt das Geheimnis um den „heiligen Boden Noreias" endgültig gelüftet zu haben: Ausgrabungen in St. Margarethen am Silberberg in der Steiermark überzeugten ihn davon, dass St. Margarethen „mit voller Sicherheit" mit Noreia zu identifizieren sei; 1930 wurde der Ort deshalb kurzerhand in „Noreia" umbenannt. Wie sich später herausstellen sollte, zu Unrecht – die ausgegrabene Siedlung erwies sich bei genauerer Nachprüfung nicht als „spätkeltisch", sondern als mittelalterlich. So gehen die Lokalisierungsversuche munter bis heute weiter: Auf der Gurina bei Dellach im Gailtal wird Noreia ebenso vermutet wie an der oberen Save, in Hüttenberg, am Maria Saaler Berg oder am Zollfeld. Der letzte Stand: Nach Abwägen aller Indizien vertritt der Kärntner Prähistoriker Paul Gleirscher die Ansicht, dass Noreia mit der keltischen Höhensiedlung auf dem Gracarca-Hügelzug am Südufer des Klopeiner Sees ident sein könnte. Der Beweis dafür fehlt auch hier – es bleibt die Hoffnung auf den einen spektakulären Fund, der unser Bild von der alten Welt Österreichs weiter schärfen kann.

Die Wortkargheit der Quellen ist ein Problem: Jenes Gebiet, das heute von den Grenzen der Republik Österreich umfasst wird, war den Geografen der Antike in Dunkel gehüllte barbarische Fremde, die spätere *terra austria* blieb den Gelehrten lange Zeit *terra incognita*. Das Land der weiten Wälder hinter den schneebedeckten Alpengipfeln, durchflossen vom großen Strom, rückte nur langsam in den Blickpunkt des abendländischen Bewusstseins. Und das, obwohl der Alpendonauraum schon früh eine Drehscheibe des Fernhandels war: Salz aus Hallstatt und Hallein, Eisen aus den Abbaustätten in Kärnten und Gold aus den Hohen Tauern waren ein begehrtes Gut; auf der Bernsteinstraße, die am Ostrand der Alpen entlangführte, wurde der begehrte goldgelbe Schmuckstein nach Süden transportiert. Und wie Funde bezeugen, scheuten wagemutige Händler auch vor den höchsten Alpenpässen nicht zurück: Mit Saumtieren zogen sie bereits in keltischer Zeit über das Hochtor, war dies doch die kürzeste Verbindung zwischen der Adria-Hafenstadt Aquileia und den keltischen Handelszentren im Salzburgischen.

Selbst die Eroberung und Okkupation des keltischen Raumes bis zur Donau durch die Römer unter Kaiser Augustus um 15 vor Christus änderte wenig an der Randlage der Region; für die Römer sind die Donauprovinzen – Rätien, Noricum und Pannonien – ein den Angriffen germanischer Völkerschaften ausgesetztes Grenzland, über das in

den Quellen nur wenige Worte verloren werden. Mit gewohnter Tüchtigkeit verwandelte die römische Provinzialverwaltung das Land: Ein dichtes Straßennetz entsteht, die vorhandenen keltischen Siedlungen werden zu *oppida*, kleinen städtischen Gemeinden, ausgebaut; aufstrebende Orte wie Brigantium (Bregenz), Aguntum (bei Lienz), Lentia (Linz), Vindobona (Wien), Virunum (am Zollfeld in Kärnten), Flavia Solva (Wagna bei Leibnitz), Cetium (St. Pölten), Lauriacum (Enns), Ovilava (Wels) und Juvavum (Salzburg) erhalten im Laufe der römischen Herrschaft das Stadtrecht; römische und keltische Gottheiten genießen auf den Hausaltären der keltoromanischen Bevölkerung gleichermaßen Verehrung. Andere wichtige Orte wiederum verlieren ihre Bedeutung, so etwa Lauriacum, das im 4. und 5. Jahrhundert ein wichtiges römisches Verwaltungszentrum am norischen Donaulimes war.

Wegbereiter des katholischen Österreich: Leopold III., der Heilige, Landespatron von Österreich am „Leopoldsbrunnen" im Stiftshof Klosterneuburg.

Die geordnete römische Welt an der Donau, in der längst das Christentum Einzug gehalten hatte, versinkt unter dem Ansturm der Völker aus dem Norden und dem Osten; Germanen und Slawen, Hunnen, Awaren und Ungarn finden hier ihr neues Siedlungsgebiet; manche der römischen Orte bleiben jedoch bestehen, werden zu Fixpunkten in der Landschaft und von Siedlern zu festen Plätzen ausgebaut. An der Ostgrenze des Fränkischen Reiches unter Karl dem Großen, der in blutigen Kriegen das Awarenreich zerstört, entstehen um 800 Grenzmarken, die Mark Friaul im Süden und die Awarische Mark an der Donau, erste neue Verwaltungseinheiten, die den Beginn der staatlichen Eigenständigkeit jener Gebiete markieren, aus denen später Österreich hervorgehen wird. Doch noch ist es ein langer Weg: Die Awarische Mark wird zu Beginn des 10. Jahrhunderts von den Ungarn überrannt; erst nach der Niederlage des ungarischen Reiterheeres 955 in der Schlacht auf dem Lechfeld können die Grenzgebiete im Osten allmählich wieder für das deutsche Königreich zurückgewonnen werden. Zunächst in bescheidenem Ausmaß: Die nach 960 entstehende „Mark an der Donau" umfasst nur das Gebiet zwischen Enns und Traisen, die „Kärntner Mark" die Region an der mittleren Mur, das heutige Kärnten gehört zur Mark Krain, die weit nach Süden reicht.

Dann ist er plötzlich da, jener denkwürdige 1. November 996, an dem in einer Urkunde Kaiser Ottos III. der Name „Österreich" ein erstes Mal erwähnt wird: als *Ostarrîchi*. Der Begriff, der wörtlich mit „Ostreich" übersetzt werden kann, verweist zu dieser Zeit nicht wirklich auf ein „Reich" – er bezeichnet vielmehr nur einen „Herrschaftsbereich" im Osten des Herzogtums Bayern, ist also noch Ortsbezeichnung und nicht Terminus für einen „Staat". Kaiser Otto III. schenkt in dieser Urkunde dem Bistum Freising in Bayern einen Hof mit dazugehörigem Land, das in der Gegend von Neuhofen an der Ybbs im heutigen westlichen Niederösterreich liegt. In lateinischen Texten des Mittelalters wird für *Ostarrîchi* der Begriff *Austria* üblich, der zwar lateinisch klingt, aber auf das althochdeutsche Wort *ôstar*, „östlich, im Osten", zurückgeht. Auf einer Urkunde König Konrads III. aus dem Jahre 1147 werden so etwa die Markgrafen von Österreich schon als *Austrie marchionibus* bezeichnet.

Zwanzig Jahre zuvor, im Jahre 976, hat Kaiser Otto I. den Grafen Luitpold (Leopold I.) aus dem Geschlecht der Babenberger mit der „Mark an der Donau" belehnt – im gleichen Jahr wird Kärnten schon zum Herzogtum erhoben. Dies ist der Auftakt zur Expansion und damit zum endgültigen Aufstieg des bairischen Ostlandes. Schon 984 kann Markgraf Luitpold seine Residenz von Pöchlarn nach Melk verlegen, um 1045 wird Tulln zur Hauptstadt, die Babenberger-Markgrafen haben die Grenze ihres Landes inzwischen schon an Thaya, March und Leitha vorgeschoben. Um 1113 errichtet Leopold III., der Heilige, seine Residenz in Klosterneuburg; 1158 wählt Heinrich Jasomirgott schließlich Wien zur Hauptstadt – von nun an werden von hier aus die Geschicke des Landes entschieden. Inzwischen sind auch die Babenberger zu Herzögen avanciert: Im „Privilegium minus", ausgestellt am Reichstag zu Regensburg 1156, erhebt König Friedrich I. Barbarossa Österreich zum Herzogtum; nur vier Jahrzehnte später, 1192, fällt die Steiermark aufgrund der wenige Jahre zuvor, 1186, in der „Georgenberger Handfeste" getroffenen Erbfolgeregelung zwischen dem kinderlosen Otakar IV. von Steier und Herzog Leopold V. an die Babenberger – die *terra Austria* (erstmals 1136 wird dieser Begriff verwendet) ist damit endgültig zu einem bedeutenden Machtfaktor an der Ostflanke des Heiligen Römischen Reiches geworden. Der Georgenberg in Enns, heute Schlosspark Ennsegg, auf dem die beiden Fürsten diesen Erbvertrag in feierlicher Zeremonie und in Anwesenheit der Ritterschaft beider Länder besiegeln, wird zum ersten „Schicksalsort" für die Herausbildung des österreichischen Länderkomplexes. Unter der Herrschaft der Habsburger wird er weiter wachsen: 1335 fällt Kärnten an Österreich, 1363 Tirol; 1368 erwerben sie die Herrschaft Freiburg im Breisgau, die spätere Hauptstadt der habsburgischen Vorlande, und 1375 die Grafschaft Montfort (Feldkirch und innerer Bregenzerwald) in Vorarlberg.

Ein Säulenfragment aus der Römerzeit als mittelalterlicher „Fürstenstein": Einsetzungszeremonie für Herzog Meinhard, 1286. Fresko im Wappensaal des Klagenfurter Landhauses von Josef Ferdinand Fromiller.

Mit dem Aufstieg zum mächtigsten Territorialstaat des Reiches im Hochmittelalter verwandelt sich auch die Landschaft. Burgen und neu gegründete Städte wachsen heran, fleißige Kolonisten schaffen durch Rodung neues Ackerland, verbesserte landwirtschaftliche Geräte und neue Technologien sorgen dafür, dass die Erträge der Bauern steigen und mit ihnen auch die Bevölkerungszahlen. Der Fernhandel blüht und öffnet den Blick für das Fremde, Exotische; gleichzeitig verdichtet sich die Identifikation mit dem eigenen Land – *Osterman*, Österreicher, nennt sich der Bewohner der österreichischen Länder an der Donau; *Salzpurgaere*, *Stiraer* und *Kernaer* sind stolz auf ihre Heimat, ihre aufstrebenden Städte zeugen von Macht und Wohlhabenheit, Handel und Sicherheit, selbstbewusste Bürger, die *cives*, gestützt auf ihre verbrieften Privilegien, gewinnen an politischem Einfluss und treten dem

Folgende Doppelseite: *Die Donau, „Lebens- und Wachstumsader" des aufstrebenden österreichischen Staates.*

Landesherrn als eigenständig handelnde Interessensgruppe entgegen. Und es beginnt die Fabrikation von Geschichten und Mythen, die unermüdlich weitergesponnen werden: Gelehrte Mönche, Annalisten und fabulierfreudige Geschichtsschreiber weben am bunten Tuch des Österreich-Bildes, das zunächst mit den Babenbergern und in der Folge untrennbar mit den Geschicken des Hauses Habsburg verbunden ist. Es füllt sich der Speicher des kollektiven Österreich-Gedächtnisses mit immer neuen Ereignissen, es wächst das Bewusstsein, einer „Schicksalsgemeinschaft“ anzugehören.

Das Geschäft mit Richard Löwenherz

Dürnstein · 1193

Schauplatz einer der großen romantischen Sagen des Mittelalters: Dürnstein.

Erdberg bei Wien, Dezember 1192. Drei Tage und drei Nächte ist Englands König Richard Löwenherz seit seinem Aufbruch im kärntnerischen Friesach ununterbrochen durch die kalte österreichische Winterlandschaft nach Nordosten geritten, immer in der Angst, dass man ihn erkennen und anhalten würde. Nun sind es nicht einmal mehr fünfzig Meilen bis zur rettenden mährischen Grenze. Seit ein Herbststurm sein Schiff irgendwo zwischen Aquileia und Venedig an die Küste geworfen hat, ist er ein Gejagter, hatte er doch die Unvorsichtigkeit begangen, getarnt als „Kaufmann Hugo" dem Grafen Meinhard von Görz einen kostbaren Rubinring zu übersenden, den dieser sofort als Eigentum des Königs von England erkannte. Der Graf, der nur allzu gut über den Zwist des Engländers mit seinem Lehensherrn Herzog Leopold V. Bescheid wusste, hatte sich als schlauer Taktiker gezeigt und dem Abgesandten Richards geantwortet: „Obwohl ich geschworen habe, alle Pilger, die aus jener Gegend kommen, zu verhaften und keine Geschenke von ihnen anzunehmen, nehme ich dieses Geschenk an wegen seiner Schönheit und wegen des Herrn, der es mir schickt, und wegen der Ehre, die er mir erweist, obwohl er mich nicht gesehen hat, und ich gebe Euch die Freiheit, Euch zurückzuziehen." Als der Bote diese seltsame Nachricht Richard überbracht hatte, hatte der König noch in der Nacht auf den Weiterritt gedrängt – zu Recht, denn Meinhard von Görz hatte inzwischen die Überwachung der angeblichen „Kaufleute" veranlasst und ihnen dann auch noch die Häscher seines Bruders Friedrich von Pettau auf den Hals gehetzt. Richard und seine Begleiter hatten mit knapper Not entkommen und in einem Bauernhaus in Friesach Zuflucht finden können. Ein Normanne namens Roger von Argenton, den Friedrich von Pettau nach Friesach geschickt hatte, um Richards Aufenthaltsort auszuspähen, ein alter Vertrauter, der nun seinem königlichen Herrn die Treue nicht versagte, hatte ihm hier mit einem frischen Pferd ausgeholfen und ihm auch noch einen Deutsch sprechenden Knaben zur Seite gegeben, der ihm in dem fremden Land als Dolmetsch dienen soll. Roger von Argenton hatte ihn sofort zum Aufbruch gedrängt; ein einziger Ritter, Willliam de L'Etang, ist noch an seiner Seite; das ferne Ziel der kleinen Reisegesellschaft: Sachsen, das welfisches Gebiet ist und wo man auf Hilfe durch Richards Schwester Mathilde, die mit dem Welfenherzog Heinrich dem Löwen verheiratet ist, hoffen darf. Acht seiner Getreuen hatte er in Friesach als „Bauernopfer" zurücklassen müssen: Sie wurden von Roger von Argenton an Friedrich von Pettau „verraten" und prompt von dessen Kriegsleuten festgenommen.

Als die Türme Wiens am Horizont auftauchen, beschließt man, gepeinigt von Hunger und Müdigkeit, vor der Stadt Halt zu machen und in einer Herberge abzusteigen; der Überlieferung nach in der Vorstadt Erdberg, in einem Haus in der heutigen Erdberger Straße 41. Abgekämpft und müde wirkt die kleine Reisegesellschaft; niemand blickt sich nach ihr um, als sie vor einer Herberge anhält und die Männer von den Pferden steigen. Der Wirt ist daran gewöhnt, seiner Kundschaft wenig Fragen zu stellen, und so hält er es auch dieses Mal – die drei Reiter erhalten die verlangte Unterkunft, auch ohne Geleitbrief und Passierschein. Den Wunsch nach Essen muss der Wirt allerdings abschlägig beantworten – für ihre Verpflegung müssen die Gäste selbst sorgen. Da der Hunger nicht länger zu ertragen ist, schickt König Richard seinen jungen Dolmetsch in die Stadt, um österreichische Münzen einzutauschen und Lebensmittel einzukaufen. Dabei stellt sich der unerfahrene Knabe jedoch sehr ungeschickt an; die glänzenden byzantinischen Goldmünzen, die er dem Geldwechsler vorzählt, im Wiener Geschäftsleben eine absolute Seltenheit, erregen sofort beträchtliches Aufsehen. Er wird von der Stadtwache festgenommen und verhört, auf seine Aussage hin, dass sein Herr ein wohlhabender griechischer Kaufmann sei, lässt man ihn jedoch wieder frei. Der junge Mann warnt Richard vor einem weiteren Aufenthalt im Herzen der babenbergischen Macht, doch der König will davon nichts hören – geschwächt von einem der seit dem Aufenthalt im Heiligen Land immer wiederkehrenden Fieberanfälle, schickt er seinen Dolmetsch neuerlich zu Einkäufen in die Stadt. Jetzt ist das Misstrauen der Wiener bereits groß, umso mehr, als man am Gürtel des Knaben die kostbaren Handschuhe seines Herrn mit eingestickten goldenen Leoparden, dem Wappentier des englischen Königs, entdeckt – er wird wieder von der Stadtwache festgenommen und diesmal lässt man ihn nicht ungeschoren davonkommen: Man prügelt auf den Unglücklichen ein und droht, ihm die Zunge abzuschneiden, wenn er nicht gestehe, wer tatsächlich sein Herr sei. Schließlich ist der junge Mann geständig; man zwingt ihn, die Wachen zur Unterkunft des Königs zu führen. Eilig überbringt man die unglaubliche Nachricht Herzog Leopold V., der nicht lange zögert: Er lässt die Herberge, die inzwischen von einer Schar schaulustiger Wiener umlagert wird, von seinen Männern umstellen und fordert Richard auf, sich zu ergeben. Der König muss erkennen, dass es für ihn keinen Ausweg mehr gibt: „Richard fühlte sich einer solchen Menge von Barbaren gegenüber hilflos und versuchte ihnen klarzumachen, dass er gewillt sei, sich zu ergeben, jedoch nur dem Herzog persönlich." Leopold V. betritt auf dieses Ansinnen hin selbst die Herberge, wo ihm Richard

Die Gefangennahme von König Richard Löwenherz in Erdberg bei Wien (oberer Bildstreifen) und die kniefällige Bitte des Briten um Freilassung vor Kaiser Heinrich VI. (unterer Bildstreifen). Federzeichnung aus der Chronik des Petrus de Ebulo (Liber ad honorem Augusti), *Burgerbibliothek Bern.*

Illustris rex anglie a ierosolimis rediens capt' presentat' augusto.
Tandē uenia petēs lib' absoluit'

zum Zeichen des Verzichts auf Widerstand sein Schwert übergibt – ein denkwürdiger Augenblick des Triumphs für den Babenberger, der seinen verhassten Intimfeind aus dem Heiligen Land nun als hilflos Gefangenen vor sich hat: mit langem Haar und Bart und in einfacher Kleidung zwar, aber unverkennbar Richard Löwenherz, den viel besungenen Helden des letzten Kreuzzugs, bereits zu diesem Zeitpunkt eine europäische Legende. Der Ruhm des Briten kümmert Leopold jedoch wenig – *without any respect to his royal dignity* lässt er Richard in Ketten legen. Man schreibt – darüber wurden sich die Geschichtsschreiber nie ganz einig – den 21. oder 22. Dezember 1192.

Das Urteil der englischen Chronisten über die Vorgangsweise Leopolds, für den etwa William of Newburgh die wenig schmeichelhafte Bezeichnung *the most iniquitous duke*, „der schändlichste aller Herzöge", findet, fällt entsprechend scharf aus. Voll Zorn und Wut zieht man über das ferne Fürstentum irgendwo an der Donau her: „Hirnlose Rasse! Barbarisches Land! … Elendes Unglück, das zwar nicht ohne Erlaubnis des allmächtigen Gottes geschah, aber seine Pläne sind uns verborgen, vielleicht will er die Irrungen des Königs in den Zeiten des Glücks bestrafen, vielleicht die Sünden seiner Untertanen, vielleicht soll die abscheuliche Bosheit vor aller Welt bekannt werden. (…) Ich frage mich, welche bösartige und in den Gesetzen des Christentums so wenig bewanderte Rasse einem solchen Fürsten in einer solchen Lage eine grausamere und schwerer zu tragende Last auferlegen könnte." Und die anonyme Schrift *Livere des Reis d'Engleterre* weiß auch gleich Entsprechendes über die rauen Sitten an der Donau zu berichten: „Die Menschen in diesem Königreich (sic!) sind nämlich wie die Tiere und garstig gekleidet und haben scheußliche Tischmanieren und eine widerwärtige Sprache."

Mit dieser „abscheulichen Bosheit", der Gefangennahme König Richards von England, lässt sich Herzog Leopold jedenfalls auf ein gewagtes Spiel ein – heimkehrende Kreuzritter, so das damalige Recht, dürfen nicht behelligt werden, dazu kommt, dass der Vorfall die Höfe in ganz Europa in Aufruhr versetzt und Interessen berührt werden, die die politischen „Kompetenzen" des Babenbergers bei weitem übersteigen. Sehr schnell ist klar, dass die Entscheidung über das Schicksal des Gefangenen nicht bei ihm, sondern bei seinem „Herrn", dem Staufenkaiser Heinrich VI., liegen wird. Für Leopold geht es nicht nur um Revanche, sondern auch darum, den größtmöglichen Vorteil aus

Erinnerung an einen Rechtsbruch des österreichischen Landesfürsten: Gedenktafel am Haus Erdberger Straße 41.

diesem „Glücksfall" zu ziehen – eine Aufgabe, die der 35-Jährige bravourös zu meistern weiß. Der erste Schritt unmittelbar nach der Gefangennahme Richards: Ein Bote an den Kaiser wird abgefertigt.

Die erste österreichische „Verfassungsurkunde": die „Georgenberger Handfeste". Richard Löwenherz konnte den „abgelisteten" Erbvertrag nicht verhindern.

Eine nicht unbedeutende Rolle für den Entschluss zur Festnahme des Königs mag auch die persönliche Feindschaft zwischen Leopold und Richard gespielt haben, deren Ursache in der politischen „Vernetzung" der beiden Fürsten lag: Leopold V. war immer ein treuer Gefolgsmann der Hohenstaufen gewesen und so beinahe zwangsläufig in ein gespanntes Verhältnis zu den Welfen geraten; weiter verschärft hatte sich diese Missstimmung durch die Georgenberger Handfeste 1186 und den dadurch möglich gewordenen Erwerb der Steiermark: Anhänger der welfischen Partei hatten dem Babenberger vorgeworfen, dass Herzog Otakar IV., der Letzte der Otakare, doch näher mit dem Welfen Heinrich dem Löwen verwandt sei als er, und Richard Löwenherz, der Schwager des Welfenherzogs, hatte sich in dieser Angelegenheit sogar selbst engagiert: Im Februar 1190 war er mit seinem Neffen Heinrich dem Langen von Braunschweig zusammengetroffen und hatte sich mit ihm über den „abgelisteten" Erbvertrag beraten. Zumindest der Privatbesitz Otakars, so die Auffassung der welfischen Partei, hätte an Heinrich den Löwen fallen müssen. Der Verlust der Steiermark für die Welfen konnte jedoch nicht mehr rückgängig gemacht werden; was blieb, war der Hass Richards auf den erfolgreichen Babenberger. Der Kreuzzug schuf Möglichkeiten, diese Antipathie immer wieder in konkretes Verhalten umsetzen zu können: Im Sommer 1190 war Herzog Leopold V. von Wien aus zum dritten Kreuzzug aufgebrochen; er folgte dem bereits ein Jahr früher hier durchgezogenen Heer Kaiser Friedrich Barbarossas, dem ein unvorsichtiges Bad im eiskalten türkischen Gebirgsfluss Saleph den Tod bringen sollte. Leopold stieß mit seinen Rittern jedoch glücklich zum Kreuzzugsheer und nahm 1191 an der Eroberung der Festung

Akkon teil; nach der Übergabe der Stadt am 12. Juli 1191 kam es zu einem heftigen Streit mit Richard Löwenherz um die jeweils während der Belagerung erworbenen Verdienste. Als der selbstbewusste Leopold, der zu Recht stolz auf seinen Beitrag zum Sieg war, den gleichen Anteil an den Gefangenen – der „Siegesbeute" – beanspruchte, kam es zum Konflikt: Richard Löwenherz und Frankreichs König Philipp II. August lehnten eine Beteiligung der Österreicher ab. Angeblich, so die Legende, ließ daraufhin der Babenberger zum Zeichen dieser Forderung sein Banner neben den Fahnen des englischen und französischen Königs auf einen Turm der Akkoner Burg pflanzen, Richard Löwenherz befahl jedoch, das Banner Leopolds herunterzureißen und in den Burggraben zu werfen – eine schwere Beleidigung, auf die Leopold *plenus rancoris*, „voller Rachegefühle", mit der Abreise aus dem Heiligen Land antwortete. Richard Löwenherz blieb und sorgte für das furchtbarste Massaker der Kreuzzüge: Am 20. August 1191 ließ er 2.700 muslimische Gefangene aus Akkon, Männer, Frauen und Kinder, töten.

Als Ersatz für sein verlorenes Banner, das vermutlich einen schwarzen Panther auf silbernem Grund zeigte, soll Kaiser Heinrich VI., so die Überlieferung, Herzog Leopold V. das Tragen eines neuen Wappens erlaubt haben. Für die Wahl der Farben rot-weiß-rot fand eine sehr einprägsame Legende aus den Kreuzzugstagen Eingang in den Österreich-Mythos: Bei den schweren Kämpfen während der Belagerung von Akkon soll der weiße Waffenrock des Herzogs eines Tages vom Blut der Feinde völlig rot gefärbt gewesen sein; als er nach dem Gefecht seinen breiten Gürtel abgenommen hätte, wäre ein weißer Streifen zu sehen gewesen – eine gut erfundene Geschichte; tatsächlich lässt sich das rot-weiß-rote Wappen schon vor diesem Zeitpunkt nachweisen.

Die Ereignisse von Akkon können nicht mehr ungeschehen gemacht werden, doch jetzt sieht Leopold die Möglichkeit zu einer neuen Runde, bei der er die Spielregeln vorgeben wird. Er entschließt sich, sein wertvolles „Weihnachtsgeschenk" nicht im unruhigen und unsicheren Wien zu verwahren, sondern lässt Richard Löwenherz unter schwerer Bewachung von seinem Ministerialen Hadmar II. von Kuenring auf die um 1130/40 begründete Burg Dürnstein bringen – hier auf der neuen kuenringischen Bergfestung über der Donau glaubt man den König in sicherem Gewahrsam. Tag und Nacht wird er, so erzählt ein Chronist, von den Männern Hadmars mit gezogenem Schwert bewacht. Richard erträgt die Gefangenschaft mit großem Gleichmut; er teilt mit seinen Wächtern die Getränke, die man ihm bringt, und wagt es ab und zu auch mit ihnen zu scherzen oder über sie zu spotten.

Inzwischen ist Kaiser Heinrich VI. bereits über den Vorfall informiert und unternimmt alles, um den „Feind unseres Reiches", wie er am 28. Dezember 1192 an König Philipp II. August von Frankreich schreibt, so schnell wie möglich in seinen eigenen Gewahrsam zu bringen. Obwohl in seinem Herrschaftsgebiet, dem Heiligen Römischen Reich, nicht unumstritten und mit diversen Aufständen konfrontiert, maßt er sich an, das Richteramt über den englischen König ausüben zu können. Bereits für den 6. Jänner 1193 bittet er daher Herzog Leopold mit seinem Gefangenen nach Regensburg, wo der König dem Kaiser übergeben werden soll. Der Babenberger trifft pünktlich am Dreikönigstag mit Richard Löwenherz in Regensburg ein – auch Meinhard von Görz taucht hier auf – und beweist gleich, dass er nicht gewillt ist, seinen Gefangenen billig auszufolgen: Die Verhandlungen über die Höhe der Entschädigung für den König scheitern und so wird Richard Löwenherz von Hadmar von Kuenring zurück auf Burg Dürnstein gebracht. Das Tauziehen zwischen Heinrich VI. und dem geschäftstüchtigen Babenbergerherzog, der inzwischen für seine Tat von Papst Coelestin III. exkommuniziert worden ist, geht indes weiter; am 4. Februar 1193 einigt

Sicherer Gewahrsam hoch über der Donau: die 1130/40 begründete Kuenringerburg Dürnstein.

man sich schließlich in Würzburg auf einen Vertrag: Richard Löwenherz soll gegen ein Lösegeld von 100.000 Mark Silber Kölner Gewichts freigelassen werden. Die Hälfte davon erhält Herzog Leopold als „Mitgift“ für Richards Nichte Eleonore von der Bretagne, die Leopolds Sohn, Herzog Friedrich, heiraten soll. Die erste Hälfte des Lösegelds muss bis zum Michaelitag (29. September 1193), die zweite bis zum Beginn der Osterfastenzeit (23. Februar 1194) bezahlt werden, wobei die zweite Hälfte zwischen dem Kaiser und Herzog Leopold aufgeteilt werden soll. Weitere Vertragspunkte betreffen die Freilassung Isaaks von Zypern und seiner Tochter, die mit Herzog Leopold verwandt sind, aus englischer Gefangenschaft und die Stellung von 50 Kriegsschiffen sowie von 100 Rittern und 50 Bogenschützen für einen Kriegszug Kaiser Heinrichs VI. gegen Sizilien. Für die Einhaltung all dieser Bestimmungen muss Richard Löwenherz 200 Geiseln stellen, die erst nach der Aufhebung des Banns gegen Herzog Leopold ihre Freiheit zurückerhalten sollen.

Während Heinrich VI., *that perfidious emperor*, wie Chronist William of Newburgh giftet, und sein österreichischer Kompagnon noch über die Details ihres Geschäfts brüten, setzt die temperamentvolle Mutter Richards, Königin Eleonore, alle Hebel in Bewegung, um ihren Sohn, den „Liebling ihres Herzens“, frei zu bekommen. In ihrer Not wendet sie sich auch an den Papst und nimmt sich dabei kein Blatt vor den Mund. In einem Brief an Coelestin III. beklagt sie sich bitter über das vermeintliche Zaudern des Heiligen Stuhls: „Was die Kirche betrübt, worüber das Volk murrt und seine Achtung vor Euch verliert, ist, dass Ihr trotz der Tränen und der Wehklagen ganzer Provinzen noch keinen einzigen Boten geschickt habt. (…) Könige und Fürsten haben sich gegen meinen Sohn verschworen; man hält ihn fern, fern seinem Gott, in Ketten, während andere seine Länder verwüsten. Man hat ihn gefesselt und lässt ihn geißeln, und trotzdem bleibt das Schwert des heiligen Petrus in der Scheide!“

Eleonore, die ihren großen Sohn offenbar schon als Märtyrer sieht, belässt es nicht bei Briefen: Sie sendet die Äbte von Boxley und Robertsbridge nach Deutschland, die ihrem König schließlich am 20. März 1193 im fränkischen Städtchen Ochsenfurt begegnen – man hat Richard von Dürnstein hierher an den Main gebracht, um die Übergabe an Kaiser Heinrich VI., die für den 23. März 1193 vorgesehen ist, vorzubereiten. Irgendwann im März oder auch schon im Februar 1193 muss so die Gefangenschaft von Richard Löwenherz auf Burg Dürnstein zu Ende gegangen sein – eine wohl insgesamt nur wenige Wochen währende Episode, die von der Sage in ein verklärendes, romantisches Licht getaucht und in dieser Form zum festen Bestandteil der österreichischen National-Mythologie wurde. Kein rot-weiß-rotes Schullesebuch, das nicht die Geschichte vom treuen Sänger Blondel erzählt, der auf der Suche nach seinem Herrn die Lande durchwandert und diesen nach langem Umherirren auf Burg Dürnstein entdeckt, kein Besucher Dürnsteins, der nicht auf Schritt und Tritt dieser Legende begegnet. Auch wenn diese berührende Mär einen wahren Kern haben mag – Vorbild für Blondel könnte der für seine Reimkünste berühmte Troubadour Johann II. von Nesles aus dem Artois gewesen sein –, so spielte sie wohl auf Burg Trifels am Rhein und nicht in Dürnstein an der Donau. Für Poeten wie Johann Gabriel Seidl, den Verfasser der österreichischen Volkshymne „Gott erhalte, Gott beschütze unsern Kaiser, unser Land", ging es jedoch nicht um „historische Wirklichkeit"; inspiriert vom Zauber der Situation – der treue Diener singt ein Lied am Fuß der Burg, sein gefangener Herr antwortet aus dem Turm mit der nächsten Strophe – versuchte man sich in herzergreifenden Interpretationen. In *Blondels Lied* zog so Seidl alle Register romantisierender Reimkunst:

Spähend nach dem Eisengitter
Bei des Mondes hellem Schein,
steht ein Min'strel mit der Zither
Vor dem Schlosse Dürrenstein,
Stimmt sein Siel zu sanfter Weise
Und beginnt sein Lied dazu,
Denn ein Ahnen sagt ihm leise:
Suche treu, so findest du! (….)

Wohl nur wenige Wochen währte König Richards Gefangenschaft auf Dürnstein – lange genug, um die Fantasie der Sänger und Dichter zu inspirieren. Handkoloriertes Glasdiapositiv, um 1910.

Dass die brisante politische Dimension des Geschehens rund um die Gefangenschaft des englischen Königs durch diese Verwandlung der Geschichte in eine romantische Ritter-Legende immer mehr ins Hintertreffen geriet, kümmerte wenig, noch dazu, wo es von Vorteil schien, nicht in allen Details genau hinzusehen …

Leopold V. beweist jedenfalls Zähigkeit und Ausdauer, als es darum geht, seinen Anteil am Lösegeld-Geschäft abzusichern. Um dem Vorgehen gegen Richard Löwenherz den Anschein von Legitimität zu verleihen, konstruiert man zusätzlich eine „Anklageschrift" gegen den englischen König, bei der wohl auch Leopold seine Hände im Spiel hat. In diesem absurden Konstrukt wird Richard zum „Reichsfeind" gestempelt, da er ein Schutzbündnis mit Tankred von Sizilien geschlossen und diesem dafür Geld abgepresst habe; außerdem habe er u. a. während des dritten Kreuzzugs König Philipp von Frankreich mit Giftanschlägen verfolgt und Herzog Leopold schwer beleidigt; nicht zuletzt habe er durch seinen Vertrag mit Sultan Saladin das Heilige Land „verkauft und verraten" – Anschuldigungen, mit denen Richard Löwenherz nach der Auslieferung an Kaiser Heinrich VI. konfrontiert wird und gegen die er sich auf einem Reichstag in Speyer erfolgreich verteidigt – angeblich sollen sogar seinem Widersacher Leopold die Tränen über seine „mannhafte" Haltung gekommen sein: In einem großen Finale der Gefühle wirft sich Richard vor dem Thron des Kaisers nieder, Heinrich steigt vom Thron, hebt den König auf, umarmt ihn und verspricht ihm Unterstützung bei der Beendigung des inzwischen ausgebrochenen Kriegs mit Frankreich. Richard, offensichtlich gerührt über dieses Angebot, verspricht seinerseits, die 100.000 Mark Silber zu bezahlen. Die großen Emotionen sind bald wieder vergessen und Heinrich VI. denkt nicht daran, seinen Gefangenen so einfach ziehen zu lassen. Er lässt Richard auf die Reichsburg Trifels im Pfälzerwald bringen und schwer bewachen; die Verhandlungen ziehen sich weiter hin und im Juni 1193 wird das Lösegeld auf 150.000 Mark Silber Kölner Gewichts erhöht (entspricht etwa 35 Tonnen Silber). Dazu kommt ein „geschäftlich" interessanter Vorschlag, den Richards Bruder Johann Ohneland und Frankreichs König Philipp II. August vorlegen: Sie wollen je 50.000 Mark Silber zahlen, sollte der Kaiser Richard bis zum Michaelitag 1193 gefangen halten; sollte Heinrich den König ein weiteres Jahr in Gewahrsam halten, würde sich ihr Angebot sogar auf 150.000 Mark Silber erhöhen. Und der Alternativvorschlag der beiden Feinde Richards, die nichts mehr fürchten als seine Rückkehr: 1.000 Mark Silber für jeden weiteren Monat im Kerker der Burg Trifels. Erst als Richard sich auf den Rat seiner Mutter hin bereit erklärt, sein Königreich England als Lehen des Heiligen Römischen Reiches zu betrachten, gibt der geschmeichelte Heinrich VI. sein Taktieren auf und ist mit der Freilassung des Königs einverstanden. Am 2. Februar 1194, dem Fest Mariä Lichtmess, ist es endlich so weit: Im Rahmen einer feierlichen Zeremonie in Mainz darf Richard Löwenherz seiner Mutter Eleonore und zahlreichen englischen Würdenträgern als freier Mann gegenübertreten; Heinrich VI. selbst ist anwesend, an seiner Seite, wie könnte es anders sein, Leopold von Österreich. Eine letzte demütigende Geste wollen die beiden Kumpane dem König nicht ersparen: Richard muss dem Kaiser huldigen, indem er ihm seine Kopfbedeckung übergibt; Heinrich VI. retourniert sie ihm gegen das Versprechen, jährlich 5.000 Pfund Sterling dafür zu bekommen. Am 13. März 1194, einem Sonntag, betritt Richard Löwenherz im Hafen von Sandwich *cum magno gaudio*, „mit großer Freude", wieder englischen Boden; am 16. März 1194 bereitet ihm seine Hauptstadt London einen glänzenden Empfang.

Heinrich VI. benötigt das englische Silber für seine Kriegsabenteuer in Italien. Denar des Kaisers, geprägt in Frankfurt am Main.

Bereits im Spätherbst 1193 hatten englische Gesandte die erste Rate des Lösegelds von 100.000 Mark Silber an den Niederrhein gebracht; Heinrich VI. hatte es sich nicht nehmen lassen, die „Beute" persönlich in Empfang zu nehmen. Geteilt wird zu gleichen Teilen – Leopold V. kehrt mit 50.000 Mark Silber, das sind 11.690 kg des Edelmetalls, in seine Residenz zurück. Das Richard Löwenherz abgepresste Geld kann der Landesfürst gut gebrauchen, er finanziert damit die planmäßige Neuanlage von Enns, Hainburg und Friedberg sowie die Gründung der Grenzfestung Wiener Neustadt. Ein Teil der gewaltigen Lösegeldzahlung fließt nicht zuletzt auch in den Ausbau Wiens – ein neuer Mauerring wird hochgezogen, mit dem die Stadt auf das Dreifache ihres bisherigen Umfanges wächst. Das Eintreffen der englischen Silberbarren ist wohl auch Anlass zur Verlegung der landesherrlichen Münze von Krems nach Wien – ein wichtiger Impuls für die aufstrebende Geldwirtschaft in der Hauptstadt. Anfang 1194 kommt der Silbertransport in Wien an; die Barren werden eingeschmolzen, dann werden aus dem Rohmaterial die Münzen geschlagen. Um die gewaltigen Mengen zu bewältigen, wird die Ausmünzung neu organisiert: Ein Kreis von 48 Wiener Bürgern – die sogenannten „Hausgenossen" – und der herzogliche Münzmeister sind für den ordnungsgemäßen Ablauf der Münzprägung zuständig.

Über die Aufteilung der zweiten Lösegeld-Rate – 20.000 Mark Silber sollen laut Vertrag noch an Leopold V. bezahlt werden – kann sich der Babenberger jedoch nicht mehr freuen. Er erleidet bei einem Turnier am 26. Dezember 1194 in Graz durch einen Sturz vom Pferd einen

Oben: Von der Münzstätte Leopolds V. zur Münze Österreich AG, Eine neue 10-Euro-Silbermünze erinnert an die Sage von Richard Löwenherz und seinem treuen Diener Blondel. Werbekampagne der Münze Österreich AG, 2009.

Rechte Seite: Dürnstein – nicht nur touristische Attraktion, sondern auch Teil der österreichischen National-Mythologie.

Folgende Doppelseite: Dürnstein aus der Luft, aufgenommen von Alfred Havlicek.

offenen Bruch des rechten Beines und erliegt dieser Verletzung zu Silvester 1194. Noch sein Sterben ist überschattet von der Affäre Richard Löwenherz, denn zum Zeitpunkt des Unfalls ist Leopold noch exkommuniziert; ein letztes Mal versucht er zu verhandeln: Im Falle einer Genesung, so verspricht der schwer verletzte Herzog dem Pfarrer von Hartberg, den man zu ihm gerufen hat, würde er alle Bedingungen zur Aufhebung der Exkommunikation erfüllen – die englischen Geiseln freilassen, das Lösegeld zurückgeben und an einem neuen Kreuzzug ins Heilige Land teilnehmen. Als er auch dem Salzburger Erzbischof Adalbert III. großzügig die Erfüllung dieser Bedingungen verspricht, wird er am Sterbebett von Adalbert III. wieder in den Schoß der Kirche aufgenommen.

Das Grab des Mannes, der die Steiermark für Österreich gewann und das Land der Babenberger erstmals geschickt ins Spiel der europäischen Mächte brachte, befindet sich im Kapitelsaal von Stift Heiligenkreuz.

Literatur

König Richard I. Löwenherz von England. Dürnstein. Ausstellungskatalog, herausgegeben von der Stadt Dürnstein/Wachau. Wien 1966

Siegfried Obermeier, Richard Löwenherz. König – Ritter – Abenteurer. München-Wien 1982

Règine Pernoud, Der Abenteurer auf dem Thron. Richard Löwenherz, König von England. München 1994

König Ottokars Glück und Ende

Dürnkrut und Jedenspeigen · 28. August 1278

König Rudolf I. an der Leiche seines großen Widersachers Přemysl Ottokar. Historienbild aus dem 19. Jahrhundert.

Ragte da nicht neben der Straße, flankiert von einer mächtigen Eiche, der gewaltige Gedenkstein, aufgestellt von den Gemeinden Dürnkrut und Jedenspeigen, gegen den Himmel, so würde man wohl kaum auf den Gedanken verfallen, dass hier, in diesem friedlichen Bauernland an der March, einst ein blutiges Gemetzel über das Schicksal Österreichs und der böhmischen Länder, ja ganz Europas entschied. Sanfte Lößrücken mit Getreide- und Sonnenblumenfeldern bestimmen das Bild, dazwischen pflanzen die Weinviertler Landwirte neuerdings auch Kürbis aus, der prächtig gedeiht und seine kräftigen Triebe über die Ackerraine bis auf die schmalen Feldwege vorschiebt. Disteln blühen; Rebhühner fliegen zeternd vor dem Wanderer auf, ängstlich besorgt um ihren vielköpfigen, noch fluguntüchtigen Nachwuchs; im Osten, jenseits der dunkelgrünen Marchauen, zeichnet sich die Silhouette der Kleinen Karpaten ab. Unwillkürlich denkt man an die berühmten Verse Grillparzers und ist einmal mehr geneigt, ihm zuzustimmen:

Es ist ein guter Herr, es ist ein gutes Land,
Wohl wert, dass sich ein Fürst sein unterwinde!

Damals, als die Erde unter dem Hufschlag tausender schwerer Streitrosse dröhnte und das Klirren der Schwerter die Luft erfüllte, wuchs hier Wein und von den bulligen Traktoren war noch keine Spur; die Schönheit dieses fruchtbaren Landstrichs wird um so mehr zu spüren gewesen sein …

Blenden wir über sieben Jahrhunderte zurück, zurück in die Zeit nach dem Tode des letzten Babenbergers, Herzog Friedrichs des Streitbaren: Nach Jahren des Streits und der Unsicherheit scheint ein strahlender junger Mann der große Gewinner im Kampf um das babenbergische Erbe zu sein – Přemysl Ottokar (Otakar), der zweitgeborene Sohn des Böhmenkönigs Wenzel I., der nach dem Tod seines Bruders Wladislaw als Thronfolger nachgerückt ist. Auf ausdrückliches Verlangen der österreichischen Adeligen, die mit dieser Bitte bei König Wenzel in Prag vorstellig werden, übernimmt der 18-jährige böhmische Prinz 1251 die Herrschaft über das Herzogtum Österreich; im November 1251 kann er sich erstmals stolz *dux Austriae*, „Herzog von Österreich", nennen; im Dezember 1251 hält er in Korneuburg seinen ersten Landtag ab; 1254 erlässt er in Form eines „Landfriedens", der *Pax Austriaca*, eine neue „Verfassung", die sich vor allem durch Privilegien für den Adel auszeich-

net und ihm so die Sympathien der Mächtigen des Landes sichern soll. Nachträglich einen Hauch von Rechtmäßigkeit soll die Herrschaftsübernahme in den babenbergischen Ländern 1252 durch die Heirat Ottokars mit Margarete, der Schwester Friedrichs des Streitbaren und Witwe König Heinrichs VII., erhalten; der Böhmenprinz – nach dem Tod seines Vaters 1253 wird er dessen Erbe als König antreten – kann sich dabei auf das *Privilegium minus* Friedrich Barbarossas aus dem Jahre 1156 berufen, das für die Babenberger auch eine Erbfolge in weiblicher Linie vorsieht. Papst Innozenz IV. anerkennt diese Bestimmung und bestätigt Margarete als Herzogin von Österreich und Steiermark. Aus dynastischer Sicht kann die Ehe zwischen dem jungen Mann und der alten Frau, Margarete ist 50 Jahre alt, jedoch nicht gut gehen: Nach neun Jahren Ehe trennt sich Ottokar von der Babenbergerin, mit der Nachkommen zu zeugen unmöglich ist; angeblich versucht Ottokar die Trennung durch einen besonderen Coup zu verhindern: Er will einen unehelichen Sohn, den er mit Agnes von Kuenring, einer Zofe Margaretes, hat, als rechtmäßigen Erben legitimieren lassen, scheitert aber am Widerstand des Papstes.
Die neue junge Frau an seiner Seite ist Kunigunde von Masowien, die 16-jährige schöne Enkelin des Ungarnkönigs Béla IV. Mit dieser Aufsehen erregenden Verbindung trägt er seiner energischen Expansionspolitik Rechnung, die ihn innerhalb zweier Jahrzehnte zum mächtigsten Territorialherrn unter den deutschen Reichsfürsten macht: Am 12. Juli 1260 besiegt er mit Unterstützung zahlreicher österreichischer, steirischer und kärntnerischer Adeliger in der Schlacht von Kroissenbrunn (auch *Kressenbrunn*, heute Groißenbrunn in der Gemeinde Engelhartsstetten, etwa acht Kilometer nordwestlich der Mündung der March in die Donau) das Heer Bélas IV., dessen Versuch, den Aufstieg des Premysliden durch eine groß angelegte Allianz feindlicher Fürsten zu stoppen, damit endgültig gescheitert ist. Die Ehe mit Kunigunde soll den Frieden von Wien vom 31. März 1261 besiegeln, in dem der Ungarnkönig die seit 1254 heftig umkämpfte Steiermark an Ottokar abtreten muss. Die deutschen Reichsfürsten können diesem Handel nur zustimmen; 1262 bestätigt König Richard von Cornwall schriftlich die machtpolitische Realität, indem er Ottokar mit den böhmischen Ländern sowie mit Österreich und der Steiermark belehnt – nach Reichsrecht ist die schriftliche Belehnung jedoch ungültig, ein Aspekt, der für den Böhmenkönig noch schwerwiegende Folgen haben wird. Sein Hunger nach Land ist damit aber nicht gestillt; das nächste Ziel des Přemysliden: das Herzogtum Kärnten. 1268 kann er seinen Cousin und alten Waffengefährten, den kinderlosen Spanheimer-Herzog Ulrich III. von Kärnten, dazu bewegen, ihm in einem geheimen Erbvertrag, abgeschlossen im böhmischen Podiebrad, Kärnten zu übertragen. Prompt stirbt Ulrich III. 1269; sein Bruder Philipp, im Geheimvertrag kurzer Hand enterbt, versucht vergeblich diesen anzufechten – Ottokar setzt

sich in Kärnten und Krain mit Waffengewalt durch; 1272 kann er auch noch Friaul und die Windischen Marken erwerben; 1273 besetzt er fast ganz Westungarn und gebietet damit über ein Reich, das von Schlesien bis zur Adria reicht. Erst Jahrhunderte später werden die Habsburger auf ein ähnliches Machtkonglomerat verweisen können.

Wegen Kinderlosigkeit von Ottokar II. (im Bild unten) verstoßen: Königin Margarete, die Schwester des letzten Babenbergerherzogs Friedrich II. Federzeichnungen im Stifterbuch des Klosters Zwettl, Stiftsarchiv Zwettl.

Ottokar zeigt sich als großer Förderer der österreichischen Städte und Klöster, so gehen etwa die Neugründungen von Bruck an der Mur und Leoben auf ihn zurück. Problematisch entwickelt sich sein Verhältnis zu den österreichischen Adeligen – wer es wagt, gegen die Herrschaft Ottokars aufzustehen, muss mit Verlust seiner Besitzungen, mit Gefangennahme und Hinrichtung rechnen. Anno 1253 lässt der Böhmenkönig etwa die Wiener Bürger Konrad Kamber und Konrad Chriegeler köpfen, deren gute Kontakte zu den Ungarn ihm ein Dorn im Auge sind; 1265 wird der österreichische Landrichter Otto von Maissau exekutiert; besonderes Aufsehen erregt 1272 die grausame Folterung und Hinrichtung des steirischen Landherrn Siegfried (Seifried) von Mahrenberg, dem Ottokar „Landesverrat" und „Verschwörung" vorwirft. Viele Adelige, abgestoßen und verärgert über die von Ottakar betriebene Politik der Gewalt, wechseln ins Lager seiner Feinde.

Auch bei den Reichsfürsten gerät der Böhmenkönig inzwischen immer mehr ins Zwielicht – zu mächtig, zu auftrumpfend ist ihnen der Přemyslide, der auch keinen Hehl daraus macht, dass er selbst nach der deutschen Königskrone strebt. So wählt am 1. Oktober 1273 das Fürstenkollegium in Frankfurt/Main – gegen die böhmische Kurstimme – den Grafen Rudolf von Habsburg zum deutschen König. Mit ihm hat man sich einen Mann erkoren, der über keine besondere Hausmacht verfügt und daher einigermaßen leicht „kontrollierbar" zu sein scheint – und nun begeht Ottokar, der persönlich bei der Wahl nicht anwesend ist und sich durch den Bischof von Bamberg vertreten lässt, einen folgenschweren Fehler: Er erkennt die Wahl Rudolfs nicht an. Doch der neue König ist nicht der Mann, der dies so einfach hinnimmt. Von Anfang an lässt er durch eine energische und konsequente Politik keinen Zweifel an seinem Kurs aufkommen: Ottokar muss zur Anerkennung seines Königtums gezwungen werden, die Machtstellung des Přemysliden, die das deutsche Königtum gefährdet, kann nicht geduldet werden. Zunächst nützt Rudolf seinen rechtlichen Spielraum im Hinblick auf die Schwachstelle des Böhmenkönigs: dessen Herrschaft in den österreichischen Herzogtümern. In einem ersten Schritt erklärt er daher auf dem Reichstag zu Augsburg 1275 Österreich, die Steiermark, Kärnten, Krain und die Windische Mark zu „entfremdeten Reichsgütern" und die Belehnungen für ungültig; gleichzeitig versucht er erfolgreich Bündnispartner gegen den Přemysliden zu gewinnen. Ottokar, der im Bewusstsein seiner Machtfülle auf den Reichstagen 1274 und 1275 persönlich nicht erscheint, lässt den vermeintlich schwachen Emporkömmling aus dem Westen zu lange gewähren und reagiert erst, als es beinahe schon zu spät ist. Er verhängt über seine Länder den Ausnahmezustand und rüstet sich zum Kampf. Wenig beeindruckt, bleibt Rudolf von Habsburg konsequent und verhängt am 14. Juli 1276 die Reichsacht über Ottokar; zudem lässt er Bann und Interdikt gegen ihn aussprechen. Umsichtig zieht Rudolf alle Register, um den mächtigsten Mann Mitteleuropas weiter in die Enge zu treiben: In einem Aufruf an die Österreicher, Steirer und Kärntner fordert er diese auf, sich gegen die Herrschaft Ottokars zu erheben; um keine Gewissenskonflikte zu provozieren, lässt er den Erzbischof von Salzburg erklären, dass alle dem Böhmenkönig geleisteten Eide erzwungen und damit ungültig seien; jeder, der weiter gegen den rechtmäßigen König Rudolf Widerstand leiste, werde exkommuniziert – der Reichskrieg gegen den unbotmäßigen Vasallen ist damit eröffnet, das erste Kriegsziel Rudolfs: Wien.

Rasch muss Přemysl Ottokar erkennen, dass sein Widersacher nicht nur ein glänzender Diplomat ist, sondern auch ein ebenso talentierter Heerführer und Stratege. Blitzschnell stößt der Habsburger mit seiner Hauptmacht die Donau entlang gegen Wien vor. Am 5. Oktober kapituliert Linz und am 18. Oktober steht er vor der Residenz, deren Befestigungen Ottokar noch rechtzeitig hat ausbauen lassen. Das Reichsheer schließt die Stadt ein, die vorerst treu zum Přemysliden steht, dem sie einiges an Wohltaten zu verdanken hat. Befehligt werden die Verteidiger, die alle Angriffe tapfer abweisen, vom angesehenen Bürger Paltram vor dem Stephansfreithof, der bei einem Sturz Ottokars auch seine Position gefährdet sehen muss. Doch alle Anstrengungen der Verteidiger bleiben unbelohnt, da sich Ottokar, der mit Unruhen in Böhmen und Mähren zu kämpfen hat, bei einem Treffen mit Rudolf in der Nähe von Klosterneuburg unterwirft und im Wiener Schiedsspruch vom 26. November 1276 auf die Herzogtümer Österreich und Steiermark sowie Kärnten, Krain und die Windische Mark verzichtet. Dafür wird er von Rudolf nunmehr rechtmäßig mit seinen Stammländern Böhmen und Mähren belehnt; alle weltlichen und kirchlichen Sanktionen gegen ihn werden aufgehoben; ja, sogar eine Doppelhochzeit der

Kinder Ottokars und Rudolfs wird geplant, als „Heiratsgut“ verspricht Rudolf dem Böhmenkönig das Land nördlich der Donau mit Ausnahme der Städte Krems und Stein. Wie im „Schiedsspruch“ vorgesehen, muss Wien seine Tore den Truppen Rudolfs von Habsburg öffnen. Ein Wendepunkt in der Geschichte der Stadt: Von nun an bis zu den dramatischen Novembertagen des Jahres 1918 sind die Habsburger – mit einigen kaum nennenswerten Unterbrechungen – die Herren in der Donaumetropole.

Zielstrebig verfolgt Rudolf, der für längere Zeit in Wien seinen Aufenthalt nimmt, indessen den weiteren Ausbau seiner Position, und bald zeigt es sich immer unmissverständlicher, dass er die österreichischen Länder für seine Familie zu sichern gewillt ist. Auch der „Endkampf“ mit Ottokar rückt heran. Die zwischenzeitliche Harmonie vom November 1276 ist vergessen, als Rudolf auch das Gebiet nördlich der Donau von seinen Truppen besetzen lässt und offen die oppositionellen böhmischen Adeligen unterstützt – Ottokar fühlt sich zu Recht betrogen und beginnt mit Vorbereitungen zu einem neuen Waffengang mit dem Habsburger, diesmal auch mit erfolgreicher Suche nach Bundesgenossen: Es gelingt ihm, die Unterstützung der Markgrafen von Brandenburg und Meißen und Herzog Heinrichs von Niederbayern sowie der polnischen Piastenfürsten zum Kampf gegen den „nimmersatten Rachen der Deutschen“ zu gewinnen; der Erzbischof Siegfried von Köln erklärt seine Neutralität und Ottokar knüpft Kontakte zum Grafen Iban von Güns, dem Haupt der ungarischen Opposition gegen König Ladislaus. Nicht zuletzt kann er sich in seinen verlorenen babenbergischen Ländern auf treue Freunde stützen: Noch gibt es in Wien eine starke Gruppe von Parteigängern Ottokars, die im Mai 1278 – zu früh im

In der Schlacht von Kroissenbrunn (heute Groißenbrunn) triumphiert Ottokar II. über die von Béla IV. geführte Allianz seiner Feinde. Darstellung in der „Chronica Hungarorum“ des János Thuróczy.

Hinblick auf den Entscheidungskampf gegen Rudolf – einen Aufstand gegen den Habsburger anzettelt; Führer der Erhebung, der sich u. a. auch Heinrich von Kuenring, der Marschall von Österreich, anschließt, ist Paltram vor dem Stephansfreithof. Doch Rudolf behält die Oberhand, die Rädelsführer werden als Majestätsverbrecher verurteilt; Paltram muss die Stadt verlassen und geht nach Bayern. Mit der Verleihung eines Stadtrechts am 24. Juni 1278, das Wien zum dritten Mal zur freien Reichsstadt erklärt, versucht Rudolf endgültig seine Ordnung durchzusetzen.

Was den bevorstehenden Krieg mit Ottokar betrifft, so hat es Rudolf, bedingt durch die Eifersucht der Kurfürsten auf seinen Machtzuwachs, nun deutlich schwerer als 1276, die entsprechenden Alliierten zu finden. Wieder bittet er die Reichsfürsten um militärische Unterstützung, die tatsächlich einige kleine Ritteraufgebote an die Donau schicken; weit „hilfreicher" ist ein 14.000 Mann starkes ungarisches Hilfsheer unter König Ladislaus, der nun die Gelegenheit gekommen sieht, sich an diesem großen Gegner der Ungarn für die erlittene Niederlage von Kroissenbrunn rächen zu können. Und wieder gelingt es Rudolf, den Böhmenkönig als den Bösen und den Kampf gegen ihn als eine Art „Kreuzzug" hinzustellen: Papst Nikolaus III. spricht die Exkommunikation gegen Přemysl Ottokar aus.

Thronsiegel König Přemysl Ottokars II., der 1253 die Nachfolge seines Vaters Wenzel (Václav) antritt.

Ottokar, der am 15. Juli 1278 von Brünn zum Feldzug aufbricht, glaubt sich kräftemäßig überlegen und hofft, dass sich ihm die österreichischen Städte rasch ergeben und anschließen werden; anstatt jedoch den Mitte Juli noch vorhandenen zeitlichen Vorsprung gegenüber Rudolf zu nützen und direkt auf Wien vorzustoßen, verzettelt er sich und gibt damit das Gesetz des Handelns leichtsinnig aus der Hand. So verliert er bereits vor Drosendorf wertvolle Zeit – die Stadt an der Grenze ergibt sich erst nach mühevollen 16 Tagen Belagerung; ähnlich ergeht es ihm vor Laa an der Thaya, das am 5. August von seinen Truppen eingeschlossen wird. Als die überraschende Nachricht eintrifft, dass Rudolf sein Heer bereits in Marchegg sammle, bricht Ottokar am 18. August, provoziert durch kumanische Streifscharen, die den Nachschub behindern, die Belagerung ab und zieht mit seinen Truppen dem Habsburger entgegen; am 20. August lagert er östlich von Jedenspeigen und erwartet hier seinen Gegner zum Kampf.

Nach dem Eintreffen der letzten Hilfstruppen unter Bischof Heinrich von Basel und dem Landvogt im Elsaß sowie des Reiterheeres der Kumanen rückt Rudolf von Marchegg nach Norden vor; am 23. August lagert sein Heerbann zwischen Angern und Stillfried; seine Vorhut setzt über den Waidenbach bei Dürnkrut, verwickelt die feindlichen Vorposten

am Hochfeld bei Dürnkrut in ein Gefecht, treibt sie zurück und bezieht auf einem vom Haspelberg nach Norden ziehenden Geländerücken Stellung. Das Zeltlager Ottokars ist bereits in Sichtweite.
Beide Heere, mit jeweils 30.000 kampffähigen Männern etwa gleich stark und für jene Zeit gewaltige Aufgebote, rüsten sich zur Schlacht. Am 24. August hält Rudolf Heerschau, für den 25. August befiehlt er das Einrücken in die Schlachtordnung; die Entscheidung im Kampf soll am 26. August fallen. Etwa 4.500 Ritter ziehen für den Habsburger in die Schlacht, darunter etwa 550 Recken auf „verdeckten Rossen" und 2.000 leicht gerüstete Ritter aus Österreich, Steiermark und Kärnten; auf Seiten Ottokars sind es etwa 6.500 Ritter, davon an die tausend auf „verdeckten Rossen" – diesen deutlichen Nachteil an „schwerer Kavallerie" macht Rudolf durch sein Übergewicht an leichter Reiterei – die Kumanen – wett. Er stellt sein Heer in drei Treffen auf, jedes etwa 1.150 Ritter stark; Rudolf selbst reitet im dritten Treffen mit den Rittern aus der Steiermark, Kärnten, Krain und dem Erzbistum Salzburg. Hier stehen auch die Ritter aus dem Elsass und aus Schwaben und die Mannen des Burggrafen Friedrich von Nürnberg, des Fahnenträgers des Reiches. Das erste Treffen bilden die Ungarn, das zweite die Österreicher. Taktisch geschickt hält Rudolf eine kleine, aber kampftüchtige Reserve in der Hinterhand: Sechzig Ritter auf „verdeckten Rossen" sowie an die 200 leichte Reiter unter dem Kommando der steirischen Adeligen Ulrich von Kapellen und Konrad von Sumerau warten in einer Geländefalte an den Abhängen des Hochfeldes auf das Zeichen zum Angriff – mit dem klassischen Ehrenkodex des Ritters hat diese „Kriegslist" allerdings nichts zu tun; sie gilt als ehrenrührig und deshalb muss Rudolf seine ganze Überredungskunst aufbringen, um die beiden Steirer zur Annahme des Kommandos bewegen zu können. Graf Heinrich Pfannberg, dem Rudolf diese Aufgabe ursprünglich übertragen wollte, hatte sich entschieden geweigert.
Eine Spezialaufgabe wartet auch auf die Kumanen, die turkstämmigen Steppenreiter im Dienste der Ungarn: Sie haben Befehl, vor den Rittern auszuschwärmen und den Feind möglichst effektiv mit einem Pfeilhagel

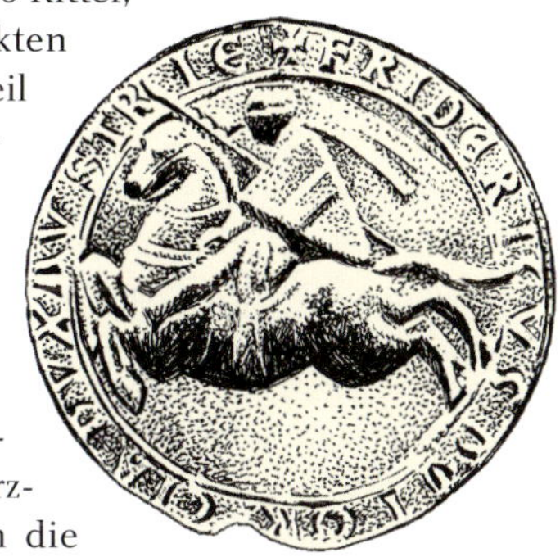

Die Reitersiegel der österreichischen Herrscher vor und nach dem Interregnum: Friedrich II., der Streitbare (oben), und Přemysl Ottokar (unten).

einzudecken. Als Feldruf wählt Rudolf die Worte „Christus! Christus!“, manchen Quellen zufolge auch „Rom! Rom!“; seine Ritter tragen als „Kreuzritter“ auf Brust und Rücken ein rotes Kreuz.

Den drei Kampfreihen Rudolfs stellt auch Ottokar drei Treffen gegenüber, jedes allerdings 2.000 Kämpfer stark. Im ersten Treffen kämpfen böhmische und mährische Ritter unter dem Befehl des alten Haudegen Milota von Dieditz (Dedic), im zweiten stehen die deutschen Recken aus Meißen, Thüringen, Brandenburg und Bayern, mit ihnen reiten Ottokar und seine „Leibgarde“ dem Feind entgegen, an seiner Seite der königliche Bannerträger mit dem silbernen Löwen. Im dritten Treffen stehen die Ritter aus Polen und Schlesien. Zum Feldruf hat man die Worte „Praha! Praha!“ und angeblich auch „Budejovice Praha!“ erkoren; die Kämpfer des böhmischen Heeres tragen ein grünes Kreuz auf der Brust.

Am Morgen des 26. August wird in beiden Heerlagern noch die Heilige Messe gelesen; König Rudolf findet auch noch Zeit, einige junge Edelleute mit der Schwertumgürtung auszuzeichnen; besonders Furchtsame haben ihr Testament gemacht und die Begleichung ihrer Schulden veranlasst. Dann setzt man sich zu Pferde; die Knechte reichen ihren Herren in den schweren Rüstungen Schild und Topfhelm, Schwert und Lanze. Rottmeister sorgen dafür, dass die geplante Aufstellung der einzelnen Formationen genau eingehalten wird – alles wird davon abhängen, ob man die Reihen des Gegners in kompaktem Stoß durchbrechen kann. Vor den Reihen der Kämpfer Ottokars reiten Barfüßermönche und Dominikaner auf und ab und erinnern lautstark an die Rechtmäßigkeit dieses Kampfes um das „Erbe“. Dann, es ist etwa neun Uhr vormittags, setzen sich unter dem ohrenbetäubenden Schall von Pauken und Trompeten, Posaunen und Schalmeien die keilförmig ausgerichteten Kampfkolonnen in Bewegung. Bischof Heinrich von Basel stimmt das beliebte Schlachtlied *„Sand Marey, mutter und maid/All unsre not sey dir geclait“* an; die böhmischen Ritter antworten mit ihrem traditionellen Choral *„Hospodine, pomiluj ny! Jezukriste, pomiluj ny!“* – sie singen, bis die kumanischen Bogenschützen auf Schussweite herangekommen sind, dann prasseln die Pfeile auf sie ein, ersticken die Stimmen, lichten die Reihen, noch ehe das erste Treffen Rudolfs mit voller Angriffswucht auf sie prallt und sich ein gnadenloser Schwertkampf Mann gegen Mann entwickelt. Den ungarischen Rittern gelingt es, das erste Treffen Ottokars zu zersprengen; gleichzeitig dringen die Kumanen bis ins Lager der Böhmen vor und beginnen dort zu plündern.

Jetzt stoßen auch die zweiten Treffen aufeinander; unter der Führung Ottokars drängen die deutschen Ritter die Österreicher im erbitterten Nahkampf bis zum Waidenbach südlich von Dürnkrut zurück. Das rotweißrote Banner fällt, wird aber von Heinrich von Liechtenstein ergriffen und den Kämpfern wieder vorangetragen. Rudolf lässt in diesem kritischen Moment auch das dritte Treffen angreifen, wobei er selbst in der Nähe des Waidenbaches großes Glück hat: Er wird vom Pferd gestoßen und von einem Ritter angefallen, der von Ottokar vor der Schlacht eigens auf ihn angesetzt worden ist, um ihn zu töten. Ein treuer Gefolgsmann Rudolfs aus der Umgebung von St. Gallen, Heinrich Walter von Ramschwag, hilft ihm wieder aufs Pferd und kann ihn in Sicherheit bringen.

Ottokar hat inzwischen, es ist etwa zwölf Uhr mittags geworden, seinem noch frischen dritten Treffen den Befehl zum Angriff gegeben – er will die schon abgekämpften Mannen des Habsburgers nun durch die Überlegenheit an schwerer Reiterei endgültig erdrücken. Es ist der entscheidende Moment, auf den Rudolf gewartet hat: Er gibt den versteckten Rittern um Ulrich von Kapellen das Signal zum Angriff. Keilförmig stoßen sie in voller Karriere in das dritte Treffen der Böhmen und zersprengen es in zwei Teile; völlige Verwirrung ist die Folge. Als Milota von Dieditz gemeinsam mit einigen Rittern versucht, das Schlimmste zu verhindern und in den Rücken Ulrichs von Kapellen und seiner Männer zu gelangen, wird plötzlich der Ruf „Sie fliehen! Sie fliehen!" laut – es sind wohl Rudolfs Kämpfer, die diesen Ruf als List verabredet haben und damit verheerende Wirkung erzielen: Unter den bisher so tapfer

Sanfte Lößrücken mit Getreide- und Sonnenblumenfeldern: das Schlachtfeld bei Dürnkrut und Jedenspeigen heute.

kämpfenden böhmischen Rittern macht sich Panik breit; viele wenden sich zur Flucht und reißen ihre Mitstreiter mit; vergeblich stellt sich ihnen Ottokar mit seinen Getreuen in den Weg – es gibt kein Halten mehr, die Schlacht ist verloren.
Irgendwo auf den Feldern zwischen Jedenspeigen und Drösing wird der Böhmenkönig von seinen persönlichen Feinden gestellt; ein Kampf auf Leben und Tod entbrennt. Ottokar, der gegen die Übermacht ohne

Chance ist, kämpft tapfer wie der mythische Held Dietrich von Bern, muss jedoch schließlich die Waffen strecken. Man nimmt dem Wehrlosen, der angeblich um sein Leben bittet, den Helm ab, dann ist es, so erzählt der steirische Reimchronist, der Truchsess Berthold von Emmerberg, der ihm aus Rache für seinen zu Tode gefolterten „Oheim" Siegfried von Mahrenberg zuerst ein Schwert in die Brust und dann einen Dolch in den Hals stößt. (Eine Untersuchung der Gebeine

Am Reichstag zu Augsburg im Dezember 1282 belehnt König Rudolf I. seine beiden Söhne Rudolf und Albrecht „zur gemeinsamen Hand" mit den babenbergischen Ländern. Codex 8614 der Österreichischen Nationalbibliothek.

Der gewaltige Gedenkstein für die Schlacht bei Dürnkrut und Jedenspeigen wurde von beiden Gemeinden gemeinsam errichtet.

Ottokars ergab allerdings, dass der Schädel des Königs durch einen Schwerthieb bis zur Nasenwurzel gespalten wurde.)

Der Hass auf den Přemysliden ist so groß, dass die „Sieger“ auch vor seinem Leichnam nicht Halt machen: Man reißt ihm die Rüstung vom Körper und verstümmelt ihn bis zur Unkenntlichkeit – derart übel zugerichtet legt man den Toten später auf eine Bahre und bringt ihn zu Rudolf, der, so die Überlieferung, angesichts seines toten Widersachers ein Gebet gesprochen haben soll.

Ottokars Heer ist vernichtend geschlagen; die Verluste der Böhmen und ihrer Alliierten an Gefallenen und Gefangenen betragen an die 12.000 Mann; viele Kämpfer sind ertrunken, als sie über die March zu entkommen versuchten. Die Toten werden angesichts der Hitze wohl rasch in Massengräbern verscharrt; vielleicht auch nur in Gräben geworfen und mit Erde bedeckt – bis heute konnte keines dieser Massengräber entdeckt werden.

Am nächsten Morgen verlässt Rudolf mit seinen siegreichen Truppen das von Toten übersäte Schlachtfeld und begibt sich nach Feldsberg, von wo er die Briefe mit der Siegesnachricht an Parteigänger und Freunde verschickt: an den Papst natürlich und an den Dogen von Venedig, an die Stadt Florenz und an Erzbischof Friedrich von Salzburg. Und er zeigt sich als Sieger mit Augenmaß: In einem Rundschreiben an die Bevölkerung Böhmens und Mährens erklärt er, dass er die Besiegten schonen wolle und die Kinder Ottokars unter seinem Schutz stehen würden. In Böhmen und Mähren selbst wird ihm kaum mehr Widerstand entgegengebracht, zu zerstritten sind die großen Familien des Landes. So kommt es bereits im Oktober 1278 zu einer Vereinbarung zwischen Rudolf und Königin Kunigunde, der Witwe Ottokars, mit der der Krieg endgültig beigelegt wird.

Mit dem Sieg über Ottokar hat Rudolf den Grundstein für den fulminanten Aufstieg des Hauses Habsburg gelegt. Am Reichstag zu Augsburg 1282 wird er seine Söhne Albrecht und Rudolf mit den Herzogtümern Österreich und Steiermark belehnen; das Erbe der Babenberger hat jene Verwalter gefunden, die es durch die folgenden Jahrhunderte zu ungeahnter Größe führen werden.

Für den Leichnam seines großen Gegenspielers hat sich der deutsche König noch ein makabres Spektakel ausgedacht: Der tote Přemysl Ottokar wird von seinem Mörder Berthold von Emmerberg auf einen Leiterwagen geladen und über Marchegg nach Wien gebracht, wo man den einbalsamierten Leichnam – die Eingeweide werden vorher entnommen – im Schottenkloster, dann bei den Minoriten 30 Wochen lang öffentlich zur Schau stellt: Alle Welt soll wissen, dass der „goldene König", der Stolz der böhmischen Nation, tatsächlich tot ist. Die Überlieferung berichtet, dass das Herz des ermordeten Fürsten in der Minoritenkirche unter dem Fenster des Georgsaltars seine letzte Ruhestätte gefunden habe.

Zu Ostern 1279 werden die sterblichen Überreste Ottokars auf Wunsch seiner Witwe hin nach Znaim gebracht und hier ebenfalls im Minoritenkonvent aufgebahrt. Erst 1297 wird Přemysl Ottokar in feierlicher Zeremonie in Prag beigesetzt; Meister Peter Parler fertigt später auf Wunsch von Kaiser Karl IV. die berühmte Grabplatte im neu erbauten Veitsdom für ihn an. Nach einer jetzt nicht mehr vorhandenen Grabinschrift im Dom sei Ottokar *ab Australibus* („von Österreichern") getötet worden.

Literatur

Kurt Peball, Die Schlacht bei Dürnkrut am 26. August 1278. Wien 1978 (= Militärhistorische Schriftenreihe, herausgegeben vom Heeresgeschichtlichen Museum, Heft 10)

Andreas Kusternig, Probleme um die Kämpfe zwischen Rudolf und Ottokar und die Schlacht bei Dürnkrut und Jedenspeigen am 26. August 1278. In: Jahrbuch für Landeskunde von Niederösterreich, Neue Folge, Jg. 44/45 (1978/79), S. 226–311

Opfer der Inquisition

„Ketzerfriedhof" Steyr · 1397

„Lux lucet in tenebris" – „Das Licht leuchtet in der Finsternis": das Denkmal von Gerald Brandstötter für die hingerichteten Waldenser am „Ketzerfriedhof" in Steyr, Prof.-Jörg-Reitter-Platz.

Es ist nur ein einziger Satz, der das Ausmaß des Dramas andeutet. Ein Satz, der uns eindringlich vor Augen führt, dass Geschichte immer nur von den Überlebenden geschrieben wird und diese über die Art der Wahrnehmung des Geschehenen entscheiden. Dass das Wohl der einen auf Blut und Tränen der anderen gebaut ist: So notiert der bairische Geschichtsschreiber Veit Arnpeck in seinem *Chronicon Austriacum* zum Jahr 1397: *In Steyr sind über 100 Männer und Frauen verbrannt worden.* Eine bestürzend nüchterne Feststellung. Arnpeck, selbst dem geistlichen Stand angehörend, verzichtet auf jeden erhellenden Kommentar – der ist seiner Auffassung nach auch nicht notwendig: Diese Menschen sind zu Recht verurteilt und gewaltsam zu Tode gebracht worden, weil sie die Einheit des katholischen Glaubens gefährdet haben. Ihr Sterben, das letztlich auf päpstlichen Auftrag zurückgeht, hat die Ordnung der Welt wiederhergestellt. Weiter will er sich darüber keine Gedanken machen.

Steyr im Land ob der Enns, das Herz der Eisenwurzen, ist zum Ausgang des 14. Jahrhunderts die wirtschaftlich bedeutendste Stadt des Alpenvorlands. Und es ist Schauplatz eines mörderischen Terrors im Namen des Glaubens. Ein Mann verbreitet Angst und Schrecken: Petrus Zwicker, Inquisitor und Geistlicher aus dem Orden der Cölestiner, ist auf der Jagd nach „Ketzern". Mit dem Segen der Kirche, insbesondere Georg von Hohenlohes, des Bischofs von Passau, und der habsburgischen Herzöge geht der aus dem ostpreußischen Wormditten stammende Fanatiker vor allem gegen die Waldensergemeinden der Eisenwurzen vor, die hier trotz aller Repressalien noch immer auf eine beträchtliche Zahl von Anhängern verweisen können. Das Gedankengut der Waldenser ist bei vielen aufgeschlossenen, kritisch denkenden Menschen der Region auf fruchtbaren Boden gefallen, so etwa die bedeutende Rolle des persönlichen Bibelstudiums und die Verbreitung des Evangeliums durch Laienprediger. Als mündige Gläubige lehnen die Waldenser etwa die Vorstellung von einem „Fegefeuer" sowie diverse Auswüchse in der katholischen Kirche wie Heiligenkult und Ablasshandel strikt ab. Petrus Valdes (oder Waldes), ein reicher Kaufmann aus Lyon, der Gründer dieser Laienbewegung (gestorben vor 1218), wird ähnlich wie Franz von Assisi durch ein „Erweckungserlebnis" zum radikalen Bruch mit seinem bisherigen Leben veranlasst. Er verschenkt seinen Reichtum, organisiert Armenausspeisungen, beginnt in der Volkssprache auf Straßen und Plätzen zu predigen und ruft seine Zuhörer zur Buße auf – eine Anmaßung des Predigtrechts, die von der Kirchenführung nicht geduldet werden kann. Nach dem Konzil von Verona 1184 werden Petrus Valdes und seine Anhänger, die sich selbst „Arme von Lyon" *(Pauperes de Lugduno)* oder auch „Arme Christi" nenne, im Edikt *Ad Abolendam* exkommuniziert und zu Häretikern („Ketzern") erklärt; schwere Strafen werden ihnen angedroht und wenige Jahrzehnte später, um 1230/1240, setzt ihre Verfolgung durch die Inquisition ein. Der Begriff *Waldenser* (als Ableitung von *Valdes*) stellt ursprünglich eine Fremdbezeichnung dar und wird von den Nachfahren des Valdes erst Anfang des 16. Jahrhunderts übernommen.

Die Verfolgung von „Ketzern" ist in den österreichischen Ländern nichts Neues, bereits unter König Přemysl Ottokar ist die Inquisition in den Jahren 1259 bis 1266 hier tätig und entdeckt in über vierzig Pfarren der Diözese Passau waldensische Gemeinschaften. Daran ändert sich auch unter habsburgischer Herrschaft nichts: Für 1311 und dann wieder für die Jahre 1336–1338 ist sie erstmals in Steyr, das als Hochburg der Waldenserbewegung in Österreich gilt, bezeugt. Einige „Ketzer", so berichtet Valentin Preuenhueber, der Annalist von Steyr, hätten damals vor den beiden Inquisitoren, die der Passauer Bischof Bernhard von Prambach in die Stadt geschickt hatte, die Flucht ergriffen, andere seien zu lebenslänglichem Kerker oder zum Tod auf dem Scheiterhaufen verurteilt worden. Wer Glück hatte, kam mit einer Verurteilung zum Tragen des Ketzerkreuzes an Brust und Rücken davon. Die Waldensergemeinden wirken daraufhin im Verborgenen und halten ihre Versammlungen und Feiern, ihre gemeinsamen Gebete und Unterrichtsstunden an geheimen Orten ab – so berichtet etwa die Überlieferung, dass die „Teufelskirche", eine Höhle am Ausgang eines unterirdischen Ganges in Ternberg südlich von Steyr, den „Armen Christi" als Treffpunkt gedient haben soll. Als Erkennungszeichen werden spezielle Grußformeln verabredet; so ist etwa auf „Grüß dich, der verstoßen ist!" mit „Lohn dir, dem Gewalt geschehen ist!" zu antworten.

Doch nun holt Petrus Zwicker zum großen, endgültigen Schlag gegen die Waldenser aus, die drauf und dran sind, trotz aller Schikanen der Kirche in einigen Gebieten den Rang abzulaufen. Im Jahre 1391 ist er ein erstes Mal in Steyr; 1395 treibt er in Garsten sein Unwesen, ein Jahr später auch in Enns: Brennende Scheiterhaufen säumen seinen Weg. Nur wer sich während des Prozesses zur katholischen Kirche bekehrt, kann sein Leben retten. Um seinen „Feldzug" gegen die Waldenser zu legitimieren, gibt Petrus Zwicker Ende des Jahres 1395 ein Manifest heraus, in dem er dem Klerus, aber auch den Landesfürsten die Folgen eines weiteren Umsichgreifens der Sekte mit drastischen Worten vor Augen führt. Seine abschließende Forderung: „Mögen Acht haben alle katholischen Fürsten, mögen sie sich anstrengen, dass alle die nichtswürdigen Häretiker, die mit Mord und Brand drohen, gefangen, peinlich verhört und zur Einheit des katholischen Glaubens zurückgebracht werden!" Tatsächlich sind die Waldenser friedliche, bibelgläubige, moralisch integre, bescheidene Menschen, die einzig ihrem Gewissen und der Lehre der Bergpredigt, der „Lex Christi", folgen wollen. Sie lehnen den Papst ab, ermöglichen auch Frauen den Zugang zum Lehr- und Predigtdienst, sind entschieden gegen den Zölibat und betrachten sich als „Brüder", als Gleiche unter Gleichen – allein durch ihren Lebensstil werden sie so zur ständigen Provokation für die Amtskirche.

Petrus Zwicker, der sich auch durch Drohungen nicht beirren lässt – am Stadttor von Steyr findet man ein Stück verkohltes Holz und ein blutverschmiertes Messer –, will dem „Ketzertum" jedoch ein Ende setzen und scheut vor drastischen Maßnahmen nicht zurück. In Garsten hat er einen 10-jährigen Jungen namens Salomon aus dem Dorf Schwamming dazu verurteilt, zwei Jahre lang das blaue *Ketzerkreuz* aufgenäht auf seinem Gewand zu tragen. Nicht minder menschenverachtend die Strafe für die 60-jährige Witwe Els Fewr (Elsa Feur) aus Dambach bei Garsten, die bereits einmal dem Waldensertum abgeschworen hat und nun rückfällig geworden ist: Zwickers Urteil sieht vor, dass sie bis an ihr Lebensende das Ketzerkreuz an der Vorder- und Rückseite ihrer Kleidung tragen soll; weiters muss sie an sieben aufeinanderfol-

Das alte Steyr in einer Ansicht von Matthäus Merian. Kupferstich aus der „Topographia Austriae superioris modernae" des Georg Matthäus Vischer, 1674.

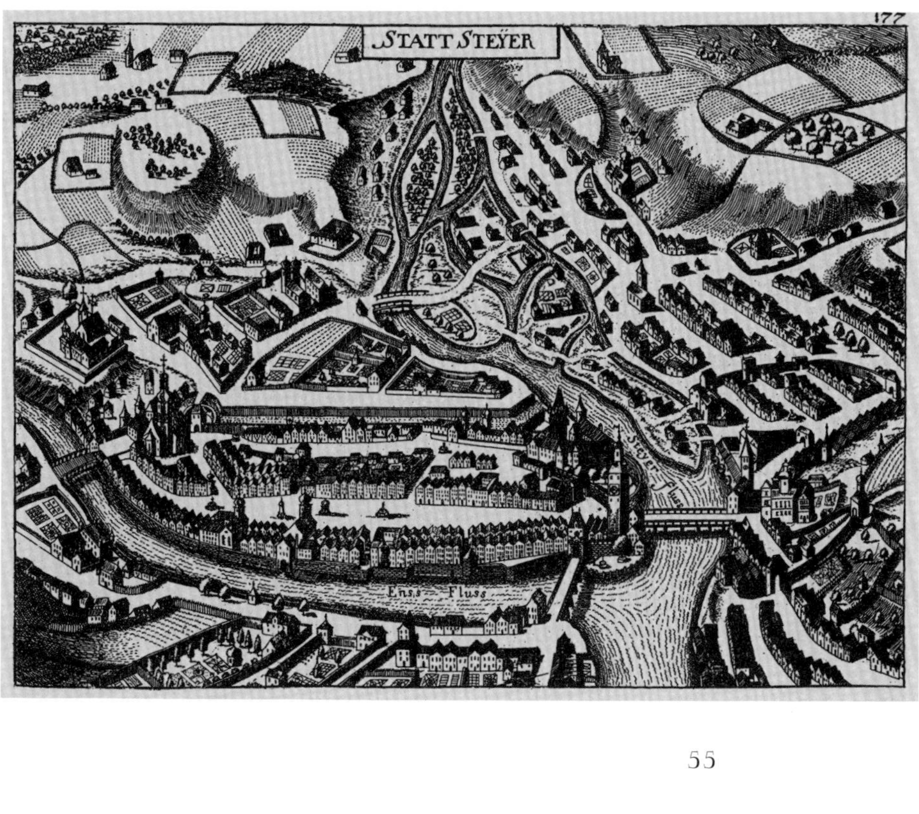

genden Sonntagen um die Pfarrkirche von Garsten gehen, wobei der Pfarrer ihr zu folgen und nach Kräften mit einer Rute auf sie einzuschlagen hat. Vor der Kirchentür angekommen, muss sie sich auf die Schwelle legen, damit die Besucher der Heiligen Messe nach Lust und Laune auf sie eintreten können. Als Els Fewr sich Jahre später während des Vollzugs dieser Strafe mit dem Garstner Pfarrer auf einen Streit einlässt, lädt sie Zwicker wieder vor das Inquisitionstribunal. Er verdächtigt sie neuerlich des Rückfalls und als die alte Frau standhaft bei ihrer Aussage bleibt, dass sie nicht an das Fegefeuer glauben könne, kennt Zwicker keine Gnade: Els Fewr wird am Scheiterhaufen verbrannt.
Auch ein anderes Opfer kann sein Leben nicht retten: Am 21. Juli 1397 erscheint der Bauer Gundel (oder Gündel) vom Hof Holzapfelberg in Weistrach vor dem Pfarrer Friedrich von Steyr und gesteht, dass er mehrmals bei den „Oberketzern" die Beichte abgelegt habe, da er der Meinung gewesen sei, dass die Lehre der Waldenser als wahrer christlicher Glaube anzusehen sei. Schließlich wird Gundel, der als rückfälliger und wenig bußfreudiger „Ketzer" gilt, von Petrus Zwicker persönlich verhört, wobei der schlaue Bauer auf die Aufforderung hin, vor seiner Aussage den Eid abzulegen, mit dem Vorschlag antwortet, er wolle das zwar tun, aber nur bei der Seele des Inquisitors und nicht bei seinem eigenen Seelenwohl – auf diese spitzfindige Art und Weise glaubt Gundel die für die Waldenser als „Sünde" geltende Eidesleistung umgehen zu können. Der humorlose „Ketzerjäger" Zwicker lässt jedoch nicht mit sich handeln; Punkt für Punkt „enttarnt" er den „ketzerischen" Lebensstil Gundels, etwa dass dieser zu Allerheiligen nicht zu Ehren der Heiligen gefastet habe – genug Indizien, um auch den Bauern aus Weistrach in den Feuertod zu schicken.
In diesem Jahr 1397 erreicht die „Ketzerjagd" eine neue Dimension. Ein von den Herzogen Wilhelm und Albrecht IV. gemeinsam unterzeichnetes Dekret hat diese Inquisition gegen die Waldenser in Steyr angeordnet und gibt dem blutigen Treiben landesfürstlichen Rückhalt. An die tausend Menschen werden vor den Richtstuhl des Inquisitors gezerrt; dem Tribunal gehören neben Petrus Zwicker noch der Ortspfarrer von Steyr, ein gewisser Friedrich, später Abt von Garsten, und Heinrich von Zelking, der Pfleger von Steyr, an. Das Verhörprotokoll führt in lateinischer Sprache der Lateinschulmeister Stephan Lamp. Mit dem fiebrigen Eifer des Fanatikers führt Petrus Zwicker Verhör um Verhör; ein Todesurteil folgt dem anderen. Um die hundert Waldenser sind es schließlich, die „auf der Weyde oder Au" im „Früxental", heute „Kraxental", zwischen Garsten und Steyr verbrannt werden; ihre Asche streut man wohl in die Enns, denn „Ketzer" haben keinen Anspruch auf ein kirchliches Begräbnis. Der Ort im heutigen Stadtteil Pyrach, an dem Petrus Zwicker das Inquisitionstribunal leitet, geht als „Ketzerfriedhof" in die Geschichte Steyrs ein. Es ist ein Schlag gegen die Waldenser der „Ketzerstadt" Steyr und ihrer Umgebung, von dem sich, wie es den

Anschein hat, die Gemeinschaft der „Armen Christi" nie mehr erholt hat. Kein Zufall ist es wohl aber auch, dass über 120 Jahre später die Lehren der „Wiedertäufer" und Martin Luthers in diesem Teil Oberösterreichs auf fruchtbaren Boden fallen – der Kampf der Waldenser um Gewissensfreiheit, für die sie auch in den Tod gingen, hinterließ einen „Stempel" in der Bevölkerung, der nicht mehr gelöscht werden konnte.

Drei dicke Bände umfassen die Akten dieser mörderischen Jagd auf unschuldige Menschen; sie werden im Kloster Garsten aufbewahrt, in dem Petrus Zwicker 1403 stirbt. Im 16. Jahrhundert sind die Aufzeichnungen, die „Annales Garstenses", noch vorhanden und werden vom Reformator und protestantischen Kirchengeschichtsschreiber Flacius Illyricus für seinen *Catalogus testium veritatis* („Katalog der Zeugen der Wahrheit") benützt, dann sind sie eines Tages spurlos verschwunden – es ist, als hätte es die Angst und die Qualen der Verfolgten, das Sterben für ihren Glauben nie gegeben.

Ihre Asche wurde in die Enns gestreut … Detail des Waldenserdenkmals von Gerald Brandstötter.

600 Jahre später, 1997, gibt die Stadt Steyr bei dem Bildhauer Gerald Brandstötter ein Denkmal in Auftrag, das am „Ketzerfriedhof" aufgestellt wird und an dieses Geschehen erinnern soll. Die Inschrift lautet: *Lux lucet in tenebris* – „Das Licht leuchtet in der Finsternis." Ein halbes Jahrhundert davor war die Erinnerung an die Opfer der Inquisition noch tabu: Als 1930 eine öffentliche Kundgebung in Steyr zum Gedenken an die Hinrichtung der Waldenser stattfinden soll, wird diese von den Behörden nicht genehmigt. Zahlreiche Demonstranten lassen sich jedoch durch dieses Verbot nicht abhalten und gehen trotzdem auf die Straße – ihre Hoffnung auf etwas Toleranz wird grausam enttäuscht: Eine Abteilung des Bundesheeres stellt sich ihnen entgegen, bedroht sie mit Maschinengewehren …

Literatur

Peter Segl, Ketzer in Österreich. Untersuchungen über Häresie und Inquisition im Herzogtum Österreich im 13. und beginnenden 14. Jahrhundert. Paderborn–München 1984

Daniel Heinz, Waldenser in Oberösterreich. Zum Gedenken an die Ketzerverbrennungen in Steyr vor 600 Jahren. In: Oberösterreichische Heimatblätter, 52. Jg. (1998), Heft 1/2, S. 134–146

Die Wiener Geserah

Judenplatz Wien · 1420/21

Die Bibliothek der Erinnerung: Jedes Buch am Holocaust-Denkmal Rachel Whitereads am Wiener Judenplatz steht für ein Opfer und seine Lebensgeschichte.

Gegen Ende des 12. Jahrhunderts, so bezeugen die Quellen, gewinnt die jüdische Gemeinde Wiens an Einfluss und Bedeutung; bald wird sie nach Köln die bedeutendste jüdische Gemeinde im Heiligen Römischen Reich sein. Die zunehmend komplexer werdende städtische Organisation Wiens, sein Aufstieg zu einem bedeutenden Handelsplatz an der Donau begünstigt die Ansiedlung jüdischer Geldfachleute. 1194 wird der Jude Schlom (Salomo) als Münzmeister von Wien genannt. Schlom, dem auch die Errichtung der ersten Synagoge zugeschrieben wird, ist der erste namentlich bekannte Jude in Wien; er und alle 15 Mitglieder seines Haushalts werden jedoch 1196 von Kreuzfahrern ermordet. Trotz der Vorurteile, die man gegen die Juden hegt, fördern die Babenbergerherzöge ihre Ansiedlung durch niedrige Steuern und so entsteht zwischen der Wipplingerstraße und dem heutigen Platz Am Hof eine Judensiedlung. Ihr Mittelpunkt ist der seinerzeitige Schulhof, das heißt die Fläche vor dem Haus Judenplatz Nr. 8, mit der sogenannten „Judenschul" (Or-Sarua-Synagoge). Zur Judenstadt gehören ferner ein Spital, das, 1379 erstmals erwähnt, gleichzeitig als Versorgungsheim dient, ein Schlachthof, heute die Feuerwehrzentrale (Am Hof 9), sowie eine Badestube. Diese Anlage ist durch eigene Mauern und Tore, die nur nachts geschlossen wurden, mit der übrigen Stadt verbunden. Ein Privileg Kaiser Friedrichs II., 1238 erlassen, und eine „Judenordnung" Herzog Friedrichs des Streitbaren aus dem Jahre 1244 schreiben zahlreiche Schutzbestimmungen für die Juden fest; so ist vor allem der Landesherr zugleich auch ihr persönlicher Schutzherr, der dafür zu sorgen hat, dass jüdische Gebräuche und Einrichtungen ungestört sich entwickeln und existieren können. Die Herzöge garantieren all das nicht aus Liebe: Für sie ist die Gegenleistung „ihrer" Juden von entscheidender Bedeutung – Kredite zu bekommen, wann immer man sie nötig hat.

Im Laufe des 14. Jahrhunderts verschärft sich die antijüdische Stimmung; vor allem der von jüdischen Kreditgebern eingehobene „Wucherzins" wird immer wieder angeprangert; daneben gewinnen auch andere Vorwürfe breite Zustimmung in der Bevölkerung: Die Juden hätten sich gegen Gott aufgelehnt und Jesus getötet; dazu würden sie abscheuliche Ritualmorde begehen – der Hass auf die Juden nährt sich aus einem bunten Gemisch von Sozialneid und religiösen Monströsitäten, die man ihnen andichtet. So sind es wilde Gerüchte um

Juden feiern das Passah-Fest. Holzschnitt, 15. Jahrhundert. Zur Unterscheidung von den Christen mussten die Juden einen spitzen Hut („pileus cornutus") tragen. Die Kirche drängte auf scharfe Ausgrenzung, ließ sich aber dafür bezahlen, dass Juden in den Pfarren wohnten.

eine angebliche Hostienschändung in Enns durch einen reichen Juden namens Israel, die Herzog Albrecht V. schließlich als willkommenen Vorwand zur Vernichtung der mittelalterlichen Wiener Judengemeinde nützt, ein Ereignis, das zu den dunkelsten Kapiteln der Wiener und österreichischen Geschichte zählt: Tatsächlich verdächtigt Albrecht – vermutlich aufgehetzt durch Berichte der theologischen Fakultät der Wiener Universität – die Wiener Juden, Waffen an die „ketzerischen" Hussiten zu liefern bzw. diese finanziell zu unterstützen; auch eine Verbindung mit den Waldensern wird ihnen vorgeworfen. Die Lage der etwa 800 Menschen zählenden Gemeinde ist indes schon schwierig genug: 1406 hat eine verheerende Feuersbrunst zahlreiche Häuser im Ghetto eingeäschert, Plünderer haben sich über Hab und Gut der Juden hergemacht; gleichzeitig pressen die Beamten des Herzogs aus ihnen an Steuern heraus, was nur möglich. Das Schlimmste steht aber der Gemeinde noch bevor: In einem Dekret vom 23. Mai 1420 befiehlt der Herzog die Gefangennahme aller reichen Juden im Lande ob und unter der Enns. Ihr Besitz wird konfisziert und sie werden des Landes verwiesen; die Wiener Juden ohne Vermögen müssen Ende Juni ihre Häuser verlassen, sie werden auf kleine Boote ohne Ruder gebracht, die man die Donau hinunter nach Ungarn treiben lässt.
Am 10. August 1420 kehrt Albrecht V. von einem erfolglosen Feldzug gegen die Hussiten zurück; nun beginnen die Folterungen der gefangenen reichen Juden aus dem Ghetto Am Hof – man will sie mit brutaler Gewalt zum Verrat ihrer Geldverstecke zwingen. Dem Erfindungsreichtum der herzoglichen Schergen ist dabei keine Grenze gesetzt. So peinigen sie unter anderem auch den Rabbi Meisterl mit seinen zwei Söhnen, indem sie zunächst die jungen Männer mit Dornen blutig peitschen und dann ihren Vater kopfüber an einer Kette aufhängen und unter ihm ein Feuer entzünden. Als die drei Gemarterten schließlich

ihr Geld und Gut preisgeben, verlangen die Folterknechte auch noch, dass sie sich „bekehren“ – da lachen ihnen die drei Männer ins Gesicht und sagen: „Ihr Narren, sollen wir denn einen lebendigen Gott tauschen gegen eure Narrheit?“ Da martern sie die Schergen Albrechts V. weiter, bis die drei Standhaften schließlich ihre Seele *in Reinheit* aushauchen. Andere junge Männer werden in große Fässer gesteckt und dann durch die Gassen gerollt; auch sie will man so zum Abfall von ihrem Glauben zwingen – vergeblich. Ein getaufter Jude glaubt für die Schergen einen guten Rat zu haben: Man solle die Juden drei Tage einkerkern und ihnen während dieser Zeit nichts zu essen und zu trinken geben, dann ihnen aber *alerlei gute speis* vorsetzen – vielleicht könne man sie so zum Christentum überreden. Da ist jedoch ein Jüngling namens Aron, der sagt: „Ehe ich ihre unwürdige Speise esse, will ich mich umbringen!“ Und er setzt sein Wort in die Tat um.
Als Albrecht V. sieht, dass die Juden weder die ihnen aufgetischten Speisen anrühren noch den verbotenen Wein trinken, schickt er wieder nach dem getauften Juden. Nun rät ihm dieser, man solle der Gemeinde alle Kinder unter 15 Jahren wegnehmen und diese gewaltsam taufen. Eine junge Jüdin, die mit dem Amtmann von Mödling bekannt ist, erfährt jedoch von diesem perfiden Plan und Verzweiflung macht sich in der Judengemeinde breit: *We un' we, unsere heilige un' frome kinder solen Gott behüte verunreinigt werden!* Um die Absichten des Herzogs zu verhindern und nicht *verunreinigt* zu werden, beschließt eine Gruppe der Gemeinde, sich selbst umzubringen. Am Sabbat des Laubhüttenfests, es ist dies der 28. September 1420, kommt es so, wie die Geserah erzählt, zu einem Massenselbstmord in der Männer- und Frauen-

Hinrichtungen unter fadenscheinigen Vorwänden: eine „Judenverbrennung“. Holzschnitt in der Weltchronik des Hartmann Schedel, Nürnberg 1493.

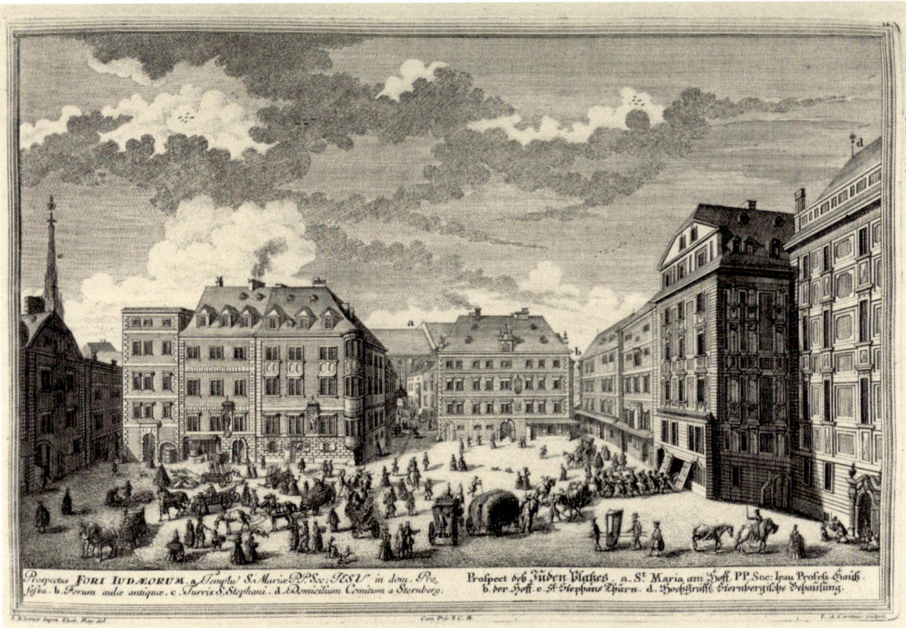

Die Südseite des Judenplatzes in der Barockzeit. Stich von Salomon Kleiner in seinem großen Wiener Vedutenwerk „Vera et accurata delineatio …“, Augsburg 1724–1737.

schule: Die Gemeinde wirft das Los, um denjenigen zu bestimmen, der die Tötungen durchführen soll – es fällt auf einen frommen Juden, den Rabbi Jona. Dieser nimmt daraufhin vor dem Toraschrein Aufstellung; noch einmal betet die ganze Gemeinde gemeinsam; man spricht das Sündenbekenntnis und bittet einander um Verzeihung, dann tötet der Rabbi mit dem Messer einen Glaubensbruder nach dem anderen; in der Frauenschule *schechten* einander die Frauen – gefasst, ohne Schreien und ohne Weinen gehen die Menschen in den Tod. Schließlich lebt nur noch eine Frau, sie bittet durch das Fenster der Frauenschule den Rabbi Jonah um den Tod, doch diesem fehlt bereits die Kraft dazu. Er legt die Betpulte der Männerschule auf einen Haufen zusammen, gießt Öl darüber, betet *Gott, gelobt sei er!* und setzt sich auf diesen *Altar*, dann zündet er ihn an. *Wi das feuer anging, schechtet er sich selbst.*
Als man am nächsten Morgen die Leichen der Märtyrer entdeckt, macht man den Wächtern vor dem Gebäude schwere Vorwürfe; diese schwören jedoch, dass nichts zu hören gewesen sei außer frommen Gesängen und Gebeten. Albrecht V. befiehlt, die toten Juden auf ein Feld vor der Stadt zu werfen – man schleift die Leichen hinaus vor die Stadtmauern und lässt sie unweit eines Weingartens liegen. Wie die *Wiener Geserah*, ein vermutlich zeitgenössischer, nur wenig später entstandener Bericht über die Judenverfolgung, erzählt, geschieht nun ein Wunder: Eine Mauer aus Stein fällt um und verschüttet die Toten, die auf diese Weise geschützt wie in einem Grab liegen. Kein wildes oder auch zahmes

Tier kann ihnen etwas anhaben und selbst christliche Augenzeugen berichten, dass sie Gesang von dieser Stätte des Todes aufsteigen hörten und Lichter auf ihr hätten brennen sehen.
Die Verfolgung der Juden hält den ganzen Winter 1420/21 über an; die Schergen des Herzogs quälen sie mit immer neuen Grausamkeiten, so trennt man die Frauen von ihren Männern und die Kinder von ihren Eltern, um sie gefügiger für Bekehrungsversuche zu machen. Zahlreiche Gefangene nehmen weiter freiwillig den Tod auf sich. Ihren schrecklichen Höhepunkt findet die Verfolgung der Juden am 12. März 1421, es ist nach dem jüdischen Kalender der 9. Nisan 5181: Auf der Gänseweide in Erdberg werden über 200 Männer und Frauen auf riesigen Scheiterhaufen verbrannt. Um dem Massenmord noch einen schalen Anstrich von „Gerechtigkeit“ zu geben, lässt Albrecht V. ausrufen, dass er damit „Jesus rächen“ wolle und von nun an kein Christ bei Leibesstrafe einen Juden beherbergen dürfe. Vor dem Entzünden des Feuers wird ein Kreuz gebracht und noch einmal fordert man die unglücklichen Opfer zur Taufe auf. Wer sich vor Christus bücke, so der Herzog, den wolle er reich machen und zu großen Würden führen. Die Juden aber sind standhaft, sie spucken vor dem Herzog und vor dem Kreuz aus und gehen „freudig“ in den Tod. Als das Feuer zu lodern beginnt, sprechen sie einander Mut zu: „In einer kleinen Weile werden wir im lichten Gan-Eden (Paradies) sein.“ Noch mitten aus dem Feuer, so berichten Augenzeugen später, hört man ihr Beten „Sch'ma Jisroel …“ („Höre, Israel! Gott ist einzig!“ – der Beginn des jüdischen Glaubensbekenntnisses). Pietät kennt man auf Seiten der christlichen *Frevler* keine, nur Gier: Henkersknechte und Zuschauer durchsuchen nach der Verbrennung der Juden die Aschenreste und finden *vil silber un' gold, was sie bei sich gehat haten.*
Am 19. März erleiden weitere 19 jüdische Männer und Frauen den qualvollen Feuertod – die mittelalterliche Wiener Judengemeinde existiert nicht mehr; das Ghetto wird aufgelöst; die Liegenschaften und Häuser der Juden werden von Albrecht V. verkauft. Die Synagoge

Fantasievolle Legenden wurden zum Anlass für die Verfolgung: Juden schänden Hostien. Darstellung in der Luzerner Bilderchronik des Diebold Schilling.

wird auf seinen Befehl hin abgerissen, ihre Steine verwendet man beim Bau der Universität. Albrecht, der mit Elisabeth von Böhmen und Ungarn, der Tochter Kaiser Sigismunds, verheiratet ist, verlangt von seinem Schwiegervater ein ähnlich brutales Vorgehen gegen die Juden; scheitert mit dieser Zumutung aber kläglich – Sigismund lässt ausrufen, dass man den Juden kein Haar krümmen werde; auch den Juden gegenüber, die aus Österreich flüchtend in seinen Ländern Zuflucht suchten, würde er sich gnädig zeigen.

Rechte Seite: Auf Befehl Herzog Albrechts V. zerstört: das Innere der mittelalterlichen Wiener Synagoge in einer Rekonstruktion.

Österreich wird nach diesen furchtbaren Ereignissen von den Juden lange Zeit hindurch nur mehr „das Blutland" *(Erez hadamim)* genannt. Die katholischen Habsburger hängen diese Schandtat naturgemäß nicht an die große Glocke und versuchen die Erinnerung an das Geschehen zu löschen, zahlreiche Dokumente und Beweisstücke verschwinden im Laufe der folgenden Jahrhunderte aus den Archiven, so etwa auch ein Verzeichnis, in dem registriert ist, *was all Juden und Jüdin in Oesterreich von Person zu Person an Gelt, Khlainat und Silbergeschmeidt gemartert und etlich ungemartert gegeben und gezaigt haben.*

Bis heute sind die Motive Albrechts V. für dieses beispiellos grausame und rechtlich längst nicht mehr gedeckte Vorgehen gegen die Juden, das als „Wiener Geserah" in die Geschichtsschreibung einging, ungeklärt. Mit einem Schlag zerstörte er über Jahrhunderte gewachsene Strukturen, die den habsburgischen Herzögen bis dahin immer zum Vorteil gereicht hatten: Aus dem „Judenregal" – dem landesfürstlichen Privileg, die Juden zu schützen und dafür mit Abgaben und Steuern belegen zu können – hatte man Jahr für Jahr gewaltige Summen lukriert; ohne die Kapitalkraft der reichen Juden hätte man etwa zahlreiche kriegerische Unternehmungen des Herzogtums nicht finanzieren können. Der Schutz, den der Herzog „seinen" Juden immer angedeihen ließ, hatte daher nicht nur Tradition, er entsprach auch der Staatsräson – für diese Politik standen seine Vorgänger Albrecht II. und auch Rudolf der Stifter, die im Judenregal zu Recht ein Instrument erblickten, das die Macht des Landesfürsten hob und vor allem seine Stellung gegenüber den Adeligen stärkte. Kurzfristig erhöhten sich dank der Beschlagnahmung jüdischen Reichtums zwar die Einnahmen, auf die längerfristige Entwicklung der Stadt gesehen, war es jedoch die falsche Entscheidung.

Gedenktafel an die Opfer der Judenverfolgung von 1421 am Haus Kegelgasse 40.

Lange Zeit hindurch erinnerte einzig eine lateinische Inschrift am Hause Judenplatz Nr. 2, das nach

Stellt den Massenmord an den Juden als Akt der „Reinigung“ hin: die Hetz-Inschrift am Haus „Zum großen Jordan“ (rechte Seite), Judenplatz 2.

seinem ehemaligen Besitzer Georg Jordan den Hausnamen „Zum großen Jordan“ trägt, an den Massenmord an den Juden. Mit dieser skandalösen Inschrift, angebracht unter einem spätgotischen Wappenrelief, das die Taufe Jesu im Jordan und darüber den heiligen Georg, den Drachentöter, zeigt, ersetzte Georg Jordan eine ältere Inschrift, die da einfach nüchtern lautete: *A(nn)o. 1421 warden die Juden hie verbrendt.* Der neue Text stellt den Mord an den Juden Wiens als Akt der „Reinigung“ hin und scheut sich nicht, das Blutbad durch eine Anspielung auf das Neue Testament zu rechtfertigen: *„Flumine Jordani terguntur labe malisque corpora cum cedit, quod latet omnes nefas. Sic flamma assurgens totam furibunda per urbem 1421 Hebraeum purgat crimina saeva canum. Deucalioneis mundus purgatur ab undis Sicque iterum poenas igne furiente luit.“*
(„Durch die Fluten des Jordan wurden die Leiber von Schmutz und Übel gereinigt. Alles weicht, was verborgen ist und sündhaft. So erhob sich 1421 die Flamme des Hasses, wütete durch die ganze Stadt und sühnte die furchtbaren Verbrechen der Hebräerhunde. Wie damals die Welt durch die Sintflut gereinigt wurde, so sind durch das Wüten des Feuers alle Strafen verbüßt.“)
Am 29. Oktober 1998, ein halbes Jahrtausend nach Anbringung dieser Hetz-Inschrift, antwortete das moderne Wien mit der Anbringung einer weiteren Gedenktafel am Haus Judenplatz Nr. 6. Kardinal Christoph Schönborn enthüllte den Gedächtnisstein, auf dem erstmals selbstkritisch die Täterschaft der Christen Wiens eingestanden wird: „Kiddusch HaSchem“ heißt „Heiligung Gottes“. Mit diesem Bewusstsein wählten Juden Wiens in der Synagoge hier am Judenplatz – dem Zentrum einer bedeutenden jüdischen Gemeinde – zur Zeit der Verfolgung 1420/21 den Freitod, um einer von ihnen befürchteten Zwangstaufe zu entge-

hen. Andere, etwa 200, wurden in Erdberg auf einem Scheiterhaufen lebendig verbrannt. Christliche Prediger dieser Zeit verbreiteten abergläubische judenfeindliche Vorstellungen und hetzten somit gegen die Juden und ihren Glauben. So beeinflusst nahmen die Christen in Wien dies widerstandslos hin, billigten es und wurden zu Tätern. Somit war die Auflösung der Wiener Judenstadt 1421 schon ein drohendes Vorzeichen für das, was europaweit in unserem Jahrhundert während der nationalsozialistischen Zwangsherrschaft geschah. Mittelalterliche Päpste wandten sich erfolglos gegen den judenfeindlichen Aberglauben, und einzelne Gläubige kämpften erfolglos gegen den Rassenhass der Nationalsozialisten. Aber es waren derer viel zu wenige. Heute bereut die Christenheit ihre Mitschuld an den Judenverfolgungen und erkennt ihr Versagen. „Heiligung Gottes" kann heute für die Christen nur heißen: „Bitte um Vergebung und Hoffnung auf Gottes Heil."

Im Misrachi-Haus am Judenplatz 8, das heute Teil des Jüdischen Museums Wiens ist, können die Baureste der 1995 bei Ausgrabungen entdeckten, aus drei Räumen bestehenden mittelalterlichen Synagoge besichtigt werden. Zu sehen sind neben der *Bima*, dem Podium, von dem aus die Tora vorgelesen wurde, auch die Männerschule und der den Frauen vorbehaltene kleinere Raum, Schauplätze der Tragödie von 1421.

Literatur

Artur Goldmann (Hrsg.), Das Judenbuch der Scheffstraße zu Wien (1389–1420). Wien 1908

Klaus Lohrmann, Die Wiener Juden im Mittelalter. Berlin-Wien 2000 (= Geschichte der Juden in Wien, Bd. 1)

Eine Doppelhochzeit mit Folgen

Stephansdom · 22. Juli 1515

Anno 1514, nur wenige Jahre zuvor hat man die Bauarbeiten am Nordturm endgültig eingestellt, schlägt der Blitz im Südturm der Domkirche zu St. Stephan ein und zerstört die Spitze. Dieser kleine Makel am Wahrzeichen Wiens hindert jedoch nicht daran, dass der Stephansdom, errichtet als Abbild des himmlischen Jerusalems zur höheren Ehre Gottes, im Juli 1515 Schauplatz eines besonderen dynastischen Spektakels wird: Kaiser Maximilian I., der „Letzte Ritter", lädt zur Hochzeit seiner Enkel. Das zwölftägige Fest verschlingt wahre Unsummen – etwa 200.000 Gulden. Bis knapp vor Beginn der Feierlichkeiten kämpft Maximilian mit seinem Augsburger Geldgeber Jakob Fugger um einen Kredit. Da entsprechende Garantien fehlen, ziert sich der vorsichtige Handelsherr, gewährt aber schließlich doch ein Darlehen von 54.000 Gulden, da er im Falle eines Streits zwischen Habsburgern und Jagiellonen um seine Bergwerke in Oberungarn bangen müsste; im Gegenzug dafür muss der Kaiser den Ertrag der Tiroler Kupferminen für sechs Jahre an das Handelshaus abtreten. Das Geld ist jedoch hervorragend angelegt und wird dem Haus Habsburg, der Casa de Austria, reichlich Zinsen tragen. Der „Fürstentag" oder „Wiener Kongress" *(Congressus ac celeberrimi conventus)* in Wien im Juli 1515 versammelt drei gekrönte Häupter, Gesandte aus allen europäischen Ländern und den Hochadel des Heiligen Römischen Reiches; er ist Staatsbesuch, Vertragsabschluss und Doppelhochzeit in einem und stellt die entscheidenden Weichen für den Aufstieg des Habsburgerreiches zur Vormacht Mitteleuropas; es ist, wie Maximilian-Biograf Hermann Wiesflecker es nannte, die „Geburtsstunde der Monarchie".

Kaiser Maximilians dynastische Vision wird Realität: Sein Enkel Ferdinand heiratet Anna, die Tochter des Jagiellonenkönigs Wladyslaw II. Darstellung in der „Gallerie aus der österreichischen Vaterlandsgeschichte in bildlicher Darstellung" von Anton Ziegler, Wien 1838.

Der Plan zur Doppelhochzeit im Stephansdom setzt den Schlusspunkt hinter jahrzehntelange diplomatische Bemühungen Maximilians, die Macht des Hauses durch geschickte Eheverträge zu erweitern. Der erste große Coup gelingt dem „Letzten Ritter" schon 1496, als er seinen Sohn Philipp den Schönen an die spanische Infantin Johanna von Kastilien *(Juana I de Castilla)* verheiraten kann und seine Tochter Margarete 1497 deren Bruder, den spanischen Thronfolger Juan, ehelicht, der allerdings wenige Monate nach der Hochzeit verstirbt. Während er mit den spanischen Hochzeiten den Königsthron auf der iberischen Halbinsel und die Einkreisung Frankreichs ins Visier nimmt, sieht Maximilian nun auch die Möglichkeit, im östlichen Mitteleuropa durch Ehebündnisse zu reüssieren – ein „zukunftsträchtiger Gedanke", wie sein

Biograf Hermann Wiesflecker schreibt. Anna von Böhmen und Ungarn ist kaum geboren (1503), als auch schon der Streit um ihre künftige Verheiratung beginnt. Schließlich gelingt es Maximilian im März 1506, die Zusage von Annas Vater Wladyslaw II. für eine Hochzeit mit einem Kaiserenkel zu gewinnen. Nun wird jedoch bekannt, dass Annas Mutter, die Französin Anne de Foix-Candale, wieder schwanger ist: Maximilian und seine Berater packen die Gelegenheit beim Schopf – das noch ungeborene Kind wird Maximilians Enkelin Maria versprochen, die selbst noch kein Jahr alt ist.

Auch die Haupt- und Staatsaktion von 1515 ist von langer Hand vorbereitet; eine tragende Rolle spielen hier Matthäus Lang, der Leiter der Außenpolitik Maximilians, und vor allem der berühmte Humanist Johannes Cuspinian, der an der Wiener Universität Vorlesungen über Sallust, Vergil, Horaz und Cicero hält, sich aber ebenso geschickt im diplomatischen Dienst des „Letzten Ritters“ verhält. Als Termin für das Zusammentreffen der drei an der „Heiratssache“ beteiligten Herrscher ist ursprünglich der 20. Februar 1515 vorgesehen, als Schauplätze sind Pressburg und Hainburg, aber auch Ofen im Gespräch. Tatsächlich treffen sich Wladyslaw II., der König von Böhmen und Ungarn, und sein Bruder Zygmunt I., König von Polen und Großfürst von Litauen, im März 1515 in Pressburg. Zygmunt ist mit Barbara Zápolya, der Schwester des österreichfeindlichen ungarischen Magnaten Johann Zápolya, verheiratet, seine Zustimmung zur geplanten Doppelhochzeit daher von besonderer Bedeutung. Dazu kommt, dass Maximilian im Februar 1514 einen Bündnisvertrag mit dem russischen Großfürsten Wassilij III. von Moskau geschlossen hat, der daraufhin den Krieg gegen Polen eröffnete – streng genommen ist Zygmunt das Oberhaupt einer feindlichen Macht.

Kardinal Lang und Cuspinian reisen aus Wien an und nützen die Gelegenheit für Verhandlungen, die am 2. April 1515 beginnen und sich bis zum 20. Mai 1515 hinziehen. Noch am selben Tag unterzeichnet man die Ehepakte und veröffentlicht den Heiratskontrakt, wobei die beiden königlichen Jagiellonen-Brüder das Nichterscheinen des Kaisers mit deutlicher „Beschwerung ihres Gemütes“ registrieren; Maximilian entschuldigt sich mit „Verwicklungen“ nach dem Tode Ludwigs von Frankreich und einem Bauernaufstand in Kärnten, der niederzuschlagen sei. Er wolle danach sofort nach Wien kommen und die Einzelheiten für das große Treffen festlegen.

Die beiden Könige warten daher mit ihrem Gefolge „trotz schwerer Anfechtungen“ durch ihre Feinde in Pressburg geduldig auf die Ankunft Maximilians in Wien, der – was sie nicht wissen – noch immer um die Finanzierung des „Gipfels“ kämpft, mit der Zusicherung Jakob Fuggers in der Tasche schließlich aber am 10. Juli in Wien eintrifft. Als Schauplatz für das erste Zusammentreffen der drei Monarchen vereinbart man nun ein freies Feld, das so genannte „Hartfeld“, beim Dorf

Trautmannsdorf in der Nähe von Bruck an der Leitha; der rastlose Cuspinian überbringt in der Nacht vom 15. zum 16. Juli die entsprechenden Dispositionen den beiden Königen.
Zu Mittag des 16. Juli 1515 ist es so weit: In einer Sänfte sitzend, die mit scharlachrotem und schwarzem Samt überzogen ist, umgeben von 2.000 gewappneten Reitern in Turnierharnischen, unter ihnen Markgraf Kasimir von Brandenburg-Ansbach-Bayreuth und Herzog Wilhelm von Bayern, sowie vom kaiserlichen Hofstaat, dessen Kostüme ein 46-jähriger Künstler namens Albrecht Dürer entworfen hat, erwartet Kaiser Maximilian seine Vertragspartner auf der *schienen haid* unter einem hohen Baum. Zunächst begrüßt er die Kinder Wladyslaws, von denen Prinzessin Anna in einer goldenen Kutsche vorgefahren wird, während Prinz Ludwig hoch zu Ross vor ihm erscheint. Dann den ungarischen König selbst, auch Wladyslaw wird in einer Sänfte auf das Hartfeld getragen; Polens König Zygmunt zieht dagegen einen Auftritt im Sattel vor, er sitzt auf einem Fuchshengst, gehüllt in einen kostbaren Rock *auff Türckisch gemacht*. Die gegenseitige Begrüßung der Herrscher ist herzlich, wenn es auch kurz zu einem kritischen Moment kommt, als Kardinal Lang die beiden Jagiellonen einlädt, mit nach Wien zu ziehen, und Wladyslaw dagegen Bedenken äußert: Er begäbe sich nicht gern schutzlos in die Hände des Kaisers. Sein Bruder beschwichtigt ihn, die Einladung eines so frommen Fürsten wie Maximilian könne man unbesorgt annehmen.

Ein erfolgreicher „Kuppler" am Thron: Kaiser Maximilian I. Gemälde von Bernhard Strigel.

Dem glanzvollen Auftakt zu den Feierlichkeiten in der habsburgischen Residenz steht daher nichts mehr im Wege. Am 17. Juli 1515 ziehen die drei Souveräne bei Dauerregen und unter dem Jubel der Bevölkerung in Wien ein. Die Stimmung ist prächtig, denn ein Spektakel jagt das andere: Turniere, Theateraufführungen, Gastmähler und Ballfeste wechseln einander ab, der Lustbarkeiten ist kein Ende und auch die Politik kommt nicht zu kurz: Am 19. Juli findet in der Hofburg eine erste Konferenz der drei Herrscher und ihrer Räte statt, eröffnet durch eine einstündige Rede des Kaisers, in der er „Einung" der Christenheit

Ein Heiratspakt von weltgeschichtlicher Tragweite: die Doppelhochzeit im Stephansdom am 22. Juli 1515. Von links sind zu sehen: Kaiser Maximilian I., seine Enkelin Maria, König Wladyslaws Sohn Ludwig, König Wladyslaw II. von Ungarn, seine Tochter Anna, sein Bruder König Zygmunt I. von Polen. Holzschnitt von Albrecht Dürer.

und einen gemeinsamen Kreuzzug gegen die Türken fordert. Am nächsten Tag werden die Verhandlungen über die Heiratsverträge fortgesetzt, sie sind für Maximilian und seine Berater eine diplomatische Gratwanderung, denn noch will man sich einige Optionen offenhalten, die beiden Jagiellonenkönige aber auch nicht vergrämen. So entschließt man sich zu einer „flexiblen" Strategie. Dem neunjährigen Prinzen Ludwig gegenüber setzt Maximilian eine besondere Geste: Er adoptiert ihn am 20. Juli an Sohnes statt und bestellt ihn zum „Generalvikar des Deutschen Reiches" sowie zum Erben der Kaiserwürde – ein geschickter Schachzug, mit dem der Kaiser zwar gegen geltendes Reichsrecht verstößt, gleichzeitig gibt er dem Habsburger jedoch formal die Möglichkeit, sich im Fall des Falles in die ungarischen Angelegenheiten einmischen zu können.

Das große Hochzeits-Schauspiel steigt zwei Tage später, am 22. Juli 1515, im Stephansdom. Maximilian, 56 Jahre alt, tritt mit der 12-jährigen Anna von Ungarn, der Schwester des späteren Königs von Böhmen und Ungarn, Ludwig II., vor den Altar. Das zweite Paar bilden zwei Kinder: Ludwig selbst, gerade einmal neun Jahre alt, und Maximilians Enkelin Maria, auch sie erst neun Jahre alt. Wiens Bischof Georg Slatkonia zelebriert die Messe; die Hofmusikkapelle gestaltet die Musik zu einem großen *Te Deum* und an der Orgel brilliert der Organist Paul Hofhaimer, der dafür von Maximilian später zum Ritter geschlagen wird. Die feierliche Zeremonie im Dom hinterlässt einen tiefen Eindruck bei allen, die daran teilnehmen.

Zuvor hat ein Staatsakt in der Hofburg stattgefunden, bei dem Maximilian erklärt, dass er nur den „Platzhalter" für einen seiner beiden Enkel abgebe, ob Karl oder Ferdinand der Gatte Annas sein werde, lässt man zu diesem Zeitpunkt noch bewusst offen – der Ehevertrag sieht jedoch ausdrücklich vor, dass innerhalb eines Jahres eine endgültige Entscheidung über den zukünftigen Gatten Annas fallen muss, ansonsten sei er verpflichtet, Anna selbst zur Frau zu nehmen. Entsprechend vorsichtig fällt daher auch die Erklärung Maximilians der Braut gegenüber aus:

„Wiewohl wir Itzt Euer Liebden das Wort gegeben, daß Ihr Unser Gemahlin sein sollet, so ist doch solches geschehen im Namen Unserer beiden abwesenden Enkel und in der Meinung, Euer Liebden an einen von denselben zu vermählen, den wir auch hiermit Euch ehelich versprechen. Und weil mein Enkel Carl die Königreiche Castillien und Arragonien, sein Bruder Ferdinand aber das Königreich Neapel zu erben und zu erwarten hat, so erklären und nennen wir hiemit Euer Liebden eine Königin, und wollen Euch zu einer solchen gekrönet haben!"

Noch am selben Tag sorgt Maximilian dafür, dass auch Polens König Zygmunt I., der Onkel der beiden ungarischen Königskinder, für seine Bemühungen um das Zustandekommen der Doppelhochzeit nicht leer ausgeht: Er gibt Zygmunt die schriftliche Zusicherung, dass er sich im

Schauplatz der Doppelhochzeit: das Kirchenschiff der Metropolitan- und Domkirche zu St. Stephan. Aquarell von Rudolf von Alt, 1845, Wien Museum

Reich für eine Anerkennung der polnischen Forderungen gegenüber dem Deutschen Ritterorden einsetzen werde, weiters sichert er ihm zu, dass er in Zukunft die Moskowiter nicht mehr gegen Polen unterstützen werde.

An den endgültigen Formulierungen der Verträge feilen die Räte der drei Herrscher noch bis zum 28. Juli, an diesem Tag erfolgt die Unterfertigung und Besiegelung der Schriftsätze; zur Feier des Tages lädt Maximilian seine hohen Gäste nach dem Abendessen in die Hofburg ein, wo ihnen nach der Begrüßung durch den Kaiser und deren Erwiderung durch eine Glückwunschadresse des ungarischen Kardinals Thomas Bakócz schließlich Cuspinian als stolzer *Orator Caesaris* den gesamten Wortlaut der geschlossenen Friedens- und Freundschaftspakte zuerst in lateinischer, dann in deutscher Sprache zur Gehör bringt. Die wichtigste Bestimmung: Jagiellonen und Habsburger sichern sich für den Fall, dass eine der beiden Dynastien aussterben sollte, die gegenseitige Thronfolge zu – eine Vertragsklausel, die Wladyslaw II. jedoch ohne Zustimmung der ungarischen Stände ausgehandelt hat, was später den Habsburgern noch so manche Sorgen bereiten wird.

Bereitete den „Fürstentag" von 1515 für Kaiser Maximilian vor: der Humanist Johannes Cuspinianus, eigentlich J. Spießheimer, Professor der Dichtkunst an der Wiener Universität und „Orator Caesaris". Gemälde von Lucas Cranach dem Älteren, 1502.

Der „Wiener Kongress" des Jahres 1515 ist damit zu Ende; am 29. Juli reist Maximilian nach Wiener Neustadt, wohin ihm zwei Tage später die beiden Jagiellonenkönige nachfolgen. Bei einer großen Jagd in den umliegenden Wäldern erholt man sich von Festen und Verhandlungen. Am 2. August verabschiedet sich Maximilian von Wladyslaw und Zygmunt und geht nach Linz; die beiden Könige kehren zurück nach Ofen und Krakau. Johannes Cuspinian jedoch bleibt in Wien und verfasst hier in wenigen Wochen, ganz unter dem Eindruck des Geschehenen stehend, seine lebendige, „kurze und wahrhafte" Schilderung des Kongresses, die noch 1515 in Druck geht und zahlreiche Leser findet.

Auch die beiden Mädchen, Anna und Maria, bleiben in Wien – sie sollen hier auf ihre künftigen Rollen als Königinnen vorbereitet werden. Noch vor Ablauf der Jahresfrist steht fest, wer zum Gatten Annas erkoren ist: Es ist Erzherzog Ferdinand, der jüngere der beiden Enkel Maximilians, da sich Erzherzog Karl für Isabella von Portugal entschie-

den hat. Am 24. März 1516 willigt Ferdinand in die Ehe mit Anna von Ungarn ein und am 26. Mai 1521 findet in Linz die „richtige" Hochzeit statt; im Dezember 1521 heiratet Maria ihren Ungarnkönig Ludwig; Vater Wladyslaw ist bereits 1516 verstorben.
Trotz der sonderbaren Umstände, unter denen die Ehe zwischen Anna und Ferdinand zustande gekommen ist, wird sie sehr glücklich. Die beiden sind unzertrennlich; Anna begleitet ihren Gatten auch auf seinen zahlreichen Reisen und Ferdinand, der 1526/1527 König von Böhmen, Kroatien und Ungarn wird und 1531 römisch-deutscher König, setzt sie zusammen mit dem Bischof von Trient als Vorsitzende seines Hofrates ein. Anna spricht lateinisch, tschechisch, ungarisch und deutsch; ihre Klugheit und ihre Mildtätigkeit beeindrucken die Zeitgenossen; sie soll auch die Verfasserin der Schrift *Clypeus pietatis* sein. Anna wird ihrem Gatten Ferdinand 15 Kinder gebären, bei der Geburt des letzten, Johannas von Österreich, stirbt sie 1547 in Prag an Kindbettfieber.
Nur elf Jahre nach dem denkwürdigen Hochzeitsfest lächelt den Habsburgern das Glück tatsächlich, zugrunde liegt diesem „Glück" jedoch eine Tragödie: König Ludwig II. fällt 1526 in der Schlacht von Mohács gegen die Osmanen; die Königreiche Böhmen und Ungarn fallen an die Casa de Austria.
Das Grabdenkmal des Johannes Cuspinian, des Mannes, dem Anna ihr Lebensglück verdankte, findet sich im Stephansdom, dort, wo alles begann …
Der „Steffl" indes begleitete Wien und Österreich durch die Stürme der Geschichte. Er wurde zum Symbol für die glücklich überstandenen Türkenbelagerungen von 1529 und 1683 und für den Wiederaufbau nach 1945. Wie kein anderes Bauwerk wurde der Stephansdom zum Wahrzeichen österreichischer Identität …

Quellen

Johannes Cuspinian, Congressus ac celeberrimi conventus Caesaris Max. et trium Regum Hungariae, Boemiae et Poloniae in Vienna Pannoniae mense Julio anno 1515 facti brevis ac verissima descriptio. Wien 1515

Johannes Cuspinian, Tagebuch 1502–1527. Wien 1855 (= Fontes rerum austriacarum 1,1)

Literatur

Hans Ankwicz-Kleehoven, Der Wiener Humanist Johannes Cuspinian. Gelehrter und Diplomat zur Zeit Kaiser Maximilans I. Graz-Köln 1959

Das Frankenburger Würfelspiel

Haushamerfeld · 15. Mai 1625

Errichtet zum Gedächtnis an das „Frankenburger Würfelspiel“: das Denkmal am Haushamerfeld in Pfaffing, Oberösterreich.

Frühjahr 1625. Es ist die Zeit des Dreißigjährigen Krieges und nach dem Winter holt man Atem zu neuem Blutvergießen. Des Kaisers General Albrecht von Wallenstein drängt die Herren vom Hofkriegsrat in Wien zu umfangreichen Rüstungen, der Augenblick wäre günstig. In Böhmen sind Bauernunruhen ausgebrochen und in den protestantischen Gemeinden Oberösterreichs regt sich heftiger Widerstand gegen das zwangsweise Reformieren zur „päpstischen Religion“ – in einem ersten Schritt hat Kaiser Ferdinand II. im Oktober 1624 die Ausweisung der evangelischen Prediger und Schulmeister verfügt. Seit 1620 ist das Land ob der Enns zudem von bayrischen Truppen besetzt; Ferdinand II. hat es seinem Vetter Herzog Maximilian als Entschädigung dafür verpfändet, dass ihn dieser im Krieg gegen die „Union“, das Bündnis der protestantischen Reichsfürsten, unterstützt. Adam Graf Herberstorff, der Statthalter des Wittelsbachers, ein aus der Steiermark kommender Adeliger, verwaltet das Land mit harter Hand; eine „Reformationskommission“, der auch Herberstorff selbst angehört, wird gebildet und soll die Bevölkerung für den Katholizismus zurückgewinnen.

Als nun am 11. Mai 1625 Abraham Grünbacher, der Oberpfleger der Herrschaften des Grafen Franz Christoph Khevenhüller, auf Befehl dieser „Reformationskommission“ in der Pfarre Frankenburg im Hausruckviertel einen katholischen Priester installieren will, ist die Aufregung groß. Aufgebrachte Untertanen Frankenburgs, das damals noch „Zwiespalten“ heißt, und der umliegenden Gemeinden bewaffnen sich, verprügeln den Pfarrer und jagen ihn davon; Grünbacher, ursprünglich selbst ein Protestant, rettet sich ins Schloss von Frankenburg, wo er von den Aufständischen drei Tage lang belagert wird, erst am Morgen des 13. Mai ziehen sie schließlich unverrichteter Dinge ab. Seinem Sohn Tobias ist es zuvor jedoch gelungen, an Herberstorff einen Brief mit der Bitte um Hilfe zu überbringen. Der Statthalter zaudert nicht lange. Am 14. Mai trifft er mit 1.200 Musketieren und drei Kanonen beim Schloss in Frankenburg ein; für alle Fälle in seinem Gefolge: ein Profos und der Henker. 60 Reiter der bayrischen Garnison in Ried kommen mit einem Herrn von Tattenbach an, der Herberstorff anbietet, weiteres Fußvolk zu mobilisieren – der ehrgeizige Statthalter lehnt jedoch ab, er will das Werk der Rache allein verrichten. Noch am Abend des 14. Mai schickt er seine Amtsleute in die betroffenen Orte – Vöcklamarkt, Frankenburg,

Pöndorf, Neukirchen und Gampern – und lässt von diesen ein Patent verlautbaren: Alle Untertanen, auch alle Inleute und Hausknechte, hätten sich am nächsten Tag um drei Uhr nachmittags bei der großen Linde am Haushamerfeld zwischen Vöcklamarkt und Pfaffing einzufinden, selbstverständlich unbewaffnet. Wer es wage, nicht zu erscheinen, hätte von vornherein sein Leben und seinen Besitz verwirkt. Wer jedoch Gnade begehre, werde diese auch erhalten.
Am Morgen des 15. Mai nimmt Herberstorff im Schloss von Frankenburg noch das Frühstück zu sich, dann bricht er mit seiner stolzen Streitmacht zum Haushamerfeld auf. Etwa 5.000 Menschen drängen sich hier inzwischen zusammen; sie haben den Versprechungen Herberstorffs geglaubt und müssen nun zu ihrem Schrecken rasch erkennen, dass dieser ehrgeizige Handlanger zweier Herren Schlimmes vorhat. Der Statthalter lässt sie von seinen Soldaten umzingeln und die Kanonen auffahren, dann müssen sich die Gemeindevertreter, Ortsrichter und Ratsmitglieder, insgesamt 34 Männer, unter dem heuchlerischen Vorwand, dass der Statthalter mit ihnen sprechen wolle, gesondert aufstellen – tatsächlich sollen sie, da die Rädelsführer geflohen sind, nun für die Vorfälle in Frankenburg büßen. Zunächst wendet sich Herberstorff aber an die übrigen Anwesenden. Er verspricht ihnen Gnade, wenn sie ihren Widerstand gegen die Tätigkeit der Reformationskommission aufgäben, an Sonn- und Feiertagen die Messe besuchten und die katholischen Priester in Ruhe ihres Amtes walten ließen. Außerdem solle niemand den entflohenen Haupttätern Unterschlupf gewähren, wer sie jedoch zur Anzeige bringe, solle den Besitz dieser Leute erhalten. Bestraft müssten aber „zum Exempel“ jene werden, die nach den Rädelsführern die größte Schuld an dem Aufruhr hätten, und das seien die Richter und Ratsherren der Pfarren. Hätten sie rechtzeitig auf die „gemein Pauersmann ein Aug“ gehabt, so wäre das alles nicht passiert. Herberstorff befiehlt der Menge, an ihrem Platz zu verharren, bis die Bestrafung dieser Männer vorbei wäre – die Menschen knien daraufhin nieder, bitten um Gnade und versprechen, alle Forderungen des Statthalters getreu zu erfüllen.
Dieser wendet sich jetzt seinen todgeweihten Opfern, den ehrenwerten Vertretern der Pfarren, zu. Sie hätten durch „Untreu und Meineid“ ihr Leben verwirkt und es verdient, aufs Rad geflochten und gespießt zu werden, er wolle sie aber aus Gnade nur hängen lassen. Dem halben Teile wolle er sogar das Leben schenken, dergestalt, dass jeweils zwei und zwei um ihr Leben spielen sollen, wer verliere, solle gehängt werden – ein Willkürakt voll Hohn und Zynismus, der im rauen Kriegsrecht jener Tage nicht unbekannt ist, gegen ehrsame Bürger angewandt aber weit übers Ziel hinausschießt.
Ein schwarzer Mantel wird ausgebreitet, die Menge muss stumm vor Schrecken zusehen, wie ein Paar nach dem anderen zum tödlichen Würfelspiel gegeneinander antritt; die Verlierer werden vom Henker

sofort gefesselt. Nachdem die 17 Unglücklichen feststehen, schreitet man zur ersten Exekution: Georg Preiner, Georg Wilhelm, Georg Perner und der Wirt zu Baumgarting werden noch vor den Augen ihrer Mitbürger und Freunde an der großen Linde gehenkt; die 13 anderen Männer richtet man am nächsten Tag hin. Am Kirchturm von Frankenburg, „oben unterm Dach heraus", finden sieben Männer den Tod: Christoph Strattner, David Müller, Hanns Fredl, Hanns Streicher, Abraham Hammer, Michael Paur und ein Färbergeselle namens Siegmund. Drei Männer bringt man am Kirchturm von Vöcklamarkt vom Leben zum Tode: den Ortsrichter Sebastian Nader, Sebastian Tiechler und Wolf Fürst; am Kirchturm von Neukirchen sterben Wilhelm Hager, Johann Leitner und Tobias Strohmair.

Die Leichname der Gehenkten werden am Samstag, dem 17. Mai, vom Strick geschnitten, dann steckt man sie auf Holzspieße, die man an der viel befahrenen Landstraße von Vöcklamarkt nach Salzburg, zwischen dem Geymannschen Wald und dem Mosenberg, aufgestellt hat – eine Allee der Toten zur Abschreckung der Lebenden: „Durch dieses", so schreibt Herberstorff später in seinem ausführlichen Bericht an Herzog Maximilian, „ist den Pauern, den Burgern und den Märkten und denjenigen, so durchs Land wandern, der Gewinn, so die Rebellen gehabt, genuegsam demonstriert worden."

Als Adam von Herberstorff an diesem Samstag Frankenburg verlässt, wo er 100 seiner Landsknechte als Garnison zurücklässt, weiß er, dass er

Zynische Willkür des bayerischen Statthalters Adam Graf Herberstorff: Ohne Gerichtsverfahren müssen die evangelischen Bauern und Bürger um ihr Leben würfeln. Schulwandbild, um 1935.

im Sinne des Herzogs und des Kaisers gehandelt hat. Sein grausames Vorgehen hat jedoch genau das Gegenteil des Beabsichtigten bewirkt: Der Hass, der dem bayrischen „Pfandherrn“ Maximilian und seinem Statthalter Herberstorff nun entgegenschlägt, ist größer denn je zuvor und genau ein Jahr später, am 17. Mai 1626, beginnt der offene Kampf des oberösterreichischen „gemeinen Mannes“ – neben den Bauern beteiligen sich auch zahlreiche Markt- und Stadtbürger, ja sogar Herrschaftsbeamte an der Rebellion – gegen „Bayerns Joch und Tyrannei“: Bei einer blutigen Rauferei im kleinen Mühlviertler Ort Lembach, Anlass ist der Streit um ein Pferd, werden acht bayrische Soldaten erschlagen; der Funke des Aufstands springt blitzschnell auf andere Landesteile, vor allem das Hausruckviertel, über; in den folgenden Tagen werden Waizenkirchen und Peuerbach in Brand gesteckt, am 23. Mai wird Wels erobert, eine Woche später Steyr. Adam von Herberstorff, der glaubt so wie in Frankenburg wieder leichtes Spiel zu haben und mit 1.000 Landsknechten und 100 Reitern sowie einigen leichten Geschützen den Aufständischen entgegenzieht, wird am 21. Mai bei Peuerbach in eine Falle gelockt und vernichtend geschlagen; nur mit knapper Not kann der Statthalter dem Tod entkommen und sich in den Schutz des befestigten Linz flüchten, das am 24. Juni 1626 von den Bauern unter der Führung ihres „Oberhauptmanns“ Stefan Fadinger eingeschlossen wird. Als Fadinger bei einer Inspektion seiner Linien durch einen Schuss tödlich verwundet wird und am 5. Juli stirbt, bedeutet dies einen ersten schweren Rückschlag für die Sache der oberösterreichischen Revolutionäre, die unterstützt von Männern der städtischen Intelligenz wie den Steyrer Bürgern Wolf Madlseder und Dr. Lazarus Holzmüller dennoch bis in den November 1626 hinein einen verzweifelten Kampf um die Freiheit ihres Glaubens und ihre Rechte führen – „Es mueß sein!“, die Devise Fadingers, wird auch zu der ihren; ja, für kurze Zeit werden sie tatsächlich die Herren des Landes sein und selbst „regieren“; das Wort „Demokratie“ spielt erstmals eine politische Rolle. In einer Eingabe an den

Auf die Ereignisse vom Haushamerfeld folgt ein verzweifelter Kampf des oberösterreichischen „gemeinen Mannes“ um die Freiheit des Glaubens und ihre Rechte: „Es mueß sein!“ wird zur Devise des Bauernführers Stefan Fadinger. Anonymes Gemälde, Oberösterreichisches Landesmuseum.

Unterschätzt die Schlagkraft der Aufständischen gewaltig und entkommt bei Peuerbach nur knapp dem Tod: Adam Graf Herberstorff. Anonymes Porträt. Oberösterreichisches Landesmuseum.

Kaiser nach dem Scheitern der Bauern sprechen die oberösterreichischen Stände zwar noch von einer „eingebildeten demokratia zu unterdrück- und ausrottung des adels, hoher und nider obrigkeit“, der Traum von politischer Selbstbestimmung, den viele der Bauern mit dem Tod auf dem Schlachtfeld oder unter dem Schwert des Henkers bezahlen, wird aber unvergessen bleiben.

Literatur

Hans Sturmberger, Der oberösterreichische Bauernkrieg von 1626 im Rahmen der Landesgeschichte. In: Dietmar Straub (Hrsg.), Der oberösterreichische Bauernkrieg 1626. Ausstellungskatalog 1976. Linz 1976

Georg Heilingsetzer, Der oberösterreichische Bauernkrieg 1626. Wien 1985 (= Militärhistorische Schriftenreihe, Heft 32)

1665

Victoria an der Raab

Mogersdorf/St. Gotthard · 1664

Der erste große Sieg der kaiserlichen Armee über die Osmanen in offener Feldschlacht: die Schlacht bei Mogersdorf/St. Gotthard am 1. August 1664. Votivbild von unbekannter Hand. Armeemuseum Ingolstadt.

Nach langen Jahren des Friedens zwischen dem Habsburgerreich und der Hohen Pforte spitzt sich die Lage im Frühjahr 1663 gefährlich zu. Ursache dafür ist der Zankapfel Siebenbürgen, in dem beide Großmächte einen brutalen Stellvertreterkrieg führen. Die Osmanen unterstützen den gewählten Fürsten Michael Apáfi, für seinen Gegner Johann Kemény kämpfen kaiserliche Truppen – mit wenig Erfolg, denn am 23. Jänner 1662 fällt Kemény in der Schlacht von Nagyszöllös und Michael Apáfi kann die Herrschaft über weite Teile Siebenbürgens übernehmen. Dazu kommen unnötige Provokationen durch den eigenwilligen Banus von Kroatien, Nikolaus Zrínyi, der von seiner auf eigene Kosten am Zusammenfluss von Mur und Drau erbauten Festung Zrinyivár (Neu Zrin) aus immer wieder Vorstöße auf osmanisches Territorium unternimmt. Sultan Mehmed IV. lehnt es daher ab, den Waffenstillstand von 1606, der 1649 das letzte Mal bestätigt worden ist, weiter einzuhalten; sein junger, tatkräftiger Großwesir Köprülü Fazil Ahmet Pascha, nicht nur Feldherr, sondern auch ein Förderer von Kunst und Literatur, rüstet zum „Heiligen Krieg“. Im Frühling 1663 lässt er auf der Ebene von Belgrad die Rossschweife ausstecken; im Sommer 1663 fällt er mit einem über 100.000 Mann starken Heer in Westungarn, dem unter habsburgischer Herrschaft stehenden Teil der Länder der Stephanskrone, ein. Überall im riesigen Osmanischen Reich betet man für den Sieg gegen die *elenden Ungläubigen*.

Im September 1663 feiern die Truppen des Großwesirs einen ersten großen Erfolg – sie erobern die wichtige Festung Neuhäusel *(Nové Zámky)*; damit ist ein wichtiges Bollwerk auf dem Weg weiter nach Westen Richtung Wien gefallen. Angesichts der wachsenden Gefahr für die Erbländer bittet Kaiser Leopold I. am Reichstag zu Regensburg die deutschen Fürsten um Hilfe, die schließlich auch bewilligt wird. Für die Abwehr des „Erzfeindes“ werden großzügig Geld und Soldaten zur Verfügung gestellt; so bietet der Rheinbund 6.500 Mann auf, Brandenburg 2.000. Geldmittel schicken Papst Alexander VII. und Spaniens König Philipp IV.; zahlreiche Freiwillige werden auch in anderen Ländern wie Italien, Holland, Dänemark und Schweden angeworben und selbst Frankreichs Sonnenkönig Ludwig XIV. will in diesem gemeinsamen Kampf des christlichen Abendlandes gegen die Türken nicht zurückstehen: Er schickt 5.000 Mann unter dem Kommando des Grafen Jean de Coligny-Saligny nach Ungarn; die Söhne der vornehmsten Familien

Frankreichs dienen in der Kavalleriebrigade de Gassion. Zum Oberbefehlshaber dieser bunt zusammengewürfelten „europäischen“ Hauptarmee ernennt Leopold I. am 5. Juni 1664 den erfahrenen Kriegsmann Raimondo Graf Montecuccoli, einen Veteranen des Dreißigjährigen Krieges, dem es mit viel diplomatischem Geschick gelingt, die ehrgeizigen Kommandeure der Hilfstruppen im Zaum zu halten.

Aus den Winterquartieren in Neuhäusel, Fünfkirchen (Pecs), Szegedin und Belgrad aufbrechend, entsetzt Köprülü Fazil Ahmet Pascha zunächst die von Nikolaus Zrínyi belagerte Festung Kanizsa; dann wendet er sich gegen Zrinyivár, erobert und zerstört diesen verhassten Stützpunkt des Banus. Montecuccoli, der eine Hilfsexpedition für die Belagerten in Zrinyivár abgelehnt hat und sich dafür schwere Vorwürfe Zrínyis einhandelt, will seine Kräfte nicht verzetteln; seine Armee leidet schwer unter mangelnder Verpflegung, auch die Munition ist knapp. Auf die Bewegungen des Großwesirs antwortet er daher vorerst

Die Schlacht von Mogersdorf/St. Gotthard: Das beengte Gelände im Raabbogen wird für die Streiter des Großwesirs zur tödlichen Falle. Anonyme aquarellierte Federzeichnung. Österreichisches Staatsarchiv, Kriegsarchiv.

mit geschickten Manövern. Ende Juli 1664 bezieht er mit seinen Truppen – es sind etwa 25.000 Mann – im Raum Mogersdorf am linken Ufer der Raab Stellung; auf der anderen Seite des Flusses, bei St. Gotthard, lagert das an die 120.000 Mann starke Heer des Großwesirs, der sich von hier aus den Weg über Ödenburg *(Sopron)* nach Wiener Neustadt – und vielleicht auch nach Wien – erkämpfen will.

Es ist Freitag, der 1. August 1664, nach islamischer Zeitrechnung der 8. Tag des Monats Muharrem im Jahre 1075, gegen sechs Uhr morgens, in den Augen der türkischen Kämpfer ein Glückstag, als Köprülü Fazil Ahmet Pascha einen Vorstoß über die Raab hinweg gegen das Zentrum der kaiserlichen Armee befiehlt. Seine Truppenführer, Ismail Pascha, der Janitscharenaga sowie Mehmed Pascha und Kaplan Pascha, haben dazu einen günstigen Platz ausgesucht: eine Engstelle des Flusses im so genannten „Raabbogen", etwa eine Stunde oberhalb der Befestigungen von St. Gotthard, an der dieser nicht breiter als zehn bis zwölf Schritte ist und das Wasser nur bis zu den Steigbügeln reicht, allerdings so schmal, dass nur vier Reiter nebeneinander übersetzen können. Aufgrund starker Regenfälle ist die Raab jedoch angeschwollen und tritt stellenweise über die Ufer, was die Aufgabe weiter erschwert. Bereits in der Nacht ist die Angriffsspitze auf Kamelen über den Fluss gegangen – 1.000 Janitscharen bringen das Kunststück zuwege, unbemerkt von den kaiserlichen Wachen am anderen Ufer Fuß zu fassen; sie haben Befehl, dicht aneinander Laufgräben anzulegen, um das Schlagen einer Hilfsbrücke zu ermöglichen. Weiters hat man Floßbrücken aus Leder vorbereitet, die über den Fluss gezogen werden und den Übergang weiterer Truppen ermöglichen. Gedeckt wird die Aktion durch 14 leichte Geschütze, die man auf einer kleinen Anhöhe in Stellung gebracht hat und die die ganze Nacht hindurch über den Fluss hinweg auf die Stellungen der kaiserlichen Wachposten am gegenüberliegenden Uferhang feuern. Diese antworten ihrerseits mit Geschützfeuer, verzichten aber in allzu großer Sorglosigkeit auf Schanzarbeiten, so dass die *verruchten Giauren* am Morgen ohne Mühe überwältigt werden können, neue Verbände rücken über die Raab nach und es beginnt der Angriff der Janitscharen auf das Zentrum der Reichsarmee, der zunächst von Erfolg gekrönt ist – Montecuccoli und seine Generäle haben nicht mit einer Attacke an dieser Stelle gerechnet; wichtige Vorsichtsmaßnahmen wie die Bereitstellung von ausreichend Munition und die Verstärkung der Wachen sind daher verabsäumt worden; zudem lässt man sich durch ein bei Tagesanbruch vorgetragenes Ablenkungsmanöver der türkischen Reiterei, das man im ersten Augenblick für einen Angriff auf den eigenen rechten Flügel hält, in die Irre führen. Als daher Graf Coligny-Saligny um etwa sieben Uhr morgens von einer Anhöhe nordöstlich von Mogersdorf aus in seinem Fernglas die Bewegungen der Feindtruppen beobachtet und zusammen mit Graf Hohenlohe zu Montecuccoli eilt, zeigt sich dieser, wie Coligny später in seinen *Memoiren* berichten wird, noch von heroischer Gelassenheit: „Wir fanden ihn in seinem Bett und wiewohl wir ihn drängten, er möge sich doch gegen diese unmittelbar bevorstehende Gefahr vorsehen, konnten wir ihm nur die Worte entlocken: ‚Wenn sie herüberkommen, muss man auf sie losgehen.'"

Während der Reichsfeldmarschall im Nachthemd noch etwas indisponiert mit den Schultern zuckt und sich zunächst nur zur Bereitstellung der zwei Fußregimenter Nassau und Kielmannsegg durchringt, sterben schon seine Soldaten. Die Janitscharen bringen dem überraschten Gegner schwere Verluste bei, erobern Mogersdorf, das nur von schwachen kaiserlichen Kräften besetzt ist, und stoßen bis zum Lager der besiegten und im panischen Schrecken flüchtenden kaiserlichen Truppen vor. Furchtbare Szenen spielen sich ab, wie etwa der Obristleutnant Melville, Generalquartiermeister des kurkölnischen Infanterieregiments, bezeugt: „Es gab ganze Regimenter, wo sich die Soldaten die

Köpfe herabhauen ließen, ohne aus ihren Gliedern zu weichen und ohne den geringsten Widerstand zu tun. So hatte sie der Schrecken ergriffen. Sie schrien immer nur mit lauter Stimme zur heiligen Maria."
Ein Teil der zurückflutenden Truppen kann von den weiter rückwärts stehenden Regimentern aufgefangen werden, einzelne Gruppen fliehen jedoch raabaufwärts bis nach Fürstenfeld und Graz und verbreiten hier die Nachricht von einer schweren Niederlage gegen den Erzfeind – zahlreiche Adelige, vor allem viele Frauen, verlassen daraufhin fluchtartig die steirische Hauptstadt.
Dieser Anfangserfolg beflügelt die Türken. Alle verfügbaren Kräfte werden jetzt über den Fluss gezogen, die berittenen Sipahi lassen die Männer vom Fußvolk hinten aufsitzen; der Janitscharenaga, Ismail Pascha, Mehmed Pascha und Kaplan Pascha gehen mit über die Raab, ihre *Levends*, die privaten Leibtruppen, haben sie allerdings nicht vor Ort verfügbar – jetzt rächt sich ein Fehler in der Ankündigung des Unternehmens: Die Herolde haben ursprünglich nur zu einer „Erkundung" für den Brückenschlag über die Raab aufgerufen, nicht aber zu einem massierten Flussübergang – die Aufteilung des Heeres auf sechs Lagerplätze erweist sich jetzt als Nachteil. Dennoch lässt man nichts unversucht, um die erkämpften Vorteile abzusichern: Man beginnt den Brückenkopf sofort durch den Bau von Laufgräben zu befestigen und versucht auch an anderen Stellen den Fluss zu überschreiten, was einer starken Abteilung Sipahi eine halbe Meile weiter flussaufwärts auch gelingt. Unter den türkischen Kämpfern, die über den Fluss gehen, ist auch der berühmte Weltreisende Evliya Çelebi, der seinen Lesern mit gewohnter Übertreibung das Ausmaß dieses ersten Sieges schildert: „Mit dem Gesellschafter des Großwesirs, Hádzizádé, ging auch ich Armer ins Schlachtfeld und sah mit eigenen Augen die unzähligen Gefallenen des Feindes, welche wie enthäutete nackte Schafe am Boden herumlagen. Im Schatten eines jeden Baumes lagen viele Leichen. Der Großwesir erhielt die Meldung, dass 9.760 Leichen gezählt wurden."
Eindrucksvoller als bloße Zahlen sind die blutigen Zeugnisse der Tötungen: Wer dem Großwesir als

Sipahi, die gefürchteten Reiterkrieger des Sultans.

Beweis für seine Heldentaten die Zunge eines getöteten *Giauren* vorlegen kann, erhält dafür ein Goldstück – Köprülü Fazil Ahmet Pascha muss Hunderte davon auszahlen. Geschenke erhalten auch all jene *Glaubenskämpfer*, die mit reicher Beute von ihren Plünderungszügen in der Umgebung zurückkehren.

Der „Friedensweg" auf dem Schlösslberg bei Mogersdorf, 1664 eine wichtige Stelle der Kaiserlichen, lädt ein zum Wandern und zum Nachdenken über die Sinnlosigkeit des Krieges.

Jetzt endlich ist auch Montecuccoli alarmiert; während jedoch die Besorgnis über den Untergang des Zentrums bei seinen Offizieren groß ist, zeigt er sich laut Augenzeugen von heroischer Gelassenheit: „Da kam nämlich einer zum General Montecuccoli gelaufen, der ausrief, man müsse sich zurückziehen, denn alles sei verloren und der völlige Zusammenbruch unvermeidlich. Aber lächelnd entgegnete ihm der General in schon gewohnter Unerschütterlichkeit: Wieso denn verloren? Ich habe doch meinen Degen noch gar nicht aus der Scheide gezogen. Lasst euch nicht verwirren, folgt mir und ihr werdet schon sehen!" Jetzt gibt es kein Zaudern und Taktieren mehr, der Oberbefehlshaber erlässt Befehl, mit „ganzer Macht" auf den Feind zu gehen. Frische Truppen sollen die Osmanen an den Flügeln attackieren: Graf Hohenlohe, dem es gelungen ist, einen Teil der in Panik geratenen Reichstruppen wieder zu sammeln, setzt am linken Flügel zur Rückeroberung von Mogersdorf an, stößt hier aber auf den erbitterten Widerstand der Janitscharen, die sich in der Kirche und den Häusern des Orts sowie in den Hecken rund um diesen verschanzt haben. Jedes einzelne Gebäude ist heftig umkämpft; letztlich werden alle 30 Häuser und die Kirche von Mogersdorf ein Raub der Flammen. Vor allem der Kampfkraft der französischen Infanterieregimenter Grancey-Espagnie, Fifica-Touraine und Morvas-La Ferté ist es zu danken, dass alle Versuche der Janitscharen, Mogersdorf doch noch einmal zurückzuerobern, letztlich scheitern.

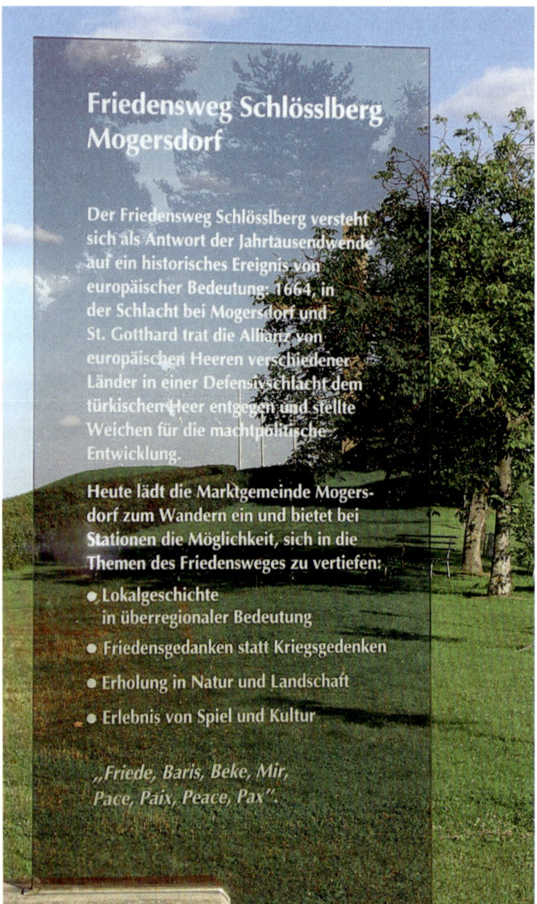

Die Offiziere treiben ihre Mannschaften zu höchster Eile an; überall hört man ihr Geschrei: *Sa, sa!*

March, march! Feind, Feind, heraus, heraus! Hundert tausend Sakrament, heraus, heraus! Die Zeugmeister verteilen Lunten, Pulver und Blei; manche der kaiserlichen Musketiere können sich kaum auf den Beinen halten, haben sie doch seit vier Tagen kein Brot mehr bekommen. Doch jetzt gibt es mit ihnen kein Erbarmen, die Tamboure rühren die Trommel, es geht dem Feind entgegen. Auch die Kavallerie rüstet sich zum Kampf, es heißt aufsitzen, auch wenn die Stiefel nicht geschmiert sind; tobend und brüllend jagt der Obristwachtmeister des Herzogs von Holstein seine Unterführer auf die Pferde: *Wachtmeister heraus, heraus, sattelt, zäumet, riemet, gürtet, ins Teuffels par Namen! Ihr sacramentische lahme Hunde, sitzet auff, ruckt heraus!* Montecuccoli selbst führt das Kürassierregiment des Obristen Franz Freiherr von Schneidau am rechten Flügel in den Kampf, ihm folgen die Infanterieregimenter La Corona, Sparr und Tasso; auch die französischen Hilfstruppen unter dem Kommando von Coligny-Saligny, das Infanterieregiment des Obristen Lukas Ritter von Spieck zu Uibergau und das Regiment des Marchese Pio di Savoya sowie die Dragoner des Rappachschen Regiments werden nun herangezogen. Dem verwegenen, erst 21 Jahre alten Herzog Karl von Lothringen schickt Montecuccoli, der mit gezücktem Degen *wie der Blitz hierhin und dorthin* sprengt und überall dort ist, wo die größte Not droht, einige Kavallerieschwadronen und 400 Musketiere des Regiments Tasso zur Verstärkung. Der junge Lothringer, er wird zum Urahn der letzten Habsburgerkaiser von Joseph II. bis Karl I. werden, hat mit seinem Kürassierregiment zunächst allein versucht, die Türken zurückzudrängen, und dabei außerordentliche Tapferkeit gezeigt: *Entschlossen rühmlich zu sterben, preschte er eilends dorthin vor, wo das heftigste Handgemenge tobte. Noch im ersten Angriff werfen sich ihm die Lanzenträger der Leibgarde des Großwesirs mit furchtbarem Ansturm entgegen. Mit eigener Hand tötet er einige der vordersten, die ihn vom Pferde stechen und ihm das Leben rauben wollen.* Es gelingt dem jungen Hitzkopf immerhin, die Türken vom Tross der vernichteten Regimenter zu vertreiben, mit der Verstärkung im Rücken geht er nun selbst zum Angriff über. Man will den Türken keine Gelegenheit geben, ihre Verschanzungen weiter voranzutreiben und Verstärkungen über die Raab zu setzen. Tatsächlich kann man die erbittert sich wehrenden Janitscharen aus den Laufgräben werfen und auf das Gelände vor dem Fluss zurückdrängen. In Form eines lang gestreckten Halbmondes, auf der rechten Seite die kaiserlichen Regimenter, in der Mitte die schwäbischen Reichsfußvölker und auf der linken Seite die französischen Fußtruppen und Reiter, wird der Rest des Brückenkopfs umfasst und angegriffen. Diesem massiven Schlag können die Muslime trotz aller Verstärkungen, die der Großwesir unausgesetzt über die Raab schickt, nicht mehr standhalten; ihre Herzen waren, wie der osmanische Chronist bedauernd schreibt, *erfüllt von dem Sinn des Verses „Heute haben wir keine Kraft“* (Koran II, 250 bzw. 249), *und so strömten sie denn zurück zum diesseitigen Ufer. In dem*

Gedränge fanden einige der islamischen Truppen den Heldentod in den Fluten. Aber wenn sie auch aus dem irdischen Dasein geschieden sind: „Wahrlich, die Rechtgläubigen sterben nicht, sondern sie gehen von der Stätte der Vergänglichkeit hinüber in die Stätte der Ewigkeit!" (Hadis) Was aber *die zur Hölle verdammten Giauren* anlangt, so tröstet der Chronist seine Leser mit einem weiteren Zitat aus dem Koran: *„Lass dich ihr Gut und ihre Kinder nicht wundernehmen! Siehe, Allah will sie damit nur im irdischen und im künftigen Leben strafen. Arge Qualen erwarten sie."*
Der Sieg der alliierten Truppen ist ein vollständiger; die Türken werden buchstäblich in die Raab getrieben, viele ertrinken. Auch die flussaufwärts über die Raab gegangenen Sipahi werden von den Regimentern Montecuccoli und Sporck über das Wasser zurückgejagt. Köprülü Fazil Ahmet, der vor Wut über die Niederlage acht Agas eigenhändig den Kopf abschlägt, zieht mit seinem geschlagenen Heer fluchtartig in Richtung Körmend ab, sogar die am Ufer der Raab aufgefahrenen Kanonen werden zurückgelassen, kaiserliche Soldaten, die über den Fluss schwimmen, vernageln sie und machen sie unbrauchbar, einige Geschütze stürzen sie auch ins Wasser. Die Verluste des Großwesirs sind schwer, etwa 5.000 bis 6.000 Mann sind gefallen, vor allem Soldaten der Elitetruppen: Janitscharen und Sipahi. Unter den toten Truppenführern sind dreißig Agas und fünf Paschas, darunter auch Ismail Pascha, der Schwiegersohn des Sultans.
Noch Tage später treiben immer wieder Leichen an die Oberfläche der Raab, die mit Hilfe von langen Haken an das Ufer gezogen und nach Beute durchsucht werden. Montecuccoli lässt Gott, dem „Geber aller Sieger", mit einem feierlichen Gottesdienst danken; die Siegesmeldung an den Kaiser übergibt er dem französischen Obristen Mahuré, der sich noch in den Abendstunden auf den Weg nach Wien macht. Der Jubel am Wiener Hof ist groß und Leopold I., dessen Krönung zum Kaiser sich am Tag der Schlacht zum sechsten Mal jährte, zeigt sich großzügig: Er zahlt dem gesamten Heer einen Monatssold als Belohnung aus; Fürst Montecuccoli erhält zwei eigenhändige Schreiben des Herrschers in italienischer Sprache und wird zum General-Leutnant der kaiserlichen Armee ernannt – die höchste damals mögliche Auszeichnung.
Kaiser Leopold I. lässt bei den Dominikanern das *Te Deum laudamus* singen; die „Miraculische Victori" an der Raab wird von den Wienern enthusiastisch gefeiert, glaubt man nun doch, dass sich das Kriegsglück im Kampf gegen die Türken entscheidend geändert habe und kein Heer der Hohen Pforte jemals wieder vor den Mauern der kaiserlichen Residenz erscheinen würde – eine Illusion, wie sich knapp zwei Jahrzehnte später auf dramatische Weise zeigen soll …
Tatsächlich kann Montecuccoli den Sieg von Mogersdorf nicht entscheidend ausnützen. Zu schwer sind die Verluste an Mannschaften und Kriegsgerät, der ständige Mangel an Lebensmitteln und Munition sowie die Anstrengungen der Gewaltmärsche haben ein Übriges getan

– die kaiserliche Armee ist trotz dieses glorreichen Sieges am Ende. Montecuccoli drängt den Hofkriegsrat in Wien, der noch immer auf die Eroberung der Festung Neuhäusel hofft, zum Frieden. Die Geheimverhandlungen, die vom kaiserlichen Residenten an der Hohen Pforte Simon Reniger von Reiningen mit Großwesir Köprülü Fazil Ahmet bereits seit dem Frühjahr 1664 geführt werden, haben nun rasch Erfolg: Bereits am 10. August 1664 einigt man sich in Eisenburg (Vásvár) auf die Friedensbestimmungen. Im Artikel X heißt es: *Zur größeren Festigung des Friedens und der guten Freundschaft zwischen den beiden großmächtigen Kaisern wird beschlossen, dass der heilige Friede, mit Gottes Hilfe, von gegenwärtigem Tage an zwanzig Jahre lang währen solle …* 20 Jahre, die Leopold I. und seine Minister nicht wirklich zu nützen wissen …

„Den Toten beider Lager gewidmet, verewige es nicht Feindschaft und Hass, vielmehr sei es Zeugnis unserer Bereitschaft zu Toleranz und Frieden": die Gedächtnisstätte auf dem Schlösslberg, errichtet 1964 nach Plänen von Ottokar Uhl.

Quelle

Johann von Stauffenberg, Gründliche … Relation des blutigen Treffens zwischen dem Erbfeind Christlichen Namens … und dem Christlichen Kriegsheer … gehalten den 1. Augusti 1664 bei St. Gotthard in Ungern. Regensburg 1665

Literatur

Kurt Peball, Die Schlacht bei St. Gotthard-Mogersdorf 1664. Wien 1964 (Militärhistorische Schriftenreihe, Heft 1)

Georg Wagner, Das Türkenjahr 1664, eine europäische Bewährung. Raimund Montecuccoli, die Schlacht von St.Gotthard-Mogersdorf und der Friede von Eisenburg (Vasvár). Eisenstadt 1964

21
28
26

Christus oder Mohammed

Kahlenberg · 12. September 1683

Die Entsatzschlacht vor Wien am 12. September 1683: Kara Mustafa hat es verabsäumt, den Aufmarsch der Alliierten zu blockieren. Ölgemälde von Franz Geffels (Detail). Wien Museum.

Der Sommer des Jahres 1683 bringt Tod und Zerstörung über den Osten des Habsburgerreichs. Großwesir Kara Mustafa wagt sein größtes Kriegs-Abenteuer: den Angriff auf Wien, die Residenzstadt des *Giaurenkönigs*, den *Goldenen Apfel* osmanischer Eroberungsträume. Am 31. März 1683 bricht er mit dem Heer der Hohen Pforte in Adrianopel (Edirne) zum Feldzug gegen die *Ungläubigen* auf, am 14. Juli steht er mit über 180.000 Streitern vor den Mauern der habsburgischen Hauptstadt. Für die nur etwa 16.000 Mann starken Verteidigungskräfte Wiens unter Graf Ernst Rüdiger von Starhemberg beginnt ein Kampf auf Leben und Tod.

Als am 8. September 1683 im Lager Kara Mustafas die Nachricht eintrifft, dass das Heer der *elenden Giauren* die zwölf Stunden von Wien entfernte steinerne Iskenderbrücke bei der Stadt Tulln überschritten habe und mit 200 großen und kleinen Geschützen näher rücke, ruft der Großwesir, den Ernst der Lage erkennend, den Kriegsrat ein. Ömer Beg, der Sandschakbeg von Karahisar, den Kara Mustafa zur Aufklärung den *Giauren* entgegengeschickt hat, bestätigt die Richtigkeit dieser Information. Die Beglerbegs, der Janitscharenaga und der Kethüda, der Vorsteher der Hofhaltung des Großwesirs, sprechen sich nun dafür aus, die Truppen aus den Laufgräben vor den Bastionen zu ziehen und mit sämtlichen Geschützen dem Feind entgegenzurücken. Vor der belagerten Stadt sollten ihrer Meinung nach nur die zur Beobachtung notwendigen Kräfte verbleiben. Doch Kara Mustafa, den so heiß ersehnten Fall des *Goldenen Apfels* greifbar nahe vor Augen sehend, ist anderer Meinung – die Belagerung sei wichtiger als ein Sieg über die anrückenden Feinde, man solle daher die Hauptmacht und die schwere Artillerie in den Stellungen belassen. Es müsse genügen, wenn man mit den leichten Geschützen und den Truppen der Wilajets, der Großprovinzen des Reichs, den Ungläubigen die Stirn biete. Alle Bedenken und alle Einsprüche, die dagegen von seinen Truppenführern vorgebracht werden, weist der ehrgeizige Großwesir zurück.

So werden nur vom rechten und vom linken Flügel des Belagerungsheeres Truppen abgezogen und zurück ins Lager beordert; der Großwesir begibt sich daraufhin mit seinem Gefolge zurück in sein Zelt. Die Beunruhigung ist dennoch groß und schon am nächsten Tag hält man neuerlich Kriegsrat. Wieder vertritt Kara Mustafa die Ansicht, dass es genüge, wenn man den *Feinden des Glaubens* mit den berittenen

Gefolgsleuten der Paschas und den Truppen der Wilajets entgegentrete. Man beschließt endlich, die schweren Geschütze in ihren Stellungen zu belassen. Noch glaubt man an den Sieg. *Wenn wir mit Allah des Allerhabenen Gunst den Feind zurückwerfen und schlagen, so haben wir die Festung sicher in der Hand*, vermerkt der Zeremonienmeister der Hohen Pforte in seinem Tagebuch.

Nach dem Ende des Kriegsrats besteigt der Großwesir sein Pferd und reitet mit seinem Gefolge das Gelände westlich des Lagers ab, um sich ein Bild von den möglichen Anmarschwegen der *Giauren* machen zu können. Nach seiner Rückkehr trifft er die Entscheidungen für den

Kampf: Kara Mehmed Pascha, der Beglerbeg von Diyarbekir, wird zum Befehlshaber der Vorhut bestimmt; ihm zur Seite stehen der Beglerbeg von Siwas mit 1.500 Mann sowie die Beglerbegs von Aleppo und Adana mit zusammen knapp 2.000 Mann. Die gesamte Vorhut wird 5.400 Reiter mit zwei Feldschlangen und 60 leichteren Geschützen zählen. Ibrahim Pascha, der Beglerbeg von Ofen, soll mit seinen Provinztruppen, insgesamt 22.200 Mann stark, auf dem rechten Flügel den Angriff der Ungläubigen abwehren.

Während die einzelnen Abteilungen ihre Stellungen im Rücken des türkischen Heerlagers beziehen, habe sich Murad Giray, der Chan der Tataren, so der Vorwurf des Zeremonienmeisters in seinem Tagebuch, durch Tatenlosigkeit ausgezeichnet: *An jenem Tage saß der Chan im Angesicht der Brücke auf seinem Pferd, die Hand mit dem Griff der Peitsche in die Hüfte gestützt, und sah zu, wie die Giauren herübergezogen kamen. Sein Imam näherte sich ihm und mahnte ihn: „Mein Chan, wenn Ihr die Giauren, die hier in hellen Scharen herüberziehen, niedermachen wolltet, dann wäre den übrigen der Weg abgeschnitten!“* – der Chan lehnt ab. Jetzt rächt sich die herablassende, beleidigende Art, mit der Kara Mustafa die Tataren behandelt; in einem Brief an den Chan hat er ihm und seinen Kriegern etwa vorgeworfen, dass sie nur *stinkendes Pferdefleisch* essen würden, ansonsten aber kaum zu gebrauchen seien. Nun soll der Großwesir erfahren, was es heißt, ohne die Tataren kämpfen zu müssen – tatsächlich hätte ein frühzeitiger Angriff der Reiterkrieger auf die Brücke den Kriegsplan der Alliierten schwer getroffen. So aber kehrt der Tatarenchan am Abend des 9. September ins Lager des Großwesirs zurück und meldet, dass der

6. September 1683: Mittags um 12 Uhr lassen die Türken unter der Löwelbastei drei Minen „springen“, die eine breite Öffnung in die Mauer reißen, und setzen dann sofort zum Sturmangriff an. Nach heftigem, mehrstündigem Kampf können die Türken noch einmal zurückgeworfen werden. Ölgemälde von Leander Russ, 1837. Österreichische Galerie Belvedere.

Feind bereits kampfbereit am diesseitigen Ufer der Donau stehe. Die Brücke werde abgebrochen, die Giauren seien, angefeuert von dem berüchtigten Kapuzinermönch Marco d'Aviano, bereit zum Marsch auf Wien. Kara Mustafa bleibt nichts anderes übrig, als gute Miene zum bösen Spiel zu machen – er beschenkt Murad Giray mit einem Zobelpelz und entlässt ihn huldvoll zu seinen Truppen.

Am 10. September wird immer klarer, dass die *Giauren* fest entschlossen sind, den Weg in den Rücken des Belagerungsheeres zu nehmen. Den Meldungen Ibrahim Paschas zufolge schiebe sich eine feindliche Heeresgruppe auf Pfaden durch das Bergland vor, eine zweite nähere sich entlang der Donau. Daraufhin zieht Kara Mustafa weitere Sipahis und Gardetruppen aus dem Belagerungsring ab; aus der Leopoldstadt ruft er die Krieger des Beglerbeg von Bosnien zum Kampf gegen das anrückende Giaurenheer. Schließlich werden noch vom rechten Flügel des Belagerungsheeres der Beglerbeg von Rumelien mit seinen Soldaten und vom linken Flügel die Sandschakbegs mit ihren Mannschaften zum „Abwehrheer" befohlen. Man rechnet bereits für den nächsten Tag mit einer Schlacht und rüstet sich ohne Unterlass zum Kampf.

Inzwischen verdoppeln die Mineure unter der Festungsmauer ihre Anstrengungen. Für den entscheidenden Schlag gegen die Bastionen werden gleich an fünf Stellen neue Minengänge, jeweils vier Ellen tief, gegraben; am 11. September zu Mittag, es ist der 59. Tag der Belagerung, beginnt man mit dem Auffüllen der Gänge mit Pulver; die Vorbereitungen zur Sprengung gehen planmäßig voran, als plötzlich die Nachricht eintrifft, dass die Vorhut Kara Mehmed Paschas bereits im Gefecht mit dem Entsatzheer der Giauren stehe, das *am Fuße der deutschen Berge gegenüber der Festung* eingetroffen sei und am Rande der Weingärten lagere. Die Ketzer in der Festung sind daraufhin wie neu beseelt, *bis zum Abend und vom Abend bis zum Morgen lassen sie die Geschütze und die Flinten knallen und ein derartiges Feuerwerk von Raketen steigen, dass es nicht zu beschreiben ist.*

Der 12. September 1683, ein goldener Herbsttag, bricht an. Milchig weißer Dunst liegt in den Tälern und Gräben der deutschen Berge; kaum ein Windhauch rührt an die Wipfel der Bäume. 70.000 Streiter der Giauren stehen in breiter Front zum Angriff bereit, befehligt von Jan Sobieski, dem König der polnischen Giauren, und Karl von Lothringen, dem Generalissimus des hässlichen Kaisers Leopold. Als zwei Infanteriebataillone des Feindes Geschütze in Stellung ziehen wollen, eröffnet die Vorhut Kara Mehmed Paschas das Feuer – es ist fünf Uhr früh. Da die *Giauren* rasch Verstärkungen heranziehen, geht die Vorhut auf eine neue Verteidigungsstellung, einen mit Palisaden bewehrten Erdwall, zurück. Sofort nach Eintreffen der Nachricht vom Beginn des Kampfes besteigt auch der Großwesir sein Pferd, mit ihm der Kethüda, der Generalstab und auch Vani Mehmed Efendi, der Prediger. Zusammen mit der Heiligen Fahne, dem stolzen Herrschaftszeichen der mus-

limischen Macht, das die Streiter Allahs zu einer letzten verzweifelten Anstrengung mahnen soll, begibt man sich nach vorne zu den in Schlachtlinie Aufstellung nehmenden Truppen; für Kara Mustafa wird – bereits in Reichweite der *Giaurengeschütze* – ein Schattendach aufgeschlagen.
Der Großwesir ist ungeduldig und will die Initiative nicht den Feinden überlassen; vor allem gilt es, den Kampf nach vorne zu tragen, sich nicht gegen die Zeltstadt drücken zu lassen. Bei Sonnenaufgang stoßen daher die Reiter Ibrahim Paschas aus ihrem Lager hinter dem Krottenbach gegen die Giauren vor, die diese Provokation entsprechend beantworten – sie treten jetzt ihrerseits zum Angriff an: *Es ist, als wälze sich eine Flut von schwarzem Pech bergab, die alles, was sich ihr entgegenstellt, erdrückt und verbrennt – mit dem niederträchtigen Vorsatz die muselmanischen Gazi einzukreisen,* notiert der Zeremonienmeister der Hohen Pforte in seinem Kriegstagebuch.

Polens König Jan Sobieski, von Kaiser Leopold I. mit viel Geld zur Waffenhilfe gekauft, hat bei der Infanterie am rechten Flügel der Polen übernachtet, an Schlaf war jedoch aufgrund des ununterbrochenen Geschützdonners nicht zu denken. Auch Karl von Lothringen hat keine Ruhe gefunden – unermüdlich ist er dabei, Ausgangsposition und Schlagkraft der kaiserlichen Truppen weiter zu verbessern: Auf die Attacke Ibrahim Paschas reagiert er mit dem Angriffsbefehl für die Truppen am linken Flügel; kurz danach erhalten auch Reichsfeldmarschall Fürst von Waldeck und der Herzog von Sachsen-Lauenburg Befehl, ihre Regimenter von Dreimarkstein, Hermannskogel, Cobenzl und Vogelsangberg herab in die Schlacht zu führen. Noch einmal treffen die Heerführer der Alliierten zu einer Besprechung zusammen, diesmal in den Ruinen der Kapelle des heiligen Joseph am heutigen Kahlenberg, damals noch „Sauberg" genannt. Jan Sobieski, dem Oberbefehlshaber, bleibt nicht anderes übrig, als die bereits gefällten Entscheidungen Karls zu akzeptieren; ein Kurierdienst wird eingerichtet, der die Verbindung zwischen den weit auseinandergezogenen Heeresteilen aufrechterhalten soll. Zeit, um auf Befehle von Sobieski zu warten, wird in den entscheidenden Situationen jedoch keine sein, die Generäle sind auf sich allein gestellt …
Noch einmal bittet man um göttlichen Beistand: Für die polnischen Soldaten hat der Feldgeistliche Sopkowski bereits im Morgengrauen eine Messe gelesen, nun versucht Marco d'Aviano den Kommandeuren Mut und Inspiration zu vermitteln. Eine Messfeier in den Ruinen der Josephskapelle wird improvisiert, die fromme Legende will wissen, dass Jan Sobieski dabei ministriert und seinen Sohn, den 15-jährigen Prinzen Jakob, zum Ritter geschlagen habe – für Rituale dieser Art war wohl angesichts der aufflammenden Schlacht keine Zeit mehr.
Karl von Lothringen und einige andere Heerführer nehmen an der

Messfeier des Kapuzinermönchs auch gar nicht mehr teil – sie ziehen es vor, zu ihren Truppen zu eilen. Die erste Linie des linken Flügels hat, unterstützt von Artilleriefeuer, mit dem Angriff begonnen; selbst von den Wällen der Stadt, auf denen die Soldaten Starhembergs gespannt das Geschehen beobachten, sind ihre Bewegungen gut zu erkennen. Die wie im Manöver exakt und mit großer Präzision operierenden Einheiten lösen bei den türkischen Beobachtern zu Recht Besorgnis aus: Die Truppen Ibrahim Paschas müssen ihren Gegenangriff abbbrechen, da die Übermacht der Verbündeten zu groß wird – Hofkriegsratspräsident Hermann von Baden, der sieht, wie sein Neffe Ludwig von Baden in eine heikle Situation gerät, führt persönlich Verstärkungen in die vorderste Linie.

Polens König Jan III. Sobieski in der Entsatzschlacht vor Wien. Gemälde eines unbekannten Künstlers. Sammlung Czartoryski, Kraków.

Inzwischen hat auch die kaiserliche Kavallerie am äußersten linken Flügel den Kampf aufgenommen: Entlang der Donau greifen die Reiter Oberst Heisslers und Lubomirskis an; das von den Türken notdürftig befestigte Kahlenbergerdörfel ist heftig umkämpft, kann aber schließlich eingenommen werden. Das polnische Regiment des Grafen Kazimierz Königsegg erleidet dabei schwere Verluste; der Graf fällt, unter den Gefallenen auf türkischer Seite sind die Beglerbegs von Anatolien und Sivas. Die Türken verabsäumen es nicht, die gefallenen feindlichen Soldaten zu köpfen, ja, sogar einige Gefangene werden von ihnen noch eingebracht und nach hinten geschickt.

Nächstes Teilziel der kaiserlichen und sächsischen Infanterie ist die Eroberung des Nussbergs. Beharrlich rückt die erste Linie ein paar Dutzend Schritte vor, feuert die Musketen ab und geht dann wieder weiter vor; die mitgeführte leichte Artillerie schießt immer wieder mit Kartätschen gegen den Feind, der sich zwar verbissen wehrt, dann aber doch Zaun um Zaun, Erdwall um Erdwall zurückweichen muss. Gegen Mittag ist der Nussberg fest in der Hand der Verbündeten. In der nun

eintretenden Kampfpause werden die Geschütze nachgezogen und die Reihen neu geordnet; Kavallerieabteilungen nehmen hinter der Infanterie Aufstellung. Die nächsten Angriffsziele am linken Flügel sind Nussdorf und Heiligenstadt; über Kuriere stimmt Karl von Lothringen die nächsten Operationen mit Jan Sobieski ab.
Kara Mustafa hat inzwischen die Gefahr, die seinem rechten Flügel droht, erkannt und befiehlt daher einen massiven Gegenangriff auf die kaiserlichen und sächsischen Linien, die unter der Wucht der muslimischen Attacke tatsächlich zu weichen beginnen. Ein Bataillon wird von den Türken eingekreist und kann erst in letzter Minute durch Dragoner des Obersten Styrum aus dieser tödlichen Umklammerung befreit werden. Kurfürst Johann Georg III., der an der Spitze seiner Leibwache und eines berittenen Garderegiments gegen die syrische Kavallerie Kara Mehmed Paschas kämpft, wird von einem Pfeil an der Wange verwundet, im Zweikampf auf Leben und Tod mit einem feindlichen

Lanzenreiter ist er zu seinem Glück um einen Sekundenbruchteil schneller – gefolgt von einem Blutschwall rollt der Kopf des Gegners auf die von Pferdehufen zerstampfte Erde. Erst der Einsatz der sächsischen Reserven bringt die Wende in diesem blutigen Ringen: Der Angriff der Türken kann zum Stehen gebracht werden, Sachsen und Kaiserliche dringen nun ihrerseits gegen Heiligenstadt und Nussdorf vor.
Die Sonne hat den Zenit erreicht, flirrende Hitze liegt über den Weingärten, in denen, sofern sie nicht verwüstet und ruiniert sind, die prallen Trauben heranreifen. Für die idyllische Landschaft der sanften grünen Hänge hat jedoch niemand ein Auge – es tobt der Nahkampf. In den Ruinen zerstörter Häuser, in Kellern und Gräben, hinter Zäunen und Mauerresten leisten die Türken vor allem in Nussdorf erbitterten Widerstand; jedes einzelne Gehöft, jede Stellung muss mühsam erobert werden. Auch die sächsischen Truppen stoßen vor Heiligenstadt auf heftige Gegenwehr und müssen sich für kurze Zeit sogar wieder bis zum Krapfenwaldl zurückziehen, schließlich gelingt es ihnen aber doch, Heiligenstadt und die türkische Stellung entlang des Steilufers des Nesselbachs zu besetzen – damit liegt bereits Döbling in Reichweite des linken Flügels, für den nun Karl von Lothringen – es ist ein Uhr nachmittags – neuerlich eine Kampfpause verkündet. Den im Zentrum kämpfenden Truppen des Fürsten von Waldeck sowie der bayrischen Infanterie unter General Degenfeld und der bayrischen, fränkischen und kaiserlichen Reiterei unter dem Befehl des Herzogs von Lauenburg soll so Gelegenheit gegeben werden aufzuschließen. Da die zahlenmäßig weit unterlegene türkische Infanterie an den Abhängen des Cobenzl und des Pfaffenbergs nur wenig Widerstand leistet, geht der Vormarsch dieser Einheiten einigermaßen zügig vor sich; befestigte Hindernisse werden durch konzentriertes Artilleriefeuer rasch überwunden. Grinzing, Sievering und Neustift werden erobert, um ein Uhr erreicht man die Höhe der sächsischen Infanterie – linker Flügel und Zentrum der Alliierten bilden damit wieder eine einheitliche Frontlinie.
Jan Sobieski, der nach der Messfeier Marco d'Avianos noch ausgiebig am Frühstückstisch zugelangt und einige Zeit hindurch die Aktionen des linken Flügels vom Sauberg aus beobachtet hat, lässt nun allmählich seine Polen zur Attacke schreiten. Im Zentrum, das seine Ausgangsstellungen unterhalb des Grünbergs hat, befehligt er selbst, die Infanterie am linken Flügel, die am Dreimarkstein biwakiert hat, führt Feldhetman Mikolaj Hieronim Sieniawski, die Dragoner am rechten Flügel Stanislaw Jan Jablonowski. Aufgestellt in fünf Kampflinien, die Infanterie an der Spitze, und unterstützt vom Sperrfeuer der königlichen Artillerie, die von Marcin Katski kommandiert wird, dringt man stetig weiter vor. Den Polen gegenüber stehen die Streiter Abaza Sari Hüseyin Paschas, die zahlenmäßig und waffentechnisch den polnischen Giauren klar unterlegen sind und denen alle Tapferkeit der Welt nichts hilft: Michaelerberg, Schafberg und Heuberg gehen verloren; zwei polni-

schen Infanteriebrigaden gelingt es, starke Janitschareneinheiten aus Pötzleinsdorf zu vertreiben. Ein halbherziger Angriff der Tataren unter Murad Giray auf den äußersten rechten Flügel der Polen bei Mariabrunn wird von den Reitern Jablonowskis abgewiesen. Um vier Uhr nachmittags formieren sich die polnischen Regimenter zu einem neuen Angriff: Die Kolonnen Sieniawskis stehen nun bereits hinter Pötzleinsdorf, das Regiment Sobieskis bezieht Stellung an den Südhängen des Schafbergs, die Soldaten Jablonowskis sammeln sich im Tal des Alserbachs zum Vorstoß Richtung Dornbach – eine geballte Macht, der Kara Mustafa nicht mehr viel entgegenzusetzen hat. Dennoch versucht er sein Möglichstes und verstärkt nun den linken Flügel mit den Kämpfern Ibrahim Paschas, die er vom rechten abzieht. Die Rückzugsmöglichkeit über den Wienfluss, so weiß er, gilt es in jedem Fall abzusichern – die rechte Seite der Osmanen ist damit aber bereits verhängnisvoll geschwächt.

Der Sieg von Wien bedeutet Wasser auf die Mühlen der kaiserlichen Propaganda: Apotheose Leopolds I. als Türkensieger. Kupferstich, nach 1683.

Bevor Sobieski den Generalangriff befiehlt, lässt er ein Fähnlein von 150 Husaren unter Leutnant Zygmunt Zbierzchowski einen „Probeangriff“ reiten, ein sinnloses Himmelfahrtskommando, das über ein Drittel der Truppe das Leben kostet: Zbierzchowski und seine Husaren, von Sobieski mit dem Fernrohr beobachtet, durchstoßen zwar die erste Linie der türkischen Kavallerie, müssen sich dann aber vor der Masse des Feindes Hals über Kopf zur Flucht wenden; unter den Gefallenen ist auch Hof- und Kronschatzmeister Andrzej Modrzewski. Auch Feldhetman Sieniawski versucht es zunächst mit einem ähnlich selbstmörderischen Unternehmen: Ein Fähnlein Husaren und ein Fähnlein Panzerreiter unter dem Kommando von Stanislaw Potocki preschen im gestreckten Galopp in Richtung Türkenschanze los, bei Gersthof stoßen sie auf die Leibgarde des Großwesirs und die Elitetruppe bosnischer Lewenden – von einem Säbelhieb wird Potocki die Hirnschale wie ein Apfel abgeschnitten, auch zahlreiche seiner Männer fallen; die in

Richtung bayrischer Infanterie flüchtenden Reiter werden von türkischer Kavallerie verfolgt, erst das Musketenfeuer der Bayern bringt diese zum Stehen. Sieniawski wirft nun neue Kräfte in die Schlacht: 2.000 Reiter unter Kronoberstallmeister Marek Matczynski stürmen auf die türkische Kavallerie los, werden jedoch von einer überraschend auftauchenden Einheit des Feindes in der linken Flanke angegriffen und müssen sich zurückziehen, verfolgt von den Türken. Sobieski verlangt nun Unterstützung durch kaiserliche Truppen; Dragoner der Regimenter Schultz und Styrum sowie Kürassiere des Grafen Rabatta greifen in das Gefecht ein und zerschlagen den türkischen Angriff, dabei fällt Graf Trautmansdorff, der Oberst des Regiments Schultz.
Abaza Sari Hüseyin Pascha lässt nun neben seinem roten Prunkzelt ein großes Banner entrollen, um seine Männer noch einmal anzuspornen – die Polen halten es für die Fahne des Propheten, Sobieski setzt einen Preis für jenen Kanonier aus, dem es gelingt, das Banner zu treffen und zu zerfetzen. Sein Ingenieur Dupont, der sich an diesem seltsamen Wettschießen beteiligt, stopft sogar seine Perücke sowie Krawatte und Handschuhe als Füllmaterial in die Kanone – die Entfernung für einen Treffer erweist sich jedoch als zu groß.
Es ist später Nachmittag und das Töten im Nahmen Allahs und Jesus und Marias tritt in seine entscheidende Phase. Nach stundenlanger Pause lässt Karl von Lothringen, der sich mit dem sächsischen Kommandeur, dem Grafen Goltz, auf eine Fortsetzung des Kampfes geeinigt hat, die Einheiten am linken Flügel wieder vorgehen; die Reihen der Osmanen sind durch die Umgruppierungen Kara Mustafas in diesem Abschnitt bereits entscheidend geschwächt – um etwa fünf Uhr bricht

Die St. Josefskirche am Kahlenberg. 1929/30 wurde die Sakristei des Gotteshauses zur Sobieski-Gedächtniskapelle ausgestaltet.

die osmanische Frontlinie endgültig zusammen; fränkische und bayrische Truppen stürmen gegen die „Türkenschanze" los, die sächsische und kaiserliche Infanterien schwenken nach rechts, greifen Ober-Döbling an und Hernals. Ibrahim Pascha verlässt mit seinen Getreuen das Schlachtfeld und wendet sich zur Flucht – die Auflösung des osmanischen Heeres hat begonnen.
Auch Sobieski, der ursprünglich nach Eroberung der Vorberge halten wollte, setzt nun alles auf eine Karte: Mit dem Ruf *Jezus Maria ratuj!* („Jesus Maria, rette!"), der Losung des Tages, galoppieren Husaren Lanzen- und Panzerreiter los, die Elite der polnischen Ritterschaft stürzt sich auf den Rest der osmanischen Streitmacht, unterstützt von bayrischer und kaiserlicher Kavallerie. Sobieski, der seinen Sinn für große Inszenierungen auch diesmal eindrucksvoll beweist, verfolgt mit seinen Getreuen und Sohn Jakob von einem Hügel das Kampfgeschehen, in der luxuriösen Tracht eines Orientalen gekleidet, den Feldherrenstab in der Hand, genießt er den Triumph seiner tapferen Mannen, die ihn als Retter der Christenheit unsterblich werden lassen: Der Wucht des Angriffs sind die Streiter Abaza Sary Hüseyin Paschas nicht mehr gewachsen und wenden sich zur Flucht; allein im Zentrum leisten die Truppen um den Großwesir noch verzweifelten Widerstand. Kara Mustafa, der weiß, dass alles verloren ist, besteigt sein Schlachtross, begleitet von Vani Efendi und seinem Stab will er bis zum Tode auf dem Schlachtfeld kämpfen. Schließlich können ihn seine Begleiter unter Mitnahme der heiligen Fahne doch zum Rückzug in die Zeltburg des alten Hauptlagers bewegen, wo er seine letzten Dispositionen trifft: Jetzt erst ergeht an die Truppen vor den Mauern Wiens der Befehl zum Verlassen der Laufgräben und Minengänge – zu spät für viele. Und jetzt macht er seine Drohung, im Falle einer Niederlage die christlichen Gefangenen töten zu lassen, wahr – im buchstäblich letzten Moment werden kaltblütig Hunderte erschlagen oder schwer verwundet und verstümmelt, die Opfer sind vor allem Frauen.
Als Jablonowski und seine Reiter das Zelt des Scharfrichters erreichen und auf dem Schatzzelt eine polnische Standarte pflanzen, greift Kara Mustafa noch einmal zur Lanze und wirft sich den Polen entgegen, die Männer um ihn herum, seine mit roten Jacken bekleidete arnautische Leibwache, sein Privatsekretär Ali Efendi und zahlreiche Agas fallen. Osman Aga, der Kommandeur der Sipahi, ist es, der den Großwesir doch noch zur Flucht überreden kann: *Herr, seid gnädig! Es ist alles verloren. Aber Euer Leben ist die Seele des Heeres; wenn ihr Euch hinopfert, so muss das Heer des Islam in seiner Gesamtheit zugrunde gehen. Bitte, lasst uns doch aufbrechen!*
Osman Aga selbst ergreift die heilige Fahne; Kara Mustafa lässt seinen geliebten Strauß „enthaupten", damit er nicht in die Hände der Giauren fällt, seinem Graupapagei gibt er die Freiheit, Kaninchen und Katzen werden ihrem Schicksal überlassen, dann setzt man sich durch den

hinteren Ausgang der Zeltburg ab; Hals über Kopf geht es Richtung Osten; in der einbrechenden Dunkelheit verliert man beim Neugebäude sogar für einige Zeit den Weg, ehe man Fackeln auftreiben kann und weiter Richtung Raab flüchtet.
Gegen sechs Uhr abends erreicht Jan Sobieski das Zelt Kara Mustafas. Da er noch immer eine überraschende Rückkehr des Feindes befürchtet, befiehlt er weiterhin volle Kampfbereitschaft, das Plündern des Lagers ist den polnischen Truppen bei Todesstrafe verboten. Dem fliehenden Großwesir schickt er leichte Reiterei unter dem Befehl von Atanazy Miaczynski nach, dann begibt er sich in ein Zelt an der Wien, um sich zu erholen und die Gratulationen der deutschen Generäle entgegenzunehmen. Philippe Dupont wird mit dem goldenen Steigbügel des Großwesirs und einer ersten Siegesnachricht nach Krakau zu Gattin Marysienka entsandt.
Kaiserliche Dragoner und Kürassiere unter dem Befehl Ludwigs von Baden sind die ersten Truppen des Entsatzheeres, die zum glücklichen Klang der Kesselpauken und Trompeten die Stadt erreichen: Beim Schottentor werden sie von den Verteidigern begeistert begrüßt; gemeinsam macht man sich dann an das Töten der in den Gräben und unter den Bastionen eingeschlossenen Janitscharen und Mineure: An die 600 Mann werden aufgespürt und gnadenlos erschlagen oder erschossen; um etwa zehn Uhr abends fällt der letzte Schuss – dann liegen Dunkelheit und Stille über dem Schlachtfeld. Wien ist befreit …
Die Siegesmeldung erreicht den Kaiser noch in der Nacht zum 13. September. In der frühen Morgendämmerung bricht Leopold I. von Dürnstein per Schiff Richtung Wien auf. Erstmals seit langem schweigen die Kanonen, es herrscht eine seltsam unwirkliche Stille. Drückend schwer lastet am Tag nach der Schlacht die Spätsommerhitze über der Stadt und der Walstatt, beinahe unerträglich ist der Gestank der herumliegenden Kadaver von Pferden, Ochsen und Kamelen. Neben Tausenden von Gefallenen bedecken die Leichen der von den Osmanen erschlagenen gefangenen Frauen die Walstatt; viele Verwundete warten auf eine erste Versorgung, selbst Kleinkinder sind unter den Verletzten. Jetzt kann sich Bischof Kollonitsch als Menschenfreund auszeichnen: An die 500 überlebende Kinder, die man im Lager aufsammelt, bringt man in die Stadt, wo sie auf Kosten des Bischofs verpflegt werden und eine Unterkunft zugeteilt bekommen.
Da die Stadttore noch vermauert sind, strömen die Wiener in Scharen durch die Ausfallspforten in die verwaiste Zeltstadt, bestaunen vor allem das gewaltige Labyrinth der Laufgräben und unterirdischen Bauten und erkennen, wie nahe der Feind einer Eroberung der Stadt bereits gewesen ist. Und dann plündert man, ungeachtet der verfaulenden Leichen, nach Herzenslust: Lebensmittel wie Öl, Reis, Schmalz und Mehl, verschiedener Hausrat, Stoffe, Schmuck, Zinn und Kupfer werden in die Stadt geschleppt, ein wahrer Wettlauf um Beute hat einge-

setzt. Und angeblich findet man auch Säcke mit grünen bohnenartigen Früchten, von denen man nicht so recht weiß, was man damit anfangen soll …

Jan Sobieski genießt seinen Triumph in vollen Zügen und hat nicht die Absicht, auf den Kaiser zu warten: Um 10 Uhr morgens kommt er mit dem Prinzen Jakob und großem Gefolge in die Lorettokapelle der Augustinerkirche, wo Pater Josephus a Sancto Oswaldo eine Messe ohne Musik liest. Dann stimmt der König das *Te Deum* an, in das seine Begleiter lautstark einfallen. Zur Verblüffung der anwesenden kaiserlichen Militärs schlagen sich die polnischen Offiziere während des Singens immer wieder an die Brust und versetzen sich dann gegenseitig heftige Ohrfeigen. Von diesen seltsamen Übungen durstig geworden, bitten die Polen die Patres anschließend um Wein – die freundlichen Augustiner lassen sich nicht lumpen, bringen das Verlangte und müssen zusehen, wie ihre Retter noch in der Kapelle pro Mann ein halbes Maß (etwa 0,7 Liter) hinunterstürzen. Zusammen mit den Kurfürsten von Bayern und Sachsen, die nach der Messe eingetroffen sind, besichtigt Sobieski die Kirche, dann gibt er die Erlaubnis zum Handkuss – alle anwesenden Gläubigen, Männer und Frauen, dürfen die Hand des Helden mit ihren Lippen berühren.

Gedenktafel für König Jan III. Sobieski an der St. Josefskirche am Kahlenberg.

Starhemberg, der dem Wunsch Sobieskis nach Einzug in die Stadt zunächst nur widerwillig entsprochen hat, lädt nun zum Mittagessen in seinem Stadtpalast und bald überdeckt die gute Stimmung der illustren Gesellschaft alle Zwistigkeiten. Anwesend sind neben dem Gastgeber und dem Polenkönig der Kurfüst von Bayern und der Fürst von Anhalt, Sobieskis Sohn Kronprinz Jakob, Caprara, Jablonowski, Hieronim Lubomirski und der polnische Kanzler Jan Gninski. Sobieski lobt in seiner Tischrede die kaiserliche Armee und die Leistungen der bayrischen Truppen; Staunen erregt er, als er mit einigen vornehmen Gefangenen fließend in Türkisch und Tatarisch konversiert. Nach dem Essen besichtigt man noch den Stephansdom, dann geht's zurück ins Lager vor der Stadt. Das „gemeine Volk", so registriert Sobieski mit Genugtuung, begleitet die Befreier mit erhobenen Händen bis zum Schottentor.

Erst am 14. September, die Wiener plündern weiterhin fleißig das verlassene osmanische Lager, trifft Kaiser Leopold gegen Mittag per Schiff ein, begrüßt von drei Salven aus den Kanonen der Stadt. Zu seinem Empfang haben sich die Kurfürsten von Bayern und Sachsen, Starhemberg und Karl von Lothringen sowie zahlreiche Schaulustige zum Ankerplatz des Schiffes begeben. Leopold möchte sich jedoch nicht lange aufhalten: Er will das Schlachtfeld sehen, den Sieg auskosten, auch wenn er nicht selbst im Kampf gestanden hat. So besteigt Leopold ein bereitgehaltenes Pferd und begibt sich in Begleitung der Kurfürsten und Generäle auf Inspektion – erstmals bekommt der Herrscher einen Begriff davon, was seine Soldaten auf den Wällen der Stadt, in den Minengängen und Gräben in den Tagen der Belagerung tatsächlich geleistet haben.
Die Tränen kommen ihm allerdings erst, als er sieht, welch schwere Schäden der Leopoldinische Trakt der Hofburg erlitten hat – für die nächsten Nächte wird er ein improvisiertes Ersatzquartier in der Stallburg beziehen müssen. Durch das Stubentor, das in aller Eile vom Stadtunterkämmerer wieder passierbar gemacht worden ist, zieht Leopold dann unter viel Pauken- und Trompetenschall in seine Hauptstadt ein, der Magistrat und das kaiserliche Stadtgericht stehen zu seiner Begrüßung bereit. Daniel Focky, Stadtoberkämmerer und Bürgermeisteramtsverwalter nach dem Tod Liebenbergs, hält eine kurze Ansprache, Leopold verspricht den Stadtvätern den ferneren landesfürstlichen Schutz, lässt sich huldvoll von Stadträten und Stadtrichtern die Hand küssen und reitet dann weiter zum Stephansdom, vorbei an der Bürgerschaft, die links und rechts der Straße, die gesamte Strecke entlang, mit dem Gewehr in der Hand Spalier steht. Im Dom ist nun auch für Leopold der ersehnte Augenblick gekommen, in dem er das *Te Deum*, den Choral des Sieges, anstimmen kann; Bischof Leopold Graf Kollonitsch hält das feierliche Hochamt.
Nach dem Ende des Hochamts reitet der Kaiser über den Stock-im-Eisen-Platz und den Graben zur Stallburg, auch hier stehen dicht gedrängt die abgekämpften Verteidiger Wiens: die Fähnlein und Kompanien der kaiserlichen Niederleger, der Hofbediensteten und Hofbereiten und der Studenten. Nach dem Essen in der Stallburg empfängt Leopold die Abgesandten Jan Sobieskis und auch Bischof Kollonitsch bittet noch um Audienz: Er bittet um Unterstützung für die 500 Kinder, die in die Stadt gebracht wurden. Der Kaiser schlägt das erst vor kurzem erbaute Zuchthaus in der Leopoldstadt für die Unterbringung der Waisen vor, Kollonitsch ist damit einverstanden.
Trotz des Triumphes über Kara Mustafa, trotz der Vivatrufe und Dankesadressen von Seiten der Wiener ist Leopold etwas verstimmt: Dass Sobieski in der Stadt sich als Erster als Befreier und Retter der Stadt feiern hat lassen, wird er dem ruhmsüchtigen Polen nicht mehr vergessen.

Am Nussberg: Idyllische Weinberge verwandelten sich in ein Schlachtfeld.

Stadtkommandant Starhemberg sorgt weiterhin eisern für Disziplin und Ordnung: Er lässt einen Aufruf ergehen, in dem unter Androhung einer Leibesstrafe befohlen wird, alle aus den Befestigungsanlagen weggetragenen Schaufeln, Krampen und Schanzgeräte im Fortifikationsbauzahlamt wieder abzugeben; die gesamte Bürgerschaft und die Freikompanien sind aufgerufen, bei ihren Fähnlein zu bleiben; gegen jene, die sich nicht bei der Truppe zeigen, werde ebenfalls mit Leibesstrafe vorgegangen.

Für manch Glückliche ist die öde Zeit des Darbens bereits vorbei: Im Kloster der Augustiner-Barfüßer gibt es erstmals wieder frisches Fleisch – ein wahrer Festtag für die Mönche: Pater Bruno und Pater Januarius, die nach St. Marx ins Lager der bayrischen Truppen gegangen sind, erhalten von einem polnischen Panzerreiter, dem sie unterwegs begegnen, zwei schöne ungarische Ochsen, von denen sie einen sofort verkaufen, den andern treiben sie durch das bereits offene Rotenturmtor bis zum Kloster, wo er sofort geschlagen und zerteilt wird.

Quellen

Kara Mustafa vor Wien. 1683 aus der Sicht türkischer Quellen. Übersetzt und erläutert von Richard F. Kreutel. Graz-Wien-Köln: Styria 1982

Literatur

Thomas M. Barker, Doppeladler und Halbmond. Entscheidungsjahr 1683. Graz-Wien-Köln: Styria 1982

Johannes Sachslehner, Wien anno 1683. Ein europäisches Schicksalsjahr. Wien: Pichler Verlag 2015

Gott sein mir einen größeren Gehorsamb schuldig

Schwarzach im Pongau · 1731

Die Österreichische Verfassung garantiert heute das Recht auf Religionsfreiheit – eine Selbstverständlichkeit in der modernen Demokratie, ein Recht, das jedoch über Jahrhunderte hinweg hart umkämpft war. Obwohl das Zeitalter der Aufklärung schon ein grundlegendes Umdenken in dieser Frage gebracht hat, hängt man im 18. Jahrhundert in Österreich und dem Erzbistum Salzburg noch geradezu mittelalterlichen Vorstellungen nach – nur die Scheiterhaufen brennen nicht mehr, ansonsten sind die Zustände im Erzbistum mehr als skandalös. Die Geschichte der sogenannten „Großen Salzburger Emigration" ist geradezu ein Lehrbeispiel dafür, wie ein absolutistisch regierender Landesfürst seine „Untertanen" durch Schikanen, Lügen und juristische Kniffe in die Enge treiben und sich bedenkenlos über Menschenrecht und Menschenwürde hinwegsetzen kann.

Wurde zum Symbol für den Widerstand der evangelischen Salzburger: der „Salzleckertisch" im Rathaus der Gemeinde Schwarzach im Pongau.

Die Affäre beginnt 1727 mit der Wahl von Leopold Anton Eleutherius Freiherr von Firmian zum Salzburger Erzbischof. Der neue Landesherr an der Salzach ist ein in Rom von Jesuiten erzogener Südtiroler Adeliger, der sich mehr für die Jagd und seine prachtvollen Schlösser Kleßheim und Leopoldskron interessiert als für das Wohl seiner „Untertanen". Und er hat sich ein ehrgeiziges Ziel gesetzt: die „Ausrottung der Ketzerei", des Kryptoprotestantismus in den ländlichen Gegenden des Erzstifts. Die rechte Hand des Erzbischofs in diesem verbissenen „Kreuzzug", der sich vor allem gegen die Bevölkerung der sieben Pfleggerichte des Pongaus – Radstadt, Wagrain, Werfen, Bischofshofen, St. Johann, St. Veit und Gastein – richtet, ist der Hofkanzler Hieronymus Cristani von Rall *(Christano di Rallo)*, so wie Firmian ein „Welschtiroler"; beiden, dem Landesfürsten wie auch dem Leiter seiner Bürokratie, mangelt es, wie sich zeigen soll, an Kenntnis des Landes, vor allem an Kenntnis der Mentalität der freiheitsliebenden Salzburger Bauern, die Eingriffen in ihren persönlichen Glaubensbereich schon immer Widerstand entgegengebracht haben.
Firmian und sein Hofkanzler starten ihre Kampagne gegen die „Ketzer" mit einer „Kommission", die in die Pfleggerichte ausgeschickt wird. Die Kommissare sollen die Menschen „Verhören" unterziehen und sich ein Bild von den tatsächlichen Verhältnissen machen; Cristani von Rall selbst leitet die Kommission. Die Ankündigung dieser Untersuchungen, die am 15. Juli 1731 beginnen sollen, löst unter den evangelisch

Erzbischof Firmian, der einen Aufstand der Evangelischen befürchtet, lässt auch die „Alte Wacht" in Großarl durch Militär besetzen. Plan im Salzburger Landesarchiv, Karten und Risse N 01.

Gesinnten des Landes große Unruhe aus; man beschließt, sich auf die Verhöre durch die Ausgabe von Verhaltensregeln entsprechend vorzubereiten. Rupert Stulebner, der Schmied von Hüttau, ist einer der führenden Männer unter den Evangelischen und vermutlich auf seine Initiative hin versammeln sich am 13. Juli 1731 etwa 150 evangelische Vertrauensleute aus den meisten Orten des Pongaus im einzigen Wirtshaus von Schwarzach, der Schenke von Georg Khäll, zur entscheidenden geheimen Beratung – die Schicksalsfrage lautet: Soll man seinem Glauben treu bleiben und ihn offen bekennen oder soll man ihn verleugnen und sich als katholisch ausgeben?
Die Beratung beginnt mit der Verlesung eines Briefs aus Regensburg durch den Bauer Ruprecht Frommer. Das Schreiben spricht den Pon-

gauern Mut zu, sie sollen standhaft bleiben, man werde sie nicht im Stich lassen. Während sich die führenden Köpfe zur Beratung in eine Nebenstube zurückziehen, verbringen die übrigen Männer die Zeit mit religiöser Andacht. Man liest aus der Bibel, singt und betet gemeinsam. Schließlich verkündet Ruprecht Frommer den in der Nebenstube gefassten Beschluss: Man solle sich vor der Kommission des Erzbischofs offen als evangelisch bekennen. Dann liest der Bauer ein gemeinsam formuliertes Glaubensbekenntnis vor, das für die Religions-Kommissare des Hofkanzlers bestimmt ist. Darin wird bekräftigt, dass man der Obrigkeit in allen „leiblichen Sachen" gehorsam sein wolle, ausgenommen sei jedoch die „Lehr", denn „die ist nit unser, sondern Gottes, und Gott sein mir einen größeren Gehorsamb schuldig, alß den Menschen". Dann schreitet man zur Abstimmung über dieses Glaubensbekenntnis, die auf Vorschlag Rupert Stulebners nach Art der Schmiedezunft erfolgt: Ein Salzfass wird auf den Tisch gestellt, dann taucht jeder, der mit dem Text einverstanden ist, seine beiden Schwurfinger in das Salz; wer dagegen ist, unterlässt dies. Viele, die ihre Finger in das Salz legen, lecken diese dann ab; mit der Abstimmung selbst hat das „Salzlecken", jene Geste, die man später als „Schwur" und Akt der Verschwörung interpretiert, nichts mehr zu tun.
Da bis zur Ankunft der erzbischöflichen Spitzel nur mehr zwei Tage Zeit sind, beeilen sich die Vertrauensleute, ihre Glaubensgenossen in weiteren geheimen Treffen und durch Besuche in den Bauernhäusern über das Ergebnis der Schwarzacher Zusammenkunft zu informieren; die Kommission beginnt ihre Tätigkeit pünktlich am 15. Juli in Werfen. Hofkanzler Cristani von Rall persönlich leitet die Verhöre – die meisten Befragten stehen offen zu ihrem evangelischen Glauben, betonen aber auch, dass sie ihrem Landesfürsten in allen anderen Dingen gerne gehorsam seien. Viele klagen über die katholischen Pfarrer, die sich in Schmähreden über die evangelischen Gemeinden ergehen würden, und über die Pfleger, die sie mit hohen Geldstrafen quälen würden.
Der Hofkanzler und seine Kommissare ziehen weiter durch den Pongau: Am 17. Juli sind sie in Radstadt, am 18. in Wagrain, am 20. in St. Johann, einen Tag später in Großarl und am 23. Juli in Goldegg; hier klagen die Befragten über den Pfarrer von St. Veit, einen gewissen Dr. Ekhart, der die unangenehme Gewohnheit habe, seine Gläubigen mit Schlägen zu traktieren. In Hofgastein werden die Kommissare am 24. Juli gar mit lutherischen Liedern empfangen, offen fordern die Gasteiner Bauern einen evangelischen Prediger; am 27. Juli ist man in Taxenbach und Saalfelden; am 28. Juli tritt die Kommission schließlich die Rückreise nach Salzburg an.
Die Zahlen, die Cristani von Rall dem Erzbischof vorlegen kann, sprechen für sich: 20.678 Personen haben sich in diesen zwei Wochen als evangelisch aufschreiben lassen; in jedem Ort sind ihm schriftliche Bekenntnisse übergeben worden, in denen die Evangelischen immer

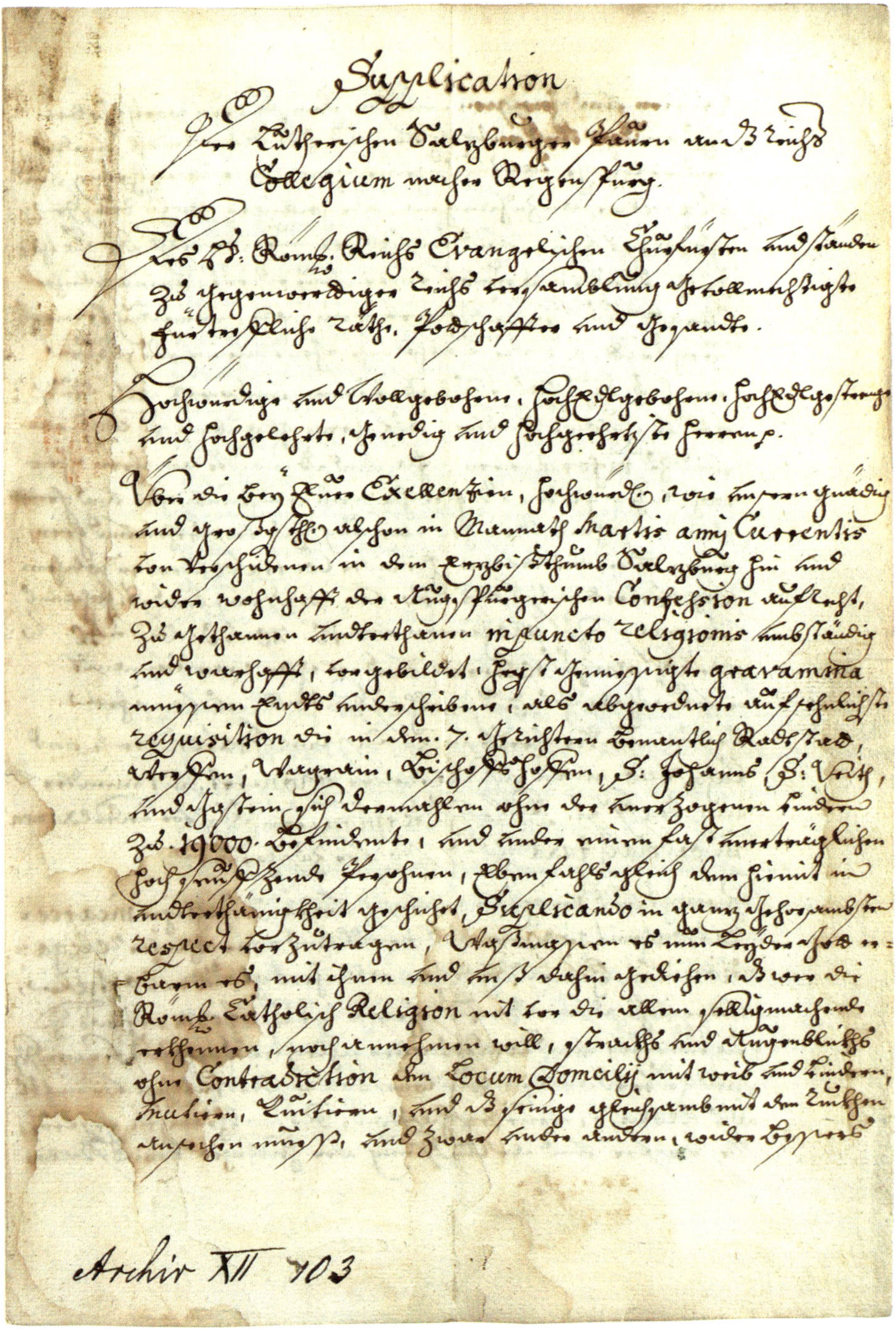

Supplication

Der Lutherischen Salzburger Bauern an das Reichs
Collegium nacher Regenspurg.

Der H. Röm. Reichs Evangelischen Churfürsten und Stände
zu gegenwärtiger Reichs Versamblung Hochbevollmächtigte
Fürtrefflichste Räthe, Bottschaffter und Gesandte.

Hochwürdige und Wohlgebohrne, Hoch Edlgebohrne, Hoch Edle gestrenge
und Hochgelehrte, Gnädig und Hochgeehrteste Herren.

Was die bey Euer Excellentien, Hochwürd. etc. wie unser gnädig
und großg[illegible] schon in Monath Martii anni Currentis
von Verschiedenen in dem Erzbisthumb Salzburg hin und
wider wohnhafft der Augspurgischen Confession zugethan,
Zu gethanen Unterthanen in puncto Religionis umbständig
und wahrhafft vorgebildet, [illegible] gravamina
unserem Orts(?) unterschriebene, als Abgeordnete auf [illegible]
requisition die in den 7. Gerichten nemblich Radstadt,
Werffen, Wagrain, Bischofshofen, S. Johanns, S. Veith,
und Gastein sich dermahlen ohne die [illegible] Kinder
zu 19000 befindente, und unter einem fast unerträglichen
Gewissens Zwang(?) [illegible], [illegible] gleich dem [illegible] in
Unterthänigkeit geschickt, Supplicando in gantz gehorsambster
respect vorzutragen, [illegible] er=
[illegible], mit [illegible] und [illegible], der die
Römisch Catholische Religion nit vor die allein seeligmachende
erkennen, noch annehmen will, [illegible] und Augenblicklichs
ohne Contradiction den Locum Domicilij mit weib und kindern,
[illegible], [illegible], und [illegible] mit dem [illegible]
[illegible] muß, und [illegible], wider [illegible]

Archiv XII 103

wieder betonen, dass sie „durch kein list noch menschen lehr noch drohen" sich von ihrem Glauben abbringen lassen würden. Das werde auch für den Fall gelten, dass die Herrschaft „hart und streng" mit ihnen „verfahren thuet".

Erzbischof Firmian und Cristani von Rall, besessen von der Idee zur Rekatholisierung, wollen diese aufrechte Haltung der Pongauer nicht akzeptieren und gehen den Weg der Repression konsequent weiter. Am 30. Juli erlässt Firmian den Befehl, dass die Bauern keine Versammlungen mehr abhalten dürfen; am 4. August ergeht an die Pfleger die Weisung, dass sie ihre katholischen Untertanen „militärisch anvermahnen, encouragieren und animieren, sich ad defensionem et offensionem parat zu halten". In völliger Fehleinschätzung der Lage ist Firmian davon überzeugt, vor einer „Rebellion" seiner evangelischen „Untertanen" zu stehen und denkt nun tatsächlich daran, auch Truppen gegen die „Ketzer" einzusetzen. Vorsorglich bittet er auch gleich Kaiser Karl VI. in Wien um militärische Unterstützung, die ihm der Habsburger, dazu von seinem jesuitischen Beichtvater Vitus Georg Tönnemann, einem Parteigänger Firmians, gedrängt, nach anfänglichem Zögern am 16. August auch zusagt – der Wunsch nach Unterdrückung des Protestantismus ist auch am Wiener Hof einmal mehr größer als die politische Vernunft. Prinz Eugen, der Leiter der Geheimen Konferenz, kann sich in dieser Frage nicht gegen den Kaiser durchsetzen.

Die Salzburger Protestanten wissen sich zu helfen: Bittschrift („Supplication") an den Corpus Evangelicorum in Regensburg. Salzburger Landesarchiv, Geheimes Archiv XV 20.

Die Lage spitzt sich zu: Inzwischen lehnen die katholischen Pfarrer es ab, die Evangelischen als Angehörige der Pfarren zu betrachten, und verweigern ihnen daher die Taufe ihrer Kinder sowie Trauungen und Beerdigungen auf den Friedhöfen. Im Gegenzug beschließen die evangelischen Salzburger am Jakobitag, dem 25. Juli 1731, wieder bei einer Beratung in Schwarzach, den katholischen Gottesdienst nicht mehr zu besuchen, ihre Kinder selbst zu taufen und die Toten selbst in ihren Hausgärten zu bestatten – für Erzbischof Firmian ein klares Zeichen der Rebellion.

Angesichts der militärischen Vorbereitungen Firmians, die den Evangelischen nicht verborgen bleiben, treffen sich diese am 5. August im Stammwirtshaus von Schwarzach zu einem „großen Rat"; über 300 Abgesandte der Gemeinden beraten über die vernünftigste Antwort auf die offenkundige Gewaltbereitschaft des katholischen Landesherrn. Einen Tag lang überlegt und diskutiert man, dann wird beschlossen, eine Gesandtschaft von 24 Männern aus den sieben Pongauer Pfleggerichten zum Corpus Evangelicorum, dem Zusammenschluss aller lutherischen und reformierten Reichsstände, nach Regensburg zu schicken, wo sie im Namen von 19.000 Glaubensgenossen, die man namentlich aufgelistet hat, eine Bittschrift überreichen sollen. Darin sollen die evangelischen Stände gebeten werden, bei Erzbischof Firmian – so unrealistisch dies auch ist – die Gewährung der Glaubensfreiheit zu erwirken. Jeder Anwesende steuert einen Kreuzer für die Reisekosten

der Gesandtschaft bei. Wieder kommt das Salzfass in der Gaststube von Georg Khäll auf den Tisch und wieder legen die Vertrauensleute ihre Schwurfinger in das Salz.
Die 24 Männer machen sich unverzüglich auf den Weg nach Regensburg, werden aber in der Nähe von Bad Ischl angehalten; da 21 von ihnen keine Pässe vorweisen können, verhaftet man diese und bringt sie über Gmunden nach Linz und von dort nach Salzburg, wo sie auf der Festung Hohensalzburg eingekerkert werden. Die restlichen drei Männer, Peter Höllensteiner aus Werfen, Nikolaus Forstreuter aus St. Johann und Andreas Gapp aus Radstadt, die im glücklichen Besitz von Pässen sind, können die Reise nach Regensburg fortsetzen, erreichen hier aber außer wohlgesetzten Worten wenig – die evangelischen Stände verfügen über kein wirksames politisches Druckmittel, um Firmian zu einem Einlenken bewegen zu können. Bitter enttäuscht, sehen die drei tapferen Pongauer nur mehr einen Weg: die Auswanderung. Da sie schon einmal in der Fremde sind, wollen sie auch gleich die Möglichkeiten einer Aufnahme durch die protestantischen Mächte des Kontinents prüfen. Sie reisen daher weiter nach Hessen-Kassel, um hier zu klären, ob der König von Schweden sich mit einer Aufnahme der Salzburger anfreunden könne, erhalten aber einen ablehnenden Bescheid – in Schweden, so die Antwort, könne man nur Bergleute gebrauchen, aber keine Bauern und Handwerker. So geht die Odyssee der drei Männer aus dem Pongau weiter; über Frankfurt am Main brechen sie, dazu ermuntert durch den preußischen Gesandten, nach Berlin auf. Überschattet ist die Reise von einem Unglück: Andreas Gapp fällt so unglücklich vom Wagen, dass ihm ein Rad beide Beine abquetscht und er nicht mehr weiterreisen kann. Peter Höllensteiner und Nikolaus Forstreuter geben dem Schwerverletzen beinahe ihr ganzes Geld und gehen dann zu Fuß nach Berlin weiter, wo sie im November 1731 eintreffen und von Preußens König Friedrich Wilhelm I. freundlich empfangen werden – nicht ohne Grund: Erzbischof Firmian hat inzwischen die Auswanderung der Salzburger Protestanten dekretiert. Ein „Glaubensexamen", das der König von ihnen verlangt, bestehen sie mit Bravour.
Nach dem Aufbruch der Regensburger Gesandtschaft hat sich der Konflikt in den Pongauer Pfleggerichten weiter verschärft. Vom Landesherrn in die Enge getrieben, finden die evangelischen Salzburger zu neuem Selbstbewusstsein und bisher nicht gekannter Solidarität. Jetzt, da sie nicht mehr heucheln und sich verstecken müssen, sagen sie ihren katholischen Landsleuten offen und kritisch ihre Meinung, gelegentlich kommt es auch zu Übergriffen: In Saalfelden und einigen anderen Orten stürzt man die Statuen des heiligen Nepomuk, Symbol des von den Protestanten abgelehnten Beichtsakraments, von den Brücken oder beschmiert sie mit Kuhdünger, so geschehen in Hallein. Für Firmian und seinen Hofkanzler sind das Akte des Ungehorsams, die sie in

ihrer Auffassung, einer „Rebellion" gegenüberzustehen, weiter bestärken. Nun mischt sich auch noch der Vatikan ein. Papst Clemens XII., vom Kölner Nuntius auf die Vorgänge im Erzbistum aufmerksam gemacht, fordert besorgt einen Bericht an – Firmian überlässt die Beantwortung seinem fintenreichen Hofkanzler, der alle Register zieht, um die Politik seines Herrn ins rechte Licht zu rücken. In seiner in italienischer Sprache gehaltenen Antwort vom 24. August 1731 schildert er die Anstrengungen Firmians zur „Wiedergewinnung der Seelen" in den hellsten Farben, um dann auch dem Heiligen Stuhl das Märchen vom offenen Aufstand der Evangelischen zu unterbreiten, ja, die „Ketzer" hätten sogar das Ziel, „das Land in die Hände eines anderen Fürsten zu geben".

Die von Kaiser Karl VI. bewilligten Truppen stehen indes an den Grenzen des Landes, dürfen aber noch nicht einrücken, da man in Wien noch immer auf eine friedliche Lösung hofft. Wieder versucht man es mit guten Worten: Ein kaiserliches „Dehortatorium" (Ermahnungsschreiben) wird an Firmian übergeben, der es im Erzbistum bekannt machen soll – der Kirchenfürst lehnt aber das Ansinnen des Kaisers ab und blockiert das Anschlagen der Botschaft, fürchtet er doch, dass seine Souveränität als Landesherr beschnitten werden könne, da das „Dehortatorium" seinen „Untertanen" anbietet, sich mit Beschwerden

Salzburg vom Kapuzinerberg, um 1735. Kupferstich von Johann Georg Pinz nach einer Zeichnung von Friedrich Bernhard Werner.

direkt an den Kaiser zu wenden. Firmian und sein Hofkanzler versuchen die Lutheraner weiter zu isolieren: Am 30. August erlässt er ein Mandat, das keine gemeinsamen Gottesdienste, sondern nur mehr Hausandachten ohne Predigt und mit höchstens drei Teilnehmern aus dem Haushalt erlaubt – ein ungeschickter Schritt, der die Evangelischen weiter gegen den Landesherrn aufbringt. Firmian weiß sich keinen Rat mehr und bittet Wien um den Einmarsch der Truppen, der Mitte September beginnt. Etwa 3.600 kaiserliche Soldaten, unter ihnen auch Prinz-Eugen-Dragoner, verteilen sich über das Land – Elitetruppen im Einsatz gegen friedliche Bergbauern, die nun auch noch die Last der Einquartierungen tragen müssen. Erzbischof Firmian fühlt sich nun stark genug, um gegen die „Rädelsführer" der vermeintlichen „Rebel-

lion“ losschlagen zu können. Am Abend des 27. September rollt eine Verhaftungswelle an; 33 evangelische Pongauer, von denen man weiß, dass sie bei den Beratungen in Schwarzach eine bedeutende Rolle spielten, werden gefesselt aus ihren Häusern geführt und „wohlverschlossen mit verbundenem Maul“ auf die Festung Hohensalzburg gebracht, wo sie das Schicksal der 21 Abgesandten teilen: Über sie wird Kerkerhaft verhängt.
Wochenlange strenge Verhöre durch die erzbischöflichen Beamten folgen, den Tatbestand der „Rebellion“ versucht man den angeblichen „Rädelsführern“ jedoch vergeblich anzulasten. In Wien drängt man daraufhin auf Freilassung der Gefangenen, auch die evangelischen Reichsfürsten drohen nun mit Gegenmaßnahmen, vor allem Friedrich

Sichtbares Zeichen für die Macht der Salzburger Erzbischöfe: die Festung Hohensalzburg. Die Anfänge der Burganlage, die 1525 erfolgreich einem Heer aufständischer Bauern und Bergknappen trotzte, reichen bis ins 11. Jahrhundert zurück.

Wilhelm I., der im Falle einer weiteren Verfolgung der Salzburger ankündigt, dass er dann dieselben Repressalien wie Erzbischof Firmian auch gegen seine katholischen Untertanen zur Anwendung bringen werde. Der Kirchenfürst und Cristani von Rall bleiben jedoch hartnäckig auf ihrer Linie einer Lösung durch Gewalt. Mit Hilfe einer List gelingt ihnen die Entwaffnung der evangelischen Schützen: Für den 22. Oktober 1731 wird in den Pongauer Pfleggerichten eine allgemeine Musterung der Schützen angeordnet; gleichzeitig hat Firmian mittels Geheimbefehl Soldaten zu dieser Musterung befohlen, die nach außen nur Zuschauer spielen, dann jedoch plötzlich ihre Gewehre auf die in Reih und Glied angetretenen Schützen anlegen und diese so zur Herausgabe ihrer Kugelstutzen zwingen. Dann wird jeder einzelne Schütze aufgerufen und gefragt, ob er katholisch oder evangelisch sei. Wer sich evangelisch bekennt, muss sich ohne Waffe entfernen, die katholisch gesinnten Schützen erhalten den Kugelstutzen zurück. Da man noch versteckte Waffen vermutet, führen erzbischöfliche Beamte am 2. November Hausdurchsuchungen durch; auch diese Aktion verläuft ruhig; es gibt keinen Widerstand von Seiten der Evangelischen: „Die Bauern gehorsamten“, berichtet wahrheitsgetreu ein Beamter.

Damit glaubt nun Erzbischof Firmian die Voraussetzungen ge-

Kolonnen von heimatlosen Protestanten ziehen durch Europa: Marschkarte der Salzburger Emigranten aus dem Jahre 1732. Salzburger Landesarchiv.

DIE OOST SEE.
Reise der Saltzburgischen Emigranten zu Wasser nach Preussen.
Das FURSTEN und ERTZ=BISTHUM SALTZBURG
Vorstellung eines Marsches Saltzburgischer Emigranten
BERLIN
DANTZIG
KÖNIGSBERG
STETTIN
DRESDEN
SALTZBURG

schaffen für seinen letzten Trumpf, der Salzburg „von der Wurtzel auß" von der „giftigen Pest" des Luthertums befreien soll: Am Sonntag, dem 11. November 1731, lässt er überall im Lande von den Kanzeln das mit 31. Oktober datierte „Emigrationspatent" verlesen, das alle „Untertanen", die sich weiter als evangelisch bekennen wollen, zum Verlassen ihrer Heimat zwingt. In der Einleitung begründet Firmian diesen Schritt wieder mit dem Hinweis auf einen „eigenmächtigen Aufstand" und den „rebellischen Mutwillen" der Evangelischen; gegen diese „Bösewichter" müsse er trotz „mildister Lands-Vätterlicher Liebe" mit aller Schärfe vorgehen. Alle „unangesessenen" Einwohner über zwölf Jahren müssten daher innerhalb von acht Tagen (!) nach der Veröffentlichung des Patents das Gebiet des Erz-Stifts verlassen; für die „angesessenen" Bauern, die unbewegliche Güter und Häuser besitzen, betrage die Frist zur Emigration drei Monate – extrem kurze Fristen, die nur möglich sind, weil die zur Emigration Gezwungenen als „Rebellen" und als Anhänger einer reichsrechtlich nicht geschützten Religion dargestellt werden. Firmian und Cristani von Rall nützen hier die Unvorsichtigkeit der Pongauer Bauern aus, die sich nie ausdrücklich zu einer der drei vom Reichsrecht anerkannten Konfessionen bekannt haben – ein beliebter juristischer Trick, mit dem die Kirche immer wieder gegen „einfache" Gläubige vorgeht. Noch 1837 werden mit dieser perfiden Argumentation die Zillertaler „Inklinanten", etwa 430 Personen, vom Toleranzpatent Kaiser Josephs II. ausgeschlossen und zur Emigration ins preußische Schlesien gezwungen.
Eine Warnung ergeht auch an alle, die glauben, sich durchlavieren zu können: Wer aber seinen Glauben bisher nicht offen deklariert habe, so das Patent, werde von nun an genau überwacht werden, um „dieses verderbliche Unkraut aus der Wurtzel zu heben, weil ohne dessen Vertilgung ein sicherer Ruhestand in diesem Unserem Ertz-Stifft nicht leichtlich zu hoffen". Auch auf den Profit für die Kassa des Erzbistums hat Firmian nicht vergessen: Über das aus dem Land mitgenommene Vermögen der Emigranten wird eine „Nachsteuer" von 10 Prozent verhängt.
Das „Emigrationspatent" erregt in Europa ungeheures Aufsehen; vor allem die kurzen Abzugsfristen werden heftig kritisiert. Am Wiener Hof drängt man Firmian zur Zurücknahme des Patents und zu einer Erstreckung der Frist auf drei Jahre; die evangelischen Reichsstände fordern, dass die „Exekution des Patentes" sofort zu stoppen sei. Die Salzburger Regierung kümmert das wenig – als der Pfleger von Gastein anfragt, ob man tatsächlich im Winter das Patent durchführen wolle, erhält er die ausgesprochen zynische Antwort: „Die Emigrationspatente müssen vollzogen werden, es gehe, wie es wolle, leide daran, wer leiden kann; keine Gnade, keine Mildt, ein anderes ist nicht zu hoffen." Mitten in der kalten Jahreszeit beginnt so trotz der Proteste Englands und Preußens die Austreibung der „Unangesessenen": Knechte und Mägde, meist

ohne Geld und ohne Verpflegung und ohne ausreichende warme Kleidung werden vom Militär zusammengetrieben und zu Sammelstellen gebracht, dann eskortiert man sie zur bayerischen Grenze in Tittmoning, wo sie wochenlang auf die Erlaubnis zum Weiterziehen warten müssen. Etwa 4.000 Menschen verlassen mit diesem ersten Auswanderungszug Salzburg, die meisten von ihnen finden in Bayern und Württemberg eine neue Heimat.
Für die „Angesessenen“ kann der Termin immerhin bis zum Georgitag, dem 24. April 1732, erstreckt werden. Tatkräftige Hilfe kommt von Preußens König Friedrich Wilhelm I., der in einem Patent vom 2. Februar 1732 den „angesessenen“ Salzburgern günstige Bedingungen verspricht und ihnen sogar Reisegeld zusichert – vier, drei und zwei preu-

Unerschütterlich im Glauben und Vorbild für alle Leidensgenossen: eine Emigrantin aus St. Johann mit ihrem Kind. Andachtsbild auf Pergament, Salzburg Museum Carolino Augusteum.

ßische Groschen täglich, abhängig davon, ob Mann, Frau oder Kind, will er den Emigranten bezahlen. Die Anstrengungen von Peter Höllensteiner und Nikolaus Forstreuter machen sich jetzt bezahlt.
Zwischen dem 6. Mai und dem 6. August 1732 verlassen in insgesamt 16 Wanderzügen über 15.000 „angesessene" Salzburger das Land; großzügig lässt Firmian auch die auf Hohensalzburg eingekerkerten „Rädelsführer" frei; unter ihnen auch Rupert Stulebner, den Schmied von Hüttau. Der Großteil der Emigranten tritt den Weg nach Ostpreußen an; ihre Reiseroute führt über Augsburg, wo sich ihnen noch über 2.000 „Unangesessene" anschließen, Nürnberg und Berlin nach Stettin; von hier werden sie auf Schiffen nach Königsberg gebracht. Trotz der freundlichen Aufnahme, die sie überall finden – sie werden als „Märtyrer des Glaubens" gefeiert –, überleben viele Salzburger die Strapazen nicht: Bis Stettin sterben 290 Emigranten; während der Passage über die Ostsee weitere 515, vor allem Kinder. 23 Prozent aller Ausgewanderten überleben die beiden ersten Jahre in der Fremde nicht. Die Sehnsucht nach den heimatlichen Bergen ist groß.
42 Familien, insgesamt 78 Personen, wählen in Augsburg ein anderes Reiseziel: Sie folgen dem Ruf einer Londoner „Gesellschaft für die Verbreitung christlicher Erkenntnis", die Siedler für die neue britische Kolonie Georgia sucht. Das englische Parlament und verschiedene Privatleute spenden das Geld für die Überfahrt nach Amerika, die die wagemutigen Salzburger nach 67 Tagen auf dem stürmischen Atlantik am 12. März 1734 nach Savannah bringt. 1735 kommen weitere 57 Salzburger nach Georgia. Die Emigranten gründen die Siedlung Ebenezer (= „Bis hierher hat uns Gott geholfen") und 1736 an der Mündung des Ebenezer Creek in den Savannah River die Siedlung Neu Ebenezer; trotz des ungewohnten Klimas erarbeiten sie sich einen bescheidenen Wohlstand. „The Salzburgers" werden in der aufstrebenden Kolonie zum Inbegriff tüchtiger, hart arbeitender Kolonisten.
Schließlich wandern auch jene lutherischen Salzburger aus, die das „Emigrationspatent" eigentlich von der Auswanderung ausgenommen hat, da man sie für zu wichtig für die Wirtschaft des Landes hält: die Knappen des Dürrnberger/Halleiner Salzbergwerkes. Sie bitten selbst um die Erlaubnis zur Emigration und da man für sie mit Knappen aus Berchtesgaden rasch Ersatz findet, stimmt die Salzburger Regierung zu. Am 30. November 1732, über ein Jahr nach der Veröffentlichung des verhängnisvollen Patents, brechen 780 Personen in die Niederlande auf, wo man ihnen völlige Gleichberechtigung und einige Jahre Steuerfreiheit zugesichert hat – für viele von ihnen eine Reise in den Tod.
Gespenstische Ruhe macht sich in diesem Sommer 1732 auf vielen Bauernhöfen des Erzstifts breit: Insgesamt 1.776 Bauernhöfe stehen leer; Wiesen und Felder liegen brach; es gibt niemanden, der die Ernte einbringt. Firmian und Cristani von Rall haben ihr Ziel, ein im Glauben geeintes Land, erreicht. Das Opfer, das sie dafür gebracht haben,

wiegt schwer: Aus dem blühenden Bauernland ist verarmte Provinz geworden; die Kraft ihrer Menschen ist für das Erzstift für immer verloren. Zerstört ist auch die „Kultur des Buches", die protestantische Gemeinschaften auszeichnet. Die des Lesens und Schreibens kundigen evangelischen Bauern und Handwerker sind verschwunden, ein neuer Analphabetismus macht sich breit – für den absolut regierenden Kirchenfürsten an der Salzach und seine habsburgischen Handlanger ein nicht unwillkommener Zustand. Im Zeichen des Katholizismus fördert man Dummheit und dumpfes Befolgen von Ritualen, eine neue Rückständigkeit des Denkens, die sich mit der absoluten Gewalt des Herrschers für immer abfinden soll.

Romantische Verklärung: Darstellung des „Salzleckens" aus dem 19. Jahrhundert.

Das Wirtshaus des Georg Khäll, in dem die Weichen für das Drama der Salzburger Protestanten gestellt worden sind, existiert nicht mehr. Geblieben ist nur der Tisch, auf dem das legendäre Salzfass gestanden haben soll; er befindet sich heute im Rathaus der Marktgemeinde Schwarzach im Pongau. Die runde Tischplatte trägt ein Bild, das die Salz leckenden Evangelischen zeigt; die Inschrift lautet: „Das ist der nemliche Tisch, an dem die lutherischen Bauern Salz gelecket. Anno 1731." Die Echtheit des Tisches ist allerdings nicht gesichert; möglicherweise ist das Bild auch als Spott auf die Evangelischen gedacht gewesen – dafür würde der zitierte Bibelspruch *Magis dilexerunt tenebras quam lucem* („Sie zogen die Dunkelheit dem Lichte vor"; Evangelium des Johannes, 3, 19) sprechen. Eine Nachbildung des Tisches befindet sich im Salzburger Museum Carolino Augusteum.

Literatur

Gerhard Florey, Geschichte der Salzburger Protestanten und ihrer Emigration 1731/32. Wien-Köln-Graz 1977

Reformation · Emigration. Protestanten in Salzburg. Ausstellungskatalog zur Ausstellung auf Schloss Goldegg 1981. Salzburg 1981

Allein gegen Napoleon

Aspern · 1809

Brennpunkt des blutigen Gemetzels: der Kampf um Friedhof und Kirche von Aspern.

Als das Kaisertum Österreich im April 1809 den Krieg gegen Napoleon wagt, tritt man gegen die „Supermacht" des Kontinents an, gegen ein „Groß-Frankreich", das sich von der Ostsee bis zum Atlantik, von der Nordsee bis zum Mittelmeer erstreckt. Der Waffengang, den die Wiener Kriegspartei um den Grafen Stadion und Kaiserin Maria Ludovica vom Zaun bricht, ist keineswegs gut geplant und bald zeigt sich, dass die große Hoffnung, Napoleon überraschen zu können, ihn zu besiegen, bevor er Truppen aus Spanien herangeführt hat, nicht in Erfüllung gehen wird. Ursprünglich will man schon im März losschlagen, doch Oberbefehlshaber Erzherzog Carl bricht erst am 8. April zur Armee auf, die an den Grenzen Bayerns zusammengezogen wird. Am 10. April überschreiten die österreichischen Truppen den Inn. Wertvolle Zeit ist verloren gegangen – und wie immer, wenn es darauf ankommt, ist Napoleon blitzschnell: Am 13. April um vier Uhr morgens verlässt er Paris, am 15. April ist er bereits in Donauwörth, am 16. in Ingolstadt, wo er sein Hauptquartier aufschlägt. Obwohl an Zahl der Truppen unterlegen, gelingt es ihm, die Initiative an sich zu reißen. Am 19. April greift Marschall Masséna bei Landshut den linken Flügel der Österreicher unter Erzherzog Ludwig an und schneidet ihn von Carls Hauptarmee ab; am 23. April muss dieser sich nach Niederlagen in den Schlachten von Eggmühl und Abensberg bei Regensburg auf das linke Donauufer zurückziehen.

Napoleon hält sich nicht lange mit einer mühsamen Verfolgung der nach Böhmen ausweichenden Österreicher auf, sondern wendet sich gleich gegen Wien, das am 13. Mai besetzt wird. Der Besitz der habsburgischen Residenz bietet Napoleon im Entscheidungskampf gegen Erzherzog Carl unschätzbare Vorteile. Er hat damit nicht nur einen psychologischen Vorteil errungen, sondern auch eine glänzende Versorgungsbasis gewonnen, die es ihm ermöglicht, seine Truppen mit allen notwendigen Dingen zu versehen: Pferde werden ebenso requiriert wie Wein, Leinwand oder Leder – und große Mengen von Bauholz, die für die Fortführung des Krieges eine große Rolle spielen werden.

Napoleon ist ungeduldig, er will die österreichische Monarchie nun an der Wurzel treffen, politisch und militärisch. Erstes politisches Ziel ist die Abspaltung Ungarns. Am 15. Mai erlässt er seine Proklamation an die ungarische Nation, in der er diese zum Abfall vom Haus Habsburg auffordert. In deutscher, französischer, lateinischer und ungarischer

Sprache wird der Aufruf überall in Wien plakatiert, sein Erfolg ist jedoch gleich null – die Karte „Ungarn" sticht nicht. Umso wichtiger sind die militärischen Trumpfkarten und hier will der Korse unbedingt das Heft in der Hand behalten. Das wichtigste Ziel nach der „Eroberung" von Wien ist die Gewinnung des linken Donauufers, um Erzherzog Carl zur Schlacht stellen zu können, bevor dieser Wien erreicht.
Ein erster mit unzureichenden Kräften vorgetragener Versuch, die Donau bei Nussdorf zu übersetzen, endet am 13. Mai 1809 in der Schwarzen Lackenau in einem blutigen Debakel; Napoleon kann daraufhin seine Ungeduld kaum noch zügeln. Noch in der Nacht vom 13. zum 14. Mai erhält Masséna von Berthier die Nachricht, dass der Kaiser von nun an fest auf die Errichtung einer Brücke in Ebersdorf zähle, er solle alles tun, um den geplanten Bau zu beschleunigen. Auch hier ist die Aufgabe alles andere als einfach: Die Donau führt aufgrund anhaltender Regenfälle und der Schneeschmelze in den Alpen Hochwasser und der Wasserstand ist im Steigen begriffen, dazu fehlt es an zahlreichen notwendigen Dingen. Der Marschall lässt sich jedoch durch nichts aufhalten. Er rafft an Material zusammen, was nur möglich ist: Schiffe von unterschiedlicher Größe werden beschlagnahmt und österreichische Pontons herangeschafft; Tauwerk, Bauholz und Eisen werden requiriert; da es an brauchbaren Ankern fehlt, füllt man Fischkästen mit Kanonenkugeln und bringt diese mit Booten hinaus in den Strom.
Als Ausgangspunkt für den Brückenschlag hat man eine Stelle knapp westlich der Mündung der Schwechat in die Donau gewählt; so ist man gegen etwaige Angriffe aus dem ungarischen Raum durch den Fluss geschützt und von hier hat man den kürzesten Weg, etwa 450 Meter, zum „Schneiderhaufen", einer Sandbank vor der Lobau, die dann mit einer zweiten, 225 Meter langen Brückenverbindung erreicht werden soll. Von der Lobau bis zum linken Ufer sind es dann noch etwa 130 Meter, der so genannte „Stadtler Arm", den es zu überwinden gilt. Am 16. Mai befiehlt Napoleon eine erste offensive Unternehmung: Die Inseln von der Leopoldstadt bis nach Ebersdorf sollen von österreichischen Beobachtern und Wachtposten „gesäubert" werden – eine Aufgabe, für die Masséna einige Bataillone der Division Molitor abstellt. Noch ist man nicht sicher, was Erzherzog Carl wirklich vorhat; für kurze Zeit glaubt man im Stab des Korsen sogar, dass der Generalissimus in Krems über die Donau gehen wird.
Trotz dieser Unsicherheiten lässt Napoleon sein großes Ziel nicht mehr aus den Augen. Am 19. Mai verlässt er Schönbrunn, um fünf Uhr Nachmittag trifft er in Ebersdorf ein; er und sein Gefolge beziehen Quartier in den Räumlichkeiten einer Bierbrauerei. Der Übergang über die Donau auf die Insel Lobau wird für 20. Mai festgesetzt. Präzise werden die Bewegungen der einzelnen Truppenteile aufeinander abgestimmt; die Truppen Massénas sollen den Anfang machen, jene von Marschall

Lannes als nächste über den Strom gehen, dazwischen die leichten Kavalleriebrigaden. Napoleon überzeugt sich persönlich vom Fortschritt der Arbeiten; alles wird genauestens von ihm in Augenschein genommen. Er befiehlt, den Brückenschlag unverzüglich zu vollenden: 68 Kähne und 11 Flöße werden von den französischen Pionieren zu einer wackligen, von schmutzig-braunem Hochwasser umspülten Brücke verbunden, auf der die Soldaten der Grande Armée ihrem Schicksal entgegenmarschieren.

Bereits am Abend des 19. Mai geht ein Teil der Division Molitor in Booten über den Strom; ihre Aufgabe ist es, die österreichischen Posten in der Lobau zu vertreiben, was nach zweistündigem Gefecht auch

Vertauschte Rollen: Erzherzog Carl in der Siegerpose seines Erzfeindes Napoleon. Gemälde von Johann Peter Krafft, inspiriert von Jacques-Louis Davids „Napoleon beim Übergang über den Großen St. Bernhard", 1812. Heeresgeschichtliches Museum Wien.

gelingt. Am Morgen des 20. Mai verlässt Napoleon um neun Uhr sein Quartier in Ebersdorf; quer über die Felder begibt er sich ans Ufer der Donau. Auf dem Treidelweg marschiert er mit seiner Begleitung stromabwärts bis zur Schwechatmündung; am Nachmittag des 20. Mai ist schließlich alles bereit: Die Brücke ist trotz widrigster Bedingungen – die Donau ist weiter gestiegen – zu Mittag fertig geworden. Napoleon, der es nicht mehr erwarten kann, die Armee Erzherzog Carls vor die Gewehre zu bekommen, wagt das riskante Unternehmen. Um 15 Uhr betritt er mit den Marschällen als Erster den wackligen Steg und beginnt, ohne nur einen Augenblick zu zögern, mit der Überquerung des Stromes, gefolgt von einem Teil der Garde und den Divisionen des 4. Armeekorps Massénas. Die Schwächen der Brücke sind bald offenkundig: Nach dem Übergang von fünf Divisionen bricht sie das erste Mal; hektisch arbeitet man an der Reparatur, um den „Truppenrückstau" am rechten Ufer nicht allzu groß werden zu lassen.
Napoleon, Berthier, Masséna, Lannes, Bessières und ihre Entourage haben inzwischen die Lobau durchquert und treffen beim Platz ein, den General Molitor als Ausgangspunkt für den Übergang über den Stadtler Arm ausgewählt hat. Der Kaiser befiehlt auch hier den sofortigen Brückenschlag; Geschütze werden in Stellung gebracht und eröffnen das Feuer auf die österreichischen Posten am anderen Ufer; 200 Freiwillige unter dem Befehl von Oberst Saint Croix setzen dann in Booten über den Stadtler Arm und schaffen einen Brückenkopf am linken Ufer, von dem aus sie die Arbeiten an der Brücke decken. Wieder gibt es Schwierigkeiten: Da auch im Stadtler Arm das Wasser steigt, stimmen die Berechnungen der Genieoffiziere nicht mehr – man hat zu wenige Pontons. So wirft man einfach provisorisch Bretter über die Lücken und nagelt sie fest; am Abend kann die Division Molitor über die Brücke gehen und Richtung Aspern vorrücken; ihr folgen die Kavalleriedivision Lasalle und Artillerie. Mit dabei an der Spitze der Truppen wieder Napoleon und seine Marschälle – und auch Philippe-René Girault, der Musiker des Generalstabs. Als Napoleon und seine Begleiter die Brücke überquert haben und von der Mühlau aus die große Ebene des Marchfelds vor sich sehen, hört er, wie Berthier zum Kaiser sagt: „Voilá, ein prachtvoller Ballsaal, hier werden wir die Österreicher tanzen lassen." Und Napoleon antwortet: „Diesmal hat er sich geirrt: Es ist hier gut zu tanzen, aber wir sind es, die die Geigen bezahlen!"
Inzwischen haben auch die österreichischen Vorposten, die von Feldmarschallleutnant Johann Graf von Klenau befehligt werden, erkannt, dass der Feind mit dem Übergang der Hauptarmee über die Donau begonnen hat. Klenau, der durchaus über starke Truppenreserven verfügt und einen Gegenangriff befehlen könnte, will sich jedoch bei hereinbrechender Dämmerung auf keine ungewissen Abenteuer einlassen und weicht deshalb zurück; dicht auf folgen ihm die Franzosen Richtung Aspern nach. Feldmarschallleutnant Hiller, Augenzeuge der

ersten Scharmützel, hat sich nach Aderklaa zu Erzherzog Carl begeben und drängt zum sofortigen Gegenangriff, man dürfe Napoleon nicht die Möglichkeit geben, sich im Marchfeld entwickeln zu können. Doch der Generalissimus bleibt ruhig, will nichts überstürzen, vor allem nicht auf den Rat Hillers hin, den er nicht leiden kann. Er bezweifelt zudem noch immer, dass sich Napoleon tatsächlich auf das Hasardspiel eines Übergangs eingelassen hat. Erst am frühen Abend, als infolge der alarmierenden Berichte die Wahrscheinlichkeit eines französischen Angriffs wächst, gehen die für diesen Fall vorbereiteten Befehle an die Truppen. Noch während der Nacht müssen sie in die befohlenen Aufmarschräume rücken.

In der Dunkelheit ist auch der Vormarsch der Franzosen zum Stehen gekommen, nachdem Klenau der nachdrängenden leichten französischen Kavallerie General Lasalles gegen zehn Uhr abends doch noch ein Gefecht geliefert hat. In den wenigen Abendstunden haben die Franzosen dennoch beträchtliche Geländegewinne erzielt und die übersetzten Truppen gut entwickelt. Die Infanterie General Molitors hat die von ihren Bewohnern bereits zum Großteil verlassenen Dörfer Aspern und Eßling besetzt und damit eine vorteilhafte Ausgangsstellung erreicht; Schäden an der Brücke über den Stadtler Arm verhindern jedoch, dass noch in der Nacht weitere Truppen übersetzen können – schon jetzt zeigt sich, dass die Brücken der zentrale Lebensnerv des französischen Angriffs sind. Wird er unterbrochen, gerät die Grande Armée, die in exponierter Lage kämpfen muss, unweigerlich in extreme Schwierigkeiten.

Mit derart düsteren Spekulationen gibt sich Napoleon aber keineswegs ab. Er begnügt sich für die Nacht mit der errungenen Stellung, aber auch er hat noch immer keine Ahnung, wo die Armee Carls genau steht und was sein Gegner vorhat. Die Bewegungen der Österreicher während der Nacht, nur wenige Kilometer entfernt, bleiben ihm verborgen. Um irgendetwas Genaueres zu erfahren, schickt er den verwegenen Masséna um Mitternacht vor zum Kirchturm von Aspern, doch die Informationen des Marschalls führen ihn nur weiter in die Irre: Masséna erblickt vom Kirchturm aus zwar die Lagerfeuer des beim Bisamberg biwakierenden 6. Armeekorps, ahnt aber nichts von den marschierenden Truppen Carls in der Ebene vor ihm. Im Stab des Korsen tendiert man deshalb bereits zur Ansicht, dass die österreichische Hauptarmee abgezogen sei – Napoleon ist enttäuscht, hat er doch keine Lust auf einen mühsamen Verfolgungsmarsch nach Norden.

Erzherzog Carl weiß zwar nicht, wie die Schlacht aussehen wird, die seine Armee erwartet, und wann sie losbricht, er weiß aber, dass dieser neuerliche Waffengang mit Napoleon nach den verheerenden Schlappen des Aprils um keinen Preis verloren gehen darf. In seinem Armeebefehl, der von den Kommandanten der Truppen am Morgen des 21. Mai verlesen wird, spiegelt sich der enorme Druck, dem er selbst

ausgesetzt ist: „Morgen oder übermorgen kommt es zur Schlacht. Ihr Ausgang entscheidet wahrscheinlich über das Schicksal der Monarchie und über das Los jedes einzelnen. Zwischen ewiger Schande und unsterblichem Ruhm bleibt keine andere Wahl. Ich zähle auf die Tapferkeit der Armee, auf das Beispiel und den Unternehmungsgeist ihrer Anführer. Große Belohnungen oder große Strafen werden dem Resultate dieser Schlacht folgen. Die Herren Korpskommandanten haben die Generalität, diese ihre Stabs- und Oberoffiziere zu versammeln und ihnen mit Nachdruck ans Herz zu legen, dass es sich in dem gegenwärtigen Augenblick darum handelt, zu siegen oder zu sterben. Aber auch der gemeine Mann muss mit dieser Wahrheit vertraut gemacht, sein ganzes Ehrgefühl, seine Vaterlandsliebe, seine Anhänglichkeit an seinen Souverän müssen rege gemacht werden. Dieser entscheidende Kampf wird statthaben unter den Augen unseres Kaisers, unter den Augen der bedrängten Bewohner unserer Hauptstadt, die ihre Rettung von der Tapferkeit der Armee erwartet."
Hinter dem Pathos vom „Siegen oder Sterben" steht die Angst vor dem Versagen, die Unmöglichkeit, an eine Niederlage auch nur zu denken. Carl kämpft um die Existenz der Monarchie ebenso wie er um sein eigenes Überleben als Heerführer, als Mann des Kaisers, seines Bruders, kämpft. Die Soldaten merken jedoch diese Zwischentöne nicht und an Drohungen mit „großen Strafen" wie auch an die Verheißung „großer Belohnungen" sind sie gewöhnt – das Lebenselement einer Militärmaschine, die auf gnadenlosem Drill beruht. So jubeln sie begeistert: „Vivat der Kaiser! Vivat unser Carl!"
Am Morgen des 21. Mai ist zunächst alles noch ruhig. Es ist ein Pfingstsonntag über dem südlichen Marchfeld und den Donauauen, wie man sich ihn schöner nicht wünschen könnte: strahlende Frühsommersonne, überall blühende Vegetation. Wenn da nicht der Marschtritt der Kolonnen wäre, das Blitzen der Waffen und Kürasse, das Schnauben der Pferde, laute Flüche und Kommandos, Trompeten und Trommeln, die zum Gang in den Tod rufen …
Beide Feldherren versuchen sich ein genaueres Bild von der Lage zu machen. Napoleon hat noch immer nicht erkannt, dass vor ihm die gesamte österreichische Hauptarmee zum Kampf bereitsteht. Ein Erkundungsritt, den er mit Masséna, Lannes, Bessières und Berthier nach Tagesanbruch unternimmt, sogar über die eigenen Vorposten hinaus, bringt nichts Neues – vom Feind ist nichts zu sehen. Dennoch lässt er an den Brücken zu größter Eile antreiben, jeder Mann, jedes Geschütz, das über die Donau kommt, stärkt seine Position. Da während der Nacht die Brücke über den Stadtler Arm wieder repariert werden musste, sind die Divisionen Boudet und Legrand erst am Morgen in der Mühlau eingetroffen; Masséna befiehlt Boudet, Eßling zu besetzen, die Division Molitor wechselt in das Gelände vor Aspern; die Soldaten Legrands gehen hinter Eßling in Stellung; auch Groß-Enzersdorf,

das österreichische Avantgarde-Truppen kurz verteidigen, wird gegen zehn Uhr vormittags genommen.

Am „Napoleonwanderweg“ in der Lobau: Gedenkstein für das Pulvermagazin der Grande Armée.

Erzherzog Carl hat am Morgen einen Ritt nach Deutsch-Wagram zu Feldmarschallleutnant Fürst Rosenberg, dem Kommandanten des 4. Korps, unternommen und mit diesem die Aufmarschdisposition besprochen; dann geht es weiter zum Kavallerie-Reservekorps des Fürsten Liechtenstein und zum 1. Korps nach Gerasdorf. Da noch immer alles ruhig ist, lässt der Generalissimus um neun Uhr Pause machen: Die Gewehre werden zu Pyramiden zusammengestellt, dann wird „abgekocht“. Für die Soldaten, die zum Teil die ganze Nacht auf den Beinen gewesen sind, eine willkommene Erholung.

Als die Meldungen von den Aktivitäten der Franzosen in Aspern, Eßling und Groß-Enzersdorf eintreffen, lässt Erzherzog Carl die Korpskommandeure Hiller, Bellegarde und Hohenzollern ins Hauptquartier nach Gerasdorf kommen. Im Kriegsrat ist es schließlich die Meinung von Feldmarschallleutnant Wimpffen, dem Chef des Generalquartiermeisterstabes, die sich durchsetzt – sie lautet: Angriff auf Aspern und Eßling! Wimpffen, der einen Angriff des Korsen in Richtung Hirschstetten vermutet, ist für eine groß angelegte Offensivoperation: Gegliedert in fünf Armeekolonnen und eine Kavalleriekolonne soll attackiert werden, wobei Hiller mit dem 6. Korps längs der Donau gegen Aspern vorrücken soll, Graf Bellegarde mit der 2. Kolonne über Kagran gegen Hirschstetten vorgehen und Feldmarschallleutnant Hohenzollern-Hechingen über Süßenbrunn und Breitenlee angreifen soll. Die 4. Angriffskolonne, so die Disposition, führt Rosenberg zusammen mit der Division Dedovich über Aderklaa und Raasdorf gegen Eßling; die 5. Kolonne, gebildet aus den Divisionen Hohenlohe und Rohan und ebenfalls unter dem Befehl Rosenbergs stehend, soll aus dem Raum Parbasdorf an Groß-Enzersdorf vorbei bis zur Donau vorstoßen. Die Kavallerie Liechtensteins schließlich soll zwischen der 3. und 4. Kolonne gegen das „Neue Wirtshaus“ vorgehen, immer bereit, der Infanterie zu beiden Seiten im Notfall zu Hilfe kommen zu können. Kurz nach zehn Uhr ist die Befehlsausgabe zu

Ende, die Korpskommandanten kehren zu ihren Truppen zurück und befehlen den Vormarsch – eine gewaltige Streitmacht von über 80.000 Mann setzt sich in Bewegung.
Einen Spezialauftrag vergibt Erzherzog Carl an den Generalstabshauptmann Freiherr von Magdeburg vom Korps Hiller, der sich freiwillig zu einem Unternehmen gegen die Brücken der Franzosen meldet: Gemeinsam mit sechs Pontonniers, einem Offizier und einigen Helfern vom 5. Wiener Freiwilligenbataillon soll Magdeburg brennende Schiffe und Flöße gegen die Brücken steuern und diese so zerstören. Magdeburg und seine Männer machen sich sofort an die Arbeit; gegen sieben Uhr abends haben sie die erste Staffel der zerstörerischen Fahrzeuge startklar; im Laufe der Nacht werden sie weitere fünf Schiffe, einige Schiffsmühlen, die man aus ihren Verankerungen gelöst hat, und sieben Flöße, die man zum Teil mit Steinen beladen, zum Teil in Brand gesteckt hat, hinterhersenden – aufgrund der durch das Hochwasser bedingten starken Strömung verwandeln sich diese Brander in gefährliche Geschosse, die von den Franzosen an den Brücken nicht wirksam bekämpft werden können …
Napoleon ahnt noch immer nichts von der drohenden Gefahr. Dennoch ist er nervös. Am Morgen ist die große Brücke über den Hauptarm der Donau gebrochen; wiederum stockt der Übergang. Man arbeitet fieberhaft; erst um halb zwölf kann Bertrand die Brücke wieder freigeben – an der Reihe ist nun die schwere Reiterei von General d'Espagne, die sich langsam über den unsicheren Steg quält.
Da, es ist ein Uhr am Nachmittag, treffen von den Vorposten, die man bei Breitenlee ausgestellt hat, und vom Kirchturm in Aspern plötzlich alarmierende Meldungen ein: Enorme österreichische Truppenmassen im Anmarsch! Beinahe zugleich kommt die Meldung, dass die Hauptbrücke schon wieder unterbrochen ist – die Falle, in die sich Napoleon so leichtsinnig hineinmanövriert hat, droht zuzuschnappen! Die eigenen Kräfte am linken Donauufer sind für einen erfolgreichen Kampf noch zu schwach: Napoleons ganze Streitmacht besteht in diesem Moment aus drei Infanteriedivisionen mit etwa 16.000 Mann, 4.800 Mann Garde, 3.300 leichte und 2.200 schwere Reiter sowie 40 Geschützen – ein Kräfteverhältnis, das auch den ansonsten unerschrockenen Korsen an den sofortigen Rückzug in die Lobau denken lässt. Doch nun legen sich seine Männer quer: General Molitor verweist darauf, dass die beiden Dörfer Aspern und Eßling gut zu verteidigen seien; bis zum Eintreffen von Verstärkungen könne man sich auf jeden Fall halten. Als die Nachricht kommt, dass die Hauptbrücke wieder passierbar sei, gibt Napoleon schließlich nach und entscheidet sich für die Annahme der Schlacht – ein verwegenes Hasardspiel, bei dem alles davon abhängt, ob die restlichen Teile der Grande Armée während der kommenden Nacht über die Donau gehen können.
Während die Vortruppen bei Stadlau schon in erste Gefechte mit der

Avantgarde der 1. Armeekolonne Hillers verwickelt sind, werden schnell die Rollen verteilt: Masséna übernimmt die Verteidigung von Aspern, Lannes jene von Eßling. Die beiden Orte werden so gut es geht befestigt; die wenigen Geschütze zwischen den Marschällen gleichmäßig aufgeteilt. Den Raum zwischen den Dörfern decken vier Infanteriebataillone und Marschall Bessières mit den beiden Kavalleriedivisionen Lasalle und d'Espagne; die alte Garde bleibt als Reserve vorerst in der Lobau.

Der erste Sturm auf Aspern lässt nicht lange auf sich warten: Knapp vor drei Uhr Nachmittag greift die von Generalmajor von Nordmann befehligte Avantgarde Hillers mit gefälltem Bajonett das Dorf an und kann sich nach schwerem Kampf bei der Kirche festsetzen; doch dann zwingt Molitor mit einem massierten Gegenangriff zweier Linienregimenter die Österreicher wieder zum Rückzug. Zum Glück für Masséna und Lannes zeigt sich nun, dass der Aufmarschplan Wimpffens seine Schwächen offenbart: Zu umständlich und zu langsam entwickeln sich die 2. und 3. Armeekolonne; Bellegarde vertrödelt die Zeit bei Hirschstetten und die Infanteristen des Prinzen von Hohenzollern-Hechingen stehen um vier Uhr Nachmittag erst südöstlich von Breitenlee, obwohl sie schon längst vor Aspern in die Schlacht eingreifen sollten. Die eklatante zahlenmäßige Überlegenheit kann so vorerst nicht ausgenützt werden, da die Franzosen immer wieder Zeit haben, ihre Kräfte zu ordnen und an den neuralgischen Punkten zu massieren. Napoleons Marschälle zeigen, dass sie ihr „Handwerk" verstehen und auch in der Defensive mit letzter Entschlossenheit zu kämpfen wissen.

Als endlich auch die ersten Einheiten der 2. Armeekolonne Bellegardes vor Aspern auftauchen, greifen die Österreicher um halb vier Uhr das Dorf neuerlich an, diesmal von zwei Seiten: von Westen durch Generalmajor von Nordmann und von Norden durch Generalmajor Freiherr von Winzigerode. Die Attacken sind jedoch schlecht koordiniert und enden in einem Blutbad, Masséna persönlich führt den erfolgreichen Gegenangriff der Franzosen; allein die beiden Infanteriebataillone Nordmanns verlieren innerhalb einer halben Stunde 700 Mann an Toten und Verwundeten.

Inzwischen ist auch im Zentrum und in Eßling der Kampf entbrannt. Die Kavalleriekolonne Liechtensteins, die in zwei Treffen aufgestellt ist, setzt sich dabei beinahe selbst außer Gefecht: Da offenbar die Befehlsübermittlung nicht klappt, reitet das 2. Treffen des Fürsten Liechtenstein in das 1. hinein – die Folge ist ein gewaltiger Knäuel aus Pferden und Reitern, der zum Glück von Liechtenstein entwirrt werden kann, bevor die französische Kavallerie unter Marschall Bessières angreift. Der Attacke der Franzosen kann aber standgehalten werden, Bessières muss sich nach erbittertem Kampf mit seinen Kürassieren zurückziehen. Mit Brigadegeneral Albert Louis Fouler, der, durch mehrere Säbelhiebe am Kopf verwundet, vom Pferd gezogen wird, kann ein erster prominenter feindlicher Kommandeur gefangen genommen werden. Das blutige Ringen hat aber die Angriffslust der Reiter Liechtensteins empfindlich gedämpft; man besinnt sich zunächst auf die vorgesehenen Deckungsaufgaben.

Eßling, der zweite Eckpfeiler des französischen Brückenkopfes, wird nach der Besetzung Groß-Enzersdorfs durch Fürst Rosenberg von Feldmarschallleutnant Dedovich angegriffen. Doch hier besitzen die Franzosen mit dem Schüttkasten ein mächtiges steinernes Bollwerk, an dem alle Attacken scheitern. Auch die Artillerie der Österreicher, die die übrigen Häuser des Orts in Schutt und Asche legt, vermag diesen „Bunker" nicht zu knacken.

Für die österreichische Armeeführung zeichnet sich nun ein klares Bild der Lage ab: Gelingt es, den Franzosen die beiden Dörfer zu entreißen, wird der Brückenkopf nicht mehr zu halten sein und Napoleon kann in die Donau geworfen werden.

Die Österreicher verstärken daher unverzüglich noch einmal die Anstrengungen, um Aspern in ihren Besitz zu bekommen. Wieder werden Truppen Hillers und Bellegardes eingesetzt; im Sturmschritt rücken die Österreicher von Norden und Nordwesten her gegen das Dorf vor – es ist die dritte Attacke dieses Tages. Es gelingt ihnen, den Friedhof zu erstürmen, und um halb sechs Uhr dringen sie in den Ort ein, sich von Haus zu Haus vorkämpfend. Da eilen der schon stark geschwächten Division Molitor die Infanteristen General Legrands zu Hilfe; die Österreicher müssen sich wieder zurückziehen, auch die Kirche und der Friedhof werden wiederum von den Franzosen besetzt.

Doch nun nimmt Erzherzog Carl die Dinge selbst in die Hand. Sein Befehl an Bellegarde lautet unmissverständlich: Aspern muss um jeden Preis genommen werden! Neue Kräfte sollen das umkämpfte Dorf für diesen Tag endgültig in den Besitz der Österreicher bringen. Die Brigade von Generalmajor Theodor Freiherr von Wacquant wird mit dem Angriff betraut; Hiller und Hohenzollern sind angehalten, Wacquant so gut es geht zu unterstützen. In drei Treffen gegliedert rücken die Männer der beiden Infanterieregimenter Vogelsang Nr. 47 und Erzherzog Rainer Nr. 11 vor, zu Pferd ihnen voran kommandiert Wacquant: „Mit ganzer Front marschieren! Hoch lebe Kaiser Franz! Siegen oder sterben!" – eine Tollkühnheit des Kommandeurs, die nur knapp nicht mit dem Heldentod endet. Sein Pferd wird Wacquant unter dem Leib zusammengeschossen, in letzter Sekunde können ihn seine eigenen Leute vor den vorstürmenden Franzosen in Sicherheit bringen.

Ähnlich energisch treibt Erzherzog Carl das 2. Bataillon der Erzherzog-Rainer-Infanterie an, das die Friedhofsmauer vor sich hat. Mit dem Ruf „Fürs Vaterland! Mutig vorwärts!" schickt er die Soldaten ins Feuer und sie enttäuschen ihn nicht: Der Friedhof und die Kirche werden wieder erobert; Schritt für Schritt kämpft man sich in den Ort vor; die Division Legrand muss um halb sieben Uhr abends den Rückzug antreten.

Über Aspern wehen wieder die schwarzgelben Fahnen mit dem Doppeladler.

Gegen elf Uhr flauen die letzten Gefechte ab; bereits um halb elf hat der Erzherzog den Befehl ausgegeben, die Nacht über in den erreichten Stellungen zu verbleiben. Er hofft, dass sich Napoleon in die Lobau zurückziehen werde, bestärkt wird er in dieser Auffassung durch die irrige Annahme, er habe es bereits mit der ganzen französischen Armee zu tun gehabt. Doch der ehrgeizige Korse, in die Enge getrieben wie ein verwundeter Löwe, sinnt auf Offensive.

In den Reihen der Franzosen ist die Stimmung nach den schweren Verlusten des Tages gedrückt; nur wenige Stunden der Ruhe sind den Truppen gegönnt; ein wenig Dösen, trockenes Kommissbrot, hinuntergespült mit Wein, dann, im ersten Morgengrauen, reißen sie die Befehle wieder hinein in das Inferno der Schlacht …

Trotz einiger kritischer Momente und empfindlicher Verluste hat Napoleon seine Zuversicht, was den Ausgang der Schlacht betrifft, nicht verloren. Sieht man von Aspern ab, so hat er seine Positionen behauptet; noch besitzt er alle Möglichkeiten für einen entscheidenden Gegenschlag. In seinem Zelt in der Mühlau gilt daher die erste Sorge dem Heranführen frischer Truppen. Hauptmann Magdeburg ist es zwar am Abend gelungen, mit einem Salzschiff die große Brücke wieder

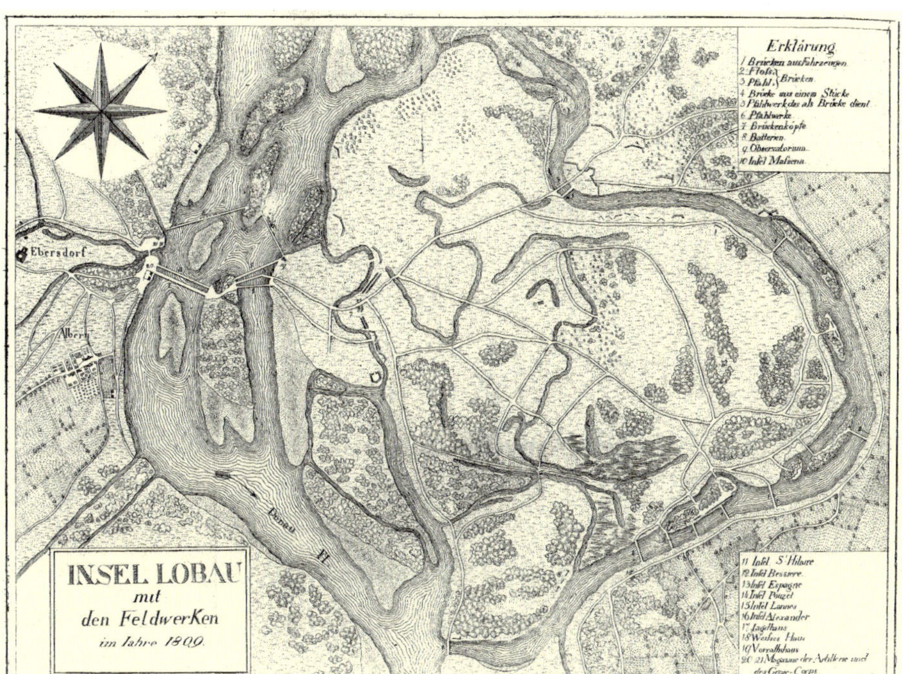

Die Lobau im Sommer 1809. Für den Gegenschlag Napoleons bei Wagram (5. und 6. Juli) wird die Insel zur waffenstarrenden Festung mit stabilen Brückenverbindungen ausgebaut. Plandarstellung aus dem „Leitfaden für den Pontonnier" von A. E. Drieu (1826).

zu unterbrechen, doch die französischen Pioniere haben trotz eines weiteren Ansteigens der Donau den Übergang rasch wieder passierbar gemacht. Bis drei Uhr früh rücken ununterbrochen die Kolonnen über den Strom.
Napoleon, dem um etwa 38.000 Mann mehr zur Verfügung stehen als am Vortag, also doppelt so viele, hat inzwischen den Schlachtplan für den neuen Tag festgelegt: Sein Ziel ist es, mit einem massierten Angriff auf das österreichische Zentrum dieses zu durchbrechen und so die Entscheidung herbeizuführen. Zunächst müssen dafür jedoch die Flanken abgesichert, vor allem jedoch Aspern wieder erobert werden – eine Aufgabe für den alten Haudegen Masséna.
Um drei Uhr früh befiehlt der Marschall die Attacke auf Aspern; der erste Ansturm der Franzosen wird zurückgeschlagen, doch Masséna lässt sich nicht entmutigen – er ordnet einen zweiten Angriff an und nun weichen die Männer Wacquants zurück, die Bitte Wacquants um Verstärkung wird von Hiller und Erzherzog Carl abgelehnt. Nach schweren Kämpfen ist Aspern um sieben Uhr früh wieder in französischer Hand. Gleichzeitig ist Marschall Lannes in Eßling erfolgreich. Die Angriffe der vierten und fünften österreichischen Kolonne unter Dedovich und Rosenberg können abgewiesen werden, ja, es gelingt Lannes sogar, die Einheiten Rosenbergs auf Groß-Enzersdorf zurückzudrängen – damit bleibt Eßling ein sicherer Eckpfeiler an der rechten Flanke. Die Voraussetzungen für den großen Schlag sind geschaffen, und als vom rechten Donauufer auch noch die Nachricht eintrifft, dass die Spitzen des Armeekorps Davout Ebersdorf erreicht haben, zögert Napoleon nicht: Jean Lannes erhält Befehl, mit dem 2. Korps, verstärkt durch die schwere Kavallerie von Bessières, das österreichische Zentrum anzugreifen. Genau hier soll der Durchbruch gelingen.
Eingehüllt in dichte weiße Nebelschwaden, die an diesem Morgen von den Donauauen Richtung Marchfeld ziehen, formieren sich die Regimenter und Divisionen des 2. Korps zum Angriff; an der Spitze die Infanterie von General St. Hilaire, die im ersten Angriffsschwung tief in die österreichischen Linien eindringt. Ihr folgen die Panzerreiter Bessières, die sich auf die entstandenen Lücken stürzen, diese zu erweitern versuchen und auch das zweite Treffen des Feindes bereits attackieren. Unter der Wucht dieser Attacke beginnen die Österreicher nach rückwärts zu weichen, noch hält aber die Front, vor allem auch, weil die österreichische Artillerie den Franzosen schwere Verluste zufügen kann. Als nach einer Stunde mörderischen Ringens der Durchbruch noch immer nicht geglückt ist, verstärkt Lannes seine Angriffsbemühungen und schickt nun auch die letzten Kavalleriereserven ins Feuer – jetzt steht die Schlacht auf Messers Schneide: Das 1. Bataillon des Regiments Zach am linken Flügel des 2. Korps, durch schweren Artilleriebeschuss geschockt, wendet sich zur Flucht – der Durchbruch der Franzosen scheint nur mehr eine Frage der Zeit.

In diesem kritischen Moment, da seine Armee der Niederlage ins Auge sieht, ist es Erzherzog Carl, der durch seinen persönlichen Einsatz den Zusammenbruch verhindert. Er stellt sich den flüchtenden Infanteristen des Regiments Zach entgegen, sammelt sie um ihren Fahnenträger und kann sie zum Weiterkämpfen bewegen. Sein Beispiel gibt den österreichischen Reihen neuen Halt; die Schlacht kommt zum Stehen.
Lannes, der erkennt, dass alle Anstrengungen umsonst gewesen sein könnten, schickt seinen Adjutanten zu Napoleon und bittet dringend um Verstärkung. Gleichzeitig mit diesem, es ist neun Uhr morgens, trifft auch ein Ordonnanzoffizier aus der Lobau beim Kaiser ein – seine Hiobsbotschaft: Die große Brücke ist durch eine brennende Schiffsmühle so schwer getroffen, dass eine Instandsetzung zwei Tage dauern werde. Napoleon, in diesen Tagen des Öfteren Hasardeur, entscheidet sich dafür, nicht weiter zu riskieren – ohne gesicherten Nachschub an Truppen und Munition kann die Offensive nicht durchgehalten werden. Er befiehlt Lannes zunächst stehen zu bleiben, um elf Uhr ordnet er den Rückzug des französischen Zentrums an.
Erzherzog Carl, der den Grund der Rückwärtsbewegung der Franzosen noch nicht kennt, ist überrascht; als er schließlich wenig später den Grund dafür erfährt, lässt er sofort weiter angreifen; gleichzeitig verstärkt die österreichische Artillerie von allen Seiten ihr Feuer auf die feindlichen Stellungen. Marcellin Marbot, der dem noch immer an vorderster Front kämpfenden St. Hilaire einen Befehl von Lannes überbringen muss, wird Zeuge, wie eine Kartätschenkugel dem General ein Bein abreißt und dieser an seiner Wunde verblutet; Marbot selbst fetzt ein Geschoss „ein großes Stück Fleisch“ aus dem Oberschenkel, was ihn nicht hindert, seine Befehle ordnungsgemäß auszuführen, erst dann begibt er sich zum nächsten Verbandplatz: „Der Zudrang von Verwundeten war hier ungeheuer, und es fehlte an allem, besonders an Leinwand und Charpie. Ein Arzt füllte meine Wunde mit grobem Werg, und das verursachte mir solche Schmerzen, dass ich unter anderen Umständen das Schlachtfeld verlassen haben

Die schmiedeeiserne Tür am Schüttkasten Eßling trägt noch heute die Spuren der Schlacht.

würde; wie die Sachen lagen, war es die Pflicht jedes einzelnen, mit Anspannung aller Kräfte bis zum äußersten auszuhalten."

Noch will es Napoleon nicht wahrhaben, doch erstmals, nach einer langen Reihe glänzender Siege, neigt sich das Schlachtenglück einem Gegner zu. Aber gerade in diesem Augenblick höchster Bedrängnis, da es um das nackte Überleben der Grande Armée geht, zeigen er und seine Soldaten außergewöhnlichen Widerstandsgeist – sie wollen es den Österreichern so schwer wie möglich machen. Ein einziges Ziel beseelt sie: die Stellungen im Marchfeld bis zum Einbruch der Dunkelheit zu halten. Ordonnanzoffizier Dezydery Chlapowski zollt seinem Chef Bewunderung: „Napoleon stand wie aus Erz gegossen und rührte sich nicht vom Platze; die Zügel auf dem Halse seines Pferdes, in der Hand das Fernrohr, erteilte er seine Befehle und sendete uns nach allen Seiten aus."

Der „Zauber seiner Unüberwindlichkeit war gelöst" (Eduard Duller): Napoleon am Abend der Niederlage auf der Insel Lobau. Gemälde von Charles Meynier.

Ein erbitterter Abwehrkampf beginnt: Mit Unterstützung von Bellegarde kann Feldmarschallleutnant Hiller zum fünften Mal Aspern erstürmen; um den Franzosen bei einer neuerlichen Eroberung des Ortes keine Verteidigungsmöglichkeit zu geben, lässt er die Kirche anzünden und die Friedhofsmauer niederreißen. Auf Napoleon macht dies jedoch wenig Eindruck – er schickt Masséna den Divisionsgeneral Curial mit drei Bataillonen Gardetirailleure und einer Halbbatterie als Verstärkung und tatsächlich gelingt es Masséna, der sich selbst an die Spitze der stürmenden Regimenter setzt, noch einmal Kirche und Friedhof von Aspern zu erobern. Doch Hiller lässt nicht locker: Gedeckt vom Feuer der Geschütze, formiert er seine Truppen zum Gegenangriff, die nach einer Stunde Kampf die Franzosen wieder aus dem Ort werfen – zum nunmehr bereits sechsten Mal.

Auch gegen den rechten Flügel der Franzosen befiehlt Erzherzog Carl nun den Angriff: Rosenbergs Attacken scheitern jedoch zunächst; erst mit Hilfe der Kavallerie Fürst Liechtensteins und Artillerieunterstützung kann Eßling genommen werden – nicht jedoch die „Zitadelle" des Orts, der Schüttkasten, der von Jean Boudet und seinen Männern nach wie vor entschlossen verteidigt wird. Und endlich befiehlt der Generalissimus, auch im Zentrum anzugreifen, eine Maßnahme, die am Vortag, als die französischen Linien hier noch dünn gewesen sind, erfolgreich gewesen wäre, doch nun ist Marschall Lannes gewappnet. Seine Soldaten lassen die Österreicher bis auf Schussweite herankommen, dann überschütten sie diese mit derart heftigem Gewehrfeuer, dass sie zurückweichen; selbst persönliche Anfeuerungsversuche Carls bleiben wirkungslos.

Durch den Verlust der beiden Eckpfeiler Aspern und Eßling hat sich die Lage der Franzosen entscheidend verschlechtert, drohen sie nun doch auch an den Flanken angegriffen und „erdrückt" zu werden. Angesichts dieser Gefahr behält Napoleon jedoch die Nerven; er weiß, dass, um seinen Rückzug nicht zu gefährden, Eßling wieder zurückerobert

werden muss. Er beauftragt seinen 39-jährigen Adjutanten General Georges Mouton mit dieser heiklen Aufgabe.
Es sind die letzten Reserven, die die Franzosen zur Verfügung haben: die Junge Garde, unerfahrene Rekruten, die zum Teil nicht einmal noch ein halbes Jahr bei der Armee sind; nun ist die Reihe an ihnen, für Napoleon ihr Leben zu riskieren – und auch sie tun es mit Begeisterung: Ungestüm stürzen sie vorwärts Richtung Eßling; General Mouton muss ihnen nacheilen und sie zu besonnenem Vorrücken mahnen. Das gerade noch im richtigen Moment, denn schon hat die österreichische Artillerie die anstürmenden Gardisten ins Visier genommen und Rosenbergs 4. Kolonne leistet erbitterte Gegenwehr. Als der Angriff der Jungen Garde stecken zu bleiben droht, muss Napoleon die wirklich allerletzte Reserve in den Kampf werfen: zwei Gardebataillone, die sein Generaladjutant, der Elsässer Jean Rapp, zur Verstärkung von Mouton nach Eßling führt. Tatsächlich schaffen es die Gardetruppen unter Mouton und Rapp, nach erbittertem Kampf Rosenbergs 4. Korps aus Eßling zu verdrängen. Mit diesem letzten Teilerfolg ist der Rückzug der Grande Armée in die Lobau gesichert, dies umso mehr, als Erzherzog Carl auf den Versuch einer Wiedereroberung von Eßling verzichtet.
Da beide Feldherren keine offensiven Bewegungen mehr unternehmen, kommt die Schlacht allmählich zum Erliegen. Um zwei Uhr bespricht Napoleon mit seinen Marschällen die Ordnung des Rückzugs: Zuerst sollen die Verwundeten in die Lobau gebracht werden – niemand soll in die Hände des Feindes fallen. Dann folgen die Garde und die schwere Reiterei, die Infanteriedivisionen des 2., 3. und 4. Korps und die leichte Kavallerie. Die Divisionen Legrand und Tharreau bilden die

Der Kriegsschauplatz von anno 1809 hat sich in ein Natur- und Wanderparadies verwandelt.

Nachhut; befehligt wird die Bewegung von Marschall Masséna, der diese Aufgabe hervorragend löst. Gegen vier Uhr nachmittags stellt die Artillerie auf beiden Seiten endgültig das Feuer ein; inzwischen schleppen sich bereits lange Kolonnen von französischen Verwundeten über die Brücke in die Lobau. Dabei kommt es zu erschütternden Szenen. So sind einem Kanonier beide Beine abgeschossen worden. Zwei Kameraden fertigen aus Baumästen eine Bahre an und wollen ihn so über die Brücke zu einem Verbandplatz in der Lobau tragen. Der Kanonier, der große Schmerzen hat, jammert nicht, verlangt aber immer wieder nach Wasser. Als sie die Brücke über den Stadtler Arm erreichen, bittet er die Träger anzuhalten und ihm nun doch Wasser oder Branntwein zu bringen. Seine Kameraden kommen der Bitte nach, wollen irgendwo etwas zu trinken auftreiben und lassen ihn auf der Bahre zurück; sie sind jedoch kaum einige Meter weit weg, als er ihnen nachruft: „Langsam, meine Freunde, langsam! Ich habe keine Beine, werde aber früher ankommen als ihr. Vive la France!" Mit diesem Ruf rollt sich der Kanonier in das Hochwasser des Donauarms, das ihn mit sich reißt …

Populäre vaterländische Geschichtsschreibung: die Titelseite von Eduard Dullers üppig illustriertem Werk über Erzherzog Carl (Pest 1859).

Der Rückmarsch dauert bis vier Uhr früh. Die Österreicher beobachten das Geschehen aus sicherer Distanz; der Generalissimus lehnt es ab, trotz Drängen einiger Männer seines Stabes, noch einmal anzugreifen. Als letzter Soldat der Grande Armée geht um fünf Uhr früh Masséna über die Brücke, dann lässt er sie abreißen – der erste Vorstoß der Franzosen ins Marchfeld ist gescheitert. Napoleon hat bereits am Abend in einem Boot den Stadtler Arm übersetzt und übernachtet in der Lobau.

Vom Hochwasser der Donau umrauscht, zusammengepfercht auf engem Raum, mit Tausenden Verwundeten, völlig übermüdet, ohne Trinkwasser und beinahe ohne Munition warten seine Soldaten auf den kommenden Morgen. Manche Männer wundern sich, dass die *Autrichiens* sie so ganz in Ruhe lassen, wäre es doch ein Leichtes, zumindest

„Erschöpft und gebeugten Mutes": In der Nacht vom 22. zum 23. Mai verlässt Napoleon, begleitet nur von Berthier und Polizeichef Savary, die Lobau. Illustration in Eduard Duller, „Erzherzog Carl von Österreich" (Pest 1859).

Kanonen am linken Donauufer in Stellung zu bringen und die Insel mit einem Geschosshagel zu überschütten. Aus dem Fleisch getöteter Pferde kochen sie Ragouts, „gesalzen" wird mit Schießpulver – wie Masséna, dem man zu kosten gibt, meint, schmecke diese Mischung vortrefflich. Am schlimmsten ist jedoch das Bewusstsein, gegen die Österreicher, mit denen man bisher meist leichtes Spiel hatte, verloren zu haben. General *Danube*, so die allgemeine Einschätzung, habe sie besiegt, nicht Erzherzog Carl. Ohnmächtig müssen sie sich den Spott der österreichischen Wachposten vom nahen linken Donauufer anhören; die munteren Weißröcke sagen ihnen bereits den totalen Untergang voraus: „Ihr werdet auf der Insel bald alle an Hunger sterben. Wir bringen dann die Hacken und Schaufeln, um euch zu beerdigen!" Andere wiederum rufen in Anspielung auf die schweren Verluste den Franzosen zu: „Wenn ihr eure Kürasse zurückhaben wollt, wir verkaufen sie euch!" – ein alter Grenadier ruft daraufhin zurück: „Wir brauchen eure Kürasse nicht. Jeder französische Grenadier hat ein Herz, das reicht, um sich die Ehre aus euren Verschanzungen zurückzuholen!"
Hochstimmung herrscht dagegen im Lager der Österreicher: Kaiser Franz und seine Begleitung haben mit Spannung das Schlachtgeschehen vom Bisamberg aus verfolgt; der Jubel über den Rückzug Napoleons ist groß. In einem Dankschreiben an seinen „lieben Herrn Bruder" spricht Franz vom „schönsten Augenblick" seines Lebens und feiert Erzherzog Carl überschwänglich als „Retter des Vaterlandes", dem es vorbehalten gewesen sei, das „fünfzehnjährige Waffenglück des stolzen Gegners zuerst zu unterbrechen": Noch überlässt man sich ganz der

Euphorie des Sieges, bald werden sich aber erste Zweifel an seinem „Wert“ für den Fortgang des Krieges mit dem Korsen regen.
Franz und seine Berater erkennen, dass Erzherzog Carl zwar eine Schlacht gewonnen hat, doch keine Entscheidung herbeiführen konnte. Seinen Sieg verdankt er keiner genialen Strategie und keinen raffinierten taktischen Schachzügen. Er setzt sich durch mit den größeren Reserven und überlegener Feuerkraft, mit Beharrlichkeit und persönlicher Tapferkeit. Er ringt einen ebenso aufopferungsvoll kämpfenden Gegner nieder, der sein überhastetes und mit einer gewissen Überheblichkeit begonnenes Abenteuer teuer bezahlen muss: Der Nimbus des Unbesiegbaren ist dahin, aus Napoleon, dem unbezwingbaren Gott der Schlachten, ist ein sterblicher Schlachtenlenker, ein Feldherr, der auch unterliegen kann, geworden.

Literatur

Manfried Rauchensteiner, Die Schlacht von Aspern am 21. und 22. Mai 1809. Wien 1969 (=Heft 11 der Militärhistorischen Schriftenreihe, herausgegeben vom Heeresgeschichtlichen Museum/Militärhistorischen Institut)

Robert Bouchal und Johannes Sachslehner, Napoleon in Wien. Fakten und Legenden. Wien: Pichler Verlag 2008

John H. Gill], 1809 Thunder on the Danube: Fall of Vienna and the Battle of Aspern: Napoleon's Defeat of the Habsburgs). Barnsley. 2009

Gedenken an Tausende gefallene Soldaten: der Löwe von Aspern von Anton Dominik Fernkorn, errichtet 1858.

Nach der Natur gezeichnet

und gest. von G. Schedler in Innsbruck

Andreas Hofer

Sandwirth und Commandant in Tirol.

Sterben tun wir ohnedem nur einmal

Bergisel · 1809

Während Napoleons stolze *Grande Armée* am 22. Mai 1809 bei Aspern nach blutigem Gemetzel von den Österreichern in die Lobau zurückgedrängt werden kann, rüstet sich Andreas Hofer, der Wirt und Viehhändler aus dem Passeiertal mit dem „ungeheuern schwarzen Bart" und Oberkommandant des Tiroler Bauernheeres, zum entscheidenden Angriff auf die bayerisch-französische Besatzungsmacht, die nach der ersten „Befreiung" Tirols im April 1809 das Land zwar wiedererobert, sich aber durch unnötige Grausamkeiten und Ausschreitungen den Hass der Bevölkerung zugezogen hat. Die Gelegenheit scheint günstig, denn Napoleon hat die Order erteilt, dass Marschall François-Joseph Lefebvre mit der Division Wrede und der bei Salzburg aufgestellten Division Kronprinz über Radstadt nach Leoben marschieren solle; zurück bleibt nur die Division Deroy mit knapp 4.000 Mann Infanterie, 408 Reitern und zwölf Geschützen – Tirol ist für den Korsen, der alles daransetzen muss, um gegen die österreichische Hauptarmee zu bestehen, im großen Kriegstheater dieses Jahres vorerst nur eine „Nebenbühne", die von seinem bayerischen Verbündeten bespielt wird.

Der „Oberkommandant" der Aufständischen: Andreas Hofer, „nach der Natur gezeichnet" und gestochen von Georg Schädler. Tiroler Landesmuseum Ferdinandeum.

Mit Boten schickt der Sandwirt, dessen Autorität inzwischen in ganz Tirol anerkannt wird, seine „Laufzettel" aus, so auch an die nach der Wiederbesetzung Tirols durch Marschall Lefebvre und General Wrede mutlos gewordenen Oberinntaler: „Liebe Brüder Oberinntaler! Für Gott, den Kaiser und das teure Vaterland! Morgen in der Früh ist der letzte Angriff. Wir wollen die Bayern mit Hilfe der göttlichen Mutter fangen oder erschlagen und haben uns zum liebsten Herzen Jesu verlobt. Kommt uns zu Hilf, wollt ihr aber gescheiter sein als die göttliche Vorsehung, so werden wir es auch ohne euch richten! Andreas Hofer, Oberkommandant."

Im Etsch- und Eisacktal ist es Josef Eisenstecken, der Badlwirt von Gries bei Bozen, der den Landsturm aufbietet; im Unterinntal wirbt Josef Speckbacher und im Oberinntal bemüht sich Martin Teimer, unterstützt vom jungen kaiserlichen Intendanten Joseph von Hormayr, um die Mobilisierung der Schützen.

Vom Brenner aus, nachdem man zuvor noch gemeinsam gebetet und die Generalabsolution erhalten hat, brechen die Schützenkompanien Andreas Hofers am Abend des 24. Mai zu ihrem Vormarsch gegen die

Bayern auf, etwa 5.000 Mann, die von der regulären österreichischen Infanterie General Buols, 1.100 Mann mit fünf Geschützen, und einer Eskadron von 80 Reitern unterstützt werden. Das Ziel der kleinen, aber zu allem entschlossenen Streitmacht: der Bergisel. Am Morgen des 25. Mai beginnen die Bauern mit der Besetzung der Berghänge südlich von Innsbruck. Josef Speckbacher führt noch während der Nacht an die 1.000 Schützen aus dem Unterinntal heran, die den rechten Flügel Hofers verstärken sollen. Am Nachmittag wird bereits gekämpft; den Tirolern, die ihre taktisch klug gewählten Höhenstellungen nun entsprechend nützen können, gelingt es, die Bayern überall zurückzudrängen. Der „Operationsplan" des Bauernführers ist für alle verständlich: Man solle auf die Bayern losschlagen, wo immer man sie treffe, und den Berg hinunterwerfen.
General Graf Bernhard Erasmus von Deroy, der im April unter Napoleon in der Schlacht bei Eggmühl noch erfolgreich gegen Erzherzog Carl gekämpft hat, versucht mit Unterstützung seiner Kanonen die Anhöhen zurückzuerobern; seine Infanterie, die über ungedecktes Terrain vorgehen muss, wird von den Tirolern jedoch immer wieder zurückgeworfen. Als schließlich am Abend heftiger Regen einsetzt, flauen die Kämpfe ab; im Lager Hofers ist die Enttäuschung über den unentschieden gebliebenen Kampf groß, zahlreiche Schützen verlassen das Lager in Richtung heimatlicher Hof und sparen auch nicht mit heftiger Kritik am Oberkommandierenden. In dieser schwierigen Lage zeigt der Sandwirt seine ganze Entschlossenheit und Hartnäckigkeit: Im Kriegsrat der Bauern kann er seine Mitstreiter zu einem neuen Angriff auf die verhassten „Boaren" einschwören; wieder sind es „Laufzettel", die am 28. Mai hinaus an die Bevölkerung gehen, wiederum vor allem an die Bewohner des Oberinntals.
Tatsächlich kann Martin Teimer aus dem Oberinntal frische Kräfte, etwa 1.400 Mann, heranführen, aber auch die Bayern verstärken sich am 29. Mai mit 1.200 Infanteristen und sechs Geschützen, die aus dem Salzburgischen eintreffen. In zwei Kolonnen stoßen die Tiroler, etwa 14.000 Mann, am Morgen des 29. Mai gegen den Bergisel vor; unterstützt werden sie von 1.270 Infanteristen der österreichischen Armee, 87 Reitern und sechs Geschützen unter dem Kommando von Oberstleutnant von Ertl. Wieder wogt der Kampf bis zum Abend, wieder zeichnet sich keine Entscheidung ab, auch wenn die Männer Hofers einige Vorteile erringen. Doch nun haben die Tiroler Glück: General Deroy, der Angst um seine Rückzugslinie ins Unterinntal hat und Innsbruck nicht um jeden Preis halten will, verlässt der Mut und er befiehlt noch am Abend den Abzug. Unbemerkt von den Mannen Hofers ziehen sich seine Soldaten in der Nacht zurück, umwickeln Wagenräder und die Hufe der Pferde, um ja keinen Lärm zu machen. Erst am nächsten Morgen bemerken die braven Freiheitskämpfer, dass ihnen der Feind abhanden gekommen ist – an den Lagerfeuern wird Siegesjubel laut.

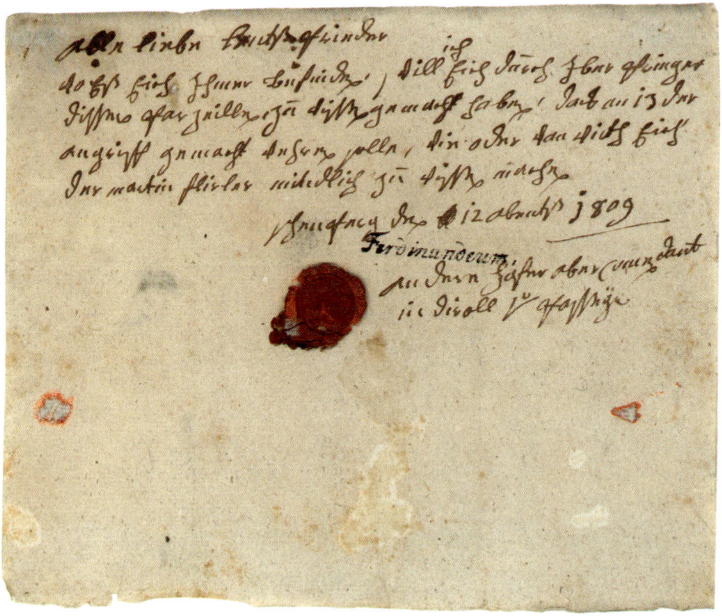

Rief die Landsleute zum Kampf gegen die französischen und bayerischen Besatzer: eigenhändiger „Laufzettel“ von Andreas Hofer vom 12. August 1809, verfasst im Gasthof Schupfen in Schönberg. Tiroler Landesmuseum Ferdinandeum.

Andreas Hofer ordnet zwar die Verfolgung der Division Deroy an, die Bayern sind jedoch schneller und gelangen unbehelligt über die Grenze.

Der 30. Mai 1809 wird für Andres Hofer zum Tag des Triumphs: Er zieht als „Befreier“ in Innsbruck ein; mit zahlreichen Festlichkeiten feiert man in den folgenden Tagen den Erfolg. Zur Siegesstimmung tragen nicht zuletzt auch die erfreulichen Nachrichten vom Kriegsschauplatz im Osten bei. Am 4. Juni treffen die offiziellen Meldungen über den Sieg Erzherzog Carls bei Aspern ein; bereits am 29. Mai hat Kaiser Franz im „Wolkersdorfer Handbillett“ seiner „treuen Grafschaft Tyrol“ feierlich versprochen, dass „sie nie mehr von dem Körper des Österreichischen Kaiserstaates soll getrennt werden“ und dass er keinen anderen Frieden unterzeichnen werde als den, der „dieses Land an Meine Monarchie unauflöslich knüpft“. Euphorisch verspricht der Kaiser noch, dass sich sein „lieber Herr Bruder“ Erzherzog Johann nach Tirol begeben werde, um hier als „Anführer und Schützer Meiner treuen Tyroler“ alle Gefahren von der Grenze Tirols zu bannen – große Worte, die entsprechend großen Jubel auslösen, sich aber bald als leere Versprechungen herausstellen werden …

Nach den Siegesfeiern muss Andreas Hofer bald einsehen, dass er in Innsbruck nicht mehr gebraucht wird; hier hat wieder der junge Intendant Joseph von Hormayr, der nach dem Sieg der Tiroler blitzartig in Innsbruck aufgetaucht ist, das Kommando übernommen. Während sich Hormayr um die Verwaltung des Landes kümmert und verschiedene

Anstrengungen zum Ausbau der Verteidigung des Landes unternimmt, wirkt Hofer im Süden. Er geht dem übereifrigen Hormayr aus dem Weg, der sich jedoch mit gewaltigen Schwierigkeiten konfrontiert sieht: Es fehlt an Geld, weite Teile des Landes leiden Not, zahlreiche Familien haben ihr Hab und Gut verloren. Anton Knoflach, der Chronist des Freiheitskampfes, notiert in seinem Tagebuch: „Man geht nicht 100 Schritt auf der Straße, ohne auf einen Bauer zu stoßen, der um eine

Wegzehrung bittet. Die armen Leute sind zu bedauern. Ihre Felder liegen zum Theil unbearbeitet, ihre etwelche Gulden haben sie dieser Tage verzehrt; das Kleid ist zerrissen, der Körper geschwächt." Aus Wien kann Hormayr für seine Tiroler keine Hilfe erwarten – hier hat man selbst genug zu tun mit den französischen Besatzern und im mörderischen Ringen bei Wagram sinken die Hoffnungen auf einen siegreichen Feldzug gegen Napoleon endgültig ins Grab. Der Waffenstillstand von

Im Osten Österreichs herrscht längst Waffenstillstand, in Tirol kämpfen Andreas Hofer und seine Getreuen erfolgreich weiter: Napoleons Marschall Lefebvre muss in der dritten Schlacht am Bergisel, am 13. August 1809, unter schweren Verlusten den Rückzug antreten. Gouache von Jakob Placidus Altmutter, Tiroler Landesmuseum Ferdinandeum.

Znaim, in den Erzherzog Carl wenige Tage später, am 12. Juli 1809, ohne Wissen des Kaisers einwilligt, liefert auch Tirol erneut den Feinden aus. Franz I. ist „seinen“ Tirolern gegenüber kompromittiert und Napoleon fest entschlossen, mit den widerspenstigen Älplern ein für allemal abzurechnen. Wieder erhält Marschall François-Joseph Lefebvre den Oberbefehl über die Invasionsarmee, rund 20.000 Mann, die von vier Seiten ins Land eindringen und es endgültig unterwerfen sollen. „Seien Sie schrecklich!“, fordert der Korse von seinem erfahrenen Truppenführer und formuliert auch gleich, was er von ihm erwartet: „Sie werden mich bald wissen lassen, dass Sie dieses Volk geschlagen, zerstreut und entwaffnet haben.“ Napoleon, der so wie Lefebvre in Spanien Erfahrung im Kampf gegen die Guerrilla gesammelt hat, ist nicht zimperlich, Terroraktionen wie das Anzünden von „wenigstens sechs großen Dörfern“, das Niederbrennen der Häuser der Anführer und die Festsetzung von 150 Geiseln sollen den Widerstand der Tiroler brechen.
Lefebvre hält sich jedoch nicht an die Vorgaben seines Kaisers, denn es gibt vorerst keinen Widerstand und daher auch keine Notwendigkeit für Strafaktionen. Am 30. Juli marschiert er in Innsbruck ein und richtet sein Hauptquartier in der Hofburg ein. Joseph von Hormayr hat inzwischen wieder fluchtartig das Land verlassen, die letzten regulären österreichischen Truppen unter General Buol haben sich über den Brenner und das Pustertal nach Österreich zurückgezogen. Während ein Teil der Bevölkerung sich resignierend in das Schicksal einer neuerlichen Besatzung ergibt, wirbt Andreas Hofer im noch unbesetzten Süden wieder für den Widerstand. Der Feind sei durch „Lüge und Verrat“ ins Land gekommen, jeder Tiroler habe daher die „heilige Pflicht“, ihn wieder daraus zu vertreiben. Ungeschickte Aktionen Lefebvres wie die Exekution zweier Bauern aus Weerberg, die angeblich an der Gefangennahme eines Trupps von Bayern beteiligt waren, lassen die Stimmung wieder zugunsten der „Kriegspartei“ kippen. Als Lefebvre mit seinem Angriff auf das südliche Tirol beginnt, greifen die Bauern wieder zu den Waffen und prompt erringen sie einige spektakuläre Erfolge. So kann an der Lienzer Klause der französische General Jean-Baptiste Rusca zurückgeschlagen werden und so wie schon 1703 wird das enge Tal des Inn vor der Pontlatzer Brücke einer bayerischen Truppeneinheit zum Verhängnis: 1.400 Mann Infanterie, ein Teil der Division Deroy, verstärkt durch etwa 300 Kavalleristen und zwei Kanonen, geraten am 8. August an der Brücke in einen Hinterhalt. Wieder haben die Bauern Steinlawinen und Verhaue vorbereitet; die Bayern erleiden schwere Verluste; ihr Kommandant Oberst von Burscheidt und 800 Mann, die hilflos in der Falle sitzen, müssen sich am folgenden Tag den Bauern ergeben; nur 400 Mann können sich zurück nach Innsbruck durchschlagen.
Auch Lefebvre selbst gerät rasch in ernste Schwierigkeiten. Als er einem sächsisch-bayerischen Truppenkontingent, das in der Eisackschlucht

zwischen Sterzing und Brixen von den Bauern hart bedrängt wird, zu Hilfe kommt, wird er im Talkessel von Sterzing in schwere Kämpfe verwickelt und muss sich am 10. August fluchtartig über den Brenner nach Innsbruck zurückziehen. Am 12. August, sofort nach seiner Rückkehr in die Tiroler Hauptstadt, meldet der 54-jährige Veteran seine peinliche Retirade Napoleon, die Niederlage mit der ungewohnten Kampfeswut der Tiroler Schützen rechtfertigend: „Diese Wilden stiegen mit rasendem Geschrei ins Tal hernieder, das Kruzifix an der Spitze, mit ihren Priestern, rasend wie Tiger."

Während er seinem Kriegsherrn in Schönbrunn noch kleinlaut Bericht erstattet, hat der Kampf ihn schon eingeholt. Tausende Schützen, die ihm von Sterzing aus gefolgt sind, vereinen sich mit den Nordtiroler Schützen; zum dritten Mal in diesem Jahr wird der Bergisel Schauplatz eines blutigen Ringens. Andreas Hofer hat wieder den Oberbefehl inne, an seiner Seite die bewährten Freunde: Peter Mayr kommandiert das Zentrum, Pater Haspinger den linken und Josef Speckbacher den rechten Flügel. Die Streitmacht der Tiroler, die sich an den Hängen von Volders bis Kranebitten entfaltet, ist rund 15.000 Mann stark, etwa gleich hoch ist Anzahl der Streiter auf der bayerisch-französischen Seite. Das konzentrierte Feuer aus 24 Kanonen, die Lefebvre auffahren lässt, bringt zwar die erste Linie der Schützen zum Wanken, kann aber nicht

Auch das Porträt Erzherzog Johanns schützt nicht vor der französischen Soldateska. Gouache von unbekannter Hand. Tiroler Landesmuseum Ferdinandeum.

„Dort, wo der Väter Treue sich geoffenbart, dort liegt der Söhne großes Erbe aufbewahrt": Umschlag des Katalogs zum Museum der Tiroler Kaiserjäger und der Andreas-Hofer-Galerie (Innsbruck 1937).

deren Kampfgeist schmälern und so empfangen sie die ersten Angriffe der Sturmbataillone des Marschalls mit heftigem Gewehrfeuer – die bayerischen Infanteristen fluten zurück, werden aber von französischen Offizieren wieder nach vorne geschickt: „Die Bayern, wütend gemacht, formieren noch stärkere Sturmbataillone, ihre Geschützlinie rückt, um die Stürmenden kräftiger zu unterstützen, 300 Schritte vor und beginnt ein Pressfeuer der furchtbarsten Art, unter seinem Schutz rücken die Bataillone vor, ohne einen Schuss zu tun, nirgends etwas anderes sicht- und hörbar als Feuerströme, Qualm und Kanonendonnergebrüll, und um 9 Uhr vormittags, wo der Kampf wahrlich grauenhaft wütete und bis zum mörderischen Handgemenge gesteigert wurde, schien es, als sei die ganze Gefilde-Ebene zum weitgeöffneten Feuerpfuhl geworden und der Abgrund kämpfe gegen den Himmel."

Marschall Lefebvre, so zeigt sich einmal mehr, ist kein Napoleon und legt die Schlacht allzu vorsichtig an. Fast ein Drittel seiner Truppen bleibt als Reserve hinter den Wiltener Kirchen stehen; ungenützt lässt er die Chance verstreichen, durch einen konzentrierten Vorstoß im Zentrum die Linien der Tiroler Schützen einzudrücken. Nach dem Scheitern einer von Mayr und Haspinger gemeinsam vorgetragenen Attacke wird die Lage am Nachmittag für Andreras Hofer und seine Mannen dennoch kritisch; erst durch den Einsatz des Landsturms aus dem Stubai- und dem unteren Silltal können die Bayern endgültig in die Ebene zurückgedrängt werden. Bei Anbruch der Dämmerung flauen die Kämpfe ab; um 20 Uhr, nach zwölfstündigem Kampf, schweigen die Waffen. Die Tiroler haben an die 100 Tote zu beklagen, auf Seiten des Feindes sind über 200 Männer gefallen.

So wie Deroy im Mai fürchtet nun auch Lefebvre, dessen Munitions- und Proviantvorräte beinahe aufgebraucht sind, um seine Rückzugslinie und auch er befiehlt den Rückzug, nicht ohne jedoch noch einige Bauernhöfe am Fuße des Bergisels niederbrennen zu lassen und einige Geiseln mitzunehmen. Noch einmal ist Andreas Hofer ein triumphaler Einzug in Innsbruck gegönnt. Am 15. August, am Mariä-Himmelfahrts-Tag, rückt er mit seinen Schützen in die Stadt, nachdem man am Bergisel noch ein Dankgebet gesprochen hat. Als „Treuhänder des Kaisers" ist er nun Herr über ein von den Feinden befreites Tirol und leitet von der Innsbrucker Hofburg aus auch die zivile Verwaltung des Landes. Zusammen mit seinen Gefolgsleuten, die als „Minister" agieren, ver-

Ein „Nationaldenkmal“ und „Symbol elementarer Volkskraft“: das Andreas-Hofer-Denkmal am Bergisel, errichtet 1893 von Heinrich Natter nach einem Entwurf von Heinrich Klotz.

sucht er das darniederliegende Wirtschaftsleben durch die Beschaffung frischen Geldes wieder anzukurbeln, indem er u. a. in Hall eigene Tiroler Münzen prägen lässt und Anleihen bei Innsbrucker Handelsunternehmen nimmt. Vor allem aber wird an der Absicherung der Landesgrenzen gearbeitet – alle wichtigen Übergänge gegen Bayern und Salzburg werden mit starken Einheiten besetzt; es gelingt den Tirolern sogar noch, den Steinpass zwischen Lofer und Bad Reichenhall sowie den Pass Lueg zu besetzen. Und man wälzt durchaus große Pläne: Ein „Nationalrepräsentation“ genannter Landtag soll einberufen und eine neue Tiroler Verfassung erarbeitet werden – Projekte, die tatsächlich an der politischen Wirklichkeit vorbeigehen, denn in Schönbrunn verhandeln die Diplomaten des Kaisers inzwischen bereits den Frieden mit Napoleon und alle Entwürfe zu diesem Vertrag sehen auch weiterhin eine Abtretung Tirols vor. Andreas Hofer ist Realist genug, um zu wissen, dass er früher oder später Hilfe aus Wien brauchen wird, entsprechend deutlich formuliert er auch in einem Brief an Franz I.: „Wir haben nochmals den Feind hinausgeworfen. Aber es drohen uns große Gefahren. Da ersuchen wir Ew. um Hilfe. Sollten jedoch die Umstände unmittelbare Hilfe unmöglich machen, so wollen E. M. dem getreuen Lande wenigstens die gegenwärtige Lage der Dinge mitteilen, um hieraus ersehen zu können, ob weiterer Widerstand die Rettung des so teuren Vaterlandes oder den gänzlichen Untergang desselben herbeiführen würde.“ Die Bitte um klare Direktiven, die hier vom Sandwirt so nachdrücklich ausgesprochen wird, will man am Kaiserhof nicht hören, denn man pokert noch immer um das Schicksal des Landes und so zögert man im Hinblick auf den Friedensschluss, das „Bauernregiment“ in Innsbruck über die tatsächliche Lage aufzuklären. Man belässt sie im Glauben, dass alles zur Wiedergewinnung des Landes getan werde, und erschöpft sich in leerem Aktionismus: Mitte September 1809 ernennt Franz I. den Hormayr-Mitarbeiter Anton von Roschmann zum „Oberlandes- und Armeekommissär für Tirol“ und Erzherzog Johann schmiedet immerhin einen Operationsplan, den man den Tirolern zusammen mit einer beträchtlichen Geldsumme und einer Ehrenkette für Andreas Hofer übermittelt. Am 4. Oktober, die Abtretung des Landes ist beschlossene Sache, wird dem Sandwirt diese Ehrenkette während eines Festgottesdienstes durch den Abt von Wilten umgehängt – eine letzte Gunstbezeugung des Kaisers, der nun klein beigeben muss. In der Innsbrucker Hofburg will man es zunächst nicht glauben, doch zehn Tage später wird in Schönbrunn der Friedensvertrag unterzeichnet, Tirol bleibt bei Bayern und diesmal erhält Eugène Beauharnais, der Stiefsohn des Korsen, den Befehl, das Land zu unterwerfen.

Ein Monument für den von Habsburg im Stich gelassenen „Volkshelden“: Kaiser Franz I. begutachtet im Atelier des Bildhauers Johann Nepomuk Schaller den Entwurf zum Andreas-Hofer-Grabmal in der Hofkirche in Innbruck.

Es beginnt der letzte Akt des Tiroler Freiheitskampfes: Am 17. Oktober 1809 überschreiten drei bayerische Divisionen unter General Drouet d'Erlon, dem ehemaligen Stabschef Marschall Lefebvres, in Melleck, Kössen und Kufstein die Grenze, am 24. Oktober stehen sie vor Innsbruck, das Andreas Hofer mit dem Landsturm bereits drei Tage zuvor verlassen hat. Wieder besetzen die Schützen den Bergisel, noch einmal setzt sich die „Kriegspartei“ in der Umgebung Hofers durch, obwohl man aus Wien bereits die Aufforderung erhalten hat, die Waffen niederzulegen. Die Fanatiker an seiner Seite, allen voran Pater Haspinger, Speckbacher, Peter Mayr und der Wiltener Johann Kolb von Kolbenthurn, trommeln zum „letzten Gefecht“. So heißt es in einem Aufruf des Schützenkommandanten Anton Aschbacher an die Gemeinden Mieders, Telfes, Fulpmes und Neustift: „Brüder, wagt doch den letzten Kampf noch. Denkt, was wir Tiroler verlieren. Religion und Freiheit, kurz, alles ist verloren. Wollen wir wohl unter dem Joch eines Tyrannen, eines Wüterich, leben?

Ungebrochener Heldenstatus: Tiroler Schützen bei einer Kranzniederlegung am Andreas-Hofer-Denkmal, um 2000.

Seid auf, Brüder, sterben tun wir ohnedem nur einmal, und es ist besser, wir sterben als Männer, als wenn wir wie Weiber zugrund gehen. Seid mit Wut daran. Gott, die Mutter Gottes und die armen Seelen werden uns morgen helfen. Ich will gern mein Leben geben. Brüder folgt uns."

Drouet d'Erlon hält sich nicht lange mit Vorgeplänkel auf: Am 1. November lässt er seine Bayern zum Sturm auf die Stellungen der Tiroler am Bergisel antreten; 26 Geschütze nehmen die Schanzen unter schweres Feuer, dann greift die Infanterie an – nach drei Stunden Kampf ist alles entschieden, die Tiroler Linien werden überrannt, die Schützenkompanien suchen ihr Heil in einem fluchtartigen Rückzug. Angesichts der hoffnungslosen Lage und in der bitteren Erkenntnis, dass man im Frieden von Schönbrunn auf die Tiroler „vergessen" hat, stimmt Andreas Hofer schließlich dem Beschluss zur Unterwerfung zu; dem Priester Josef Daney fällt die Aufgabe zu, ein entsprechendes Schreiben an Eugène Beauharnais, der sich in Villach aufhält, zu verfassen: „Der große Napoleon und sein würdiger Sohn werden von nun an die Beschützer des Tiroler Volkes sein", schmeichelt er dem Vizekönig, der die Unterwerfung der Bauern gnädig zur Kenntnis nimmt und in einem Schreiben bestätigt, dass die „Rebellen" keine Strafe zu befürchten hätten, ja, er entbietet Hofer, der ein „wackerer Mann" sei, sogar „Gruß und Freundschaft".

Es ist die Tragik im Schicksal Andreas Hofers, dass er sich nun von seinen alten Kampfgefährten noch einmal „umdrehen" lässt und wortbrüchig wird – noch einmal ruft er zum Kampf auf und verwirkt damit für

sich und das Land jede Schonung. Josef Daney und der Schützenkommandant Jakob Sieberer können ihn zwar dazu bewegen, die Waffen endgültig niederzulegen, ein paar Tage später schwenkt der zum Spielball seiner Gefährten gewordene Sandwirt wieder um und stimmt neuerlich einer Wiederaufnahme des längst sinnlos gewordenen Kampfes zu – ein neuerlicher Wortbruch, der ihm von Seiten Daneys und Sieberers heftige Krtitik einbringt: Durch sein „völkerrechtswidriges Benehmen“ habe er „unser Nationalehrenwort und unsern Nationalcharakter so hingeworfen und so schimpflich mit Füßen zertreten, dass kein Mensch mehr uns achten, viel weniger mit uns über die Angelegenheiten unseres bedrängten Vaterlandes in eine Unterhandlung treten“ könne. Es sei Friede und er, Hofer, habe nichts mehr zu befehlen und niemand sei ihm Gehorsam schuldig. Kleinlaut rechtfertigt sich Hofer damit, dass man ihn gezwungen hätte, den Landsturm aufzubieten, sonst hätte man ihn erschossen, ja man hätte ihm gedroht, den Bart „haarlweis“ auszureißen.
Am 16. November erringt er am Meraner Küchelberg einen letzten Erfolg über General Rusca, dann bleibt ihm nur mehr die Flucht; sein Versteck wird verraten, am 20. Februar 1810 fällt er in Mantua unter den Kugeln eines Exekutionskommandos. Napoleon selbst hat seine Verurteilung zum Tode und rasche Hinrichtung angeordnet.
Am Bergisel lässt Drouet d'Erlon sofort nach dem Ende des letzten Kampfes die Schanzen der Tiroler abtragen und den Wald schlägern, dann rücken seine Soldaten in Schönberg, Matrei und den anderen Orten ein. „Der Bergisel steht nun kahl da“, notiert der Augenzeuge Anton Knoflacher am 9. November in seinem Tagebuch.

Literatur

Michael Forcher, Anno Neun. Der Tiroler Freiheitskampf von 1809 unter Andreas Hofer. Ereignisse, Hintergründe, Nachwirkungen. Inssbruck-Wien 2008

Werner Köfler, Die Kämpfe am Bergisel 1809. Wien 1996 (= Heft 20 der Militärhistorischen Schriftenreihe, herausgegeben vom Heeresgeschichtlichen Museum

Wolfgang Pfaundler und Werner Köfler, Der Tiroler Freiheitskampf 1809 unter Andreas Hofer. Zeitgenössische Bilder, Augenzeugenberichte und Dokumente. München 1984

Die Welt stürzt ein!

Königgrätz · 3. Juli 1866

Letzte Erinnerung an die „gefallenen Helden": Grabdenkmal am Schlachtfeld von Königgrätz.

Der „Besuch des Schlachtfeldes" von Königgrätz, so liest man im *Baedeker Österreich-Ungarn*, Ausgabe 1913, erfordere mit dem zweispännigen Wagen zehn bis elf Stunden und sei „vorzugsweise für Militärs von Interesse"; am besten sei es, mit dem Kutscher die Route im Vorhinein zu vereinbaren und ausreichend Mundvorrat mitzunehmen, man könne aber auch im „einfachen" Gasthaus „Zum Schlachtfeld" in Sádova Mittagsrast halten; die beste Übersicht genieße man vom Dorf Chlum aus. Wer besonders gut vorbereitet sein möchte, der nimmt auf diesen Ausflug das Büchlein *Der Führer über das Schlachtfeld* von Dr. J. Tausik mit, das wegen seiner „leicht fasslichen Übersicht" für jeden Patrioten mit Interesse zu lesen ist. Und „wer tiefer in die Züge dieses Landschaftsbildes blickt", so schreibt ein Besucher über seine Eindrücke in dieser „historischen Landschaft", „für den erwachen sie wieder, alle die gefallenen Helden, der hört das Donnern der Kanonen, das Wirbeln der Trommeln, er hört die Klänge der lustigen Kriegsmärsche, wie die Bataillone für ihren Kaiser, für ihr Vaterland mutig in den Tod gingen!"

Die Herren Offiziere, die da im Vorfeld des großen Krieges neugierig durch das hügelige Gelände zwischen Bistritz und Elbe mit seinen über 450 Massengräbern streifen, sind sich wohl nicht immer bewusst, dass ihre Gegenwart zum guten Teil ein Resultat dieses einen Gemetzels ist: Königgrätz hat wie kein anderes Ereignis die politische Ordnung Mitteleuropas vor dem Ersten Weltkrieg bestimmt. Und seit Königgrätz ist das österreichische „Selbstgefühl" ein anderes – die Angehörigen der deutschen Nationalität der Habsburgermonarchie sehen sich aus Deutschland vertrieben, mit Neid, aber auch mit geheimer Bewunderung blickt man auf das größere Deutschland im Norden; es wächst ein Königgrätz-Komplex, der sich in Politik und Kultur gleichermaßen breitmacht, auf der Bühne des Burgtheaters ebenso wie am glatten Parkett der Diplomatie, an den Stammtischen in der Provinz ebenso wie in den Cafés der Hauptstadt: Königgrätz werden die Österreicher nicht mehr aus dem Kopf bringen, es bleibt der schwärende Stachel.

Königgrätz ist jedoch keine „weltgeschichtliche Notwendigkeit", wie dies Preußens Generalstabschef Helmuth von Moltke im Bewusstsein des Sieges formulieren wird, und auch kein Schritt zum „wahren Sinn des Großdeutschtums", wie dies der Historiker Heinrich von Srbik, „Anschluss"-Befürworter und NSDAP-Mitglied, sehen wollte. König-

grätz ist eine Katastrophe des Habsburgerreichs, an der man jedoch nicht schuldlos ist – es setzt den verhängnisvollen Schlusspunkt hinter eine Kette von unglücklichen Entscheidungen, die unwillkürlich der geschickten Macht- und Expansionspolitik des preußischen Ministerpräsidenten Otto von Bismarck in die Hände spielen. Bismarck will den „Bruderkrieg“ gegen die Habsburgermonarchie und macht im kleinen Kreis der preußischen Führungsspitze keinen Hehl aus diesem Wunsch. „Die ganze historische Entwicklung der deutschen Verhältnisse“, so erklärt er seinem König und seinen Ministern bei einem Kronrat in Berlin am 28. Februar 1866, „die feindselige Haltung Österreichs treiben uns dem Kriege entgegen. Es würde ein Fehler sein, ihm jetzt aus dem Weg zu gehen.“ Generalstabschef Helmuth von Moltke hat den Feldzugsplan bereits fertig und erläutert emotionslos die einzige Voraussetzung für einen Sieg: Man müsse ein Militärbündnis mit Italien schließen, damit würden im Kriegsfall 100.000 österreichische Soldaten im Süden gebunden sein. Die Entscheidung ist rasch gefällt: König Wilhelm bittet um den Abschluss eines Militärbündnisses mit Italien, danach könne man den Österreichern aus einer sicheren Verhandlungsposition gegenübertreten. Eigentlich ist gar nicht mehr so wichtig, worüber man sich mit der Donaumonarchie streitet, nämlich vor allem über die Verwaltung der beiden Herzogtümer Schleswig und Holstein, für die man zwei Jahre zuvor noch gemeinsam in den Krieg gegen Dänemark gezogen ist. Und auch um die hehren Satzungen des Deutschen Bundes kümmert man sich keinen Deut, heißt es doch in den „Bundesakten“ ausdrücklich: „Nach der Verfassung und dem Rechte des Bundes ist … ein Krieg im völkerrechtlichen Sinne zwischen Österreich und Preußen ebenso unmöglich als zwischen anderen Bundesregierungen.“
Bismarcks Taktik in den folgenden Monaten: Er provoziert die österreichischen Diplomaten, die auch prompt darauf reinfallen und plötzlich

Musste eine Schlacht schlagen, die er nicht wollte: Feldzeugmeister Ludwig Ritter von Benedek. Foto von Ludwig Angerer, um 1860.

ebenfalls von der Notwendigkeit eines Krieges überzeugt sind. Vor allem aber will er sich sicher sein, dass Frankreich im Kriegsfall Neutralität bewahrt. Graf von der Goltz, Preußens Botschafter in Paris, wird angewiesen, den Preis dafür in Erfahrung zu bringen. Kaiser Napoleon III. macht es dem preußischen Diplomaten jedoch leicht – er will keinen Krieg jenseits des Rheins führen. Alles läuft daher ganz im Sinne des „Eisernen Kanzlers": Obwohl Napoleon III. von seinem Außenminister Edouard Drouyn de Lhuys vor Bismarcks Plänen gewarnt wird, erklärt er sich neutral, er sehe, so erklärt er seinen Beratern, im Krieg zwischen Preußen und Österreich „mehr als einen Vorteil" für Frankreich – eine naive Haltung, die er wenige Jahre später bitter bereuen wird.

Auch die Verhandlungen mit den Italienern verlaufen nach Plan. Am 8. April 1866 wird in Berlin der Geheimvertrag zwischen Preußen und Italien unterzeichnet – innerhalb von drei Monaten, so verpflichtet man sich, müsse der Krieg gegen den Habsburgerstaat beginnen; als „Belohnung" für ihre Bündnistreue stellt man den Italienern den Gewinn Venetiens in Aussicht. Nur zwei Tage vor Vertragsunterzeichnung hat Bismarck der österreichischen Regierung noch treuherzig erklärt, dass „den Absichten S. M. des Königs nichts ferner liegt, als ein Angriffskrieg gegen Österreich" ... Einen Tag später, am 9. April 1866, überrascht der preußische Gesandte beim Bundestag in Frankfurt am Main mit dem revolutionär anmutenden Antrag, „eine aus direkten Wahlen und allgemeinem Stimmrecht der ganzen Nation hervorgehende Versammlung für einen noch näher zu bestimmenden Tag einzuberufen, um die Vorlagen der deutschen Regierungen über eine Reform der Bundesverfassung entgegenzunehmen und zu beraten", ein Schachzug Bismarcks, mit dem er seine liberalen Kritiker links überholt und Verblüffung in Wien auslöst – das sei ein „unwürdiges Spiel mit der Reformfrage", heißt es hier. Gleichzeitig tarnt er mit diesem Wunsch nach einem „volkstümlichen Parlament", der in der deutschen Öffentlichkeit breit diskutiert und in Frankfurt einem Ausschuss zur Beratung übergeben wird, aber auch seine Kriegsabsichten.

Am Ballhausplatz in Wien lässt man sich zwar nicht blenden, dem konsequenten und kaltblütigen Kriegskurs des „Konfliktministers" Bismarck, seiner geschickten Zangenpolitik hat die österreichische Diplomatie jedoch nur wenig entgegenzusetzen. Verzweifelt bemüht man sich zunächst, auf die Kriegsgegner in Berlin und auf König Wilhelm selbst einzuwirken und sie als Bundesgenossen zu gewinnen – vergeblich. Franz Joseph und seine Generäle sind sich, was den Ausgang eines bewaffneten Konflikts mit dem Nachbarn im Norden betrifft, nicht sicher, zu sehr hat man in den letzten Jahren an Rüstungsausgaben und Ausbildungsmaßnahmen gespart, vor allem die noch mit Vorderladern ausgerüstete Infanterie scheint unterlegen. Dennoch spielt man Bismarck und Moltke auch noch ungeschickt in die Hände, indem man

erste Truppenkontingente, zehn Infanterie-Bataillone und zehn Eskadronen Kavallerie, nach Böhmen verlegt – nun hat man in Berlin einen willkommenen Vorwand zu Gegenmaßnahmen und beginnt in den schlesischen Festungen mit den Vorbereitungen zum Krieg. In Wien will man noch einmal einlenken und gibt die offizielle Erklärung heraus, dass Österreich am 25. April alle militärischen Schritte rückgängig machen würde, wenn Preußen die Garantie abgebe, einen Tag später dies ebenso zu tun. Bismarcks Antwort ist gefinkelt: Er begrüßt die österreichische Abrüstungsinitiative, ohne seinerseits einen konkreten Termin für die verlangte „Garantie" abzugeben – die Hintertür zum Krieg hält er sich damit weiter offen.
Nun ist es Preußens Bündnispartner Italien, das die Initiative ergreift und mit der Mobilmachung beginnt. Österreich ist damit unter Zugzwang, denn keinesfalls kann man diesen Kriegsvorbereitungen tatenlos zusehen, will man nicht hoffnungslos ins Hintertreffen geraten. Die Mobilisierung der Südarmee ist daher die einzig mögliche Antwort – und genau die Reaktion, die auch Bismarck erhofft hat. Denn nun lässt sich kühn behaupten, dass die österreichischen Truppenbewegungen eine Bedrohung Preußens seien, von einer italienischen Aggression könne keine Rede sein.
Während Bismarck weiter Öl ins Feuer gießt und sich die italienische Presse bereits auf den Krieg einschwört, wälzt man in Wien verzweifelte Pläne, um den drohenden Zweifrontenkrieg doch noch zu vermeiden. So wird die Idee geboren, Venetien kampflos an Italien abzutreten, ein entsprechendes Angebot, das durch Napoleon III. vermittelt werden soll, wird von Ministerpräsident Ferrero La Marmoras Regierung abgelehnt. Die italienischen Patrioten träumen von mehr: Triest und das Trentino, ja, vielleicht sogar Dalmatien würde man der Habsburgermonarchie entreißen. Doch nun, in die Enge getrieben und „zum Krieg resigniert", wie Zar Alexander II. kommentiert, freundet man sich auch in Wien mit dem Gedanken an Krieg an. „Besser Krieg als die Fortdauer des jetzigen Zustandes, den man uns mutwillig aufzwingt", schreibt Franz Joseph am 11. Mai seiner Mutter Erzherzogin Sophie. Letzte Vermittlungsversuche scheitern, es beginnt der Aufmarsch der Armeen.
Kaiser Franz Joseph ernennt am 26. April den 62-jährigen Feldzeugmeister Ludwig Ritter von Benedek zum Oberbefehlshaber der Nordarmee; Erzherzog Albrecht, 49 Jahre alt, übernimmt das Kommando über die Südarmee. Benedek ist keine Notlösung, sondern für den Monarchen und seine Berater die einzig mögliche Wahl: Der aus Ödenburg (Sopron) stammende General ist populär, gilt er doch seit Solferino, wo er als Einziger nicht versagt hat und bei San Martino Teilerfolge erzielen konnte, als „Retter der Ehre". Die „Soldaten vergötterten ihn, sein Bild war in 1.000 Vervielfältigungen im ganzen Lande zu sehen; seine Gestalt umgab ein Glorienschein", wird später die *Neue*

Freie Presse über ihn schreiben. Das einzige Problem: Benedek selbst sträubt sich gegen die Berufung, er sei, so meint er, für „den deutschen Kriegsschauplatz ein Esel", gehorcht jedoch schließlich seinem obersten Kriegsherrn, er will ja kein „schlechter Kerl" sein. Zum Generalstabschef wird auf Wunsch Benedeks sein Freund Alfred Freiherr von Henikstein bestellt, Chef der Operationskanzlei wird General Gideon Ritter von Krismanic, ein ehemaliger Strategie-Lehrer an der Kriegsschule. Die erste Entscheidung dieses Dreigestirns: Als Aufmarschraum für die k. k. Armee, in der nicht weniger als 19 Erzherzoge (!) höhere Kommandos bekleiden, wird Mähren bestimmt.

Eines von über 460 Denkmälern in der „Gedächtniszone" Königgrätz: Grabstein bei Holá für preußische und österreichische Soldaten.

Am 27. Mai reist Benedek vom Nordbahnhof nach Olmütz ab; zum Abschied überreichen ihm ungarische Damen einen Lorbeerkranz; in einem Armeebefehl zur Begrüßung der aus allen Teilen der Monarchie anrückenden Truppen gibt er sich euphorisch: „... die k. k. Armee wird mit Begeisterung und altösterreichischer Zähigkeit in Treue und Ehre zu siegen und zu sterben wissen für Kaiser und Vaterland. Soldaten! Dazu bringe ich Euch mein ganzes warmes Soldatenherz, bringe Euch meinen eisernen Willen, mein höchstes Vertrauen auf Euch, mein demütigstes Vertrauen auf unseren allmächtigen Herrgott und das Vertrauen auf mein altes Soldatenglück. Mit Gott also begrüße ich Euch, Soldaten, die des Kaisers Wille und Befehl meiner Führung und meiner Fürsorge anvertraut hat." Tatsächlich ist die Stimmung in der Armee zuversichtlich; Benedek fühlt sich jedoch der „großen Aufgabe" kaum gewachsen, er ahnt, dass die „guten Österreicher", wie er in einem Brief

an General Franz Freiherr von Gorizzutti schreibt, zu viel von ihm erwarten.
Am 20. Juni ist die Armee im Raum Olmütz konzentriert und trotz deutlicher Mängel – es fehlt nicht nur an modernen Gewehren, sondern etwa auch am nötigen Schuhwerk – halbwegs kampfbereit; einen Tag zuvor sind auch die verbündeten Sachsen eingetroffen. Benedek befiehlt den Vormarsch nach Böhmen Richtung Josefstadt, um sich hier den Preußen entgegenzustellen. Man gibt sich im österreichischen Hauptquartier keinen Illusionen hin: Es gilt einen zahlenmäßig überlegenen, gut organisierten und besser bewaffneten Feind zu bekämpfen, der gemäß Moltkes Operationsplan in drei getrennt marschierenden Armeen – der 1. Armee und der Elbe-Armee sowie der 2. Armee, befehligt vom Kronprinzen Friedrich Wilhelm – auf österreichisches Gebiet vorrückt. Am 24. Juni trifft die Nachricht vom Sieg Erzherzog Albrechts über die Italiener bei Custozza ein; allerdings beflügelt auch dies Benedek und seine Männer kaum, zumal bereits die ersten Geplänkel mit den Preußen die „zerschmetternde Wirkung“ des Zündnadelgewehrs aufzeigen; immerhin gelingt es dem 10. Korps unter Ludwig Freiherr von Gablenz, am 27. Juni bei Trautenau einen „schönen Erfolg“ über Einheiten der 2. preußischen Armee zu erringen; in den beiden folgenden Tagen muss das 10. Korps jedoch bei Rudersdorf–Neu-Rognitz und Königinhof Rückschläge hinnehmen, nicht anders ergeht es dem 4. und 8. Korps bei Skalitz und Schweinschädel.
Angesichts dieser Misserfolge, die Schlimmes ahnen lassen, vor allem aber auch auf Grund der auffallend hohen Verluste – beim „Sieg“ von Trautenau sind diese viermal höher als jene der Preußen – entschließt sich Benedek zur „Rückwärtskonzentrierung“ und versammelt alle seine Truppen bei Josefstadt-Miletin, eine Entscheidung, die ihm später zahlreiche Kritiker zum Vorwurf machen werden. Er habe, so deren Vorwurf, die Chance eines erfolgreichen Angriffs auf die 2. preußische Armee tatenlos vorbeigehen lassen.
Am 30. Juni, nach 10 Tagen Krieg, beziffern sich die Verluste an Gefallenen und Verwundeten bereits auf 32.000 Mann und 984 Offiziere; die Stimmung Benedeks ist auf einem Tiefpunkt angelangt. An der Möglichkeit eines Sieges endgültig zweifelnd, lässt er am 1. Juli dem Kaiser eine Depesche schicken, in der es heißt: „Bitte Eure Majestät dringend, um jeden Preis den Frieden zu schließen. Katastrophe der Armee unvermeidlich.“ Franz Joseph ist verwundert – um Frieden zu betteln, ohne eine große Schlacht verloren zu haben? Undenkbar für ihn, den stolzen Erben einer Maria Theresia. Er telegraphiert daher an Benedek: „Einen Frieden zu schließen unmöglich. Ich befehle – wenn unausweichlich – den Rückzug anzutreten. Hat eine Schlacht stattgefunden?“ Benedek antwortet, dass er zum Rückzug genötigt sei durch „die großen Verluste, hauptsächlich durch Zündnadelgewehrfeuer, von dessen mörderischer Wirkung diejenigen alle ohne Unterschied

bleibend impressioniert sind, die im Gefechte waren"; dennoch werde er, sofern er nicht vom Feind überflügelt würde, noch einen Offensivstoß versuchen.

Franz Joseph will rettend eingreifen und entscheidet am 2. Juli, die Generale Henikstein und Krismanic abzusetzen, neuer Generalstabschef solle Alois von Baumgarten werden. Diese Rochaden kommen jedoch zu spät, denn nun nimmt die Tragödie Fahrt auf: Am Nachmittag des 2. Juli entschließt sich Benedek, der Schlacht, die von ihm in Wien gefordert wird, nicht mehr auszuweichen; er kann auch gar nicht anders, zu nahe schon sind die feindlichen Truppen. Auch im Kriegsrat der preußischen Heeresleitung in Jitschin fasst man für den nächsten Tag die Entscheidung ins Auge – Moltkes Absicht ist es, die Österreicher „gegen die Elbe zu werfen, sie von den befestigten Übergängen abzuschneiden und, wenn möglich, ganz zu vernichten".

Der Morgen des 3. Juli ist trüb und regnerisch; die Disposition des k. k. Armeekommandos für den Tag sieht vor, dass man den Angriff der 1. und der Elbe-Armee sowie der 2. Armee der Preußen zunächst in Abwehrstellung erwartet. Die Truppen unter den schwarzgelben Bannern, etwa 197.000 Mann und 770 Geschütze – das größte habsburgische Heer, das sich je an einem Ort versammelt hat –, stehen in einem großen Bogen nordwestlich von Königgrätz, zwischen ihnen und der Festung die Elbe. Die angreifenden preußischen Streitkräfte zählen 221.000 Mann und 776 Geschütze; diese Überlegenheit kommt jedoch erst mit Zeitverzögerung zum Tragen, da die 2. Armee unter dem Kronprinzen erst nach Stunden das Schlachtfeld erreicht.

Um 8 Uhr morgens fallen die ersten Schüsse, bald darauf feuert die österreichische Artillerie aus allen Rohren. Im Brennpunkt des Kampfes steht am rechten Flügel der Österreicher ein kleines Waldstück westlich des Ortes Maslowed (*Máslojedy*), der Swiebwald, der von den Preußen gegen verzweifelte und zahlenmäßig überlegene österreichische Angriffe des 4. und 2. Korps, die von Benedek nicht angeordnet sind, hartnäckig verteidigt wird; schließlich behauptet sich auch hier das Zündnadelgewehr, der Hinterlader gegen den Vorderlader. Die Verluste der Österreicher sind schwer, allein das 4. Korps beklagt 121 gefallene oder verwundete Offiziere und 2.044 Mann. Dennoch steht die Schlacht bis zur Mittagszeit für die schwarzgelben Waffen günstig, die Taktik, die Infanterie nicht blind in das Feuer der Zündnadelgewehre rennen zu lassen, sondern die Preußen in durch Holz und Gestrüpp geschützten Stellungen zu erwarten, bewährt sich; vor allem aber ist es die überlegene Feuerkraft der von Erherzog Wilhelm, einem Bruder des Siegers von Custozza, gut postierten österreichischen Artillerie, die den Feind ins Wanken bringt – der Angriff der Preußen bleibt nach bescheidenen Geländegewinnen im Abwehrfeuer liegen. Benedek überlegt sogar einen Gegenangriff auf die 1. preußische Armee für 13 Uhr, gibt dann diesen Plan jedoch wieder auf. Angesichts der angespannten Lage sieht sich König Wilhelm, der von einer Anhöhe über der Bistritz aus mit dem Fernglas das Kampfgeschehen verfolgt, an seiner Seite Bismarck und Moltke, zu der Bemerkung genötigt: „Wir verlieren die Schlacht." Moltke jedoch zeigt jetzt, da der König schon nervös nach den Möglichkeiten des Rückzugs fragt, seine ganze Entschlossenheit: „Hier handelt es sich um Preußens ganze Zukunft, hier wird nicht zurückgegangen."

Die entscheidende Wende bringt das Eingreifen der Kronprinzen-Armee – Benedek hat für diesen Fall zwar Reserven bereitgehalten, doch nun geht alles zu schnell: In einem überraschenden Vorstoß gelingt es dem Garderegiment des Kronprinzen die Dörfer Chlum und Rozběřic im Zentrum der österreichischen Stellungen zu nehmen, damit bricht auch der durch die Kämpfe im Swiebwald geschwächte rechte Flügel zusammen. In wütenden österreichischen Gegenangriffen zur Wiedereroberung des Ortes verbluten sich die Regimenter des 1. und 6. Korps. Benedek selbst führt das 52. Regiment vom 3. Korps in den Kampf, von den Soldaten stürmisch umjubelt. „Nicht jetzt, wartet bis morgen, meine Kinder!", ruft er ihnen zu.

Die vom Grafen Leopold von Gondrecourt kommandierten Regimenter des 1. Korps, unter ihnen auch die Wiener Hoch- und Deutschmeister und das 17. Jägerregiment, dringen bis zur Kirche von Chlum vor, werden dann aber vom feindlichen Feuer wieder zurückgetrieben. Jetzt, da alles auf dem Spiel steht, zeigen die Truppen absolute Todesverachtung: Unter Trommelwirbel und den Klängen der Regimentsmärsche gehen sie vor, laufen direkt ins mörderische Feuer der Zündnadelgewehre. Der Dichter Detlev von Liliencron, eben erst zwanzig Jahre alt geworden, erinnert sich später in seiner Novelle *Eine Sommerschlacht* an dieses Blutbad: „Und die Hölle tut sich bei uns auf. Mit wundervollem Mut, mit prächtigem Vorwärts, weit die Offiziere voran, und wenn sie fallen, springen andere vor, so dringt's her gegen uns. Aber der Feind kann nichts machen gegen unser Blitzfeuer. Er muss zurück." Sinnloser Heroismus, der zu schrecklichen Verlusten führt: In 20 Minuten verliert das 1. Korps 279 Offiziere und 10.000 Mann an Gefallenen und Verwundeten. Die Anhöhe von Chlum kann trotz dieses „blutigen Opfergangs" nicht mehr zurückgewonnen werden.

Zu den heroisch in den Untergang ziehenden Einheiten zählt auch die legendäre „Batterie der Toten", die Kavallerie-Batterie Nr. 7 des 8. Feldartillerie-Regiments, kommandiert von k. k. Hauptmann August van der Groeben. Am äußersten rechten Flügel der aus 21 Batterien bestehenden österreichischen Artilleriestellung im Zentrum im Einsatz, ist er den plötzlich im Rücken auftauchenden Preußen am nächsten; mit dem geübten Blick des erfahrenen Soldaten erkennt Van der Groeben sofort die Gefahr für das 3. Armeekorps: Er befiehlt, die Geschütze bis auf 200 Schritt an den Westrand von Chlum heranzufahren und von hier den vordringenden Feind mit Kartätschen unter Feuer zu nehmen. Das

Nur ein Mann überlebte: die „Batterie der Toten". Gemälde im Heeresgeschichtlichen Museum, Wien.

Schnellfeuer der preußischen Infanterie bringt die Batterie jedoch nach kurzer Zeit zum Verstummen: Hauptmann van der Groeben, sein Oberleutnant Friedrich Wolf sowie 52 Mann und 68 Pferde sind tot, sieben Geschütze sind ohne Bedienung und Bespannung; dem einzigen überlebenden Offizier, dem 29-jährigen Geschützvormeister Matthias Weinhardt aus Allhau im Burgenland, gelingt es, die achte Kanone aus dem Kugelhagel in Sicherheit zu bringen. Matthias Weinhardt, der seine Feuertaufe in der Schlacht von Solferino erlebt hat, erinnert sich später an diesen blutigen Alptraum: „Unsere 7. Batterie, dessen 3. Geschütz ich über gehabt hab', befehligte der Hauptmann von der Groeben – Gott schenk' ihm die ewige Ruh' – und wir sind auch tatsächlich im Augenblicke der höchsten Gefahr an Ort und Stelle aufgefahren. Könnt mir's glauben, Leutln, ich bin heut noch stolz auf unsere Batterie der Toten, wie man sie später benannt hat.

Wir waren die Ersten, welche sich dem Feinde entgegengestellt haben. Unser Hauptmann hat sich sofort ausgekannt, was geschieht, wenn der Feind da durchdringt. Unser ganzes Korps wär' dann verloren gewesen. Darum hat er Befehl gegeben, dass die Batterie den Feind aufhalten muss, so lang bis unser ganzes Korps in Sicherheit ist. Wir haben's alle gewusst, dass wir in den Tod gingen, aber dennoch haben wir nicht gezagt.

Im schärfsten Galopp gings dahin, bis unsere Batterie etwa 180 bis 200 Schritt vom Dorfe Chlum entfernt war – da machten wir Halt. Die Preußen eröffneten auf uns ein äußerst heftiges Kleingewehrfeuer. Geha-

Die letzte Reserve sichert den Rückzug: die Reiter der 1. und 3. Reserve-Kavalleriedivision im Gefecht mit den Preußen bei Stresetitz-Langenhof.

gelt und geprasselt hat's um uns, schon grad fürchterlich. Im Nu ist bei uns abgeprotzt und nun geht's los. Wir eröffnen ein mörderisches Kartätschenfeuer auf den Feind. Reihenweise mäht dasselbe die feindlichen Soldaten nieder, aber immer wieder sind die Lücken aufgefüllt, und wie ich mich nach einer kleinen Weile umschau', sind von unseren 8 Halbzügen 4 bereits kampfunfähig.

Bei unserem Geschütz war noch alles so ziemlich wohl, aber nicht lange hat's gedauert, so geht's auch uns an den Kragen. Der Oberleutnant Wolf ist gleich nach dem Auffahren gefallen. Nun ist unser Hauptmann zum linken Flügel hinüber geritten und wie er zurückkommt, ruft er: ‚Meine Kinder, haltet Euch tapfer, wir müssen siegen!' Kaum hat er das gesagt, so fährt er mit der rechten Hand nach der Brust und fällt getroffen vom Pferde. 15 Schritte neben mir ist er gestorben – den Heldentod für's Vaterland. Mir ist's eiskalt durch Mark und Bein 'gangen, umso mehr als bald fast kein Geschütz mehr bedient werden konnte. Alle, außer ein paar Mann bei meinem Geschütz, hatte der Tod niedergemäht – kalt und schonungslos. Ich lade und feuere noch 4 Kartätschenschüsse in die Reihe der Feinde.

Wie die Preußen das gesehen haben, sind's wie die Teufel auf mich los, ich bin aber schneller gewesen. Wir sind nur mehr unser zwei – ich und ein Fahrkanonier, ein längeres Aushalten ist unmöglich. ‚Jetzt nur schnell das Geschütz retten!', ruf ich, ‚es ist kein Mensch mehr hier, fahren wir ab!' Aber kaum hab' ich das gesagt, so stürzt auch noch der Fahrkanonier neben meiner zur Erde und ich bin ganz allein. Wo ich damals die Geistesgegenwart hergenommen hab', das weiß ich heut noch nicht, aber kurz und gut, ich protz' auf, dreh' das Geschütz herum, leg' die

Pferde an, schwing mich auf das Sattelpferd und fahr' ab. Die Preußen wütend hinter mir her. Wie die Hagelkörner sind mir die Kugeln um den Kopf geschwirrt, aber Gott sei Dank, keine einzige hat mich getroffen. Ich bin ganz heil und gesund dem Kugelregen entronnen und hab' das Geschütz in Sicherheit gebracht."

Durch den „heldenmütigen" Einsatz der Batterie Van der Groebens gewinnen die übrigen Batterien Zeit zum Abfahren; die Infanterie kann die notwendigen Bewegungen zur Frontveränderung durchführen. August van der Groeben wird posthum mit dem Maria-Theresien-Orden ausgezeichnet; Geschützvormeister Matthias Weinhardt erhält die goldene Tapferkeits-Medaille, wird nach dem Feldzug beurlaubt und bringt sich in der Folge als Straßeneinräumer fort. Täglich bekommt er 20 Heller Medaillenzulage und jährlich zahlt im Seine Majestät noch 90 Kronen Gnadengehalt dazu. Er stirbt hoch betagt 1921 in Allhau.

Gegen 16 Uhr mobilisiert Benedek, der inzwischen erkannt hat, dass die Schlacht verloren und nur mehr auf einen geordneten Rückzug über die Elbe zu hoffen ist, die 1. und 3. Reserve-Kavalleriedivision zu einem Entlastungsangriff, bei Stresetitz-Langenhof prallen 4.740 Reiter unter dem Befehl des Grafen Coudenhove und des Prinzen von Holstein auf über 5.000 preußische Kavalleristen und drängen diese in einem halbstündigen Kampf zurück, aber auch sie müssen schließlich dem Feuer der feindlichen Infanterie weichen. Der Angriff, bei dem Fürst Windisch-Graetz schwer verwundet wird, verschafft jedoch den zurückgehenden Truppen eine Atempause, die dringend notwendig ist: Man hat zwar einige Pontonbrücken über die Elbe schlagen lassen, doch nur wenige Einheiten wissen über deren Lage Bescheid, alles drängt daher zur Brücke bei Königgrätz, dessen überängstlicher Kommandant sich an seinen Befehl hält, die Tore geschlossen zu halten, und gegen 19 Uhr auch noch auf die verhängnisvolle Idee verfällt, das Grabensystem vor den Mauern der Festung fluten zu lassen. Panik vor den

„Auch Ich will dem Beispiele Meiner Ahnen folgen und mit unerschütterlichem Gottvertrauen, mit Entschlossenheit und Beharrlichkeit Euch voranleuchten": das Manifest Kaiser Franz Josephs vom 10. Juli 1866.

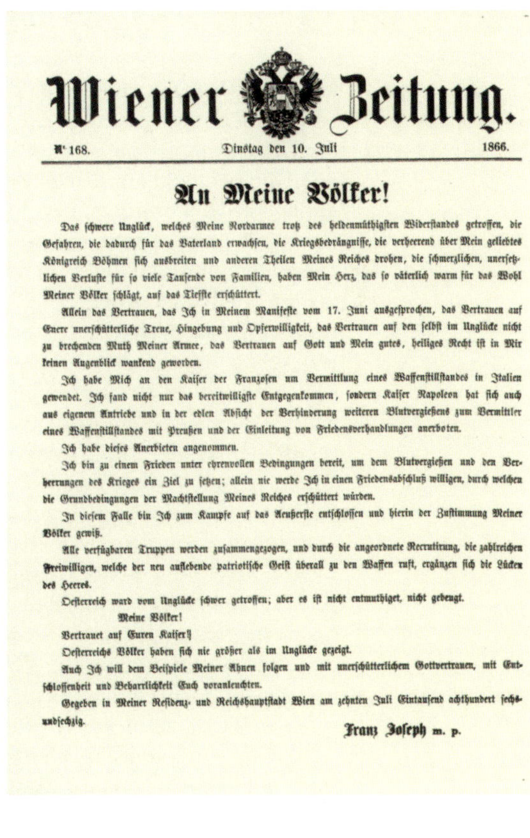

Wiener Zeitung.

N° 168. Dinstag den 10. Juli 1866.

An Meine Völker!

Das schwere Unglück, welches Meine Nordarmee trotz des heldenmüthigsten Widerstandes getroffen, die Gefahren, die dadurch für das Vaterland erwachsen, die Kriegsbedrängnisse, die verheerend über Mein geliebtes Königreich Böhmen sich ausbreiten und anderen Theilen Meines Reiches drohen, die schmerzlichen, unersetzlichen Verluste für so viele Tausende von Familien, haben Mein Herz, das so väterlich warm für das Wohl Meiner Völker schlägt, auf das Tiefste erschüttert.

Allein das Vertrauen, das Ich in Meinem Manifeste vom 17. Juni ausgesprochen, das Vertrauen auf Euere unerschütterliche Treue, Hingebung und Opferwilligkeit, das Vertrauen auf den selbst im Unglücke nicht zu brechenden Muth Meiner Armee, das Vertrauen auf Gott und Mein gutes, heiliges Recht ist in Mir keinen Augenblick wankend geworden.

Ich habe Mich an den Kaiser der Franzosen um Vermittlung eines Waffenstillstandes in Italien gewendet. Ich fand nicht nur das bereitwilligste Entgegenkommen, sondern Kaiser Napoleon hat sich auch aus eigenem Antriebe und in der edlen Absicht der Verhinderung weiteren Blutvergießens zum Vermitler eines Waffenstillstandes mit Preußen und der Einleitung von Friedensverhandlungen anerboten.

Ich habe dieses Anerbieten angenommen.

Ich bin zu einem Frieden unter ehrenvollen Bedingungen bereit, um dem Blutvergießen und den Verheerungen des Krieges ein Ziel zu setzen; allein nie werde Ich in einen Friedensabschluß willigen, durch welchen die Grundbedingungen der Machtstellung Meines Reiches erschüttert würden.

In diesem Falle bin Ich zum Kampfe auf das Aeußerste entschlossen und hierin der Zustimmung Meiner Völker gewiß.

Alle verfügbaren Truppen werden zusammengezogen, und durch die angeordnete Recrutirung, die zahlreichen Freiwilligen, welche der neu auflebende patriotische Geist überall zu den Waffen ruft, ergänzen sich die Lücken des Heeres.

Oesterreich ward vom Unglücke schwer getroffen; aber es ist nicht entmuthiget, nicht gebeugt.

Meine Völker!

Vertrauet auf Euren Kaiser!

Oesterreichs Völker haben sich nie größer als im Unglücke gezeigt.

Auch Ich will dem Beispiele Meiner Ahnen folgen und mit unerschütterlichem Gottvertrauen, mit Entschlossenheit und Beharrlichkeit Euch voranleuchten.

Gegeben in Meiner Residenz- und Reichshauptstadt Wien am zehnten Juli Eintausend achthundert sechsundsechzig.

Franz Joseph m. p.

Bismarck gibt den Ton an: die Vorverhandlungen zum Frieden von Prag in Nikolsburg. Rechts Preußens König Wilhelm I., links Generalstabschef Moltke. Zeitgenössischer Holzstich.

Toren ist die Folge, viele Soldaten versuchen schwimmend zur Festung zu kommen; Geschützzüge und Pferdegespanne stürzen ins Wasser, Menschen werden im dichten Gewühl zertrampelt oder ertrinken in den Fluten; es gibt Hunderte von Toten. Erst als um 22 Uhr 30 die Tore endlich geöffnet werden, beruhigt sich allmählich die Lage.
Schon tief in der Nacht ist es an Feldzeugmeister Ludwig von Benedek, seine letzte bittere Pflicht als Oberbefehlshaber zu erfüllen: dem Kaiser die Niederlage zu melden. Einem Telegramm an Franz Joseph vertraut er die schmerzvolle Nachricht über die Katastrophe an: „Vorgestern schon besorgte Katastrophe der Armee heute vollständig eingetreten … Verluste noch nicht zu übersehen, aber gewiss unendlich hoch." 31.000 österreichische und sächsische Soldaten sind tot, vermisst oder verwundet; 13.000 in Gefangenschaft geraten – beinahe ein Viertel des Heers, das am Morgen dieses Tags in die Schlacht zog, ist nicht mehr. Nach zwei Wochen Krieg gegen Preußen ist Österreich besiegt – daran ändern auch die Durchhalteparolen, die nun ausgegeben werden, nichts mehr. Benedek führt seine geschlagene Armee an die Donau zurück; die Preußen verzichten auf eine Verfolgung der Besiegten und operieren in den folgenden Wochen nur mehr hinhaltend; „Finis Austriae!", notiert der Wiener Poet Anastasius Grün über die Katastrophe und als die Nachricht von der Niederlage Österreichs in Rom eintrifft, ruft Kardinal-Staatssekretär Giacomo Antonelli aus: „Casca il mondo!" („Die Welt stürzt ein!") Bismarcks großes Spiel ist aufgegangen, er hat sein Ziel erreicht, erkauft mit Unglück und Tod Zehntausender. Im

Preußischer Friedhof für die Gefallenen von Chlum. Ansichtskarte, um 1905.

Frieden von Prag, der am 23. August 1866 unterzeichnet wird, trägt man die 1815 festgeschriebene Ordnung Europas zu Grabe: Österreich muss aus dem Deutschen Bund ausscheiden und Venetien an Italien abtreten, aus dem Kaisertum Österreich wird ein Jahr später das dualistische Österreich-Ungarn werden. Schleswig-Holstein, Hannover, Hessen-Kassel, Nassau und Frankfurt am Main werden an Preußen angeschlossen, in wenigen Jahren wird es zum „Deutschen Reich" aufsteigen und auf die Vorherrschaft am Kontinent pochen – der Weg zum Ersten Weltkrieg zeichnet sich ab.

In der Öffentlichkeit sind die Sündenböcke für Königgrätz rasch gefunden: Für die Versäumnisse der Jahre 1860 bis 1865 müssen nun die Generäle büßen. Am 25. Juli erhält Benedek von der Generaladjutantur die Nachricht, dass der Kaiser als „Oberster Kriegsherr" eine Voruntersuchung bezüglich der Armeeführung, „des ganzen mangelhaften Dienstbetriebs und der unglücklichen Operationen mit selber vom Zeitpunkt der Übernahme des Armeekommandos in Olmütz bis zum Tage seiner Abberufung", angordnet habe. In seiner Antwort erklärt sich Benedek, der am 26. Juli in Engerau südlich von Pressburg die Armee verlässt, „in Bausch und Bogen schuldig", er „gewärtige jene Strafe, die ein Kriegsrecht oder ein allerhöchster Machtanspruch über mich zu verhängen für gut befinden wird und werde welche immer Strafe mit Dank annehmen". In einem Brief an seine Frau vom 13. Juli hat er diese Haltung präzisiert: „Nach allem bisher Geschehenen bleibt mir

Populäre Darstellungen der Schlacht erfreuen sich einer großen Leserschaft: ein „Schlachtenbild" von Fr. Regensberg, Stuttgart 1903.

nichts anderes übrig, als mit Bescheidenheit und Seelenruhe das Verdammungsurteil der schriftstellerischen und der redenden Welt schweigend hinzunehmen. Will niemand anklagen, will mich gar nicht verteidigen, will nichts schreiben, will nichts reden zu meiner Entschuldigung und Rechtfertigung; nur meinem Kaiser werde ich, wenn ich noch dazu komme und er es wünscht, alles, alles sagen, was ich weiß und glaube …"
Die kriegsgerichtliche Voruntersuchung, die von einer Militärkommission in Wiener Neustadt gegen ihn, Krismanic und Henikstein geführt wird, kommt in ihrem Gutachten zum Schluss, dass sich die drei Generäle der „Hintansetzung der Dienstesvorschriften im allgemeinen schuldig beziehungsweise mitschuldig gemacht haben, so dass die Voraussetzung zur Verhängung der kriegsrechtlichen Untersuchung gegeben erscheinen". Da aber „gewichtige Gnadengründe" vorliegen würden, bleibe es dem „allerhöchsten Ermessen" des Kaisers vorbehalten, darüber eine Entscheidung zu treffen. Dieser Meinung der Kommission schließt sich auch der Oberste Militär-Justizsenat in seiner Stellungnahme an. Benedek, der wie angekündigt jede Aussage zu den Ereignissen während des Feldzugs konsequent verweigert, Krismanic und Henikstein werden mit 1. November 1866 in den Ruhestand versetzt; am 3. Dezember plädiert der Ministerrat für eine Fortführung der Untersuchungen, doch Franz Joseph verfügt bereits am Tag darauf, dass von „jedem weiteren gerichtlichen Verfahren abgelassen werde"; am 8. Dezember 1866 bringt die *Wiener Zeitung* einen Artikel über diesen „Gnadenakt" des Kaisers. Sehr zum Ärger Benedeks wird darin noch einmal betont, dass er sich Missgriffe zuschulden kommen habe lassen, „welche nach den Regeln der Kriegskunst keineswegs zu rechtfertigen sind", die Entfernung aus einem „unangemessenen Wirkungskreis" sei als Sühne dafür zu betrachten, er sei eben kein „genialer Feldherr" gewesen …
Auf seiner Reise durch Böhmen und Mähren besucht Kaiser Franz Joseph zu Allerseelen 1866 auch das Schlachtfeld von Königgrätz. Ber-

tha von Suttner, die 1905 als erste Frau den Friedensnobelpreis erhält, setzt in ihrem 1889 erstmalig erschienenen Welterfolg *Die Waffen nieder!* diesem Besuch ein literarisches Denkmal, indem sich ihre Heldin Martha Althaus in die Gedanken des Monarchen beim Anblick eines Massengrabs versetzt: „Oh, hätte ich meinem Herzensdrang gefolgt und nimmer ‚ja' gesagt, wenn sie alle um mich riefen: ‚Krieg, Krieg!' … Doch – konnte ich mich widersetzen? Gott ist mein Zeuge, ich konnte es nicht … Was mich drängte, was mich zwang – ich weiß es selbst nicht mehr genau – nur soviel weiß ich, es war ein unwiderstehlicher Druck von außen – von euch selber, ihr toten Soldaten … O wie traurig, traurig, traurig – was habt ihr nicht alles gelitten, und jetzt liegt ihr hier und auf andern Walstätten – von Kartätschen und Säbelhieben, von Cholera und Typhus hingerafft … O hätte ich ‚nein' sagen können …" Die furchtbaren Erfahrungen auf dem „Totenfelde" von Königgrätz werden für die Erzählerin zum entscheidenden Anstoß, ihr Leben dem Ringen um eine Welt ohne Krieg zu widmen: „Es fing bei mir an, eine fixe Idee zu werden: Die Kriege müssen aufhören. Und jeder Mensch muß beitragen, was er nur immer kann, auf daß die Menschheit diesem Ziele – sei's auch nur eine Tausendstel Linie – näher rücke. Die Bilder wurde ich nicht mehr los, die ich da oben in Böhmen geschaut. Besonders des Nachts, wenn ich aus festem Schlafe auffuhr, fühlte ich jenes wunde Weh im Herzen, und zugleich im Gewissen eine Pflichtmahnung – als erteilte mir jemand den Befehl: ‚Verhindere, verhüte, duld' es nicht!'"

Literatur:

Oskar Regele, Feldzeugmeister Benedek. Der Weg nach Königgrätz. Wien-München 1960

Gordon A. Craig, Königgrätz. Wien-Hamburg 1966

Frank Zimmer, Bismarcks Kampf gegen Kaiser Franz Joseph. Königgrätz und seine Folgen. Köln 1996

Elfriede Grabner, Ein alt-österreichisches Soldatenschicksal in der Schlacht bei Königgrätz 1866. In: Blätter für Heimatkunde, herausgegeben vom Historischen Verein für Steiermark, 76. Jg., Heft 2 (Graz 2002), S. 48–54

Pavel Belina und Josef Fucik, Válka 1866. Prag 2005

Quintin Barry, The Road to Königgrätz. Helmuth von Moltke and the Austro-Prussian War 1866. Solihull 2010

Klaus-Jürgen Bremm, 1866: Bismarcks Krieg gegen die Habsburger. Darmstadt 2016

Durchbruch im Wirtshaus

Hainfeld · 1889

Ein unscheinbares Wirtshaus wird zum Geburtsort der österreichischen Sozialdemokratie: das Gasthaus Zehetner in Hainfeld.

In der „Praterschlacht" vom 23. August 1848 war der erste zaghafte Versuch der österreichischen Arbeiterschaft, ihre Forderungen öffentlich zu artikulieren, noch blutig im Keim erstickt worden – im Prater friedlich gegen eine Lohnkürzung demonstrierende Notstandsarbeiter werden von der Sicherheitswache und bürgerlichen Nationalgarden angegriffen; 22 Tote und über 300 Verletzte, unter ihnen auch Frauen und Kinder, bedecken das „Schlachtfeld". Mit der Beteiligung an diesem Blutbad hatte sich die Nationalgarde als „Waffe" der Besitzenden deklariert, mit dem Arbeiterstand konnte es von nun an keine gemeinsame Front mehr geben. Das Bürgertum war mit dem Erreichten zufrieden – für die Not des Industrieproletariats hatte es schon aus Gründen des Selbstschutzes kein Verständnis. Daran änderte auch Karl Marx, der große Theoretiker des Sozialismus, nichts, der sich Ende August einige Tage hindurch in Wien aufhielt und in Vorträgen seine Ansichten darlegte. Die richtige Konsequenz aus dem Massaker im Prater zog allein der Sicherheitsausschuss: Er löste sich kurzerhand auf.

Auch der im Juni 1848 gegründete „Erste Allgemeine Wiener Arbeiterverein" löste sich auf. Das Programm von damals – politische Gleichstellung der Arbeiter, Zwölfstundentag für Erwachsene und Zehnstundentag für Kinder, Einrichtung von Kranken- und Invalidenkassen – blieb jedoch aktuell, auch wenn das neoabsolutistische Polizeiregime jede neue Vereinsbildung zu verhindern wusste und die Rechtlosigkeit der Arbeiter für einen gottgegebenen Zustand hielt. Und auch die liberalen Gemeinderäte kümmerte das Elend der Massen wenig, ihre Klientel war das wohlhabende Großbürgertum.

Erst ein neues Vereins- und Versammlungsrecht, das im Oktober 1867 erlassen wurde, erleichterte den Arbeitern die Organisation, und noch im gleichen Jahr wurde im Rudolfsheimer Kolosseum der „Erste Allgemeine Wiener Arbeiterbildungs-Verein" gegründet, der rasch an Mitgliedern gewann – bis Juni 1868 traten 5.500 Arbeiter bei – und weitere Vereinsgründungen auslöste. In seiner Programmatik orientierte sich der Arbeiterbildungsverein – Wortführer waren Heinrich Oberwinder und Andreas Scheu – an den Forderungen des deutschen Sozialistenführers Ferdinand Lassalle, wichtigste Ziele waren die Gründung einer einheitlichen Partei und das allgemeine Wahlrecht.

Auf dem 9. Arbeitertag am 30. August 1868 konnte ein erstes sozialdemokratisches Programm verabschiedet werden; neben dem allgemei-

Der Hainfelder Schneider Anton Stacherl (links) ist Mitorganisator des Einigungsparteitags in seinem Heimatort; Bezirkshauptmann Graf Leopold Auersperg (rechts) gestattet trotz einiger Bedenken die Veranstaltung, zu der er als Ehrengast eingeladen wird.

nen Wahlrecht trat nun das wichtige Koalitionsrecht, das Recht auf die Bildung freier Gewerkschaften, als Ziel des Kampfes in den Vordergrund. Solange alles nur Theorie von Versammlungsrednern blieb, vermochte der argwöhnisch beobachtende Staat ein Auge zuzudrücken, doch als die Arbeiter tatsächlich an die Realisierung ihrer Wünsche gingen, war seine Geduld bald am Ende: Versammlungen zur Gründung einer sozialdemokratischen Partei wurden 1868 und 1869 als „staatsgefährdend" verboten, weshalb am 13. Dezember 1869 auf dem Paradeplatz (1, Rathaus) 20.000 Arbeiter demonstrieren; eine Delegation, die man zu Ministerpräsident Graf Eduard Taaffe vorlässt, wird mit den Worten empfangen: „Was Sie da machen, ist ja Revolution!"
Der Gegenschlag der Regierung lässt auch nicht lange auf sich warten: Eine Woche später werden die Delegationsmitglieder und die Organisatoren der Demonstration verhaftet und wegen „Hochverrats" angeklagt; im ersten Wiener „Sozialistenprozess" werden im Juli 1870 Kerkerstrafen bis zu sechs Jahren verhängt; die meisten Arbeiterbildungsvereine löste man auf.
Dieser Rückschlag führte in den siebziger Jahren zu heftigen Fraktionskämpfen zwischen radikal-revolutionären und gemäßigten Gruppierungen; zeitweise gewann auch anarchistisches Gedankengut Anhänger in Wien, was Anfang 1884 zur Ermordung der Polizeibeamten Franz Hlubek und Ferdinand Blöch durch die beiden „Anarchisten" Anton Kammerer und Hermann Stellmacher – beide wurden im August 1884 hingerichtet – führte; über Floridsdorf (damals noch nicht Wien!) und Umgebung wurde aufgrund der allgemeinen Unsicherheit sogar der Ausnahmezustand verhängt. Auch die inzwischen wieder neu gegründeten Arbeiterbildungsvereine gerieten unter Druck. Zwar erließ die

Regierung Taaffe 1885 ein erstes Schutzgesetz für Arbeiter, das die Kinderarbeit generell verbot und die tägliche Arbeitszeit mit maximal 11 Stunden festlegte, doch von Mitbestimmung der Arbeiter war weiterhin keine Rede.

Um politisch erfolgreich zu sein, fehlte der Arbeiterschaft eine Integrationsfigur, die es verstand, beide Lager zu vereinigen – gefunden wurde sie schließlich in dem Armenarzt Victor Adler (1852–1918), der selbst aus dem Großbürgertum stammte und durch seinen Beruf die Not der Arbeiter aus eigener Anschauung kannte. Unbelastet vom alten Hader, ging er zielstrebig daran, das Proletariat politisch zu organisieren: 1886 gründete Adler die Wochenzeitung *Gleichheit*, in der im Dezember 1888 Aufsehen erregende „Enthüllungsreportagen" über die skandalöse Ausbeutung der Ziegelarbeiter am Wienerberg erschienen, die ihn mit einem Schlag zur populären Figur in der Arbeiterschaft machten und zeigten, dass man mit konsequenter Kritik auch einiges bewegen konnte.

Zum Jahreswechsel 1888/89 wurde endlich das alte Kampfziel der Arbeiterbildungsvereine Realität, und Victor Adler feierte einen wichtigen „Etappensieg": Auf einem Parteitag im niederösterreichischen Hainfeld gründeten 110 Delegierte aus Wien und allen Kronländern außer Dalmatien die Sozialdemokratische Partei. Mit dieser zentralen Plattform gewann die Arbeiterbewegung enorm an Dynamik und wurde bald zur unwiderstehlichen politischen Kraft; vorbildlich organisierte man in Wien vor allem die Erwachsenen- und Volksbildung, was nicht zuletzt zu einem extrem hohen Mitgliederstand beitragen sollte.

Der Hainfelder Schneider Anton Stacherl, Mitorganisator des Partei-

Victor Adler, der Führer der österreichischen Sozialdemokratie, umringt von Arbeitern aus dem Wiener Gemeindebezirk Favoriten, bei einem Fest, 1903.

Die Teilnahme an der Maifeier war für die Arbeiter mit einem hohen Risiko verbunden: Es drohte der Verlust von Arbeit und Wohnung.

tags, erinnert sich: „Aber jetzt sind erst die Schwierigkeiten angegangen. Der Bezirkshauptmann Graf Leopold Auersperg war für uns. Aber Saal hatten wir noch keinen. Den wollten uns die Bürger um jeden Preis abtreiben. Da ist interessant, wie es dabei zugegangen ist. Das erste Mal war Dr. Adler mit Resel dagewesen, der damals in St. Pölten arbeitete. Das zweite Mal kam er allein. Es war an einem Samstag. Er hat uns im Verein besucht und dann haben wir das Lokal für den Parteitag aufnehmen müssen.

Nach dem Verein, so um zehne, elfe, sind wir zum Zehetner gegangen, um den Saal aufzunehmen. Es war aber nur sein Sohn da, der Schani, und wie er schon ein Kampl war, der hat g'schlafen am Tisch und kein Wirt ist halt nicht gekommen. Das ist uns aufgefallen. Ich hab schon g'spürt, daß sich da was, spießen tut wegen dem Saal, obwohl er uns noch zu' jeder Versammlung den Saal gegeben hat. Dr. Adler hat beim Zehetner geschlafen. Wir waren schon recht ungeduldig. Es war schon spät, da kommt auf einmal beim zweiten Türl bei der Schank der Gemeindesekretär herein und schleicht sich durch die Schank durch ins finstere, kleine Extrazimmer hinein. Er läßt es nicht beleuchten und bleibt ruhig dort sitzen. Wie ich das seh, hab ich schon gewußt, daß der Geheimbündelei riecht und uns belauschen will. Es kommt kein Kellner zu ihm und ich sage gleich zum Genossen Adler: ‚Da ist jetzt der Sekretär.'"

80 Delegierte und 25 Gäste aus 13 Kronländern berieten unter dem Vorsitz von Julius Popp, vom 30. 12. 1888, 18.00 Uhr, bis 1. 1. 1889, 14.00 Uhr, unter anderem: die Abfassung einer Einigungsresolution, die Grundsätze einer Arbeiterschutz-Gesetzgebung, Pressefreiheit, allgemeines Wahlrecht, Versammlungsfreiheit, Unabhängigkeit der Gerichte und als wichtigstes Dokument die Prinzipienerklärung, auf deren Grundlage sich die soeben gegründete Sozialdemokratische „Arbeiterpartei weiterentwickeln sollte. Sie lautet: „Die Sozialdemokratische Arbeiterpartei in Österreich erstrebt für das gesamte Volk ohne Unterschied der Nation, der Rasse und des Geschlechtes die Befreiung aus den Fesseln der ökonomischen Abhängigkeit, die Beseitigung der politischen Rechtlosigkeit und die Erhebung aus der geistigen Verkümmerung. Die Ursache dieses unwürdigen Zustandes ist nicht in einzelnen politischen Einrichtungen zu suchen, sondern in der, das Wesen

Kundgebung zum 1. Mai 1895 in Hainfeld.

Politisches Wissen und Selbstbewusstsein der Bevölkerung wachsen nicht zuletzt durch das Engagement der sozialdemokratischen Presse.

Arbeiter-Zeitung

Organ der österreichischen Sozialdemokratie.

50 Heller. Erscheint wöchentlich. 15 Groschen.

Nr. 23. 12. August 1934. 1. Jahrgang.

Keine Versöhnung!

Der Austrofaschismus fühlt sich schwach! Begreiflicherweise! Geht nach Obersteiermark, geht nach Kärnten — die ganze Bevölkerung besteht dort aus Nazi und aus Sozialisten; die Vaterländler sind eine verschwindende Minderheit! Nur wie eine Besatzungsarmee im besetzten Gebiet kann die austrofaschistische Diktatur dort ihre Herrschaft über ein Volk aufrecht erhalten, das einig ist im Hasse gegen sie!

So wirbt denn der Austrofaschismus um die Arbeiter. Schuschnigg beteuert, er wolle — seinen Staat der Arbeiter, Bürger und Bauern aufbauen. Die den Arbeitern gestohlene gleichgeschaltete Presse, die faschistische Schein- und Schwindel-Einheitsgewerkschaft, Herr Dr. Winter und sein ganzer Troß von Überläufern — sie alle werben mit schönen Worten, die Arbeiter mögen sich doch mit dem Staat versöhnen und auf den Boden der Tatsachen stellen. Der Tatsachen, die die Kanonen des Februar geschaffen haben!

Sie sagen, die Arbeiter könnten sich doch und dürften sich doch nicht gegen den Staat stellen. Nicht? Was ist denn das, der Staat? Der Staat ist nichts anderes als das Niederhaltungs- und Unterdrückungsinstrument der Kapitalistenklasse zur Niederhaltung und Unterdrückung der Arbeiter. Er ist das selbst in einer kapitalistisch-bürgerlichen Demokratie. Aber immerhin, in der Demokratie hatte die Arbeiterschaft doch Rechte, die ihr die Möglichkeit gaben, durch die Kraft der Gewerkschaften in den Betrieben, durch ihr Wahlrecht im Staat und in den Gemeinden der Macht des Kapitals Schranken zu setzen, der Kapitalistenklasse Zugeständnisse abzuringen. Der Faschismus hat alle diese Rechte, alle diese Möglichkeiten beseitigt. Der Übergang von der bürgerlichen Demokratie zum Faschismus war der Übergang von der durch die Macht der Arbeiterklasse eingeschränkten Herrschaft des Kapitals zu der schrankenlosen Diktatur des Kapitals über die Arbeiterklasse.

Was bedeutet also die Phrase, daß wir uns nicht gegen den Staat stellen könnten und dürften? Sie bedeutet, daß wir uns nicht stellen sollen gegen das Instrument, mittels dessen wir niedergehalten, unterdrückt, beraubt werden!

Aber, so sagen die Versöhnler, es handelt sich ja nicht um den Staat im allgemeinen, sondern um den besonderen österreichischen Staat. Müssen die österreichischen Arbeiter nicht die Unabhängigkeit des österreichischen Staates gegen den Angriff Hitlers, gegen den Einbruch der nationalistischen Barbarei verteidigen, wenn sie nicht von dem Hitlerfaschismus unterjocht werden wollen, der noch brutaler, noch bestialischer ist als der Austrofaschismus? Oh, wir wären bereit, dieses Österreich gegen die Barbarei Hitler-Deutschlands zu verteidigen, wenn wir in diesem Lande als freie Menschen leben könnten! Aber heute?

Sollen wir die österreichischen Galgen gegen das deutsche Henkerbeil, die österreichischen Kerker gegen die deutschen Zuchthäuser, die heuchlerischen Phrasen der österreichischen Arbeitermörder

1

des Gesellschaftszustandes bedingenden und beherrschenden Tatsache, daß die Arbeitsmittel in den Händen einzelner Besitzender monopolisiert sind. Der Besitzer der Arbeitskraft, die Arbeiterklasse, wird dadurch zum Sklaven der Besitzer der Arbeitsmittel, der Kapitalistenklasse, deren politische und ökonomische Herrschaft im heutigen Staate ihren Ausdruck findet. Der Einzelbesitz an Produktionsmitteln, wie er also politisch den Klassenstaat bedeutet, bedeutet ökonomisch steigende Massenarmut und wachsende Verelendung immer breiterer Volksschichten. Durch die technische Entwicklung, das kolossale Anwachsen der Produktivität, erweist sich diese Form des Besitzes nicht nur als überflüssig, sondern es wird auch tatsächlich diese Form für die überwiegende Mehrheit des Volkes beseitigt, während gleichzeitig für die Form des gemeinsamen Besitzes die notwendigen geistigen und materiellen Vorbedingungen geschaffen werden. Der Übergang der Arbeitsmittel in den gemeinschaftlichen Besitz der Gesamtheit des arbeitenden Volkes bedeutet also nicht nur die Befreiung der Arbeiterklasse, sondern auch die Erfüllung einer geschichtlich notwendigen Entwicklung. Der Träger dieser Entwicklung kann nur das klassenbewußte und als politische Partei organisierte Proletariat sein. Das Proletariat politisch zu organisieren, es mit dem Bewußtsein seiner Lage und seiner Aufgabe zu erfüllen, es geistig und physisch kampffähig zu machen und zu erhalten, ist daher das eigentliche Programm der Sozialdemokratischen Arbeiterpartei in Österreich, zu dessen Durchführung sie sich aller zweckdienlichen und dem natürlichen Rechtsbewußtsein des Volkes entsprechenden Mittel bedienen wird. Übrigens wird und muß sich die Partei in ihrer Taktik auch jeweilig nach den Verhältnissen, insbesondere nach dem Verhalten der Gegner zu richten haben.“

Folgende Forderungen an den Gesetzgeber wurden erhoben:

1. Volle Koalitionsfreiheit und gesetzliche Anerkennung von Lohnverabredung und Kartellen der Arbeiter.
2. Der achtstündige Maximalarbeitstag ohne Klauseln und ohne Ausnahmen.
3. Verbot der Nachtarbeit (mit Ausnahme jener Betriebe, deren technische Natur eine Unterbrechung nicht zulässt).
4. Volle Sonntagsruhe von Samstag abends bis Montag früh.
5. Verbot der Beschäftigung von Kindern unter 14 Jahren.
6. Ausschluss der Frauenarbeit aus den für den weiblichen Organismus besonders schädlichen Betrieben.
7. Alle diese Bestimmungen haben für Betriebe jeder Stufenleiter (Großindustrie, Transportgewerbe, Handwerk, Hausindustrie) zu gelten.
8. Auf Übertretungen dieser Bestimmungen von Seiten der Unternehmer sind Arreststrafen zu setzen.
9. Arbeiterorganisationen, welche auf fachlicher und lokaler Grundlage beruhen, haben durch die von ihnen gewählten Inspektoren bei der Kontrolle der Durchführung der Arbeiterschutzgesetzgebung mitzuwirken.

Zum Abschluss des Parteitags stimmen die Delegierten das „Lied der Arbeit“ an. Die Überlieferung berichtet, dass der anwesende Bezirkshauptmann, Graf Leopold Auersperg, nach eigenen Worten „durch die Macht des geschichtlichen Augenblicks“ zu Tränen gerührt gewesen sei.
Die junge Partei muss sich sofort im tagespolitischen Kampf bewähren, so im Frühsommer 1889, als Victor Adler während des „Tramwaystreiks“ in der *Gleichheit* energisch für die „weißen Sklaven“, die rechtlosen und zynisch ausgebeuteten Lohnkutscher der „Wiener Tramway Gesellschaft“, eintritt. Die *Gleichheit* wird verboten, an ihrer Stelle erscheint am 12. Juli 1889 die erste Nummer der *Arbeiterzeitung*, die bald den Charakter eines „Parteiorgans“ bekommt.
1890 können die Sozialdemokraten erstmals öffentlich ihre neu gewonnene Zuversicht und Stärke demonstrieren: Der 1. Mai wird zum Feiertag der arbeitenden Klasse ausgerufen und im Prater mit einer Großkundgebung begangen, die sehr diszipliniert verläuft – die Sozialdemokratie hatte sich damit in wenigen Jahren zu einer mächtigen politischen Kraft entwickelt.

Literatur

Franz Kreuzer, Was wir ersehnen von der Zukunft Fernen. Der Ursprung der österreichischen Arbeiterbewegung. Das Zeitalter Victor Adlers. Wien 1988

Habsburgische Tragödie

Mayerling · 30. Jänner 1889

Der Ort des Todes von Mary Vetsera und Kronprinz Rudolf: das Jagdschloss Mayerling im Wienerwald, um 1890.

Hat man am Wiener Hof noch gehofft, dass Kaiserin Elisabeth nach dem Tod der ungeliebten Schwiegermutter Sophie 1872 ihren Repräsentationspflichten gewissenhafter nachkommen werde, so sieht man sich darin bald getäuscht – „Sisi" denkt nicht daran, ihre unstete Lebensweise zu ändern, was besonders während der Weltausstellung von 1873, als zahlreiche gekrönte Häupter von Franz Joseph allein empfangen werden müssen, mit Missfallen bemerkt wird. Dennoch ist die Popularität der schönen Monarchin ungebrochen, und die Stadt Wien lässt es sich nicht nehmen, die Silberhochzeit des Kaiserpaars am 27. April 1879 mit einem glanzvollen historischen Festumzug, gestaltet von Tausenden von Komparsen in prachtvollen Kostümen, auf der Ringstraße zu feiern. Das Festzelt neben dem Burgtor errichtet der junge, damals noch kaum bekannte Architekt Otto Wagner, die üppigen historischen Trachten entwirft Hans Makart, der als Peter Paul Rubens verkleidet gemeinsam mit anderen bekannten Künstlern dem Zug voran reitet.

Elisabeth hat jedoch kaum Augen für das Spektakel, und kritischen Zeitgenossen entgeht diese Gleichgültigkeit nicht. Sisi, besessen von ihrem Sport- und Schlankheitswahn, reagiert wie immer: Sie flüchtet sich auf Reisen quer durch Europa. Besonders leiden unter dieser Reisewut ihre Kinder, vor allem die beiden ältesten, Gisela (geb. 1856) und Kronprinz Rudolf (geb. 1858), die häufig mit den Erziehern allein sind. Rudolf, ein höchst sensibler und begabter junger Mann, gerät so gar nicht nach dem Wunsch seines Vaters, der aus ihm einen tüchtigen Soldaten machen will, sondern zeigt bald eine verblüffende Selbständigkeit des Denkens, die am stockkonservativen Hof für ständige Irritation sorgt. Nach der Geburt der jüngsten Kaisertochter Marie Valerie 1868 entfremdet sich Rudolf auch von seiner Mutter, die nun ganz in der Sorge für ihr Jüngstes aufgeht. 1881 heiratet Rudolf auf Druck seines Vaters die wenig attraktive belgische Königstochter Stephanie, eine Cousine zweiten Grades, die von Elisabeth bald gehasst und verspottet wird, und auch Franz Josephs Verhältnis zur Schwiegertochter entwickelt sich keineswegs herzlich. So kommt es, dass die kaiserliche Familie immer stärker zu einem Verband von isolierten Einzelgängern wird, wobei Elisabeth einen besonderen Schachzug ausheckt: Um für sich selbst zusätzlich Freiraum zu schaffen, macht sie Franz Joseph mit der Hofschauspielerin Katharina Schratt (1855–1940) bekannt, der nun in

Die Hoffnung des Reiches: Kronprinz Rudolf im Flottenrock mit dem Orden des Goldenen Vlieses. Gemälde von Heinrich von Angeli, 1885.

ihrer Abwesenheit die Aufgabe zufällt, dem Kaiser Gesellschaft zu leisten.
Rudolfs größter Wunsch ist es, Naturwissenschaften zu studieren; als Begleiter des großen Zoologen Alfred Brehm auf Forschungsreisen kann er sich beachtliche Kenntnisse auf dem Gebiet der Ornithologie aneignen. Franz Joseph ist es jedoch nicht gegeben, die hervorragenden Leistungen des Sohnes zu erkennen, und Elisabeth ist zu sehr in ihrer Traumwelt gefangen, um sich um die Interessen ihres Sohnes zu kümmern.
Auch in politischen Dingen bewahrt Rudolf ein kritisches unabhängiges Urteil; in Denkschriften, die er seinen Eltern verheimlicht und anonym erscheinen lässt, zeigt er sich als fortschrittlicher Freigeist, der die anachronistischen Züge in der Herrschaft seines Vaters durchaus erkennt und vor allem vor dem engen Bündnis mit dem Deutschen Reich warnt. Auf Missbilligung in deutschnationalen Kreisen stößt auch sein gutes Verhältnis zu jüdischen Intellektuellen und Wirtschaftstreibenden wie dem Zeitungsherausgeber Moriz Szeps und dem Bankier Moritz Baron Hirsch – er wird als „Judenknecht“ gebrandmarkt. Da auch die Ehe mit Stephanie – 1883 wird die Tochter Elisabeth *(Erzsi)* geboren – sehr unglücklich verläuft und er Anfang 1886 von ihr aus dem gemeinsamen Schlafzimmer verbannt wird, schlittert Rudolf immer tiefer in einen Lebenswandel, der vom Vater strikt abgelehnt wird. Da ist vor allem die Beziehung zur Edelprostituierten Mizzi Caspar, die er 1886 kennenlernt und für die er schließlich ein dreistöckiges Haus in der Heumühlgasse 10 im 4. Bezirk erwirbt.
Nichts deutet jedoch darauf hin, dass sich Rudolf ernsthaft mit Selbstmordgedanken trägt. „Möge das Jahr 1889 für uns Alle, kein All (sic!) zu schlechtes sein“, schreibt er zu Beginn des Jahres 1889 an den Journalisten Berthold Frischauer, wie immer widmet er sich im Jänner 1889 der Jagd und seinen wissenschaftlichen Interessen. Und einer neuen Liebschaft, die dem Hof noch verborgen bleibt …
Die Nacht vom 27. zum 28. Jänner 1889 verbringt Kronprinz Rudolf bei Mizzi Caspar in ihrem Haus in der Heumühlgasse. Gegen drei Uhr früh verlässt er seine Freundin, die später von ihm erzählen wird, dass er impotent gewesen sei und nur betrunken mit ihr den Koitus vollziehen

habe können, mit einer für ihn ganz ungewohnten Geste: Er macht ihr das Kreuzzeichen auf die Stirn …
Am Abend davor hatte Rudolf auf einem Ball in der kaiserlich Deutschen Botschaft in der Metternichgasse eine letzte unerquickliche Begegnung mit seinem Vater. Als er sich ihm nähern will und mit einer Verbeugung zur Begrüßung ansetzt, dreht ihm Franz Joseph stumm den Rücken zu; Rudolf ist von dieser kalten Ignoranz des Vaters tief verletzt; Moriz Szeps gegenüber soll er geäußert haben: „Nun sind alle Bande zwischen ihm und mir zerrissen. Nun fühle ich mich frei!"
Zu Gast auf dem Ball ist auch die hübsche 17-jährige Baronesse Mary Vetsera. Es ist ihr erster Ball, sie trägt ein hellblaues ärmelloses Ballkleid aus dem Modesalon Spitzer mit gelbem Besatz und einer Diamantschleife auf der Brust. Mary Vetsera ist mit ihrer Mutter Helene Vetsera erschienen, die zwar um die glühende Schwärmerei ihrer Tochter für den Kronprinzen weiß, nicht aber das ganze große Geheimnis kennt: Rudolf und Mary sind ein Liebespaar. Mit tatkräftiger Hilfe der Gräfin Marie Larisch, einer Freundin der Familie, die geschickt die Kupplerin spielt, besucht Mary am 5. November 1888 den Kronprinzen zum ersten Mal in seinem Appartement in der Hofburg und eine zärtliche Beziehung bahnt sich an. Am 13. Jänner 1889 verlieren die beiden den „Kopf" und schlafen offenbar das erste Mal miteinander; Mary ist selig und zu allem bereit; so schreibt sie ihrer Freundin Hermine Tobis: „Wenn ich ihm mein Leben geben könnte, um ihn glücklich zu sehen, ich würde es mit Freuden thun, denn was liegt mir am Leben!"

Fühlte sich durch die Affären Rudolfs betrogen und erniedrigt: Kronprinzessin Stephanie. Gemälde von Heinrich von Angeli, 1885.

Wie Augenzeugen später wissen wollen, hat Rudolf, der mit Gattin Kronprinzessin Stephanie erschienen ist, an diesem Ballabend nur Augen für Mary und angeblich kommt es darüber auch zu einer Auseinandersetzung mit Stephanie, der das auffallende Interesse ihres Mannes an dem jungen Mädchen ebenfalls nicht entgeht. Rudolf begleitet seine Frau zurück in das Appartement in der Hofburg, dann verschwindet er zu Mizzi Caspar, der er angeblich schon im Dezember 1888 das Angebot gemacht hat, mit ihm gemeinsam Selbstmord zu begehen, doch Mizzi hat abgelehnt. Nun, so scheint es, hat ihn die selbstlose, schwärmerische Liebe Mary Vetseras auf eine neue Idee gebracht:

„Ich bin andere Bahnen gegangen als die meisten meiner Verwandten, doch auch ich habe nur immer die reinsten Motive gehabt. Unsere Zeit fordert neue Ansichten; Reaction ist überall, besonders aber in Österreich, der erste Schritt zum Untergang“: Kronprinz Rudolf in Husarenuniform.

Das 17-jährige Mädchen soll seine Begleiterin in den Tod werden. Am Morgen des 28. Jänner wird Mary um 10.30 Uhr von Marie Larisch im Palais Vetsera abgeholt, angeblich um zu einem Juwelier zu fahren, doch das wahre Ziel ist die Hofburg, wo Rudolf das Mädchen in die Kutsche seines Leibfiakers Bratfisch lotst, der sie zum Gasthaus „Roter Stadl“ bringt. Gegen 13 Uhr taucht Rudolf zu Fuß beim Gasthaus auf, er ist, wie Bratfisch sich später erinnern wird, „ungewöhnlich heiter und aufgeräumt“, als sie zu dritt nach Mayerling aufbrechen.
Da Rudolf die Ankunft Mary Vetseras in Mayerling geheim halten will, geht er das letzte Stück des Weges zum Jagdschloss allein zu Fuß voraus; das Mädchen wird von Bratfisch unbemerkt in Rudolfs Zimmer nachgebracht; außer dem Kutscher weiß nur noch sein Kammerdiener Johann

Loschek über Marys Anwesenheit Bescheid. Gemeinsam verbringen Rudolf und Mary den Abend und die Nacht zum 29. Jänner auf dem Zimmer; es fällt nichts Ungewöhnliches vor. Am nächsten Morgen begrüßt der Thronfolger beim Frühstück zwei Jagdgäste: Josef Graf Hoyos und seinen Schwager Philipp Prinz Coburg. Er erzählt ihnen, dass er sich bei der Anreise nach Mayerling verkühlt habe und daher nicht mit ihnen auf die Jagd gehen könne. Er zieht sich wieder in sein Zimmer zurück, Marys Anwesenheit ist noch immer von niemandem bemerkt worden. Rudolf schreibt einige Briefe, die nichts von Selbstmordabsichten verraten; gegen 13.30 Uhr kommt Philipp Prinz Coburg von der Jagd zurück, man trinkt zusammen Tee und Rudolf, wieder bei bester Laune, erklärt seinem Schwager, dass er nicht mit ihm nach Wien zurückkehren werde, sondern noch in Mayerling bleiben wolle. Gegen Abend schickt er ein Telegramm an Stephanie: „Ich bitte Dich, schreibe Papa, dass ich gehorsamst um Verzeihung bitten lasse, dass ich zum Diner nicht erscheinen kann, aber ich möchte wegen starken Schnupfens die Fahrt jetzt Nachmittag unterlassen und mit Josl Hoyos hierbleiben. Umarme euch herzlichst. Rudolf." Merkwürdig, dass der Kronprinz – auf dieses Detail hat die Historikerin Ingrid Haslinger zu Recht hingewiesen – nicht auch seine Teilnahme an einer für 13 Uhr anberaumten Sitzung des Kuratoriums des Heeresmuseums telegrafisch absagt; Rudolf ist als Protektor des Heeresmuseums zu diesen Sitzungen ansonsten immer pünktlich erschienen.

„Ich kann nicht leben, ohne Ihn gesehen und gesprochen zu haben": die 17-jährige Marie Alexandrine „Mary" Freiin von Vetsera, 1888.

Marys Mutter Helene Vetsera, die über das Verschwinden ihrer Tochter äußerst beunruhigt ist und von Marie Larisch schließlich auf die richtige Spur zum Kronprinzen geleitet wird, hat inzwischen am Vormittag Anzeige im Polizeipräsidium erstattet und ihre Sorgen auch Ministerpräsident Graf Taaffe mitgeteilt, der sie allerdings vertröstet – man könne erst etwas unternehmen, wenn Rudolf nicht zum geplanten Familiendiner in der Hofburg auftauchen sollte.

Um 19 Uhr isst Rudolf mit Graf Hoyos zu Abend, man genießt Suppe, Gänseleberpastete, Roastbeef, Rehbraten und Mehlspeise, während sich Mary Vetsera weiter im Zimmer verstecken muss und hier allein das Abendessen einnimmt. Beinahe zwei Stunden lang plaudern die beiden Jagdfreunde über allerlei Belangloses und die Politik von Ungarns Ministerpräsidenten Graf Pista Károly. Gegen 21 Uhr verabschiedet sich Rudolf „mit gewohnter Herzlichkeit" von Hoyos, seinen Schnupfen als Grund für den frühen Rückzug vorschützend. Der Rest des Abends gehört Mary. Im Billardzimmer lassen sich die beiden Verliebten von Bratfisch noch einige Lieder vorsingen und vorpfeifen; zum Abschied schenkt ihm Mary Vetsera eine kleine Uhr mit Perlenanhänger; als Bratfisch zögert, das Geschenk anzunehmen, sagt sie: „Nehmen Sie nur, ich brauche sie sowieso nicht mehr." Rudolf reicht seinem Leibfiaker zum Abschied die Hand, auch dies eine ungewöhnliche Geste.

Rudolf zieht sich mit Mary in sein Schlafzimmer zurück; Kammerdiener Loschek, der im Nebenzimmer schläft, erhält strengste Anweisung, niemanden zum Kronprinzen vorzulassen. Er hört, wie er später aussagt, die beiden die ganze Nacht über in ernstem Ton sprechen, kann aber nichts verstehen. Folgt man der gängigen Version des Mayerling-Dramas, so nützen Mary und Rudolf die letzten Stunden zum Verfassen von Abschiedsbriefen, die man später im Zimmer der Toten findet. Rudolf schreibt insgesamt sechs Abschiedsbriefe: an seine Frau Stephanie, an seine Schwester Valerie, an Kaiserin Elisabeth, an Loschek, an den Sektionschef Szögyeny und an den Prior von Heiligenkreuz. Nur wenige Zeilen sind es, mit denen Rudolf von seiner Frau Abschied nimmt: „Liebe Stephanie! Du bist von meiner Gegenwart und Plage befreit. Werde glücklich auf Deine Art. Sei gut für die arme Kleine, die das einzige ist, was von mir übrig bleibt. Allen Bekannten, besonders Bombelles, Spindler, Latour, Szögyeny, Gisela, Leopold etc. etc. sage meine letzten Grüße. Ich gehe ruhig in den Tod, der allein meinen guten Namen retten kann. Dich herzlichst umarmend, Dein Dich liebender Rudolf." Auf einen Brief an seinen Vater, den Kaiser, verzichtet Rudolf; angeblich, so erzählt später Marie Festetics, die Hofdame Kaiserin Elisabeths, habe er im Abschiedsbrief an seine Mutter festgehalten, dass er es nicht wage, an seinen Vater zu schreiben. Und wörtlich habe es dann geheißen: „Ich weiß sehr gut, dass ich nicht würdig war, sein Sohn zu sein." Seine Begleiterin in den Tod bertachte er als „reinen sühnenden Engel".

Mary Vetsera richtet ihre vier Abschiedsbriefe an ihre Mutter und ihre Geschwister Hanna und Feri sowie an Marie Larisch. An ihre Mutter schreibt sie: „Liebe Mutter! Verzeiht mir, was ich getan; ich konnte der Liebe nicht widerstehen. In Übereinstimmung mit ihm will ich neben ihm am Friedhof von Alland begraben sein. Ich bin glücklicher im Tode als im Leben. Deine Mary." Und an Schwester Hanna: „Wir gehen beide selig in das ungewisse Jenseits. Denket hie und da an mich, seid glücklich und heiratet nur aus Liebe. Ich konnte es nicht thun und da ich der Liebe nicht widerstehen konnte, so gehe ich mit ihm. Deine Mary. Weine nicht um mich, ich gehe fidel hinüber. Es ist wunderschön hier draußen. Man denkt an Schwarzau. Denkt an die Lebenslinie in meiner Hand. Jetzt noch einmal: Leb wohl (...)"

Rudolfs Vertraute und Geliebte: die Edelprostituierte Mizzi Caspar. 1886 hatte er sie im „Salon" der Kupplerin Johanna Wolf kennengelernt.

Auffallend an den Abschiedsbriefen ist, dass sie kein Motiv für das freiwillige Aus-dem-Leben-Scheiden nennen, es bleibt bei kryptischen Andeutungen wie Rudolfs Hinweis auf die Bewahrung seines guten Namens.

Am frühen Morgen des 30. Jänner 1889 vollzieht sich der letzte Akt der Tragödie: Um 6.10 Uhr erscheint der Kronprinz, vollständig angezogen, bei Loschek und befiehlt ihm, einspannen zu lassen. Der Kammerdiener eilt in den Hof, hört aber plötzlich zwei „Detonationen". Er läuft zurück ins Haus, findet das Schlafzimmer Rudolfs jedoch versperrt vor: „Was nun machen, ich holte sofort Graf Hoyos, und mit einem Hammer bewaffnet, schlug ich die Türfüllung ein, so dass ich gerade mit der Hand hineinkonnte, um die Tür von innen aufzusperren. Welch grauenhafter Anblick – Rudolf lag entseelt auf seinem Bette angezogen, Mary Vetsera ebenfalls auf ihrem Bette vollständig angekleidet. Rudolfs Armeerevolver lag neben ihm. Beide hatten sich überhaupt nicht schlafen gelegt. Beiden hing der Kopf herunter. Gleich beim ersten Anblick konnte man sehen, dass Rudolf zuerst Mary Vetsera erschossen hatte und dann sich selbst entleibte. Es fielen nur zwei wohlgezielte Schüsse. Die Anwesenheit einer dritten Person sowie dass Glasscherben im Kopfe Rudolfs steckten, ist wie so vieles über Rudolfs Tod frei erfunden" – so die Darstellung des greisen Kammerdieners (1845–1932), die er 1928 seinem Sohn diktiert. Rätselhaft nur, wie Loschek als völliger Laie sofort erkennen wollte, dass Rudolf das Mädchen erschossen hätte.

Vergleicht man diese Darstellung Loscheks mit der Denkschrift, die Josef Graf Hoyos zu den Geschehnissen verfasste, fallen einige Ungereimtheiten auf: Erstaunlich vor allem, dass Hoyos zufolge Loschek vom Kronprinzen noch die Anweisung hatte, Rudolf erst um halb acht Uhr zu wecken und dies offenbar auch so einhielt, obwohl er die Schüsse viel früher gehört hatte. Hoyos will überhaupt erst knapp vor acht Uhr von Loschek über die Situation informiert worden sein; das Aufbrechen der Tür sei dann seine Initiative gewesen. Inzwischen sei mit dem Zug auch Philipp Prinz Coburg angekommen und ebenfalls Zeuge des Aufbrechens der Tür geworden – ein Zusammenspiel der Ereignisse, das in dieser „Perfektion" verdächtig erscheint. Erst jetzt hätten die beiden Freunde Rudolfs über die Anwesenheit Mary Vetseras in Mayerling erfahren. Merkwürdig auch, dass angeblich nur Loschek das Zimmer mit den Toten betritt, nicht aber die beiden Freunde des Toten. Warum wollen sie nicht sehen, was mit ihrem Freund passiert ist?

Auf dem Nachtkästchen findet Loschek den an ihn gerichteten Abschiedsbrief vor: „Lieber Loschek! Holen Sie einen Geistlichen und lassen Sie uns in einem gemeinsamen Grabe in Heiligenkreuz beisetzen. Die Pretiosen meiner teuren Mary nebst Brief von ihr überbringen Sie der Mutter Marys. Ich danke Ihnen für Ihre jederzeit so treuen und aufopferungvollen Dienste während der vielen Jahre, welche Sie bei mir dienten. Den Brief an meine Frau lassen Sie ihr auf kürzestem Wege zukommen. Rudolf."

Graf Hoyos übernimmt es, nach Wien zu fahren und die kaiserliche Familie zu informieren; Loschek wird beauftragt, den Hofarzt Dr. Widerhofer in das Jagdschloss zu rufen, und Philipp Prinz Coburg bleibt am „Tatort" zurück, um die Toten bis zum Eintreffen des Arztes und der Hofbeamten zu schützen. Hoyos und Loschek lassen sich von Bratfisch nach Baden bringen, wo der Kammerdiener auf Hofarzt Dr. Wiederhofer wartet, während der Graf einen Eilzug aus Triest anhalten lässt und mit diesem nach Wien weiterfährt. Hoyos trifft knapp nach zehn Uhr in der Hofburg ein, der Erste, der von ihm informiert wird, ist Graf Bombelles, der Obersthofmeister des Kronprinzen. Gemeinsam spricht man dann mit Baron Nopcsa, dem Obersthofmeister der Kaiserin, anschließend mit dem Grafen Paar, dem Generaladjutanten des Kaisers. Über die Hofdame Ida Ferenczy will man Kaiserin Elisabeth informieren, legt sich dafür aber eine neue Version der Ereignisse zurecht: Mary Vetsera hätte Rudolf vergiftet.

Elisabeth fällt die Aufgabe zu, Franz Joseph die Todesnachricht zu überbringen, auch er wird zunächst in dem Glauben gelassen, dass Mary Rudolf ermordet hätte. Und Helene Vetsera, die auf der verzweifelten Suche nach ihrer Tochter in die Hofburg gekommen ist, wird von Elisabeth mit einem einzigen Satz abgefertigt: „Es ist zu spät, sind beide tot." Die unglückliche Mutter wird von ihrer Familie noch am selben Tag in einen Zug nach Venedig gesetzt, da, wie Generaladjutant Paar ihr vorgaukelt, ein „Ausbruch der Volksleidenschaft" zu befürchten sei – unterwegs besinnt sich Helene Vetsera jedoch, steigt in Reifling aus und kehrt am nächsten Tag nach Wien zurück, wo sie endlich erfährt, dass Mary keine „Mörderin" gewesen sein könne.

In Mayerling ist inzwischen der Hofarzt Dr. Widerhofer eingetroffen,

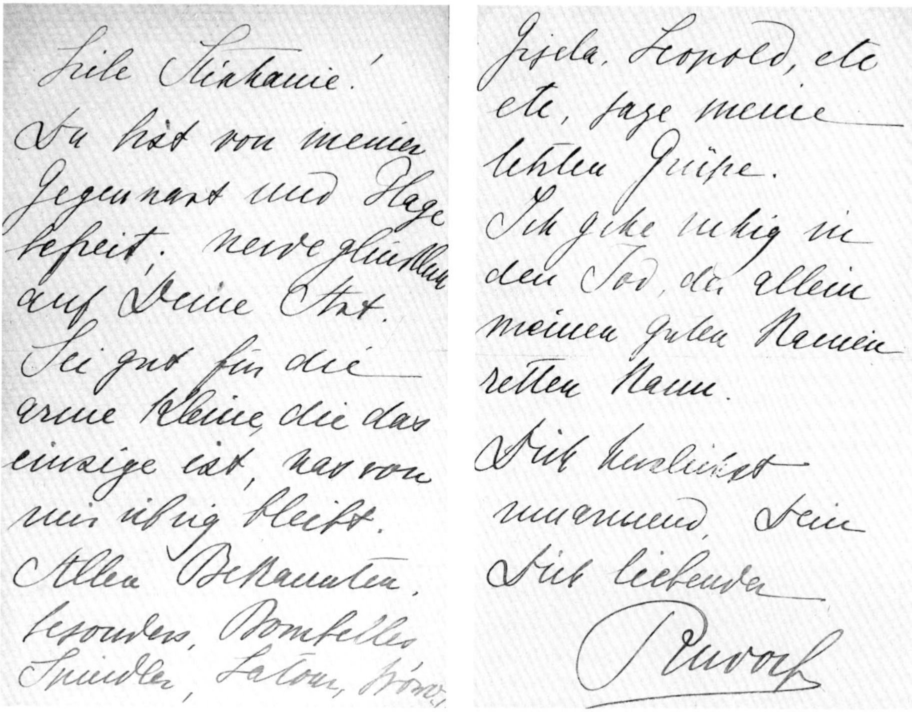

Liebe Stefanie!
Du bist von meiner Gegenwart und Plage befreit; werde glücklich auf Deine Art.
Sei gut für die arme Kleine, die das einzige ist, was von mir übrig bleibt.
Allen Bekannten, besonders Bombelles, Spindler, Latour, Nowo, Gisela, Leopold, etc. etc., sage meine letzten Grüße.
Ich gehe ruhig in den Tod, der allein meinen guten Namen retten kann.
Dich herzlichst umarmend, Dein Dich liebender
Rudolf

„Du bist von meiner Gegenwart und Plage befreit; werde glücklich auf deine Art“: Rudolfs Abschiedsbrief an Stephanie.

der eindeutig feststellt, dass Mary den Kronprinzen nicht ermordet haben kann. Er versorgt den toten Rudolf mit einem Notverband um den Kopf und bereitet die Leiche für den Abtransport nach Wien vor; um die „zweite Leiche“, die der Wiener Hof am liebsten heimlich verschwinden lassen möchte, entwickelt sich eine regelrechte Farce: Man bringt sie zunächst in ein anderes Zimmer und versteckt sie unter ihren Kleidern. Ihre beiden Onkel Alexander Baltazzi und Georg Stockau und der kaiserliche Leibarzt Dr. Auchenthaler, die am Abend des 31. Jänner in Mayerling eintreffen, finden sie „wie auf das Bett hingeworfen, den Kopf nach rückwärts gesunken, denn man hatte es nicht einmal der Mühe werth gehalten das Haupt der Leiche zu stützen“. Ein Schuss in die linke Schläfe wird als Todesursache festgestellt und von Dr. Auchenthaler zu Protokoll gegeben. Dann müssen Stockau und Baltazzi die Leiche Marys aus dem Schloss schaffen, und zwar so, dass es aussehe, als würden sie von einer lebenden Person begleitet; halb liegend setzt man sie in der Kutsche ihren Onkeln gegenüber, die sie nach Heiligenkreuz bringen, wo man in finsterer Nacht eintrifft – erst jetzt findet sich ein einfacher, in der Stiftstischlerei rasch zusammengezimmerter Holzsarg für das tote Mädchen. Die Glocke der Stiftskirche schlägt Mitternacht, als man den Leichnam in den nur mit Hobelspänen bedeckten Sarg legt. Alexander Baltazzi schneidet noch eine Haarlocke als letztes

Andenken für Marys Mutter ab und legt ein silbernes Kruzifix in die Hände der Toten; Graf Stockau faltet den Hut Marys zusammen und bettet darauf ihren Kopf.

Am nächsten Morgen, es ist der 1. Februar 1889, wird Mary Vetsera auf dem Stiftsfriedhof im Beisein ihrer beiden Onkel und von Prior Malachias Dedic, dem Stiftspfarrer, sowie zweier Polizeibeamter begraben – „Alles abgetan", meldet einer der Polizisten per Telegramm um 10.10 Uhr dem Polizeipräsidenten Baron Krauß in Wien. Bis zum Ende der Monarchie wird die „zweite Leiche" offiziell nicht existieren. Und der Hof hat kein Erbarmen mit der verzweifelten Mutter: Ministerpräsident Taaffe persönlich ist es, der Helene Vetsera verbietet, das Grab ihrer Tochter in Heiligenkreuz zu besuchen, auch am Begräbnis Rudolfs dürfe sie nicht teilnehmen, besser wäre es überhaupt, wenn sie wieder abreisen würde. Erst im März 1889, nach der Rückkehr von einem Aufenthalt in Venedig, darf sie in Begleitung von Alexander Baltazzi doch nach Heiligenkreuz fahren; wie von Mary in ihrem Abschiedsbrief gewünscht, legt sie Gardenien auf das Grab ihres Kindes.

Heimlich begraben: die letzte Ruhestätte Mary Vetseras auf dem Stiftsfriedhof Heiligenkreuz.

Während seine Geliebte heimlich im Wienerwald beerdigt wird, warten auf den toten Thronfolger die Aufbahrung in der Hofburg und ein festliches Begräbnis in der Kapuzinergruft, das nur möglich wird, weil man Rudolf zum Zeitpunkt des Selbstmordes für „geistig umnachtet" erklärt. An der Selbstmord-Version zweifelt in der kaiserlichen Familie niemand, für Gattin Stephanie etwa ist es nur konsequent, dass er sein „zerstörtes Leben" selbst beendet hat. Der Tod Rudolfs und Mary Vetseras ändert auch nichts an der herrschenden Eiseskälte in der kaiserlichen Familie; mehr denn je meidet Elisabeth von nun an Wiener Boden, und Franz Joseph vergräbt sich schicksalsergeben in seiner Arbeit. Neuer Thronfolger wird der 25-jährige Erzherzog Franz Ferdinand, der Sohn seines Bruders Karl Ludwig.

Bleibt die Frage nach dem Motiv Rudolfs. Gewiss ist, dass er keineswegs durch Alkohol und Drogen geistig zerrüttet war, dass er weder verzweifelt noch unglücklich ver-

Gedächtnisstätte Karmel Mayerling: Auf Anweisung von Kaiser Franz Joseph wird das Jagdschloss in Mayerling zu einem Kloster umgebaut und dem Orden der Karmelitinnen übergeben.

liebt war, von einem „psychischen Wrack" kann keine Rede sein. Das Gedankenspiel mit Selbstmord war dem Kronprinzen nicht fremd, das belegen seine Äußerungen gegenüber Mizzi Caspar und anderen Zeitgenossen. Diesem zeitweiligen angeblichen Kokettieren mit dem Suizid stand aber eine sehr normale Lebensführung gegenüber, die durchaus zukunftgerichtet war. So schildert der Historiker Alfred von Arneth, damals Direktor des Haus- und Staatsarchivs, in seinen Erinnerungen die vorletzte Begegnung mit dem Kronprinzen am 24. Jänner 1889 auf der Batthyanystiege in der Hofburg: Arneth zufolge „springt" Rudolf gleichsam die Treppe hoch, mit einem „fröhlichen Lachen" erklärt er seinem Gegenüber, dass er „so schrecklich durchfroren" sei und deshalb etwas Bewegung machen müsse, außerdem wolle er Anfang Februar nach Pest gehen, jetzt aber müsse er gleich zu „Seiner Majestät".

Das Seltsame ist also, dass sich Rudolf umgebracht haben soll, *obwohl* er nicht verzweifelt und nicht depressiv und ein durchaus von Lebenslust erfüllter Mensch war. Soll der Suizid tatsächlich eine „Manie" von ihm gewesen sein, eine Fantasie, die ihn beherrschte und schließlich in den Tod trieb? Oder war es doch Mord? Auch in diese Richtung gibt es Hinweise, die nicht so einfach vom Tisch zu wischen sind. So liegt im Mayerling-Archiv die Denkschrift des Tischlermeisters Friedrich Wolf, der nach den Geschehnissen von Ende Jänner mit Reparaturen im Schloss betraut wurde und eine ganz andere Darstellung gibt: „Es sah wüst aus, wie nach einem erbitterten Kampf. Etwa 5 Kugeln steckten in den Wänden. An den Wänden und an der Decke des Zimmers waren Kugelspuren. Das Gassenfenster des Parterrezimmers war von außen eingedrückt, ebenso die Tür vom Nebenraum her, Teppich und Parketten an vielen Stellen blutig, ebenso die Bettmatratzen, die arg nach Blut stanken. Die Teile von 3 zertrümmerten Sesseln aus hartem Nussholz sind im Zimmer herumgelegen. Der Kronprinz ist ja wirklich erschlagen worden in der Rauferei und die Vetsera dabei auch getötet worden im Tumult mit den Leuten, die durch das erbrochene Fenster oder die Tür eingedrungen sind."

Der Prunksarg Mary Vetseras in der Gedächtnisstätte Mayerling. Noch 1889 wird der Leichnam des unglücklichen Mädchens aus dem provisorischen Holzsarg in diesen Sarg umgebettet. 1945 brechen Grabräuber den Sarg auf und beschädigen ihn schwer.

Begleitet wurde Friedrich Wolf von einem gewissen Leopold Hirschhofer, der später erzählte, dass man aus einem der Teppiche des Tatzimmers offenbar die Blutflecken mit einer Schere herausgeschnitten und die Wände mit weißem Kalk bestrichen hatte, der Kalk aber abgefallen und Blut zum Vorschein gekommen wäre. Auch Hirschhofer will sich in seinem erst 1931 in der *Wiener Sonn- und Montagszeitung* abgedruckten Bericht an blutige Glassplitter erinnern.

Merkwürdig kryptisch auch ein Bericht des immer gut informierten deutschen Botschafters Prinz Heinrich Reuß nach Berlin, in dem dieser die Meinung vertritt, dass Franz Joseph die Selbstmord-Version nur vorschütze, um eine „gerichtliche Erhebung" der Tatumstände zu verhindern. Und wie kann man erklären, dass einige Tage nach Rudolfs

Der Altar der Kapelle im Karmel Mayerling. Genau an dieser Stelle stand einst in Rudolfs Schlafzimmer das Bett.

Tod Julius Andrássy bei Marie Larisch auftaucht und von ihr wissen will, ob der Kronprinz mit ihr über Politik gesprochen hätte. Sie müsse wissen, dass „der Tod des Kronprinzen nicht lediglich eine Liebestragödie" sei. Überliefert sind auch einige Äußerungen des Kaisers, die zu denken geben. So soll Franz Joseph beim Besuch des zu einem Kloster umgebauten Jagdschlosses in Mayerling gesagt haben: „Die Wahrheit ist viel ärger als alle Versionen." Ähnlich auch eine Bemerkung, die ihm gegenüber König Leopold II. von Belgien, dem Schwiegervater Rudolfs, entschlüpft: „Alles ist besser als die Wahrheit."
Seltsam vor allem aber ist die ungeheure Konsequenz, mit der der Hof die Ereignisse von Mayerling zu verschleiern sucht. Spuren werden verwischt und Menschen durch Eid zum Schweigen verpflichtet, Akten vernichtet oder der Öffentlichkeit entzogen – angeblich übergibt Franz Joseph selbst einige wichtige Dokumente, die nicht an die Öffentlichkeit gelangen sollen, Ministerpräsident Eduard Graf Taaffe zur Verwahrung. Taaffes Nachkommen besitzen sie offenbar noch immer – die Hoffnung, das Geheimnis von Mayerling einmal lückenlos aufklären zu können, lebt also.

Literatur

Katrin Unterreiner, Kronprinz Rudolf. „Ich bin andere Bahnen gegangen". Eine Biografie. Wien 2008

Ingrid Haslinger, „Rudolf war immer ein guter Sohn". Mayerling war ganz anders. Wien 1909

Hermann Swistun, Mary Vetsera. Gefährtin für den Tod. Wien 1999

Schüsse, die die Welt verändern

Sarajevo · 28. Juni 1914

Der verhängnisvolle Augenblick: Gavrilo Princip feuert die tödlichen Schüsse ab. Nach einem Zeitungsholzstich von Felix Schwormstädt, 1914.

Irgendwann im Sommer 1913 wird die verhängnisvolle Idee geboren, von der man sich wünscht, dass sie nie, absolut nie verwirklicht hätte werden sollen. Von Kaiser Franz Joseph zum Generaltruppeninspektor ernannt, fasst Thronfolger Franz Ferdinand den Entschluss, den Ausbildungsmanövern des in Bosnien-Herzegowina stationierten Armeekorps beizuwohnen und auf diese Reise auch seine Gattin Sophie mitzunehmen. Er will sich selbst ein Bild von der Lage in dem 1908 annektierten Land machen; über den Zustand der Truppen hört man ja nicht nur das Beste. Mitte September 1913 informiert er Generalstabschef Conrad von Hötzendorf und Oskar Potiorek, den k. u. k. Statthalter in Bosnien, der eben in Wien weilt, über diese Absicht. Beide Herren stehen dem Vorschlag wohlgesonnen gegenüber, er läge, wie Conrad meint, „im Interesse der Dynastie". Potiorek obliegt es, die Manöver und den Besuch des Thronfolgerpaars zu organisieren; der Programmentwurf, den er schließlich an die Kanzlei Franz Ferdinands im Belvedere schickt, sieht daher nicht nur die beim Erzherzog so beliebten Jagdausflüge und Exkursionen vor, sondern auch einen Besuch der bosnischen Hauptstadt Sarajevo. Potiorek ist der Meinung, dass ein Besuch des Thronfolgerpaars die wankende Treue der Bevölkerung zum Herrscherhaus neu beflügeln könnte.
Nach einigem Hin und Her einigt sich Carl von Bardolff, der im Büro Franz Ferdinands für die Reise zuständig ist, mit Potiorek am 12. März 1914 auf eine gekürzte Version des Programms: Franz Ferdinand soll am Donnerstag, dem 25. Juni 1914, in Bosnien ankommen und im Hotel Bosna in Bad Ilidže wohnen, wo er rund um die Uhr bewacht werden würde; für den 26. und 27. Juni ist die Teilnahme an den zweitägigen Manövern etwa zwanzig Kilometer westlich der Hauptstadt vorgesehen, für Sonntag den 28. Juni abschließend der Besuch in Sarajevo. Dass dieser Tag der Sankt-Veits-Tag, der Vidovdan der Serben ist, an dem sie der vernichtenden Niederlage gegen die Türken auf dem Amselfeld 1389 gedenken, findet in den Planungen keine Beachtung. Eine erste Information über die geplante Reise im Juni, noch ohne genaue Daten, geht an die Presse.
Irgendwann um den 22. März 1914 liest der zu diesem Zeitpunkt in Belgrad lebende bosnische Student Gavrilo Princip in einer deutschsprachigen Zeitung, dass Österreich-Ungarns Thronfolger Franz Ferdinand im Juni mit seiner Gemahlin an den Manövern der k. u. k. Truppen in

Bosnien teilnehmen werde. Princip, Jahrgang 1894, kommt aus einem serbischen Dorf im Grahovo-Tal in der Krajina in Nordwestbosnien; seine Eltern Petar und Nana Princip haben einen kleinen Bauernhof, von seinen acht Geschwistern sind sechs noch im Säuglingsalter gestorben. Um seine Familie auf dem kargen Land über Wasser halten zu können, muss Vater Petar mit seinem Wagen Post und mitunter auch Reisende über die Berge Richtung Küste befördern. In der Handelsschule in Sarajevo hat Princip, der ein leidenschaftlicher Leser ist, Bekanntschaft mit großserbischen Parolen gemacht, denen er sich bald bedingungslos verschrieben hat. Sein Hass auf die Österreicher, die, wie er meint, das Land ausbeuten und nichts für die Bevölkerung tun, ist groß – er wird Mitglied der revolutionären Schüler- und Studentenorganisation *Mlada Bosna* („Junges Bosnien"). Jetzt, da er die Nachricht vom Besuch des Erzherzogs in Händen hält, ist er sich seiner „Mission" gewiss: Er wird Franz Ferdinand ermorden.

Noch am selben Tag trifft sich Princip in einem Belgrader Café mit seinem Freund Nedeljko Čabrinović, einem 19-jährigen Druckergesellen; auf einer Parkbank eröffnet er ihm seinen Plan zu einem Mordanschlag. Čabrinović, etwas überrascht, meint zunächst, dass es „sinnvoller" sei, Potiorek umzubringen, doch dann stimmt er dem Vorhaben zu. Bald ist auch noch ein dritter Verschwörer mit im Bunde: Trifun „Trifko" Grabež, ein 18-jähriger Schulabbrecher, muss nicht lange überredet werden und sagt seine Teilnahme am Anschlag zu. Da sich Princip nicht in der Lage sieht, seinen Plan ohne fremde Hilfe in die Tat umzusetzen, schreibt er an seinen alten Kumpel Danilo Ilić, einen 23-jährigen Lehrer, in Sarajevo und bittet diesen, noch weitere Helfer anzuwerben, die notwendigen Waffen – Pistolen und Bomben – würde er aus Belgrad mitbringen. Da die drei jungen Männer über keinerlei Mittel zum Kauf von Waffen verfügen, kontaktiert Princip schließlich Milan Ciganović, einen serbischen Geheimdienstler und bekannten Volkshelden, der als Eisenbahnbeamter arbeitet und im selben Haus wie er wohnt. Hier ist er an der richtigen Adresse: Ciganović steht mit Major Vojin P. Tankošić in Verbindung, einem Mitbegründer der Geheimdienstorganisation *Narodna Odbrana*. Tankošić hält auch mit „Apis" Dragutin Dimitrijević Kontakt, dem Chef der großserbisch eingestellten „Offiziers-Vereinigung" Schwarze Hand, die sich offiziell „Vereinigung oder Tod" nennt; auch hier hat er bei der Gründung die Fäden mitgezogen; gemeinsam mit „Apis" war Tankošić an der Ermordung von König Aleksandar Obrenović im Jahre 1903 beteiligt. Nicht ausgeschlossen scheint es, dass „Apis" und Tankošić bei der Vorbereitung des Attentats eine größere Rolle spielen, als die jungen Burschen später vor Gericht eingestehen wollen …

Am 27. Mai 1914 übergibt Milan Ciganović in einem Kaffeehausgarten in Belgrad den jungen Männern die Waffen, mit denen sie das Attentat durchführen sollen: vier Pistolen mit Munition und sechs Bomben,

Das Zentrum der *großserbischen Agitation in Bosnien: Sarajevo. Holzstich von Julius von Háry.*

gefüllt mit Nägeln und kleinen Bleistücken, alles aus serbischen Armeebeständen stammend. Gavrilo Princip übernimmt eine FN Browning Modell 1910, Kaliber 9 mm. Für jeden der drei angehenden Attentäter hat Ciganović – für den Notfall – noch ein Fläschchen mit Zyankali mit dabei und auch etwas Geld für die Reisekosten – nun gilt es, die Waffen nach Sarajevo zu bringen.

Auf dem Weg zurück in die bosnische Hauptstadt machen die drei jungen Männer in Tuzla Station, wo sich ihnen noch Danilo Ilić anschließt. Ilić hat inzwischen noch drei weitere Helfer angeworben, alle sind Mitglieder von *Mlada Bosna* (Junges Bosnien): Veliko Čubrilović und Cvetko Popović, zwei 17-jährige Gymnasiasten, sowie Muhamed Mehmedbašić, einen 27-jährigen muslimischen Serben, von Beruf Tischler – die Mannschaft für den Anschlag steht damit fest; in den ersten Junitagen treffen die Attentäter in Sarajevo ein, auch die Waffen können sie glücklich über die Grenze schmuggeln. Gavrilo Princip bezieht ein Zimmer im Haus der Mutter von Danilo Ilić und konzentriert sich auf den einen entscheidenden Tag, den 28. Juni, den letzten seines Lebens. Nach dem Attentat, so haben er, Čabrinović und Grabež beschlossen, werden sie Selbstmord begehen.

Inzwischen kommen Gerüchte über ein bevorstehendes Attentat auch Serbiens Ministerpräsident Nikola Pasić zu Ohren, der versucht, der Regierung in Wien eine Warnung zukommen zu lassen, eine heikle Aufgabe, mit der sich schließlich Jovan Jovanović, der serbische Gesandte

Die Lateinerbrücke über die Miljačka. Hier postiert sich Gavrilo Princip am Morgen des 28. Juni 1914, um auf das Thronfolgerpaar zu warten.

in Wien, konfrontiert sieht. So versucht Jovanović den k. u. k. Finanzminister Leon von Bilinski, der für Bosnien-Herzegowina zuständig ist, vor einer Reise Franz Ferdinands nach Sarajevo zu warnen, da einer der jungen Serben verleitet sein könnte, „statt einer Platzpatrone eine scharfe Kugel“ zu nehmen und damit auf den Thronfolger zu schießen. Bilinski nimmt diese Andeutung jedoch nicht ernst und gibt sie auch nicht weiter; Franz Ferdinand hegt jedoch selbst einige Zweifel bezüglich der Sicherheit und bittet seinen Obersthofmeister Karl Freiherrn von Rumerskirch, sich mit dem Obersthofmeister des Kaisers, dem Fürsten Alfred Montenuovo, zu beraten, 1910 habe ja der Kaiser eine Bosnienreise unbeschadet überstanden. Doch damals hatte man entlang der Straßen Doppelreihen von Soldaten postiert – diesmal will sich Potiorek mit Polizisten zum Schutz des hohen Besuchs begnügen: 120 Mann für eine Stadt mit 50.000 Einwohnern.

Dr. Edmund Gerde, der Polizeichef von Sarajevo, verweist besorgt darauf, dass es unmöglich sei, mit so wenigen Polizisten für die Sicherheit Franz Ferdinands zu garantieren, man benötige zusätzliche Unterstützung durch Militäreinheiten. Potiorek erwidert, dass es in der Stadt kein Militär geben werde, da die Mannschaften an diesem Sonntag in den Kasernen zu verbleiben hätten. Daraufhin meldet sich auch noch General Šnjarić, der Gendarmeriechef Bosniens, zu Wort – man könne ja aus der Umgebung Gendarmen zur Unterstützung anfordern und

einen Gendarmeriekordon entlang der Strecke aufziehen. Doch auch diesen Vorschlag lehnt Potiorek, der sich wie taub gegen alle Warnungen zeigt, angeblich ab. Als ein Bericht des militärischen Nachrichtendiensts anregt, alle nur möglichen Sicherheitsvorkehrungen für den Besuch des Thronfolgers zu treffen, zerreißt er diesen wütend, ebenso negiert er die Warnungen der Politischen Sektion der Landesregierung und des kroatischen Vizepräsidenten des Parlaments Josif Sunarić. In Wien ist Generalstabschef Conrad von Hötzendorf überhaupt der Meinung, dass die Reise Franz Ferdinands abgesagt werden sollte; Potiorek jedoch beharrt hartnäckig auf seinem Programm, das von ihm bis ins kleinste Detail ausgearbeitet wird, und wiegt den Erzherzog in Sicherheit.
Am 23. Juni 1914 verlassen Franz Ferdinand und Sophie das böhmische Chlumetz, wo sie ihre Kinder zurücklassen, und reisen per Bahn nach Wien. Hier trennt man sich: Während Sophie direkt mit dem Zug nach Ilidže weiterreist, hat sich der Erzherzog für einen Umweg entschieden: mit dem Zug nach Triest, von hier auf dem Schlachtschiff *Viribus Unitis* zur Mündung der Narenta, mit einem weiteren Schiff die Narenta flussaufwärts bis Metkovic und von dort mit der Bahn über Mostar nach Ilidže. Am Donnerstag, dem 25. Juni, um 15 Uhr rollt der Zug des Thronfolgers in den Bahnhof von Ilidže. Eine Ehrengarde ist angetreten, die Kapelle spielt das „Gott erhalte“ und die Menge jubelt Franz Ferdinand zu, der sich huldvoll bedankt. Dann lässt er sich ins Hotel Bosna fahren, wo bereits Sophie auf ihn wartet. Am Nachmittag bekommen die beiden spontan Lust auf einen Ausflug nach Sarajevo – man besucht ein Antiquitätengeschäft und drängt sich durch die Menschenmassen im Basar; die Menge reagiert freundlich auf das überraschende Auftauchen des Paars, das zum Diner wieder pünktlich zurück in Ilidže ist.
Wie vorgesehen widmet sich Franz Ferdinand an den beiden folgenden Tagen den Manövern, zu denen auch Conrad von Hötzendorf angereist ist; beide gewinnen in schwierigem Gelände nur die besten Eindrücke von den Darbietungen der Truppen. In einem Armeebefehl versichert er diesen, dass alle Einheiten seinen „hohen Erwartungen“ völlig gerecht geworden seien; ein entsprechendes Lob gibt er auch in einem Telegramm an den Kaiser weiter. Bei einem großen Abendessen, das der Thronfolger in Ilidže gibt, feiert man die gelungenen Manöver.
Der 28. Juni 1914 ist ein Sonntag. Wolkenlos spannt sich der Himmel über Sarajevo, der Tag verspricht glühend heiß zu werden. Sieben junge Burschen haben jedoch für die Schönheit des Tages kein Auge, sie haben beschlossen, dass dieser Tag zum Höhepunkt ihres Lebens werden soll und entsprechend festlich sind sie gekleidet. Gavrilo Princip, Nedeljko Čabrinović, Cvetko Popović, Trifko Grabež, Vaso Cubrilović, Danilo Ilić und Muhamed Mehmedbašić sind bereit zum Mord an dem Tyrannen; ausgerüstet mit Bomben, Pistolen und Zyankalifläschchen, die man bereits am Vortag verteilt hat, beziehen sie pünktlich ihre Plätze am Appelkai, der sich über eine Strecke von etwa 500 Metern

entlang des Flusses Miljacka zieht. Drei Brücken, die Cumurija-, die Lateiner- und die Kaiserbrücke, überqueren den Fluss, in ihrer Nähe postiert man sich. Angespannt, unruhig warten sie auf die Wagenkolonne mit Erzherzog Franz Ferdinand. Sie sind darauf vorbereitet, dass es auch ihr letzter Tag auf Erden sein könnte.

Inzwischen ist am Bahnhof von Sarajevo der Hofsonderzug aus Ilidže mit dem Thronfolgerpaar eingetroffen. Franz Ferdinand und Sophie haben am Morgen in Ilidže die heilige Messe besucht, dann schickt der Thronfolger noch ein Telegramm an seine 13-jährige Tochter, die er am Dienstag wieder in seine Arme schließen will: „Befinden von mir und Mami sehr gut. Wetter warm und schön. Wir hatten gestern großes Diner und heute vormittags den großen Empfang in Sarajevo. Nachmittags wieder ein großes Diner und dann Abreise auf dem Viribus Unitis. Umarme Euch innigst. Dienstag. Papi."

Es ist 10.07 Uhr, als Franz Ferdinand und Sophie beim sogenannten „Defensionslager" aus dem Zug steigen; die Verspätung auf den vorgesehenen Zeitplan beträgt 17 Minuten.

Der Besuch in Sarajevo ist sein ausdrücklicher Wunsch: Thronfolger Erzherzog Franz Ferdinand von Österreich-Este.

Feldzeugmeister Potiorek begrüßt das hohe Paar, das sich wahrhaft imposant präsentiert: Franz Ferdinand trägt die Paradeuniform eines Kavalleriegenerals: einen hellblauen Rock mit hohem Kragen und eine schwarze Hose mit doppelten roten Lampassen; grüne Federn wehen von seinem Generalshut. Sophie hat für den Besuch in der bosnischen Metropole ein weißes Seidenkleid mit roter Schärpe gewählt, auch ihr breitrandiger Hut ist mit Federn geschmückt. Um sich gegen die Sonne zu schützen, trägt sie in der Hand einen Sonnenschirm – ihr Auftreten erinnert an jenes von Kolonialherren, die in fremder, exotischer Umgebung ihre Macht zur Schau stellen.

Nach dem Abschreiten der Ehrengarde steigt man in die bereits wartenden Automobile; es sind sechs Fahrzeuge, die den Konvoi bilden: Voran fährt ein Wagen mit Polizeibeamten, im zweiten folgen Polizeichef Gerde und Efendi Fehim Čurčić, der muslimische Bürgermeister der Stadt, im dritten Automobil, einer Gräf-&-Stift-Limousine mit der Wiener Zulassungsnummer A III-118, sitzen Franz Ferdinand und Sophie sowie Potiorek und Graf

Harrach, der Flügeladjutant des Erzherzogs, dem auch das Auto gehört. Gelenkt wird das Fahrzeug mit dem schwarz-gelben kaiserlichen Stander von Harrachs Privatchauffeur, dem aus Znaim stammenden Leopold Lojka. In den Wagen dahinter folgen die engsten Mitarbeiter des Erzherzogs, Potioreks Adjutant Erik von Merizzi und Sophies Kammerfrau, die Gräfin Wilma Lanjus. Mit einer Geschwindigkeit von etwa 20 km/h biegt die Kolonne auf den Appelkai ein, der Abstand zwischen den einzelnen Automobilen beträgt etwa 30 Meter. Sie passiert den ersten und ältesten der Attentäter, Muhamed Mehmedbašić, der jedoch die Nerven verliert und nichts unternimmt, ähnlich kläglich versagt Veliko Cubrilović, der Zweite in der Reihe. Etwa hundert Meter nach der Kreuzung mit der Cumurijabrücke wartet als dritter Attentäter Nedeljko Čabrinović und er zeigt Nervenstärke. Als der Wagen mit dem Erzherzog näher kommt – Potiorek macht seinen hohen Gast eben auf ein militärisches Gebäude am anderen Miljačka-Ufer aufmerksam –, holt er die Handgranate aus seiner Tasche, schlägt sie gegen einen Straßenbahnmasten und wirft sie dann genau in Richtung Franz Ferdinand. Sie verfehlt diesen knapp und landet auf dem zurückgeklappten Verdeck des Gräf & Stift, von da fällt sie auf die Straße und explodiert wenige Sekunden später. Lojka, der das Wurfgeschoss bemerkt hat, beschleunigt instinktiv; Čabrinović will sein Zyankali schlucken, verschüttet es aber in der Aufregung und springt über die Kaimauer in die Miljačka, aus der ihn die Polizei unmittelbar darauf wieder herausholt. Mehmedbašić, Cubrilović, Popović und auch Ilić verlassen ihre Standplätze und fliehen.

Während die Insassen der zwei ersten Fahrzeuge gar nicht bemerken, dass ein Attentat stattgefunden hat, dreht sich Franz Ferdinand um und sieht, dass das nachfolgende Auto angehalten hat; die Luft ist erfüllt von Rauch, er erkennt, dass eine Bombe geworfen worden ist. Franz Ferdinand, der kaltblütig Ruhe bewahrt, bittet den Grafen Harrach, nach hinten zu gehen und die Lage zu überprüfen. Potioreks Adjutant Merizzi ist am Kopf verletzt, auch Graf Boos-Waldeck weist Splitterwunden auf. Man beschließt, die Verwundeten ins Militärspital der Stadt bringen zu lassen, dann fährt der Konvoi wie geplant zum Rathaus weiter.

Mitten unter den Menschen am Appelkai ist auch ein elfjähriger Junge. Er heißt Hans Fronius, sein Vater ist Sanitätsrat und der Stadtphysikus von Sarajevo. Hans ist stolz darauf, dass er an diesem Tag die Arzttasche seines Vaters tragen darf, die dieser aufgrund böser Vorahnungen mitgenommen hat. Da jedoch alles ruhig scheint, gibt der Vater die Tasche bei der Post in Verwahrung, dann wandern die beiden weiter den Kai entlang, der Autokolonne nach – doch da, von einem Augenblick auf den anderen, ist alles anders. Hans Fronius erinnert sich später an diese dramatischen Momente: „Da hören wir plötzlich eine Detonation, und schon stürzen uns entsetzte und schreiende Menschen entgegen. Endlich verstehen wir: Eine Bombe ist geworfen worden!

Mein Vater läuft dem Attentatsort zu, und ich renne, was meine Beine hergeben, zurück zur Post, um die Tasche zu holen. Ich habe sie, und schon mache ich kehrt, um sie meinem Vater zu bringen. Im Laufen sehe ich – wieder ein unvergessliches Bild – einen Fiaker entgegen- und vorbeirasen. Der Kutscher schlägt auf die Pferde ein, mitten im Wagen steht mein Vater, und auf den Sitzen liegen Verwundete über den Wagen heraushängend. Ich schreie, hebe die Tasche hoch, aber schon ist der Wagen vorbei. Und nun war ich allein, einmal ganz unbehütet. Ich kam zum Ort des ersten Attentats, sah die große Blutlache, die durch das Begießen mit Wasser nur noch hässlicher wurde, die herabhängenden Telegraphendrähte und zerbrochenen Scheiben. Ringsum standen erregte und verstörte Menschen. Was würde nun weiter sein?"
Von den Attentätern sind nur mehr Princip und Grabež auf ihren Plätzen; beide beschließen jedoch, noch einen Versuch zu wagen. Grabež bleibt auf seinem Platz an der Kreuzung Kaiserbrücke–Appelkai stehen; Princip sucht sich einen neuen Standplatz in der Franz-Joseph-Straße, der Verlängerung der Lateinerbrücke. Hier, so meint er, müsse der Thronfolger auf seinem Weg zum Museum, dessen Besuch angekündigt ist, vorbeikommen.
Inzwischen versucht Potiorek im Rathaus krampfhaft den Anschein von Ordnung aufrechtzuerhalten. Bürgermeister Efendi Fehim Čurčić beginnt noch auf den Stufen des Rathauses mit seiner vorbereiteten und von der Kanzlei des Erzherzogs genehmigten Rede, spricht von „tiefer Anhänglichkeit" und „unerschütterlicher Untertanentreue", Franz Ferdinand unterbricht ihn jedoch aufgebracht: „Was hab' ich von Ihren Reden? Ich komme nach Sarajevo zu Besuch und man wirft Bomben auf mich. Das ist empörend!" Für einige Augenblicke sieht es so aus, als würde der Erzherzog einen seiner berüchtigten Wutanfälle bekommen, doch er beherrscht sich schließlich und bittet den Bürgermeister weiterzusprechen. In seiner Antwort gibt er der Freude über das Misslingen des Attentats Ausdruck, zum Abschluss entbietet er auf Serbokroatisch den Bewohnern „der schönen Landeshauptstadt" seinen „herzlichen Gruß".
Es entbrennt nun unter den Herren des erzherzoglichen Gefolges eine Diskussion darüber, was zu tun sei, um ihn vor einem weiteren Anschlag zu schützen. Er selbst meint sarkastisch zu Harrach: „Mir scheint, wir werden heute noch einige Kugerln bekommen." „Feige" sich im Rathaus zu verstecken, bis zu Hilfe gerufenes Militär ihn befreien könne, lehnt Franz Ferdinand kategorisch ab, dies umso mehr, als Potiorek auf die Frage, ob ein weiteres Attentat wahrscheinlich sei, versichert, dass nun nichts mehr geschehen würde. Der Feldzeugmeister, von der Situation völlig überfordert und besorgt um seine Karriere, schlägt vor, das Programm wie geplant durchzuziehen und mit dem Besuch des Museums fortzusetzen, auch Polizeichef Gerde plädiert dafür. Franz Ferdinand erklärt sich damit einverstanden, allerdings wolle er zuvor noch ins

Militärspital zum verletzten Merizzi fahren – ohne Sophie, die im Rathaus auf ihn warten möge. Doch Sophie lehnt dieses Ansinnen entschieden ab: „Solange der Erzherzog sich heute in der Öffentlichkeit zeigt, verlasse ich ihn nicht."

Ein stolzes Paar in exotischer Umgebung: Der Holzschnitt von Hans Fronius aus dem Jahre 1938 fängt die Stimmung dieses Tages ein.

Man beschließt zum Spital den Appelkai entlangzufahren und nicht den Weg über die Franz-Joseph-Straße und die Altstadt zu nehmen, dann bricht die Gesellschaft auf. Das Thronfolgerpaar steigt die Stufen des Rathauses hinunter und nimmt wieder Platz in der Gräf-&-Stift-Limousine, Sophie sitzt wieder zur Rechten Franz Ferdinands, Potiorek ihm gegenüber auf dem Klappsitz. Graf Harrach, der davon überzeugt ist, dass noch ein Attentat versucht werden würde, weigert sich, im Wagen Platz zu nehmen, und stellt sich, seinen Körper als Schutzschild einsetzend, auf das Trittbrett neben dem Thronfolger. Am Steuer sitzt wieder Harrachs Chauffeur Leopold Lojka. Leichtsinnig verzichtet man auf zusätzliche Sicherheitsmaßnahmen – Franz Ferdinand und seine Frau demonstrieren Mut.

Der Fahrzeugkonvoi setzt sich in Bewegung, voran wieder der Wagen von Polizeihauptmann Dr. Gerde. Man fährt den Appelkai zurück, doch anstatt weiter geradeaus zu fahren, biegt Gerdes Wagen auf der Höhe der Lateinerbrücke rechts in die Franz-Joseph-Straße ab, Lojka folgt ihm, ohne zu zögern. Als Potiorek merkt, dass die Route geändert worden ist, befiehlt er Lojka, auf den Appelkai zurückzukehren. Der Chauf-

Der getroffene Thronfolger. Kreidezeichnung von Hans Fronius, 1986/87.

feur bremst, er will den Rückwärtsgang einlegen und fährt deshalb rechts an den Gehsteig ran, für wenige Sekunden hält das Auto mit dem Erzherzog und Sophie, es befindet sich genau vor Schillers Gemischtwarenhandlung. Und genau hier steht zufällig auch noch immer Gavrilo Princip, dem sich so unverhofft doch noch die Gelegenheit bietet, seinen Mordplan in die Tat umzusetzen. Ein „sonderbares Gefühl" überkommt den jungen Bosnier, er hebt die Pistole, zögert noch kurz, als er sieht, dass Sophie auf der ihm näheren Seite sitzt, doch dann feuert er, „sehr aufgeregt", angeblich ohne zu zielen, knapp nacheinander zwei Schüsse ab. Die erste Kugel durchschlägt die Tür des Wagens, verformt sich dabei zu einem scharfkantigen Geschoss und trifft Sophie in den Unterleib, das zweite Projektil bohrt sich in den Hals Franz Ferdinands, zerfetzt die Halsvene und verletzt auch noch die Luftröhre.
Im ersten Augenblick bemerkt niemand, dass die Schüsse tatsächlich getroffen haben. Zwei der Offiziere des Erzherzogs springen aus dem nachfolgenden Auto und werfen sich auf Princip, der rasch überwältigt ist, zuvor aber noch das Zyankali geschluckt und dann sich zu erschießen versucht hat. Potiorek gibt Chauffeur Lojka Anweisung zu reversieren und über die Lateinerbrücke geradeaus zum Amtshaus (Konak) zu fahren. Da ist es Graf Harrach, der noch immer auf dem Trittbrett des Autos steht, der erkennt, dass Schreckliches passiert ist. Dem Untersuchungsrichter Leon Pfeffer schildert er später die letzten Augenblicke im Leben des Thronfolgerpaars: „Während das Auto rasch reversierte, spritzte ein dünner Blutstrahl aus dem Mund Seiner Kaiserlichen Hoheit auf meine rechte Backe. Während ich mit einer Hand mein Taschentuch zog, um das Blut vom Munde des Erzherzogs abzuwischen, rief Ihre Hoheit: ‚Um Gottes willen! Was ist dir geschehen?' Worauf sie vom Sitze hinabsank, mit dem Gesichte zwischen den Knien des Erzherzogs. Ich ahnte gar nicht, dass sie getroffen wäre, und dachte, sie sei aus Schreck ohnmächtig geworden. Auf das sagte Seine Kaiserliche Hoheit: ‚Sopherl! Sopherl! Stirb mir nicht! Bleib für meine Kinder!' Auf das ergriff ich den Erzherzog beim Rockkragen, um das Vorsinken des Kopfes zu verhindern, und frug ihn: ‚Leiden Euer Kaiserliche Hohheit sehr?' Worauf er deutlich antwortete: ‚Es ist nichts.' Dann trat eine sehr kurze Pause ein, worauf ein heftiges Röcheln infolge des Verblutens eintrat, welches bei der Ankunft im Konak aufhörte."
Als Minuten später der Autokonvoi beim Konak eintrifft, ist Sophie bereits tot; Franz Ferdinand lebt zwar noch, aber alle Bemühungen der Helfer, den Blutstrom zu stillen, scheitern – der Thronfolger stirbt wenige Minuten später. Um 11.15 Uhr beginnen für die Ermordeten die Totenglocken zu läuten.
In derselben Minute fangen Polizeibeamte mit dem Verhör Princips an, der wie geplant das Zyankali geschluckt hat, um der Verhaftung zu entgehen – das Gift hat jedoch nur eine schwere Übelkeit zur Folge; Princip ist im Gedränge überwältigt und abgeführt worden. Die Polizeibe-

Sarajevo
28. VI. 1914

amten sehen einen zerschlagenen jungen Mann vor sich, der keinerlei Reue zeigt.
In dem ausführlichen Telegramm, mit dem der Kaiser in Wien über das Attentat auf seinen Thronfolger informiert wird, heißt es: „Bei der Ankunft im Konak war Seine Hoheit in tiefster Bewusstlosigkeit, die Atmung war ganz oberflächlich, die Pupillen reagierten ganz schwach, das Herz schlug leise, der Puls war kaum tastbar; aus der Halswunde ergoss sich ein dünner Strahl Blut. Nach circa 5 bis 6 Minuten trat der Tod ein. Der sofort herbeigerufene Stadtpfarrer von Sarajevo spendete die letzte Ölung."
Am frühen Nachmittag trifft die Nachricht von der Ermordung des Thronfolgerpaars in Bad Ischl ein. Als man sie Franz Joseph mitteilt, schließt dieser die Augen und sitzt einige Minuten still in seinem Sessel, äußert jedoch kein Wort der Trauer.

In seinem Buch *Die Spur führt nach Belgrad* zieht Friedrich Würthle folgendes Fazit des Attentats von Sarajevo: „Es waren die ersten Schüsse des Ersten Weltkriegs; alles Unheil, das den alten Kontinent Europa bis zum heutigen Tag heimgesucht hat, Unheil, das sich aber auf die ganze Erde erstreckt, all das hat an jenem 28. Juni in Sarajevo seinen Anfang genommen." Das ist richtig, wenn auch hinzugefügt werden muss, dass sich der Weltkrieg nicht zwingend aus dem Attentat ergeben hat – es bestehen im Juli 1914 auch andere Optionen, doch sie werden nicht genützt. In einer falschen Einschätzung der Kräfteverhältnisse, vor allem aber auch in einer gefährlichen Überschätzung der eigenen militärischen Leistungsfähigkeit spielen die österreichische Diplomatie und mit ihr auch die deutsche so lange mit dem Feuer, bis es brennt.
Dem Minister des Äußeren Graf Berchtold und seinen Beamten kommt hier eine Schlüsselrolle zu: Schritt für Schritt manövriert man die Monarchie im Einvernehmen mit dem Deutschen Reich dem Krieg entgegen. So notiert Graf Berchtold über eine Unterredung mit dem deutschen Botschafter von Tschirschky wenige Tage nach dem Attentat: „Im Laufe einer Unterredung mit dem deutschen Botschafter am 2. Juli habe ich auf die nunmehr durch das Drama von Sarajevo neuerlich zutage getretenen äußerst bedenklichen Folgen der systematischen großserbischen Wühlarbeit hingewiesen und hiebei bemerkt, daß diesem gefährlichen Treiben nur durch rücksichtsloses Vorgehen gegen Serbien ein Ende bereitet werden könnte. Dies sei ebensosehr von unserem Interesse geboten wie von jenem Deutschlands."
Und am 7. Juli im Ministerrat für gemeinsame Angelegenheiten sind die Vorstellungen über ein „rücksichtsloses Vorgehen" gegen die Serben schon etwas konkreter: „Der Vorsitzende (Graf Berchtold – J. S.) eröffnet die Sitzung, indem er bemerkt, der Ministerrat sei einberufen worden, um über die Maßnahmen zu beraten, welche zur Sanierung der

anlässlich der Katastrophe in Sarajevo zutage getretenen innerpolitischen Übelstände in Bosnien und der Herzegowina angewendet werden sollten. Es gäbe seiner Ansicht nach verschiedene interne Maßnahmen in Bosnien selbst, deren Anwendung ihm gegenüber den krisenhaften Zuständen geboten erscheine; vorerst sollte man sich aber klar werden, ob der Moment nicht gekommen sei, um Serbien durch eine Kraftäußerung für immer unschädlich zu machen. Ein solcher entscheidender Schlag könne nicht ohne diplomatische Vorbereitungen geführt werden, daher habe er mit der deutschen Regierung Fühlung genommen" – es sind genau diese zynischen Begriffe wie „unschädlich machen", die auf Österreich-Ungarn zurückfallen werden.

Sieht sich als Serbe und Revolutionär: Attentäter Gavrilo Princip wünscht den Untergang Österreich-Ungarns. Foto aus der Zeit seines Prozesses im Herbst 1914.

Der Prozess gegen insgesamt 25 Angeklagte wegen „Hochverrates und Meuchelmordes" findet vom 12. Oktober bis 23. Oktober 1914 in Sarajevo statt. Alle Angeklagten bestreiten jede Verbindung mit dem offiziellen Serbien. Drei von ihnen – Danilo Ilić, Veljko Čubrilović und Miško Jovanović, der in Tuzla die Waffen der Attentäter übernommen und diese nach Sarajevo gebracht hat – werden zum Tode verurteilt und am 2. Februar 1915 hingerichtet; die übrigen Attentäter erhalten schwere Kerkerstrafen.
Gavrilo Princip, der nur ganz knapp zu jung für ein Todesurteil ist, sagt vor Gericht, dass er ein Serbe und Revolutionär sei, Österreich-Ungarn hasse und dessen Untergang wünsche. Niemand habe ihn zur Tat angestiftet, es gebe keine Verbindung zu Serbien. Die einzige Regung des Bedauerns: Es täte ihm leid, die Frau des Erzherzogs getötet zu haben, der Schuss sei für Potiorek bestimmt gewesen. Er wird zu 20 Jahren Kerker in der Kleinen Festung Theresienstadt verurteilt und stirbt hier am 28. April 1918 noch vor Kriegsende an Knochentuberkulose, nachdem man ihm zuvor die rechte Hand amputiert hat. Mit dem Stiel eines Löffels ritzt er, wie Vladimir Dedijer berichtet, vor seinem Tod noch folgende Zeilen in die Zellenwand: „Unsere Geister werden durch Wien wandern. Am Hofe umherirren, die sogenannten Herrschaften erschrecken."

Die Leichen von Erzherzog Franz Ferdinand und Sophie von Hohenberg werden mit der Eisenbahn zur Küste gebracht und gelangen von dort an Bord der *Viribus Unitis* nach Triest und per Bahn nach Wien. Nach einem höchst unwürdigen Schauspiel betreffend das Protokoll – man schämt sich am Wiener Hof gleichsam des Sargs der Herzogin – wird das Paar in der Gruft der Kirche von Schloss Artstetten in Niederösterreich zur letzten Ruhe gebettet.

Zum dritten Jahrestag des Attentats, am 28. Juni 1917, lässt Österreich-Ungarn am Geländer der Lateinerbrücke ein zwölf Meter hohes Denkmal zu Ehren der Ermordeten errichten. Das Monument besteht aus zwei Säulen, einer großen Platte mit den Figuren des ermordeten Ehepaares sowie einer Nische für Trauerkerzen und Blumen. Bereits Ende 1918 verfügt die Regierung des neuen SHS-Staats, das Monument abzubauen, die einzelnen Teile verschwinden in einem Museumsdepot. 1945 rückt eine Tafel für den „Helden" Gavrilo Princip und dessen Kameraden, die „Kämpfer gegen die germanischen Eroberer", an seine Stelle, auf einer Steinplatte am Boden wird der Fußabdruck Gavrilo Princips gezeigt und die Lateinerbrücke wird in „Gavrilo-Princip-Brücke" umbenannt.

Die Trauer hielt sich in Grenzen, dafür versuchte man, politisches Kapital aus der Tragödie zu ziehen: Partezettel für das ermordete Thronfolgerpaar.

Nach dem Zerfall Jugoslawiens und dem Bosnienkrieg in den 1990er-Jahren wird wieder alles anders: Die Gavrilo-Princip-Brücke heißt wieder Lateinerbrücke und am Ort des Attentates befindet sich heute eine Gedenktafel mit einer Inschrift in bosnischer und englischer Sprache. Im „Sarajevo-Raum" zeigt das Heeresgeschichtliche Museum in Wien die Gräf-&-Stift-Limousine, in der Franz Ferdinand und Sophie so leichtsinnig ihrem Tod entgegenfuhren, sowie die blutbefleckte Uniform Franz Ferdinands. Jeweils zum Jahrestag des Attentats kann auch das blutgetränkte Hemd des Thronfolgers im „Sarajevo-Raum" besichtigt werden. Die Totenmasken Franz Ferdinands und seiner Frau werden auf Schloss Konopiště in Tschechien ausgestellt. Für dass Phänomen, dass auch der „kleine Mann"

Nüchterne Erinnerung: die neue Gedenktafel am Tatort.

durch sein Tun oder Unterlassen den Gang der Geschichte beeinflussen kann und „zufällig" zum entscheidenden Akteur wird, prägte man den Begriff „Lojka-Effekt" …

Literatur:

Hermann Kantorowicz, Gutachten zur Kriegsschuldfrage 1914. Frankfurt am Main 1967

Friedrich Würthle, Die Spur führt nach Belgrad. Die Hintergründe des Dramas von Sarajevo 1914. Wien-München-Zürich 1975

Lavender Cassels. Der Erzherzog und sein Mörder. Sarajevo, 28. Juni 1914. Wien-Köln-Graz 1988

Hans Fronius, Das Attentat von Sarajevo. Graz-Wien-Köln 1988

Volker Berghahn, Sarajewo, 28. Juni 1914. Der Untergang des alten Europa. München 1997

Michaela Vocelka und Karl Vocelka, Franz Joseph I. Kaiser von Österreich und König von Ungarn 1830–1916. München 2015

Auftakt zum Weltkrieg

Kaiservilla in Bad Ischl · 28. Juli 1914

Ein Sammelsurium von Erinnerungsstücken: der Schreibtisch Franz Josephs im rechten Seitenflügel der Kaiservilla in Bad Ischl.

Auf dem „langen Weg in die Katastrophe" des Ersten Weltkriegs ist am 28. Juli 1914 eine letzte Station erreicht: die idyllische alte Salz- und Badestadt Bad Ischl im oberösterreichischen Salzkammergut. Wie all die Sommer zuvor seit der Besteigung des österreichischen Kaiserthrons im Dezember 1848 verbringt Kaiser Franz Joseph hier seinen Sommer; davon kann ihn auch das heftige Donnergrollen über dem Kontinent nicht abhalten. Ischl, das seit 1906 den Namen „Bad Ischl" trägt, ist der heitere Gegenpol zu den Orten der täglichen Pflicht: zur Hofburg und zu Schloss Schönbrunn. Hier hat die Liebe seines Lebens, die Beziehung zu Sisi, Prinzessin Elisabeth in Bayern, begonnen, mit der er am 18. August 1853 im Ischler Hotel Austria (heute das Museum der Stadt Bad Ischl) Verlobung feierte; hier hat er unzählige glückliche Stunden auf Wanderungen und Jagdausflügen verbracht. In seinem „weidmännischen Vergnügen" will sich der passionierte Jäger – das „Schussbuch" des Kaisers weist für die Zeit von 1848 bis 1914 insgesamt 50.556 Stück erlegtes Wild aus – daher auch jetzt nicht stören lassen. Und so geht der knapp 84-Jährige am 14. Juli 1914, während in Wien über Krieg und Frieden diskutiert wird, noch einmal auf die Pirsch, der als treffsicher bekannte Schütze bleibt „ohne Resultat". Wie immer bewohnt er die Zimmer im rechten Seitenflügel des hellgelben Biedermeierbaus. Sein Schreibzimmer, das „Kaiserzimmer" genannt, ist ein Eckzimmer, das den Blick auf den Dachstein im Süden und die Berge im Westen freigibt. Über dem nicht allzu großen Schreibtisch thront eine Marmorbüste Kaiserin Elisabeths; auf dem Schreibtisch selbst zeugen Kielfedern, Streusand und Kerzen vom fehlenden Interesse des Kaisers für „bürotechnischen" Fortschritt. Ein elektrischer Zigarrenanzünder, ein Geschenk des deutschen Kaisers Wilhelm II., wirkt in diesem altertümlichen Sammelsurium von Erinnerungsstücken seltsam deplatziert.

Während Europa in die Ferien fährt, entwickeln seine Diplomaten und Militärs hektische Betriebsamkeit. Am 28. Juni 1914 sind Thronfolger Franz Ferdinand und seine Frau in Sarajevo von Gavrilo Princip, einem Bosnier serbischer Nationalität, ermordet worden; im Ministerium des Äußeren am Wiener Ballhausplatz sind sich Außenminister Leopold Graf Berchtold und seine Berater über die Antwort auf den Doppelmord rasch einig: Man will den Krieg gegen Serbien, der Gordische Knoten der Monarchie, das Balkanproblem, soll damit ein für allemal

gelöst werden. Die große Frage ist nur: Wie kann man diese „militärische Lösung" diplomatisch geschickt herbeiführen? Und kann man die Eskalation zu einem „Weltkrieg" verhindern?
Graf Alexander Hoyos, der Kabinettchef Berchtolds, wird nach Berlin zu Gesprächen mit Vertretern der deutschen Reichsregierung geschickt; unter anderem trifft er auch mit Reichskanzler Bethmann Hollweg zusammen, der unmissverständlich zu erkennen gibt: Das Deutsche Reich wird der Donaumonarchie im Kriegsfall den Rücken decken und seinen Bündnispflichten in jedem Fall nachkommen – für die deutschen Imperialisten, die bereits von neuen Gebietsgewinnen und der Vorherrschaft in Europa träumen, ist der Kriegswunsch Österreich-Ungarns *die* willkommene Gelegenheit, im Hinblick auf die eigenen ehrgeizigen Ziele militärisch aktiv werden zu können. In den Österreichern haben sie dafür nun willfährige Handlanger gefunden …
Generalstabschef Conrad von Hötzendorf will sofort „spontan" losschlagen, doch Berchtold und Franz Joseph, der seinen Aufenthalt in Ischl für die Begräbnisfeierlichkeiten unterbrochen hat und seit 7. Juli wieder im Kurort ist, mahnen zur Abstimmung mit dem verbündeten Deutschen Reich. In der Nacht vom 8. zum 9. Juli reisen Berchtold und Hoyos nach Ischl; mit zur Audienz mit dem Kaiser, die um 8.30 Uhr in der Kaiservilla beginnt, hat Berchtold eine Denkschrift des ungarischen Ministerpräsidenten István Tisza, der darin vor einem Angriff auf Serbien warnt, da dies „die Intervention Russlands und somit den Weltkrieg heraufbeschwören würde". Anstelle einer „militärischen Aggression" gegen das Königreich schlage er daher die Übergabe einer „in gemessenem, aber nicht drohendem Tone gehaltenen Note" vor, in der ganz präzise Forderungen gestellt werden müssten. Sollte Serbien darauf nicht angemessen reagieren, könne man jedoch eine kriegerische Aktion setzen, es wäre dies dann ein „aufgenötigter Krieg". Berchtold und der Kaiser diskutieren anhand Tiszas Überlegungen mögliche Szenarien durch; schließlich neigt Franz Joseph dem von Tisza vorgeschlagenen Weg zu, da dieser noch eine Chance für den Frieden offenlasse. Das Ultimatum müsse allerdings, so kommen der Herrscher und sein Außenminister überein, kurz befristet sein, damit die Serben nicht zu viel Zeit für die Mobilisierung der Truppen hätten. Auch Franz Joseph will es nicht bei einer bloß diplomatischen Demütigung belassen und eine „schwächliche Haltung" könne man sich gegenüber den verbündeten Deutschen nicht leisten. Alexander Hoyos, der nach Berchtold von ihm empfangen wird, bekräftigt ihn in dieser Auffassung. Noch am 9. Juli reisen Berchtold und Hoyos wieder zurück nach Wien; die Note an Serbien ist beschlossene Sache.
Durch den deutschen „Blankoscheck" und ständige Mahnungen des deutschen Botschafters Tschirsky zur Initiative gedrängt, setzt Berchtold am Ballhausplatz weiter auf rasches Handeln, die Beamten im Außenamt arbeiten unter Hochdruck: Am 19. Juli wird im gemeinsamen

Ministerrat der definitive Text beschlossen, am 21. Juli ist Berchtold mit Hoyos in Ischl und lässt sich vom Kaiser den Text des Ultimatums genehmigen – es gibt keine Änderungen. Wie Berchtold später in seinen Memoiren festhält, war sich Franz Joseph „des tiefen Ernstes, ich möchte sagen der Tragik des zeitgeschichtlichen Augenblickes voll bewusst. Mit seinem sichern, durch die reiche politische Erfahrung geschärften Beobachtungsvermögen, dem das hohe Alter nichts anzuhaben vermochte, hatte er den Gang der Ereignisse vorhergesehen ..."
Am 22. Juli ist der Text fertig redigiert und wird von Berlin gut geheißen. Auf diplomatische Höflichkeiten hat man verzichtet, die „Begehrnote" ist derart scharf formuliert, dass ihre Annahme unwahrscheinlich scheint. Punkt 6 beinhaltet die heikle Passage: Die serbische Regierung müsse sich verpflichten, „eine gerichtliche Untersuchung gegen jene Teilnehmer des Komplotts vom 28. Juni einzuleiten, die sich auf serbischem Territorium befinden; von der k. und k. Regierung hiezu delegierte Organe werden an den bezüglichen Erhebungen teilnehmen."
Am 23. Juli, Punkt 18 Uhr, übergibt Wladimir Freiherr von Giesl, der österreichische Gesandte in Belgrad, das mit 48 Stunden befristete Ultimatum der serbischen Regierung – Bestürzung und Entsetzen in der europäischen Öffentlichkeit sind die Folge. „Das ist der Krieg!", lautet der lakonische Kommentar des russischen Außenministers Sasonow.

Im verhängnisvollen Juli 1914 der Treffpunkt des Monarchen mit der österreichischen Diplomatie: die Kaiservilla in Bad Ischl.

Außenminister Leopold Graf Berchtold. Er und seine Berater wollen den Waffengang gegen Serbien und riskieren dabei den „Großen Krieg".

Beifallgejohle kommt dagegen vom deutschen Kaiser Wilhelm II.: „Bravo! Man hätte es den Wienern nicht mehr zugetraut! (...) Nur feste auf die Füße des Gesindels treten!" Wenige Minuten vor Ablauf des Ultimatums, am 25. Juli um 18 Uhr abends, antwortet Serbien: Wie erwartet lehnt die serbische Regierung unter Ministerpräsident Nikola Pasic nach Rücksprache mit den Staatskanzleien der verbündeten und befreundeten Länder es ab, die Forderungen Österreich-Ungarns, insbesondere den Punkt 6, der eine „Verletzung" der serbischen Verfassung und des serbischen Strafprozessgesetzes bedeuten würde, zur Gänze zu akzeptieren; mit dem Bundesgenossen Russland im Rücken riskiert man den Krieg, bereits um drei Uhr nachmittags hat man die Mobilmachung der gesamten Armee angeordnet. Die Antwort der Serben ist geschickt formuliert, eine Reihe von Forderungen wird nicht von vornherein abgelehnt, man könnte sie daher auch als deutliche Einladung zu Verhandlungen lesen – eine Chance, die man auf österreichischer Seite in verhängnisvoller Verbohrtheit nicht sehen und nicht wahrnehmen will. Freiherr von Giesl hat für den Fall einer nicht vorbehaltlosen Annahme des Ultimatums einen klaren Auftrag: Abreise aus Belgrad und Abbruch der diplomatischen Beziehungen. Um 18.30 Uhr verlässt der Zug mit Giesl und dem Gesandtschaftspersonal Belgrad.

Es liegt nun an Graf Berchtold und seinen Mannen, den Stein zum Krieg endgültig ins Rollen zu bringen. Von Erzherzog Franz Ferdinand 1912 in das Amt des Außenministers gehievt, will er nun endlich Stärke zeigen, allzu oft hat man der Donaumonarchie schon vorgeworfen, dass sie zu „schlapp" für einen Waffengang wäre. Um möglichst Handlungsfreiheit zu haben, lassen Berchtold und seine Beamten die Presse im Unklaren über den genauen Stand der Dinge; man vermeidet es auch, führende Parlamentarier in die Beratungen einzubinden. Noch glaubt Berchtold, dass man den Krieg als Aktion gegen Serbien „lokalisieren" kann, gleichzeitig will er jedoch für die Möglichkeit eines „Großen Krieges" vorsorgen und dazu benötigt er das verbündete Deutsche Reich. Die Signale aus Berlin ermutigen zu einer „harten" Linie: Der deutsche Außenminister Gottlieb von Jagow, ein Mann der Kriegspartei, drängt ihn zur Kriegserklärung an Serbien; Generalstabschef Conrad von Hötzendorf möchte jedoch plötzlich zwei Wochen mehr Zeit, die Truppen seien noch nicht kriegsbereit. Was man in Wien nicht weiß: dass Russland Serbien seine Unterstützung schon vor Ablauf des Ulti-

matums zugesichert hat und keinesfalls so unvorbereitet ist, wie man in den k. u. k. Militärstuben glauben möchte. Und in Paris und London, so hofft man, würde sich die Bereitschaft zu einem Krieg sehr in Grenzen halten …
Wieder nimmt Berchtold Legationsrat Alexander Graf Hoyos mit nach Ischl, in dessen Begleitung er am 25. Juli um 15.45 Uhr, also noch vor Ablauf des Ultimatums, in Ischl eintrifft; mit dem gleichen Zug kommt auch Kriegsminister Alexander Ritter von Krobatin an; beide Minister werden vor dem Bahnhof mit Hochrufen begrüßt. In Berchtolds Reisetasche vorbereitet der Entwurf zu jenem Papier, das die Welt verändern wird: zur Kriegserklärung an das Königreich Serbien. Berchtold, der am

Akzeptiert den Krieg als eine Frage der Ehre: Kaiser Franz Joseph I. Gemälde von Wilhelm Vita, 1893.

Die k. u. k. Verantwortlichen beraten das Ultimatum an Serbien: ganz links der österreichische Ministerpräsident Graf Stürgkh, rechts hinten Außenminister Graf Berchtold, neben ihm der ungarische Ministerpräsident Graf Tisza und Generalstabschef Conrad von Hötzendorf. Titelseite des „Interessanten Blatts“ vom 16. Juli 1914.

Bahnhof von Linz die per Telegramm eingetroffene Bitte Russlands um Fristerstreckung kurzerhand abgelehnt hat, quartiert sich in Ischl im Hotel Bauer ein; nach dem Bekanntwerden der serbischen Antwort, auf die man bereits ungeduldig gewartet hat, kommt es um 19.45 Uhr zum Gespräch mit dem Kaiser, an dem auch Kriegsminister Krobatin teilnimmt und das bis in die Nacht hinein dauert. Franz Joseph zeigt sich entschlossen, ist „bei völlig klarem Verstande, ungetrübter Urteilskraft und durchdrungen von seiner erhabenen Mission“.

Im Ischler Kurtheater spielt man an diesem Abend vor der Vorstellung die Volkshymne, die vom gesamten Publikum stehend angehört und mit stürmischen Hochrufen auf den Kaiser quittiert wird. Vor dem zweiten Akt stimmt die Kapelle „Heil dir im Siegerkranz“ an, da nun auch die Hochrufe auf Wilhelm II. und das verbündete Deutsche Reich kein Ende nehmen wollen, wiederholt man die deutsche Hymne.

Kaiser Franz Joseph will den Krieg, zu dem ihm Berchtold nun rät, zwar nicht, er akzeptiert ihn aber als eine Frage der Ehre: Für den Mord an einem Mitglied des Hauses Habsburg muss Sühne eingefordert werden.

Das interessante Blatt

Redaktion und Administration: Wien, III, Rüdengasse 11 (Telephone 4199, 9767 und 9540), Stadtbureau: Wien, I. Schulerstraße 18.

Nr. 29. Erscheint jeden Donnerstag. Wien, 16. Juli 1914. XXXIII. Jahrg.

Der Schritt in Belgrad.

Vorkonferenz der gemeinsamen Minister mit dem Generalstabschef und dem Stellvertreter des Marinekommandanten.

Von links nach rechts: Ministerpräsident Graf Stürgkh, gemeinsamer Finanzminister Ritter von Bilinski, Kriegsminister FZM. Ritter von Krobatin, Vorsitzender Minister des Aeußern Graf Berchtold, Ministerpräsident Graf Tisza, Generalstabschef G. d. I. Conrad von Hötzendorf, Stellvertreter des Marinekommandanten Contre-Admiral von Kailer.

Die Beratung der Minister und hohen Militärs über die Maßnahmen, die infolge der nach Serbien führenden Fäden des Sarajevoer Mordkomplotts zu ergreifen sein werden.

Nach einer Skizze.

Und er zögert, weil er mit Kriegen keine gute Erfahrung gemacht hat. Alle Kriege, die die Monarchie in seiner Regierungszeit geführt hat, sind verloren gegangen. Dennoch will er diesem neuen Krieg, den zu führen er als seine Pflicht erkannt hat, nicht aus dem Wege gehen. Er erklärt sich daher mit der Kriegserklärung an Serbien einverstanden. Berchtolds letztlich entscheidendes Argument, das ihm beim Kaiser zum Durchbruch verhilft, ist eine überzeugend formulierte „Fehlinformation“: Serbische Soldaten hätten bereits bei der Ortschaft Temes-Kubin (heute *Kovin*) das Feuer auf österreichische Truppen eröffnet – tatsächlich haben Österreicher serbische Dampfer beschossen; von einem „Gefecht“ kann keine Rede sein. Die Falschmeldung wird vorläufig dennoch in den Text der geplanten Kriegserklärung aufgenommen – als Termin für diesen letzten entscheidenden Schritt wird von den drei Herren der 28. Juli festgelegt.

Während Berchtold und Hoyos am 26. Juli nach Wien zurückkehren, dauern die Gespräche und Unterredungen des Kaisers in Ischl an. Am 27. Juli, um 3 Uhr nachmittags, trifft mit dem Zug aus Wien Freiherr von Giesl ein; auf dem Ischler Korso haben sich Hunderte von Sommergästen eingefunden, um ihn zu begrüßen; nur wenig später erscheint er beim Kaiser zum Vortrag über die Lage in Serbien. Begleitet wird Giesl von seinem Militärattaché Major Gellinek. Die beiden Diplomaten zeichnen ein Bild der serbischen Militärkraft, das ganz dem Wunschdenken der österreichischen Seite entspricht: Serbien würde nach zwei, höchstens drei Wochen Krieg vollkommen am Ende sein. Major Gellinek, der angebliche Experte, versteigt sich zur seltsamen Behauptung, dass die serbische Armee „durchaus minderwertig, ja, geradezu elend" und ihre militärische Schlagkraft daher nicht ernst zu nehmen sei. Eine sträfliche Unterschätzung des Gegners, die auch von Generalstabschef Conrad geteilt wird und entscheidend zum Scheitern des Feldzugsplans beiträgt: Acht Armeekorps sollen Serbien und Montenegro so schnell wie möglich erobern, dann könne man die Truppen nach Galizien transportieren und hier gegen die Russen zum Einsatz bringen – ein blauäugiger Plan, der nicht zuletzt auch die Wucht und Schnelligkeit des russischen Angriffs völlig unterschätzt und katastrophale Folgen haben wird. Während man in den europäischen Hauptstädten noch immer von „Lokalisierung" spricht, beginnen sich die russischen Truppen am 27. Juli an der galizischen Grenze bereits zu gruppieren.

Übergibt das Ultimatum an Serbien: Wladimir Freiherr von Giesl, der österreichische Gesandte in Belgrad.

Den Verantwortlichen in Wien bleiben diese Truppenbewegungen der Russen nicht verborgen, allmählich wird klar, dass die Lage ernst ist. Dennoch setzt man am Ballhausplatz konsequent die nächsten Schritte: Zusammen mit einem „Immediatbericht" schickt Hoyos am 27. Juli den Entwurf für den endgültigen Wortlaut der Kriegserklärung nach Ischl. Im Begleitschreiben bittet man den Monarchen, diesen Entwurf zu genehmigen und die Absendung der Kriegserklärung bzw. ihre Veröffentlichung in Wien und Budapest für den 28. Juli zu gestatten. Franz Joseph zögert, verbringt noch eine Nacht der „Seelenkämpfe", am Morgen des 28. Juli will er jedoch nicht länger taktieren. Er unterschreibt die Kriegserklärung, die in französischer Sprache abgefasst ist und noch immer den Hinweis auf das angebliche Gefecht bei Temes-Kubin enthält (*... et cela d'autant plus que de troupes serbes ont déjà attaqué près de Temes-Kubin un détachement de l'armée Impériale et Royale*), obwohl man ihn aufgrund der Informationslage schon längst hätte entfernen können. Falls damit Franz Joseph die Unterschrift erleichtert werden soll, so geht diese Absicht auf – der Kaiser signiert ohne jeden Einwand. Und auf dem Immediatbericht vermerkt er: „Ich genehmige den beiliegenden Entwurf des Telegramms an das serbische Ministerium des Äußeren, welches die Kriegserklärung an Serbien enthält, und erteile Ihnen die erbetene Ermächtigung. Bad Ischl, am 28. Juli 1914."

„Im Rate der Vorsehung war es anders beschlossen": Die Proklamation des Kaisers „An meine Völker!" vom 28. Juli 1914 lässt Alternativen zum Krieg nicht mehr gelten. Der Entwurf dazu wird von Franz Joseph bereits am 26. Juli genehmigt.

Franz Joseph will es nicht bei der dürren Kriegserklärung an Serbien belassen. Er fühlt sich zur Rechenschaft gegenüber seinen „Untertanen" verpflichtet und so hat man für ihn im Außenministerium bereits mit dem Ultimatum an Serbien einen Kommentar zur Kriegserklärung vorbereitet: das berühmte Manifest „An meine Völker", das er im Entwurf bereits am 26. Juli genehmigt hat. Noch einmal betont er darin seine Friedensbereitschaft, nur die „Umtriebe eines hasserfüllten Gegners" würden ihn jedoch zu den Waffen zwingen, er habe „alles geprüft und erwogen", mit „ruhigem Gewissen" beschreite er daher den Weg, den „die Pflicht Mir weist". Er vertraue auf Österreich-Ungarns „tapfere und von hingebungsvoller Begeisterung erfüllte Wehrmacht". Am 28. Juli unterzeichnet er die mit Schreibmaschine geschriebene Textfassung; Ministerpräsident Graf Stürgkh wird beauftragt, das Manifest zur „allgemeinen Verlautbarung" zu bringen.

Erst am 29. Juli wird Graf Berchtold in einem „Alleruntertänigsten Vortrag" dem Kaiser die ganze Wahrheit berichten und auch nicht verschweigen, dass man die von ihm unterschriebene Kriegserklärung nachträglich geändert hat: „Nachdem die Nachrichten von einem Gefecht bei Temes Kubin keine Bestätigung erfahren haben, hingegen bloß eine Einzelmeldung über ein geringfügiges Geplänkel bei Gradiste vorlag, die wohl nicht geeignet erschien, zur Begründung eines gewichtigen Staatsaktes herangezogen zu werden, habe ich es in Anhoffung der nachträglichen Allerhöchsten Genehmigung Euer Majestät auf mich genommen, aus der an Serbien gerichteten Kriegserklärung den Satz über den Angriff serbischer Truppen bei Temes Kubin zu eliminieren." Franz Joseph äußert sich seinem Flügeladjutanten Freiherrn von Catinelli gegenüber zwar kritisch zu diesem Vorgehen, unternimmt aber keine weiteren Schritte; Graf Berchtold kommt ohne Rüge davon, der Kaiser nimmt die Verantwortung auf sich.

Die Würfel sind damit endgültig gefallen: Dem Königreich Serbien wird telegrafisch über den Umweg Rumänien der Krieg erklärt – den Satz über Temes-Kubin hat man inzwischen aus dem Text entfernt. Die Hoffnung auf eine Begrenzung des Krieges, der man noch immer anhängt, entpuppt sich rasch als Illusion. Russland, das seine Bündnispflicht gegenüber Serbien korrekt erfüllt und von Frankreichs Präsidenten Raymond Poincaré volle Unterstützung zugesichert bekommen hat, ordnet am 29. Juli offiziell die Teilmobilmachung gegen Österreich-Ungarn an, einen Tag später die volle Mobilmachung – jetzt haben in

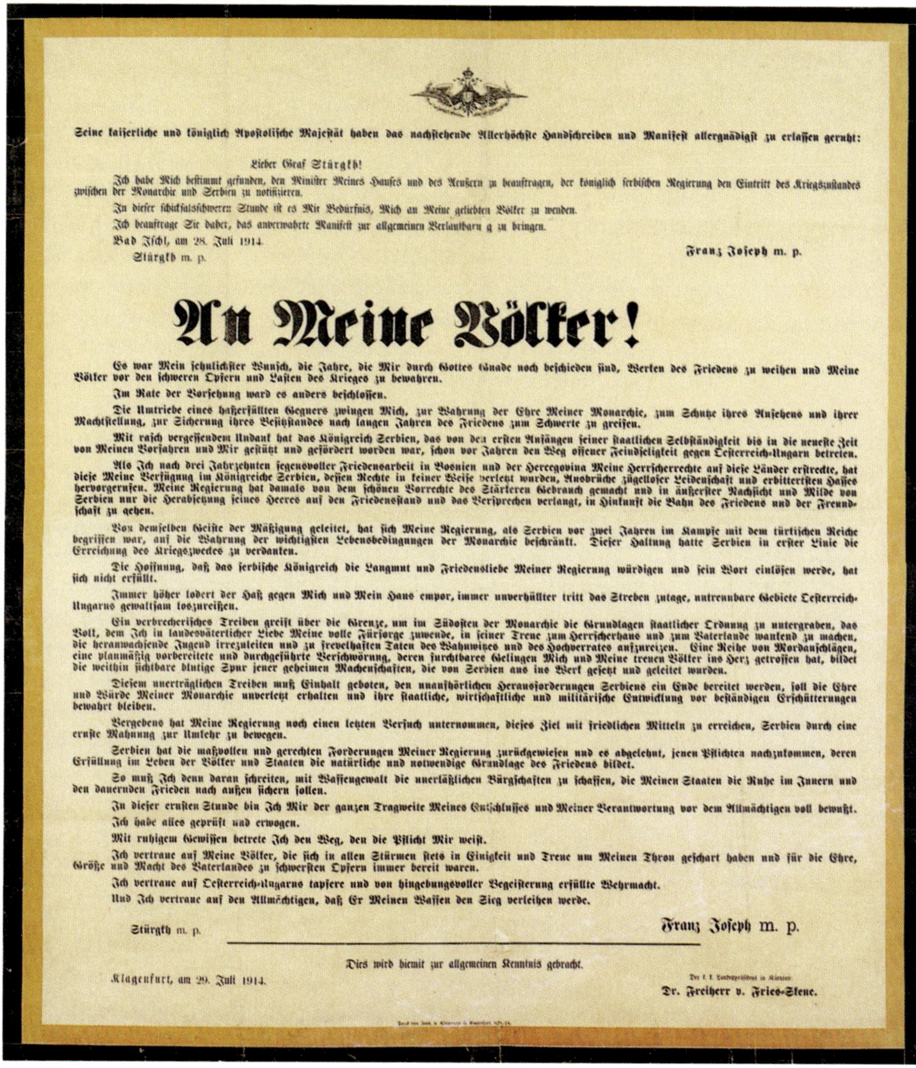

Seine kaiserliche und königlich Apostolische Majestät haben das nachstehende Allerhöchste Handschreiben und Manifest allergnädigst zu erlassen geruht:

Lieber Graf Stürgkh!

Ich habe Mich bestimmt gefunden, den Minister Meines Hauses und des Aeußern zu beauftragen, der königlich serbischen Regierung den Eintritt des Kriegszustandes zwischen der Monarchie und Serbien zu notifizieren.

In dieser schicksalsschweren Stunde ist es Mir Bedürfnis, Mich an Meine geliebten Völker zu wenden.

Ich beauftrage Sie daher, das anverwahrte Manifest zur allgemeinen Verlautbarung zu bringen.

Bad Ischl, am 28. Juli 1914.

Franz Joseph m. p.

Stürgkh m. p.

An Meine Völker!

Es war Mein sehnlichster Wunsch, die Jahre, die Mir durch Gottes Gnade noch beschieden sind, Werken des Friedens zu weihen und Meine Völker vor den schweren Opfern und Lasten des Krieges zu bewahren.

Im Rate der Vorsehung ward es anders beschlossen.

Die Umtriebe eines haßerfüllten Gegners zwingen Mich, zur Wahrung der Ehre Meiner Monarchie, zum Schutze ihres Ansehens und ihrer Machtstellung, zur Sicherung ihres Besitzstandes nach langen Jahren des Friedens zum Schwerte zu greifen.

Mit rasch vergessendem Undank hat das Königreich Serbien, das von den ersten Anfängen seiner staatlichen Selbständigkeit bis in die neueste Zeit von Meinen Vorfahren und Mir gestützt und gefördert worden war, schon vor Jahren den Weg offener Feindseligkeit gegen Oesterreich-Ungarn betreten.

Als Ich nach drei Jahrzehnten segensvoller Friedensarbeit in Bosnien und der Hercegovina Meine Herrscherrechte auf diese Länder erstreckte, hat diese Meine Verfügung im Königreiche Serbien, dessen Rechte in keiner Weise verletzt wurden, Ausbrüche zügelloser Leidenschaft und erbittertsten Hasses hervorgerufen. Meine Regierung hat damals von dem schönen Vorrechte des Stärkeren Gebrauch gemacht und in äußerster Nachsicht und Milde von Serbien nur die Herabsetzung seines Heeres auf den Friedensstand und das Versprechen verlangt, in Hinkunft die Bahn des Friedens und der Freundschaft zu gehen.

Von demselben Geiste der Mäßigung geleitet, hat sich Meine Regierung, als Serbien vor zwei Jahren im Kampfe mit dem türkischen Reiche begriffen war, auf die Wahrung der wichtigsten Lebensbedingungen der Monarchie beschränkt. Dieser Haltung hatte Serbien in erster Linie die Erreichung des Kriegszweckes zu verdanken.

Die Hoffnung, daß das serbische Königreich die Langmut und Friedensliebe Meiner Regierung würdigen und sein Wort einlösen werde, hat sich nicht erfüllt.

Immer höher lodert der Haß gegen Mich und Mein Haus empor, immer unverhüllter tritt das Streben zutage, untrennbare Gebiete Oesterreich-Ungarns gewaltsam loszureißen.

Ein verbrecherisches Treiben greift über die Grenze, um im Südosten der Monarchie die Grundlagen staatlicher Ordnung zu untergraben, das Volk, dem Ich in landesväterlicher Liebe Meine volle Fürsorge zuwende, in seiner Treue zum Herrscherhaus und zum Vaterlande wankend zu machen, die heranwachsende Jugend irrezuleiten und zu frevelhaften Taten des Wahnwitzes und des Hochverrates aufzureizen. Eine Reihe von Mordanschlägen, eine planmäßig vorbereitete und durchgeführte Verschwörung, deren furchtbares Gelingen Mich und Meine treuen Völker ins Herz getroffen hat, bildet die weithin sichtbare blutige Spur jener geheimen Machenschaften, die von Serbien aus ins Werk gesetzt und geleitet wurden.

Diesem unerträglichen Treiben muß Einhalt geboten, den unaufhörlichen Herausforderungen Serbiens ein Ende bereitet werden, soll die Ehre und Würde Meiner Monarchie unverletzt erhalten und ihre staatliche, wirtschaftliche und militärische Entwicklung vor beständigen Erschütterungen bewahrt bleiben.

Vergebens hat Meine Regierung noch einen letzten Versuch unternommen, dieses Ziel mit friedlichen Mitteln zu erreichen, Serbien durch eine ernste Mahnung zur Umkehr zu bewegen.

Serbien hat die maßvollen und gerechten Forderungen Meiner Regierung zurückgewiesen und es abgelehnt, jenen Pflichten nachzukommen, deren Erfüllung im Leben der Völker und Staaten die natürliche und notwendige Grundlage des Friedens bildet.

So muß Ich denn daran schreiten, mit Waffengewalt die unerläßlichen Bürgschaften zu schaffen, die Meinen Staaten die Ruhe im Innern und den dauernden Frieden nach außen sichern sollen.

In dieser ernsten Stunde bin Ich Mir der ganzen Tragweite Meines Entschlusses und Meiner Verantwortung vor dem Allmächtigen voll bewußt.

Ich habe alles geprüft und erwogen.

Mit ruhigem Gewissen betrete Ich den Weg, den die Pflicht Mir weist.

Ich vertraue auf Meine Völker, die sich in allen Stürmen stets in Einigkeit und Treue um Meinen Thron geschart haben und für die Ehre, Größe und Macht des Vaterlandes zu schwersten Opfern immer bereit waren.

Ich vertraue auf Oesterreich-Ungarns tapfere und von hingebungsvoller Begeisterung erfüllte Wehrmacht.

Und Ich vertraue auf den Allmächtigen, daß Er Meinen Waffen den Sieg verleihen werde.

Stürgkh m. p.

Franz Joseph m. p.

Dies wird hiemit zur allgemeinen Kenntnis gebracht.

Klagenfurt, am 29. Juli 1914.

Dr. Freiherr v. Fries-Skene.

St. Petersburg und Wien und Berlin bereits die Militärs das Sagen. Tragischerweise erkennt die europäische Diplomatie erst jetzt, dass man tatsächlich am Abgrund steht – und startet fieberhafte letzte Aktivitäten zur Rettung des Friedens. Der englische Außenminister Sir Edward Grey will zwischen Russland und Österreich-Ungarn vermitteln und schlägt dazu einen „Halt" der k. u. k. Truppen in Belgrad und anschließend Verhandlungen mit Serbien vor; die deutsche Regierung, vor allem Reichskanzler Bethmann Hollweg, der nun auch mit dem Kriegseintritt des britischen Empires rechnen muss, unterstützt nun plötzlich diesen Vermittlungsversuch. Das Damoklesschwert eines Mehrfrontenkriegs vor Augen, depeschiert er erbost nach Wien: „Wir sind zwar bereit, unsere Bündnispflicht zu erfüllen, müssen es aber ablehnen, uns von Wien leichtfertig und ohne Beachtung der Ratschläge in einen Weltbrand hineinziehen zu lassen" – Töne, die man bisher von deutscher Seite nicht gehört hat. Auch Außenminister von Jagow und Botschafter von Tschirsky intervenieren für ihren Regierungschef am Ballhausplatz und sogar Kaiser Wilhelm II., der inzwischen von seinem Generalstabschef Helmuth Moltke jedoch schon in Richtung Krieg überholt worden ist, richtet ein entsprechendes Telegramm an Franz Joseph. Doch jetzt können und wollen der greise Habsburger und seine Regierung nicht mehr zurück: Im gemeinsamen Ministerrat am 31. Juli 1914 wird der Vermittlungsvorschlag Greys höflich, aber bestimmt zurückgewiesen, der Aufmarsch gegen Serbien geht weiter. Damit hat man die allerletzte Chance für die Erhaltung des Friedens verspielt – die Lawine der Gewalt ist losgetreten, die das Alte Europa in den Abgrund reißen wird …

Mit Beharrlichkeit steuert man der Katastrophe entgegen und weder der Kaiser noch seine Regierung sind zu einem Umdenken bereit. Der selbst so ungeschickt herbeigeführte Konflikt mit Serbien wird als Frage von Sein oder Nichtsein der Monarchie behandelt und so erklärt Franz Joseph in seinem vom Außenministerium vorbereiteten Antwort-Telegramm an Wilhelm II. vom 31. Juli 1914, 13 Uhr mittags: „Die im Zuge befindliche Aktion meiner Armee gegen Serbien kann durch die bedrohliche und herausfordernde Haltung Russlands keine Störung erfahren. Eine neuerliche Rettung Serbiens durch Russlands Intervention müsste die ernstesten Folgen für meine Länder nach sich ziehen, und ich kann daher eine solche Intervention unmöglich zugeben … Ich bin mir der Tragweite meiner Entschlüsse bewusst und habe dieselben im Vertrauen auf Gottes Gerechtigkeit gefasst mit der Sicherheit, dass Deine Wehrmacht in unwandelbarer Bundestreue für mein Reich und für den Dreibund einstehen wird …"

Bereits am Tag zuvor, am 30. Juli 1914, verlässt er in Begleitung des Thronfolgers Erzherzog Karl Franz Josef um 7 Uhr morgens Bad Ischl und reist zurück nach Wien. Zum Abschied sind der Bürgermeister des Kurortes, der kaiserliche Rat Leithner, und der Ischler Pfarrer Konsistorialrat Stadler sowie Hofrat Graf Salburg und Hofjagdleiter Hofrat Böhm erschienen. Um 12.15 Uhr ährt der kaiserliche Hofseparatzug im Bahnhof Penzing ein. An der Spitze der Gemeindevertretung, die dem greisen Monarchen ihre „Treue und Anhänglichkeit" bekunden möchte, empfängt der Wiener Bürgermeister Richard Weiskirchner den Kaiser im Ehrenhof von Schloss Schönbrunn und „verdolmetscht" ihm die Gefühle der Bevölkerung. Hier im „Lustschloss" Schönbrunn wird Franz Joseph gleichsam abgeschlossen von der Außenwelt die letzten Lebensjahre, allesamt Tage des Krieges, verbringen und bis zum Tod seine

„Pflicht" erfüllen. In sein geliebtes Ischl wird er nie mehr zurückkehren; auf seinem Schreibtisch befindet sich angeblich noch alles in der gleichen Ordnung wie am Tag seiner Abreise …
Eine ungeheure Welle der patriotischen Begeisterung hat inzwischen die Bevölkerung erfasst, auch viele Intellektuelle empfinden den Krieg als Erlösung und Erleichterung. Sigmund Freud etwa notiert: „ Ich fühle mich vielleicht zum ersten Mal seit 30 Jahren als Österreicher und möchte es noch einmal mit diesem wenig hoffnungsvollen Reich versuchen … Die Stimmung ist überall eine ausgezeichnete. Das Befreiende der mutigen Tat, der sichere Rückhalt an Deutschland tut auch viel dazu." Und so beginnt mit Blumen und Blasmusik der „Aufmarsch zum Untergang" (Manfried Rauchensteiner). Die Truppentransporte rollen ohne Unterlass nach Südosten und nach Nordosten, für Hunderttausende Soldaten eine Fahrt in den Tod. Das klägliche Scheitern des Feldzugsplans gegen Serbien ist nach wenigen Wochen Tatsache – so wird etwa die k. u. k. 5. Armee, die am 12. August mit zwei Tagen Verspätung zur Offensive über die Drina antritt, bis zum 24. August wieder auf ihre Ausgangsstellungen zurückgeworfen. Die Verluste in nur 12 Tagen: 600 Offiziere und 22.000 Mann an Toten, Verwundeten und Gefangenen …

Literatur

Hugo Hantsch, Leopold Graf Berchtold. Grandseigneur und Staatsmann. Graz-Wien-Köln 1963

Mobilisierung der Streitkräfte: Abmarsch eines Infanterieregiments vom Praterstern in Wien.

Seit Meiner Thronbesteigung war Ich unablässig bemüht, Meine Völker aus den Schrecknissen des Krieges herauszuführen, an dessen Ausbruch Ich keinerlei Schuld trage.

Ich habe nicht gezögert, das verfassungsmäßige Leben wieder herzustellen, und habe den Völkern den Weg zu ihrer selbständigen staatlichen Entwicklung eröffnet.

Nach wie vor von unwandelbarer Liebe für alle Meine Völker erfüllt, will Ich ihrer freien Entfaltung Meine Person nicht als Hindernis entgegenstellen.

Im voraus erkenne Ich die Entscheidung an, die Deutschösterreich über seine künftige Staatsform trifft.

Das Volk hat durch seine Vertreter die Regierung übernommen. Ich verzichte auf jeden Anteil an den Staatsgeschäften.

Gleichzeitig enthebe Ich Meine österreichische Regierung ihres Amtes.

Möge das Volk von Deutschösterreich in Eintrac[h]t und Versöhnlichkeit die Neuordnung schaffen und befestigen. Das Glück Meiner Völker war von Anbeginn das Ziel Meiner heißesten Wünsche.

./.

Der letzte Tag der Monarchie

Schönbrunn · 11. November 1918

Der letzte Akt im Schloss Schönbrunn: Einige wenige Zeilen besiegeln am 11. November 1918 das Ende der habsburgischen Herrschaft.

Franz Josephs Nachfolger am Thron, Kaiser Karl I. (1887–1922), sieht sich mit einer militärisch schwierigen Lage konfrontiert und setzt seine Hoffnungen bald auf einen Sonderfrieden mit den Westmächten, einige Versuche in diese Richtung scheitern jedoch spektakulär – die geschworene „Nibelungentreue" zum Deutschen Reich erweist sich jetzt als Bumerang; nach der verhängnisvollen „Sixtus-Affäre" im Frühjahr 1918, in der er höchst unglücklich agiert, muss sich Karl endgültig dem Diktat der deutschen Militärkreise beugen und den Weg in die Niederlage bis zum Ende mitgehen.

In der österreichischen Bevölkerung wächst inzwischen die Sehnsucht nach Frieden, unterstützt wird sie in diesem Wunsch von der Sozialdemokratie, die im Herbst 1917 – nicht zuletzt unter dem Eindruck der Oktoberrevolution in Russland – immer nachdrücklicher einen „Verständigungsfrieden" fordert. Die Versorgungslage des Landes gestaltet sich ab dem Frühjahr 1918 immer katastrophaler, Unruhen und Streiks der Arbeiter drohen, und allmählich beginnt die Autorität der kaiserlichen Regierung zu schwinden, zunächst noch unmerklich, dann immer schneller beginnt die Auflösung des Reichs.

Ein „Völkermanifest" Kaiser Karls am 16. Oktober 1918, das die Umwandlung der Monarchie in einen föderativen Bundesstaat vorsah, kommt bereits zu spät; die von US-Präsident Wilson so energisch vorgetragene Forderung nach Selbstbestimmung der Völker ist längst auf fruchtbaren Boden gefallen: Die bedeutendsten Nationalitäten der Monarchie – Tschechen, Ungarn, Polen, Südslawen – haben sich zur Trennung von Habsburg entschlossen. Am 21. Oktober konstituieren sich die deutschsprachigen cisleithanischen Abgeordneten des Reichsrats als „Provisorische Nationalversammlung für Deutsch-Österreich", bereits am 30. Oktober – noch kämpfen k. u. k. Truppen an den Fronten – wird eine provisorische Verfassung für „Deutsch-Österreich", ausgearbeitet von dem sozialdemokratischen Abgeordneten Dr. Karl Renner, angenommen und eine Regierung gebildet; in das Amt des Staatskanzlers wird Karl Renner gewählt.

Karl und sein Generalstabschef Arthur Arz von Straußenburg müssen die Waffen strecken. Am 4. November 1918 tritt der Waffenstillstand mit den Alliierten in Kraft; der Krieg ist zu Ende, die Völker der Doppelmonarchie gehen den Weg in die Unabhängigkeit – am 28. Oktober entziehen sich die Tschechen als erste der Herrschaft des Doppeladlers.

Die große Bühne absoluter Herrschermacht: Schloss Schönbrunn. Gemälde von Bernardo Bellotto, genannt Canaletto, um 1759/61. Kunsthistorisches Museum Wien.

Als Kaiser eines Staates, der *de facto* nicht mehr existiert, völlig im Stich gelassen von den Männern, die nun ans Ruder kommen sollten, muss Karl I. am 11. November 1918 die Konsequenzen ziehen: Kurz nach 11 Uhr treffen Ministerpräsident Lammasch und Innenminister Ritter von Gayer in Schönbrunn ein. Sie bringen jenen Text zur Unterschrift, der das Ende der habsburgischen Herrschaft besiegelt. In der von dem Moraltheologen Ignaz Seipel, dem Minister für soziale Fürsorge im letzten kaiserlichen Kabinett, formulierten Erklärung verzichtet er auf jegliche Teilnahme an den Regierungsgeschäften und anerkennt jede Ent-

scheidung über die neue Staatsform, formal dankt er jedoch nicht ab, auch von einem Thronverzicht ist nicht die Rede – diese letzte Schmach soll dem glücklosen Nachkommen einer langen Reihe ruhmreicher Herrscher erspart bleiben.

Die beiden Minister drängen auf eine rasche Unterschrift; Heinrich Lammasch verliert dabei, wie Baron Karl Werkmann, der Sekretär und engste Vertraute des Kaisers später in seinen Erinnerungen berichten wird, vollkommen die Fassung: „Schwer atmend brachte er ab und zu hervor: ‚Jawohl, es muss sein. Ich brauche das Papier sogleich. Ich bitte um die Unterschrift.'" Die beiden Männer verfolgen geradezu, wie Kaiserin Zita die Szene schildert, „den Kaiser wie in einer Panik von Zimmer zu Zimmer". Man wolle das „Manifest" bereits um drei Uhr nachmittags veröffentlichen, davor müsse es noch gedruckt werden; Innenminister Gayer weist darauf hin, dass bald revolutionäre Kräfte in Schönbrunn auftauchen könnten, dann wären der Kaiser und seine Familie verloren. Karl zögert, er bittet um etwas Zeit, er müsse den Text des Dokuments erst studieren. Lammasch und Gayer gestehen ihm ein paar Minuten Ruhe in seinem Arbeitszimmer zu; Karl liest den Text und stellt einige Fragen an seinen Sekretär Werkmann, dann ruft man noch die Kaiserin, auch sie soll das „Manifest" lesen. Zita missversteht das Dokument zunächst und glaubt, dass eine Abdankung verlangt werde. Sie protestiert heftig: „Ein Herrscher kann niemals abdanken, er kann abgesetzt und seine souveränen Rechte für erloschen erklärt werden. Nun gut. Das ist eben Gewalt. Aber abdanken – niemals, niemals, niemals! Ich will lieber an deiner Seite fallen, dann ist immer noch Otto da; und selbst wenn wir alle hier getötet werden, so gibt es immer noch andere Habsburger."

Lammasch und Gayer drängen wieder auf die Unterschrift, doch Karl braucht noch Zeit. Zusammen mit der Kaiserin und Baron Werkmann zieht er sich ins sogenannte „Porzellanzimmer" zurück. Nochmals wird

Eine Epoche ist zu Ende gegangen: Der Begräbniszug für Kaiser Franz Joseph biegt vom Heldenplatz auf die Ringstraße ein, 21. November 1916. Foto: Kunsthistorisches Museum Wien.

der Text durchbesprochen, jetzt versteht auch Zita, dass es sich um einen freiwilligen Verzicht auf die Ausübung der Regierungsgeschäfte handle. Baron Werkmann plädiert für die Unterschrift, denn, so sein Argument, das Dokument lasse der Dynastie für die Zukunft alle Wege offen, heute aber regiere „der Irrsinn“. In einem „Narrenhause“ gäbe es keinen Herrscher, es sei daher klüger, die „Genesung der Völker“ abzuwarten und das Manifest zu unterfertigen.

Österreichs Illustrierte Zeitung
Modernes Familienblatt mit den Monatsbeilagen KUNST-REVUE und GALERIE ÖSTERREICHISCHER MALER.
XXVIII. Jahrgang | Erscheint jeden Sonntag. | Wien | Sonntag, 13. Oktober 1918. | Heft 2.

Unser Friedenskaiser.

„Ich will alles tun, um die Schrecknisse und Opfer des Krieges in ehester Frist zu bannen, die schwervermissten Segnungen des Friedens meinen Völkern wiederzugewinnen.“

„Ich war im Schützengraben, neben mir starb ein Mann, dem eine Granate den Unterleib zerfetzt hatte. Ich kenne und fühle die Leiden dieses Krieges, darum: Der Friede, der Friede ist es, den ich will.“ Anfangs 1917.

„Sie können mir glauben, dass niemand sehnlicher den Frieden wünscht als ich, und dass er von früh bis nachts meine einzige Sorge bildet.“

„Sie wissen, ich muss es ja nicht immer wiederholen, dass ich den Frieden will, und zwar vom ersten Tage meiner Regierung an.“ September 1918.

Vier von den Aussprüchen Kaiser Karls, die als historische Dokumente seiner Friedensliebe der Nachwelt erhalten zu werden verdienen.

Kaiser Karl I., im Oktober 1918 noch als „unser Friedenskaiser“ gefeiert, zögert mit der Unterschrift unter die Verzichtserklärung – dann ist jedoch mit einem einzigen Wort alles zu Ende.

Kaiser Karl kann sich diesen Argumenten Werkmanns nicht verschließen und sieht ein, dass es keinen Sinn hat, sich der Unterschrift weiter zu widersetzen. Er nimmt einen metallenen Bleistift und setzt sorgfältig eine klare Signatur unter das Dokument – ein Wort, „Karl“, mit dem alles zu Ende ist: 640 Jahre glanzvolle Herrschaft Habsburgs sind Vergangenheit. Baron Werkmann bringt das Papier zu Lammasch und Gayer, die es im „Blauen Salon“ übernehmen und damit sofort in die Stadt zurückfahren. Der Text der Erklärung:

„Seit meiner Thronbesteigung war Ich unablässig bemüht, Meine Völker aus den Schrecknissen des Krieges herauszuführen, an dessen Ausbruch Ich keinerlei Schuld trage.

Ich habe nicht gezögert, das verfassungsmäßige Leben wieder herzustellen, und habe den Völkern den Weg zu ihrer selbständigen staatlichen Entwicklung eröffnet.

Nach wie vor von unwandelbarer Liebe für alle Meine Völker erfüllt, will Ich ihrer freien Entfaltung Meine Person nicht als Hindernis entgegenstellen.

Im voraus erkenne Ich die Entscheidung an, die Deutschösterreich über seine zukünftige Staatsform trifft. Das Volk hat durch seine Vertreter die Regierung übernommen. Ich verzichte auf jeden Anteil an den Staatsgeschäften. Gleichzeitig enthebe Ich Meine österreichische Regierung ihres Amtes.

Möge das Volk von Deutschösterreich in Eintracht und Versöhnlichkeit die Neuordnung schaffen und befestigen! Das Glück meiner Völker war von Anbeginn an das Ziel Meiner heißesten Wünsche.

Nur der innere Frieden kann die Wunden dieses Krieges heilen." Es ist kurz nach 12 Uhr mittags. Die Unterschrift hat alles verwandelt. Karl und seine Familie sind plötzlich nur mehr Gäste in einem Land, dessen Schicksal sie bestimmt haben, das Schloss selbst ein Anachronismus, eine Erinnerung an eine andere Welt. „Stille breitete sich nun über Schönbrunn aus, es war, als ob das Leben nun selbst das große Schloss verließ, nachdem die Macht entschwunden war", schreibt Gordon Brook-Shepherd in seiner Biografie Kaiser Karls. Dieser hat die Hoffnung auf eine Revision der Dinge nicht aufgegeben: „Wir haben eine Schlacht verloren, aber nicht den Feldzug", äußert er sich angeblich zu Baron Werkmann. Tatsächlich aber hat Karl mit der Erklärung vom 11. November nicht nur auf die Ausübung der Herrscherrechte verzichtet, sondern auch auf dieses Herrscherrecht selbst. Indem er „im voraus" die Wahl jeder Staatsform anerkennt, gilt dies auch für die republikanische Staatsform und die kennt per se keinen Herrscher. Genau diese Entscheidung wird die Provisorische Nationalversammlung jedoch am nächsten Tag im „Gesetz vom 12. November 1918 über die Staats- und Regierungsform von Deutschösterreich" treffen. Im Artikel 1 heißt es hier: „Deutschösterreich ist eine demokratische Republik, alle öffentlichen Gewalten werden vom Volk eingesetzt", eine Formulierung, die schließlich in etwas abgewandelter Form auch in die Bundesverfassung vom 1. Oktober 1920 eingeht: „Österreich ist eine demokratische Republik, ihr Recht geht vom Volk aus."

Der Untergang der Habsburgermonarchie ist besiegelt: Ausrufung der „Republik Deutsch-Österreich" am 12. November 1918.

Eine allerletzte Amtshandlung wartet noch auf den ehemaligen Herrscher: Um 14 Uhr ist Heinrich Lammasch wieder zur Stelle, diesmal mit allen Mitgliedern der letzten kaiserlichen Regierung, die nun von Karl entlassen

werden müssen. Lammasch hält eine kurze Abschiedsrede und kann dabei seine Tränen nicht unterdrücken; Karl, der tapfer Haltung bewahrt, weiß auch in der Stunde des Untergangs, was seinen Ex-Ministern Freude macht: Ein letztes Mal verteilt er Orden und Titel und zwei Mitglieder des Kabinetts werden mit einer Pension von 20.000 Kronen in den Ruhestand versetzt. „Es war ein sehr österreichisches und ebenso sehr dynastisches Ende." (Gordon Brook-Shepherd)
Noch am selben Tag – es ist gleichzeitig der Todestag Victor Adlers – zieht Karl mit seiner Familie von Schönbrunn in das Schloss Eckartsau im Marchfeld um. Um 18.30 Uhr versammeln sich jene Mitglieder des Hofstaats, die zurückbleiben müssen, im Zeremoniensaal. Das Kaiser-

Eine neue Zeit ergreift Besitz vom Märchenschloss der Habsburger: Soldaten der Deutschen Wehrmacht auf Fronturlaub, um 1942.

paar führt seine Kinder auf die Tribüne der Schlosskapelle, um mit ihnen gemeinsam ein Gebet zu sprechen – es ist eine einzige inständige Bitte, die von der Familie vorgebracht wird: „Gott möge uns eines Tages hierher zurückführen." Karl und Zita nehmen anschließend von jedem einzelnen Mitarbeiter Abschied, drücken jedem die Hand und danken für treue Dienste. Dann geht es die Treppe hinunter zu den im Hof wartenden Automobilen, die aus Sicherheitsgründen von der Polizei auf Umwegen nach Schönbrunn gelotst worden sind. Nur wenige Getreue kommen mit: Obersthofmeister Graf Josef Hunyady, Gräfin Kerssenbrock, die Hofdame Zitas, und Franz Graf Ledochowski. Ein letztes Mal gibt es auf österreichischem Boden militärische Ehren für die kaiserliche Familie: Die Angehörigen der Militärakademie Wiener Neustadt und Kadetten der Traiskirchner Akademie sind in Doppelreihe angetreten, um Abschied zu nehmen, dann steigt man in die Fahrzeuge. Die Wagenkolonne verlässt das Gelände des Schlosses durch das östliche Seitentor und durchquert Wien auf Nebenstraßen – noch immer fürchtet man einen Überfall. Schloss Eckartsau, ehemals im Besitz des Prinzen Eugen, wird jedoch ohne Zwischenfall erreicht.
Der 12. November 1918 ist der erste Tag einer neuen Ära: Die Provisorische Nationalversammlung nimmt den Gesetzesentwurf des Staatsrates über die zukünftige Staats- und Regierungsform an; der deutschnationale Abgeordnete Franz Dinghofer ruft vor dem Parlament die Republik Deutsch-Österreich aus. In einem Aufruf „An das deutschösterreichische Volk" wird die Entscheidung für die Republik überall bekannt gemacht.

Der Artikel 1 des Gesetzes über die zukünftige Staats- und Regierungsform ist bereits oben zitiert worden, brisant aber auch Artikel 2, in dem es heißt: „Deutschösterreich ist ein Bestandteil der deutschen Republik. Besondere Gesetze regeln die Teilnahme Deutschösterreichs an der Gesetzgebung und Verwaltung der deutschen Republik sowie die Ausdehnung des Geltungsbereiches von Gesetzen und Einrichtungen der deutschen Republik auf Deutschösterreich" – der „Anschluss" wird damit in ein Gesetz gefasst, das freilich nur Wunschdenken bleibt, da auf Seiten des Deutschen Reiches kein entsprechender Beschluss vorliegt und der Staatsvertrag von St. Germain vom 10. September 1919 diesen Bestrebungen endgültig einen Riegel vorschiebt. Die Bezeichnung „Deutschösterreich" für den neuen Staat wird als Kompromiss gewählt; Karl Renner etwa plädiert für „Deutsche Alpenlande", unter den zahlreichen Vorschlägen finden sich auch Schöpfungen wie „Donau-Germanien", „Republik Alpenland", „Alpenreich", „Teutheim" oder „Ostmark".

In Eckartsau kommt Karl inzwischen nicht zur Ruhe. Auch die Ungarn verlangen nun eine ähnliche Verzichterklärung auf den Thron: Am 13. November erscheinen Baron Wlassics, der Präsident der Magnatentafel, sowie Fürst Nikolaus Esterházy und Graf Aurel Dessewffy in Eckartsau und legen Karl ein Schriftstück vor, das den Verzicht auf die Regierungsgeschäfte auch für den ungarischen Teil der Monarchie festschreibt. Karl bleibt nichts anderes übrig, als zu unterschreiben. Damit ist auch seine Ära als gekrönter König von Ungarn und Kroatien, Karl IV. (ungarisch „IV. Károly", kroatisch „Karlo IV."), zu Ende. Doch noch glaubt er fest daran, dass dies alles nur Interimslösungen sind, er will zurück auf den Thron und so schreibt er an Kardinal Piffl: „Ich bin und bleibe der rechtmäßige Herrscher Deutsch-Österreichs. Ich habe und werde nie abdanken … Die jetzige Regierung ist eine Revolutionsregierung, da sie die von Gott eingesetzte Staatsgewalt beseitigt hat. Mein Manifest vom 11. November möchte ich mit einem Scheck vergleichen, welchen mit vielen tausend Kronen auszufüllen uns ein Straßenräuber mit vorgehaltenem Revolver zwingt … Nachdem auf die Armee auch kein Verlass mehr war, und uns selbst die Schlosswache verlassen hatte, entschloss ich mich zur Unterschrift. Ich fühle mich durch diese absolut nicht gebunden." Tatsächlich wird es aber für Karl, der am 23. März 1919 vom Bahnhof Kopfstetten aus Österreich verlässt, keine Rückkehr mehr geben; in Ungarn wird er noch zweimal die Restauration seiner Herrschaft versuchen, vergeblich …

Literatur

Gordon Brook-Shepherd, Karl I. Des Reiches letzter Kaiser. Glanz und Elend des letzten österreichischen Herrscherpaares. Wien-München-Zürich 1968

Friedrich F. G. Kleinwaechter, Von Schönbrunn bis St. Germain. Die Entstehung der Republik Österreich. Graz-Wien-Köln 1964

Der schmerzliche Friede

Saint-Germain-en-Laye · 10. September 1919

Nach der Sitzung vom 2. Juni 1919: Staatskanzler Karl Renner verlässt mit seinen Mitarbeitern Franz Klein (links) und Johann Andreas Eichhoff (rechts) das alte Schloss von St. Germain.

Etwa 19 Kilometer westlich von Paris liegt Saint-Germain-en-Laye, einer der legendären Gedächtnisorte des französischen Königtums. Ehe Ludwig XIV. mit seinem Hof 1682 nach Versailles umzog, befand sich hier, erbaut auf einer Anhöhe über dem Tal der Seine, die königliche Residenz. König Franz II., ein erbitterter Feind Habsburgs, ließ auf den Grundmauern der mittelalterlichen Burg aus dem 13. Jahrhundert ein prachtvolles Renaissanceschloss, das *Château vieux*, errichten; Maria Stuart, die unglückliche Königin Schottlands und Frankreichs, verbrachte hier ihre Jugend und von hier aus regierte der junge Sonnenkönig Ludwig XIV. über zwanzig Jahre lang sein Reich. 1919 beschließen die siegreichen Ententemächte die Vertreter der *République Autriche Allemande*, jenes Staates, der nun für die im Krieg unterlegene österreichisch-ungarische Monarchie den Kopf hinhalten muss, hierher zu den Friedensgesprächen zu laden. Der habsburgische Staat, über Jahrhunderte Frankreichs großer Gegenspieler und Widerpart in Europa, soll in würdigem Rahmen zu Grabe getragen werden.

Am 2. Mai 1919, seit dem Abschluss des denkwürdigen Waffenstillstandes in der Villa Giusti ist ein halbes Jahr vergangen, übergibt Heinrich Allizé, der französische Botschafter in Wien, dem österreichischen Staatssekretär für Äußeres, Otto Bauer, die Einladung zur Friedenskonferenz in St. Germain; bereits am 8. Mai wird in der Nationalversammlung die Reise einer deutschösterreichischen Delegation beschlossen, an ihrer Spitze als Bevollmächtigter der jungen Republik soll Staatskanzler Dr. Karl Renner stehen, begleiten sollen ihn als politische Berater die Abgeordneten Dr. Alfred Gürtler und Dr. Ernst Schönbauer, weiters hohe Beamte aus dem Außenministerium, unter ihnen Franz Klein, der Stellvertreter des Staatssekretärs für Äußeres, und die Sektionschefs Franz Peter, Johann Andreas Eichhoff und Dr. Richard Schüller sowie Beamte aus den „Staatsämtern" für Heerwesen, Finanzen und Verkehrswesen und nicht zuletzt auch Vertreter der besetzten und bedrohten Gebiete (Kärnten, Tirol, Vorarlberg, Deutsch-Böhmen, Sudetenland, Böhmerwaldgau, Kreis Znaim und das deutsche Gebiet um Neu-Bistritz, Deutsch-Westungarn).

Am 14. Mai 1919 um 18 Uhr trifft die österreichische Delegation mit einem Sonderzug auf dem Bahnhof von St. Germain ein; der Präfekt von Seine-et-Oise sowie Mitglieder der französischen, britischen und italienischen Militärmission begrüßen die Ankommenden. Die Stadtver-

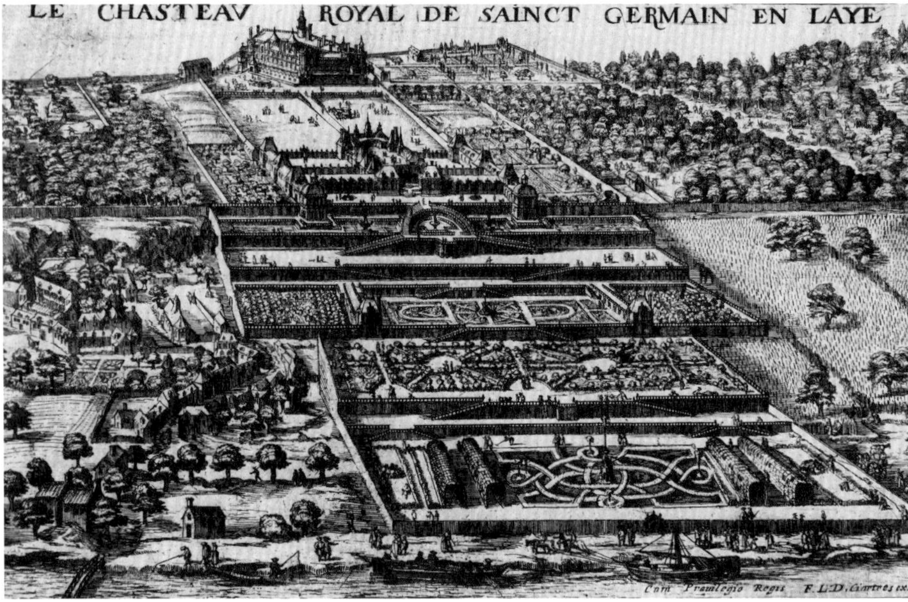

Erbaut von König Heinrich II.: das „Château neuf". Idealplan des neuen Schlosses von St. Germain im Louvre.

waltung hat einige Villen für die *Autrichiens* an der Rue de Medicis zur Verfügung gestellt. Die Straße endet beim Park von St. Germain, wo man mit Stacheldraht einen kleinen Teil für die Delegierten „eingezäunt" hat, den sie nicht verlassen dürfen. Militärposten bewachen das Gelände. Georg von Franckenstein, als Generalsekretär des Außenamts mit nach St. Germain gekommen und später österreichischer Gesandter in London, und seine Kollegen fühlen sich „an Sonntagen von dem aus der Umgebung und von Paris kommenden Publikum angegafft und beobachtet wie Tiere im zoologischen Garten".
Karl Renner, Eichhoff, Peter und Schüller beziehen die Villa Reinach in der Rue de Medicis; gelegen in einem schönen alten Park, bietet das Gebäude, einst Wohnsitz des bekannten Archäologen Salomon Reinach, besten Wohnkomfort. Von der Terrasse des großen Parks bietet sich ein wunderbarer Ausblick auf das Tal der Seine. Zu den Objekten, die der österreichischen Delegation zur Verfügung gestellt werden, gehört auch der Backsteinbau des Pavillon Henri IV., einer der letzten erhaltenen Teile des von König Heinrich II. erbauten *Château neuf*, der bald zum kommunikativen Mittelpunkt der österreichischen Enklave in St. Germain wird: Hier im klassizistischen Barockbau, in dem am 5. September 1638 Ludwig XIV. geboren wurde, finden nun die informellen Gespräche der Österreicher mit Fachleuten und Vertretern der alliierten Mächte statt. Als „Verbindungsmann" zwischen der österreichischen Delegation und der „Friedenskonferenz" fungiert Major Bourgeois, der Kommandant der französischen Militärmission; ihm

obliegt es, jeweils die Botschaften und Akten zur Friedenskonferenz und wieder zurück zu befördern.

Reserviert für die österreichische Delegation: der Pavillon Henri IV, Geburtsstätte des „Sonnenkönigs", des großen Gegners der Habsburger.

Die Arbeit beginnt für die Delegierten mit einer umfassenden Vorbereitung auf alle möglichen voraussehbaren Fragestellungen im Bereich Wirtschaft, Finanzen und Territorialfragen, eigene Subkomitees für die Sudetenländer, Westungarn, die Steiermark, Kärnten und Tirol werden gebildet. Nachdem die „Friedenskonferenz", deren Präsident Frankreichs Premier Georges Clemenceau ist, die Vollmachten der österreichischen Delegation anerkannt und auch diese die Vollmachten aller Verhandlungspartner akzeptiert hat, wendet man sich den konkreten Aufgaben zu. So werden etwa Regelungen zum Schutz nationaler Minderheiten für Deutsche in nichtösterreichischen Staaten und für nichtdeutsche Minderheiten in Deutschösterreich erarbeitet; man setzt sich mit den Bestimmungen zur Durchführung von Volksabstimmungen auseinander, sucht nach den Leitlinien für die Zusammenarbeit mit dem Völkerbund und nach Möglichkeiten der Finanzierung der Lebensmittelsendungen nach Österreich.

Überschattet wird der Start der Friedensverhandlungen vom Einmarsch jugoslawischer Truppen in Kärnten und der Steiermark; erst auf den dritten Hilferuf der Österreicher betreffend die Ereignisse an der „südslawischen Front" reagieren die Siegermächte: Die Regierung des SHS-Staates wird vom Generalsekretariat der Friedenskonferenz aufgefordert, alle Angriffe einzustellen; die Truppen beider Seiten sollen sich hinter eine von der Konferenz festgelegte Grenze zurückziehen.

Zu einem nicht unwichtigen Thema der Verhandlungen wird nun auch der Name, den die Republik in Zukunft führen soll. Während Karl Renner seine Schöpfung „Deutsche Alpenlande" favorisiert, erlässt Jules Cambon, der Leiter der Verifizierungskommission, eine Note, in der festgestellt wird, dass „Deutschösterreich" durch „Republik Österreich" *(République d'Autriche)* ersetzt werden müsse. Die Friedenskonferenz verwendet von nun an konsequent diesen Begriff.
Das Besondere der Verhandlungen von St. Germain ist, dass es eigentlich keine „Verhandlungen" sind – *Le Tigre* Clemenceau verweigert das Gespräch konsequent; am 31. Mai teilt er Renner, der nun schon wochenlang auf eine „Eröffnung" des Dialogs wartet, mit, dass keine Zusammenkunft möglich sei und es nur den vertraulichen Austausch von schriftlichen Stellungnahmen geben könne.
Dann, am 2. Juni 1919, lädt man die österreichische Delegation zum ersten Mal in das alte Schloss von St. Germain. Eskortiert von schwer bewaffneten Soldaten bringt man sie zum Sitzungssaal. In Anwesenheit von Großbritanniens Premier Lloyd George und US-Präsident Woodrow Wilson und zahlreicher anderer alliierter Delegierter übergibt Clemenceau nach einer kurzen harschen Ansprache den Österreichern den ersten Teil der Friedensbedingungen. Renner, der kein Französisch spricht, beeindruckt mit einer taktisch klug angelegten Antwortrede in Französisch. Seine abschließende Bitte an die Siegermächte: „Wir bitten Sie um eine Entscheidung, welche unsere nationale, politische und wirtschaftliche Existenz und Zukunft sichert. Sie können versichert sein, dass es vor allem unser Wunsch ist, innerhalb unbestrittener Grenzen, in sicherem Besitz unserer nationalen Freiheit und Kultur, dem Frieden zu dienen und nach unseren Kräften in unserer bescheidenen Rolle an den großen Aufgaben des Völkerbundes mitzuarbeiten."
Nach der Rückkehr in die Villa Reinach stürzt man sich auf das Dokument, um die wichtigsten Punkte in Erfahrung zu bringen; rasch machen sich jedoch Enttäuschung, Bitterkeit und Niedergeschlagenheit breit: das Sudetenland mit einem Drittel der 10 Millionen Deutschösterreicher und Südtirol sollen abgetreten werden, das kleine Österreich müsse allein die Schulden der Donaumonarchie auf sich nehmen. Diese Bedingungen, so der erste Eindruck, würden eine „Wiederholung" der dem Deutschen Reich auferlegten Bedingungen sein, ja, zum Teil noch härter als jene. Jetzt folgt für die Delegierten harte Arbeit: Es gilt die Widersinnigkeit so mancher Bestimmung aufzuzeigen, an ihnen liegt es, der Friedenskonferenz verschiedene erhellende Bemerkungen, notwendige Berichtigungen und Verbesserungsvorschläge zukommen zu lassen. Von der Härte der Bedingungen ist man – obwohl auf einiges gefasst gewesen – überrascht. Aufgebracht erklärt Renner vor der Presse: „Es wird den Führern der Entente so rasch wie möglich klargemacht werden, dass sie, wenn sie Deutschösterreich zur Fertigung dieses Friedensvertrages zwingen, ihren Ruf gefährden,

indem sie auf ihren Triumphwagen eine Leiche laden!" Immer wieder versucht der Kanzler darauf hinzuweisen, dass aus der Doppelmonarchie Österreich-Ungarn acht Nationen hervorgegangen seien, die „Republik Österreich" könne daher ebenso wenig wie einer der anderen Nachfolgestaaten als Rechtsnachfolger des Habsburgerreiches betrachtet werden. Das „Erbe des Krieges" und das „Erbe der schwersten wirtschaftlichen Verpflichtungen" laste daher gleichmäßig auf all diesen Staaten, der Krieg selbst sei die Schuld der früheren Machthaber gewesen, jedoch nicht die Schuld der Völker – eine Argumentation, mit der Renner trotz aller Anstrengungen jedoch nicht durchkommt. Sorgfältig erarbeitete Denkschriften und Memoranden – etwa über die Folgen der Abtretung Deutschböhmens und der deutschen Sudetenländer bzw. Südtirols oder auch eine Note „gegen die Beschlagnahme und Liquidation deutschösterreichischer Vermögenswerte in den Nationalstaaten" – bewirken wenig. In einer Zeit „voll schwerster Sorgen und voll tiefer Depression" (Georg von Franckenstein) freut man sich über kleine Erfolge: Sektionschef Richard Schüller gelingt es, die vorgesehene Konfiszierung von Eigentum Österreich-Ungarns auf dem Gebiet der Nachfolgestaaten zu verhindern; die Friedenskonferenz schreibt stattdessen ein Verbot von Beschlagnahmungen fest.
Neben der Arbeit an den Noten und Memoranden finden die Beamten aber durchaus Zeit, den zauberhaften Park zu genießen, in dem die

Sie verhandeln das Schicksal der jungen Republik: die österreichische Delegation in Saint Germain.
In der 1. Reihe von links: Richard Schüller, Rudolf A. K. Slatin (Slatin Pascha), Franz Klein (dahinter Alfred Gürtler), Verhandlungsführer Karl Renner, Heinrich Lammasch (dahinter Ernst Schirnbauer), Franz Peter, Johann Andreas Eichhoff und Georg von Franckenstein.

Bester Wohnkomfort: die Villa Reinach, das Quartier Karl Renners und einiger seiner Mitarbeiter.

Nachtigallen, wie Georg von Franckenstein sich später erinnern wird, ihre „werbenden Liebeslieder unter dem von Sternen glitzernden dunklen Firmament" singen. Sektionschef Richard Schüller, der sich von den nervösen Delegierten und ihren Fragen zunehmend gestört fühlt, entspannt bei der Lektüre einiger Werke von Alexandre Dumas, die er in der Bibliothek der Villa Reinach gefunden hat.

Bei einem Treffen mit Außenamts-Staatssekretär Otto Bauer, Vizekanzler Jodok Fink und Karl Seitz in Feldkirch vom 3. bis zum 5. Juni besprechen Renner und Schüller die weitere Verhandlungstaktik. Die aus Wien angereisten Kollegen sind der Meinung, dass man keine Diskussion über die Frage eines „Anschlusses" an Deutschland starten solle, sondern auf Zeit setzen. Die drohende „bolschewistische Gefahr" – die Entwicklung in München und Budapest würde hier aktuelle Beispiele bieten – könnte so Österreich vielleicht sogar zu besseren Bedingungen verhelfen. Was Südtirol betrifft, so schlägt Otto Bauer vor, mit Italien gesondert zu verhandeln; er glaubt, den Verzicht auf Südtirol noch durchsetzen zu können, wenn man den Italienern dafür genug Kompensationen anbiete – Bauers Plan scheitert, er selbst tritt als Staatssekretär für Äußeres am 26. Juli zurück.

Am 3. Juli kommt es in der Villa Reinach immerhin zu einer Aussprache zwischen Renner und Paul Dutasta, dem Generalsekretär der Friedenskonferenz. Der Kanzler beklagt sich über die zögerliche Abwicklung der

Verhandlungen, man sitze jetzt schon acht Wochen in St. Germain, und verlangt einen baldigen Abschluss; Dutasta verweist darauf, dass die Verhandlungen mit dem Deutschen Reich in Versailles so viel Zeit in Anspruch genommen hätten und man dadurch in Verzug geraten sei. Die fehlenden Vertragsbestandteile seien aber in den „nächsten Tagen" fertig, auch die von der österreichischen Delegation eingereichten Noten würden „bearbeitet" und hätten schon zu einigen Änderungen im Vertragstext geführt. Renner schlägt vor, die österreichischen Noten einzeln zu beantworten, so könne das Verfahren beschleunigt werden; von Vorteil wäre auch, so eine weitere Anregung von ihm, die Einrichtung spezieller Kommissionen zur Lösung der finanziellen und wirtschaftlichen Fragen der Nachfolgestaaten der Habsburgermonarchie. Monsieur Dutasta, ein immer äußerst korrekter und höflicher Mann, sagt Renner zu, diese Vorschläge dem Obersten Rat nahezubringen. Der Kanzler verweist abschließend noch einmal auf die schwierige Lage in Österreich: Hunger, Arbeitslosigkeit und Geldentwertung würden der Bevölkerung schwer zusetzen. Dutasta verspricht, auch dies den ehrenwerten Herren des Obersten Rates mitzuteilen.

Der zweite Teil der Friedensbedingungen, verbunden mit einer Frist von zehn Tagen für schriftliche Gegenbemerkungen, wird schließlich der österreichischen Delegation am 20. Juli übergeben; eine zweite und endgültige Version folgt dann am 2. September, ergänzt durch eine „Begleitnote" des Präsidenten der Friedenskonferenz zum Friedensvertrag, in der von der Entente eine grundsätzliche und ausführliche Begründung für die Vertragsbestimmungen gegeben wird – ein Papier, das skandalöse Geschichtsklitterung betreibt: Deutschösterreich, so der Standpunkt der Siegermächte, sei schuld am Ausbruch des Krieges, das „österreichische Volk" habe zusammen mit dem „ungarischen Volk" die Verantwortung „für all die Übel, unter denen Europa während der letzten fünf Jahre gelitten hat", zu tragen. Geschickt wird mit den Begriffen „Österreich-Ungarn" und „Österreich" jongliert, so spricht man von der „Wiener Regierung" und nicht von der Regierung Österreich-Ungarns, die das verhängnisvolle Ultimatum an Serbien übergeben habe. Großzügig setzt man sich damit über die Tatsache hinweg, dass es Kaiser Franz Joseph und seine Minister und Generäle waren, die den Krieg wollten, nicht „das Volk". Um diese zynische Sicht der Dinge zu legitimieren, versucht man die „Schuld" der Österreicher genauer zu definieren: „Wenn das österreichische Volk während der Jahre, die dem Krieg vorausgegangen sind, sich bemüht hätte, den Geist des Militarismus und der Herrschsucht (!), von dem die Regierung der Monarchie beseelt war, zu unterdrücken, wenn es einen wahrhaften Protest gegen den Krieg erhoben hätte, wenn es verweigert hätte, seine Machthaber in der Absicht, den Krieg fortzuführen, zu unterstützen und zu erhalten, so könnte man jetzt der erwähnten Verteidigung (dass Deutschösterreich nicht der Rechtsnachfolger der Habsburgermonarchie sei –

J. S.) einige Aufmerksamkeit schenken." Weiters meint die Begleitnote, dass die habsburgische Politik nur die Hegemonie der deutschen und ungarischen Bevölkerungsteile des Reiches im Auge gehabt habe, man habe sich nicht zuletzt deshalb immer mehr in Abhängigkeit vom Deutschen Reich begeben, die österreichisch-ungarische Politik habe sich den „alldeutschen Herrschaftsplänen" unterworfen. Das Fazit dieser mehr als naiven Geschichtsverdrehungen: „Das österreichische Volk ist und bleibt bis zur Unterfertigung des Friedens ein feindliches Volk" – eine Behauptung, an die man wohl selbst nicht ganz glaubt, die aber praktische Konsequenzen wie die Festsetzung von Reparationszahlungen erlaubt.

Als „Schuld" angerechnet wird Deutschösterreich sogar, dass man Wien zum wirtschaftlichen und politischen Mittelpunkt des Reiches gemacht, für das Blühen der Hauptstadt jedoch die Provinzen „ihres Blutes" beraubt habe – auch hier eine an den Haaren herbeigezogene „Interpretation" von Geschichte, die mit der tatsächlichen Entwicklung Wiens nur wenig zu tun hat, deutlich allerdings das Bemühen der alliierten Unterhändler verrät, Deutschösterreich mit rhetorischer Gewaltanstrengung ins Unrecht zu setzen.

Die Begleitnote schließt mit der Feststellung, dass der Friedensvertrag in seiner nunmehrigen Fassung endgültig sei und nur angenommen oder abgelehnt werden könne. Für diese Entscheidung räume man eine Frist von fünf Tagen ein, innerhalb der die österreichische Delegation erklären müsse, dass sie bereit sei, den Friedensvertrag zu unterzeichnen. Und dann folgt noch eine handfeste Drohung: Sollte eine solche Erklärung nicht abgegeben werden, würde man den am 3. November 1918 geschlossenen Waffenstillstand als beendet betrachten und die alliierten und assoziierten Mächte würden dann alles unternehmen, um ihre Bedingungen zwangsweise durchzusetzen.

Die Entscheidung über die Annahme des Friedensvertrages fällt am 6. September 1919 im Parlament in Wien. Staatskanzler Karl Renner ist aus St. Germain angereist, um dem Hohen Haus Bericht zu erstatten. Präsident Seitz eröffnet die Sitzung der Nationalversammlung, zu der zahlreiche ausländische Diplomaten als Beobachter erschienen sind, um 13.30 Uhr. Man habe, so Seitz in seiner einleitenden Rede, die Arbeit der Delegation in Saint-Germain „mit fieberhafter Spannung verfolgt", man bewundere „den Fleiß, die Arbeit und die taktische Klugheit unserer Vertreter, insbesondere des Staatskanzlers Dr. Renner"; nun wolle man den Bericht darüber hören. In den folgenden Ausführungen zu den Friedensverhandlungen beschönigt der Kanzler nichts: „Das, was uns aufgebürdet wird", so erklärt er, „ist ungeheuerlich, und es gibt wohl keinen einzigen Staatsbürger in Deutschösterreich, der nicht die Empfindung hätte: Uns geschieht Unrecht, unsühnbares Unrecht. (…) Die Delegation hat bis zum letzten Tag das nationale Selbstbestimmungsrecht aller Deutschen Österreichs verteidigt, sie hat um jeden Landstrich, um jede Stadt, um jedes Dorf gerungen und schmerzlich ist das Einbekenntnis, dass dieser Kampf in der Hauptsache ohne Erfolg geblieben ist. Wir standen einer Mauer gegenüber." Dann folgt sein Appell an die Abgeordneten: „Ich bitte Sie, Männer und Frauen, bringen Sie das Opfer, schließen Sie mit der Vergangenheit ab und öffnen Sie uns den Weg in die Zukunft." Die Debatte ist heftig, insbesondere die Auslieferung von 3,5 Millionen Sudetendeutschen an die „Fremdherrschaft" der als Feind deklarierten Tschechoslowakei und die Abtretung Südtirols werden kritisiert. Renner weist darauf hin, dass eine Verschiebung der Unterzeichnung nicht mehr möglich sei, man könne nur mehr mit Ja oder Nein antworten. Er versucht, Worte der Hoffnung und der Zuversicht zu finden: „Männer und Frauen! Die Zeit wird kommen, wo die Mächte einsehen werden, dass unser neues, unser demokratisches Österreich nicht mehr das alte Österreich mit seinen Sünden ist, mit seiner aristokratischen Verwaltung und seiner militärischen Herrschaft. (...) Wir wollen arbeiten, arbeiten, arbeiten! Wir werden uns erholen, ich sage es Ihnen in besserer Kenntnis, und darum: Die Herzen hoch!" Stürmischer Beifall folgt diesen Worten; Karl Seitz, der Präsident der Nationalversammlung, schreitet zur Abstimmung, vor deren Beginn die Abgeordneten aus Tirol und der Südsteiermark den Saal verlassen. „Unter feierlichem Protest" votieren 97 christlichsoziale und sozialdemokratische Abgeordnete für die Unterzeichnung des Friedensvertrages, 23 Abgeordnete der Großdeutschen Volkspartei stimmen dagegen, da, wie ihr Wortführer Dinghofer erklärt, das „deutsche Volk" in dem Vertrag „zu mörderisch" behandelt werde. Mit dem Votum für den Friedensvertrag wird Staatskanzler Karl Renner die Vollmacht zur Unterzeichnung erteilt.

„Wir standen einer Mauer gegenüber": Staatskanzler Karl Renner muss im Parlament die Friedensbestimmungen präsentieren. Foto, 1945.

Die Kommentare in der Presse nehmen sich kein Blatt vor den Mund, von einem „Schandfrieden, wie ihn die Welt noch nicht kennt" *(Kronen-Zeitung)* ist da die Rede und *Die Neue Zeitung* schreibt in ihrem Bericht über die Sitzung: „Ein Friede ohne Herz und Geist, von roher Gewalt diktiert, reißt erbarmungslos edle Glieder von unserem Heimatlande und wirft sie in den Rachen hasserfüllter Räuber. (…) So ist Österreich der bedauernswerteste Krüppel des Weltkrieges.“ *Die Neue Freie Presse* spricht von „Plünderungen der besiegten Völker“ und stellt fest, dass den Verträgen mit Deutschland und Österreich der „Sinn für Wirklichkeiten“ fehle. Prophetisch meint sie: „Die Friedensverträge ohne Frieden werden die Welt nicht zur Ruhe kommen lassen.“ Karl Renner, so schließt sie, fahre zurück nach St. Germain zu einem „Begräbnis“.

Der 10. September 1919 ist ein strahlender, wolkenloser Herbsttag. In den Quartieren der österreichischen Delegation an der Rue de Medicis, Karl Renner ist am Tag zuvor aus Wien eingetroffen, wartet man gespannt auf das Zeichen zum Aufbruch. Um Punkt zehn Uhr klingelt das Telefon – im Schloss sei alles bereit, die Delegierten der Entente hätten bereits ihre Plätze im „Steinzeitsaal“ – seit 1867 befindet sich im Schloss das *Musée des Antiquités Nationales* – eingenommen. Staatskanzler Dr. Karl Renner, Sektionschef Johann Andreas Eichhoff und zwei Beamte des Staatsamtes für Äußeres steigen in das wartende Auto; begleitet werden sie von Major Bourgeois, dem Chef der französischen Militärmission, und dem italienischen Hauptmann della Rocca. Vor dem Schloss haben sich bereits zahlreiche Schaulustige eingefunden, auf der Stiege des Haupteingangs ein Spalier von französischen Soldaten mit aufgepflanzten Bajonetten.

Renner und seine Begleiter steigen die Stiege hinauf, die Soldaten präsentieren das Gewehr, rasch ist man im Saal, der zum Bersten voll mit Zuschauern ist, die sich um den großen hufeisenförmigen Tisch drängen. Es herrscht drückende Hitze; zum kleinen Mitteltisch, auf dem der von Generalsekretär Dutasta mit Argusaugen bewachte Friedensvertrag liegt, hält man jedoch einen Korridor frei. Renner erhält seinen Platz an der Schmalseite des großen Tisches zugewiesen, dann ergreift Clemenceau das Wort: „Herr Staatskanzler der Republik Österreich! Die Verhandlungen sind zum Abschluss gekommen und haben zu einer Verständigung über die Bestimmungen des Vertrages zwischen den alliierten und assoziierten Mächten und der Republik Österreich geführt. Diese Bestimmungen sind in dem hier vorliegenden Text enthalten. Ich habe ein Schreiben unterzeichnet, in dem ich bezeuge, dass der hier vorliegende Text genau mit dem Ihnen bekannten übereinstimmt. Im Namen der alliierten und assoziierten Mächte bitte ich Sie nunmehr, an die Unterzeichnung zu schreiten.“

Renner erhebt sich und geht, begleitet von einem französischen Beamten des Außenamtes, zum Mitteltisch, wo er sich setzt und den Vertrag sowie die vorgelegten Protokolle und Erklärungen unterschreibt; die Siegel sind bereits am Tag zuvor angebracht worden. Sekretäre rufen dann die nächsten Namen auf: Nach Renner signiert Unterstaatssekretär Frank Lyon Polk als Erster für die Delegation der USA, Arthur James Balfour führt die Vertretung Großbritanniens an, Clemenceau jene

„The Big Four“ während der Friedensverhandlungen: Großbritanniens Premierminister David Lloyd George, Italiens Premier Vittorio Orlando, Frankreichs Ministerpräsident Georges Clemenceau und US-Präsident Woodrow Wilson (von links nach rechts). Foto von Edward N. Jackson, 1919.

Frankreichs und Außenminister Tommaso Tittoni die Delegation Italiens. Nach den Delegierten Japans sollen die Vertreter der kleineren Staaten in alphabetischer Reihenfolge unterzeichnen – es sind dies Belgien, China, Cuba, Griechenland, Nicaragua, Panama, Polen, Portugal, Rumänien, der SHS-Staat, Siam und die Tschechoslowakei, für die Karel Kramář und Eduard Beneš unterschreiben; für Polen ist es Außenminister Ignacy Paderewski. Die Delegierten Jugoslawiens und Rumäniens fehlen, was jedoch ohne große Aufregung zur Kenntnis genommen wird – die beiden Staaten wollen auf diese Weise gegen den Minoritätenschutzvertrag protestieren, da sie darin eine Einschränkung ihrer Souveränität zu erkennen glauben.
Während sich noch Delegation um Delegation zum Mitteltisch begibt, schreiben Karl Renner und Clemenceau bereits Autogramme – bevorzugt auf die gedruckte Tagesordnung; ein Exemplar derselben, versehen mit seiner Unterschrift, lässt Clemenceau durch seinen Sekretär dem österreichischen Kanzler überreichen.
Um 11.15 Uhr sind die Unterschriften unter Dach und Fach, Clemenceau hebt mit kurzen Schlussworten die Sitzung auf; die Ehrenkompanie im Hof des Schlosses tritt ins Gewehr; ein Heer von Fotografen schießt seine Bilder, Filmkameras surren. Der „gnädigst gewährte Friede“ von St. Germain – so die *Reichspost* in einem Kommentar vom 11. September – ist geschlossen. Erleichterung macht sich breit unter der österreichischen Delegation, man ist froh, dieses schwierige und komplexe Vertragswerk endlich abgeschlossen zu haben.
Im Quartier der Österreicher kommt so etwas wie festliche Stimmung auf. Zahlreiche Delegierte der vor wenigen Stunden noch feindlichen

Der erste Auftritt der österreichischen Delegation im „Steinzeitsaal" von Schloss St. Germain am 2. Juni 1919. Hier wird am 10. September 1919 auch der Friedensvertrag unterzeichnet.

Länder treffen ein, um im Pavillon Henri IV. in der Rue de Medicis das Dejeuner einzunehmen. Man schüttelt sich die Hände, unterhält sich in entspannter Atmosphäre. Georg von Franckenstein notiert in seinem Tagebuch: „Noch ist es Nacht um uns, doch es beginnt zu tagen. Zu mutigem Handeln heißt es sich erheben, den Weg zu bahnen in eine bessere Zeit."

Die Stimmung in der Heimat ist dagegen vielfach geprägt von Verzweiflung und Ratlosigkeit. „Wo ist der Weg", fragt die *Reichspost*, das „Tagblatt für das christliche Volk", der uns aus dieser traurigen Lage hinausführt, wo sind die Richtlinien, denen wir folgen sollen, um uns zu behaupten, wo ist die Stimme, die uns sagt, was wir tun und lassen müssen, um nicht in noch ärgeres Unheil zu geraten? Welche politische Haltung muß die vereinsamte Alpenrepublik künftig nach außen hin befolgen, um sich zu behaupten und ihre Ziele zu erreichen?" Und die Redaktion des *Bauernbündlers* rückt eine Erklärung auf die Titelseite, in der „Revanche" angekündigt wird: „Unser flammender Protest dröhne in den Ohren der Ententegewalthaber: So wahr ein Gott ist im Himmel, deutsche Kraft sollt ihr nicht brechen können! Wir werden die unverdiente Schmach in Würde, männlich und aufrecht zu tragen wissen. So wahr ein Gott lebt, es muss und es wird uns einstens Recht werden!"

Am 17. Oktober 1919 wird der Friedensvertrag von St. Germain von Österreich angenommen (dementsprechend Verfassungsänderung vom 21. Oktober 1919), am 16. Juli 1920 tritt er mit dem Austausch der Ratifikationsurkunden im französischen Ministerium des Äußern in Paris in Kraft. Der österreichische Gesandte Eichhoff erklärt aus diesem Anlass, dass sich Österreich bemühen werde, den Bedingungen des Friedensvertrages voll und ganz gerecht zu werden, damit der Kriegszustand endlich aufhöre.

Der Friedensvertrag von St. Germain und die dazugehörigen Protokolle und Erklärungen werden im 90. Stück des Staatsgesetzblattes unter der Nr. 303 am 21. Juli 1920 publiziert; seine Bestimmungen – der deutsche und der französische Text umfassen insgesamt 250 Seiten – erhalten dadurch verfassungsrechtlich Gesetzeskraft. Gegliedert in drei Teile, enthält der erste Abschnitt die 26 Artikel der Völkerbundsatzung, der zweite Teil (Artikel 27–35) legt die Grenzen Österreichs fest, der dritte (Artikel 36–94) umfasst die politischen Beziehungen zu den europäischen Staaten und „allgemeine Bestimmungen" – darunter die wegweisenden Bestimmungen zum Minderheitenschutz und auch den Artikel 88, der den „Anschluss" Österreichs an das Deutsche Reich verhindern soll. „Die Unabhängigkeit Österreichs", so heißt es hier, ist „unabänderlich", es sei denn der Rat des Völkerbundes stimme einer Änderung zu. Für alle, die sich „heim" in ein größeres Reich sehnen, ein gefinkelter Schlag gegen das von den Alliierten so lauthals verkündete Selbstbestimmungsrecht. Trotz des Friedens ist der Krieg für viele noch lange nicht zu Ende ...

Literatur

Friedrich F. G. Kleinwaechter, Von Schönbrunn bis St. Germain. Die Entstehung der Republik Österreich. Graz-Wien-Köln 1964

Klein, Franz, Saint Germain, im Sommer 1919. Die Briefe Franz Kleins aus der Zeit seiner Mitwirkung in der österreichischen Friedensdelegation, Mai–August 1919. Herausgegeben von Fritz Fellner und Heidrun Maschl. Salzburg 1977

Isabella Ackerl und Rudolf Neck (Hrsg.), Saint-Germain 1919. Protokoll des Symposiums am 29. und 30. Mai 1979 in Wien. Wien 1989

Unterhändler des Vertrauens: Aus den nachgelassenen Schriften von Sektionschef Dr. Richard Schüller. Herausgegeben von Jürgen Nautz. Wien 1990 (= Studien und Quellen zur österreichischen Zeitgeschichte, herausgegeben von Isabella Ackerl und Rudolf Neck, Bd. 9)

Georg von Franckenstein, Zwischen Wien und London. Erinnerungen eines österreichischen Diplomaten. Graz-Stuttgart 2005

Gewalt auf der Straße

Schattendorf · 30. Jänner 1927

Das „Schandurteil" von Schattendorf löst ein beispielloses Blutbad aus: der brennende Justizpalast, 15. Juli 1927.

Für die Leute aus der Umgebung waren die Schattendorfer seit jeher einfach nur die „Gugafaunga", die biederen „Kuckucksfänger", die friedlich ihrem Broterwerb nachgingen. Von politischen Parteien, von Hass und Zwist konnte in dem kleinen Ort Westungarns, der nach der Volksabstimmung 1921 zu Österreich gekommen war, lange Zeit hindurch keine Rede sein. Das änderte sich nach dem „Anschluss" an das neue Bundesland „Burgenland": Die massive politische Agitation der Zeit ist nun auch hier erfolgreich, Parteien und paramilitärische Bünde werden gegründet, der Ton im Umgang miteinander wird entschieden rauer. Öl ins politische Feuer gießt nicht zuletzt auch Ortspfarrer Josef Kleindl, der offen mit der „Frontkämpfervereinigung Deutschösterreichs" sympathisiert, die wiederum Kontakt zu irredentistischen ungarischen Kreisen hält.

Am Sonntagnachmittag, dem 30. Jänner 1927, sitzen im Schattendorfer Gasthaus Tscharmann, ihrem Vereinslokal an der Hauptstraße des kleinen Ortes, einige „Frontkämpfer" beim Kartenspiel. Die Familie Tscharmann ist nun nicht irgendwer – Vater Tscharmann ist schon vor dem Weltkrieg als Unternehmer erfolgreich und gilt bald als der „kleine Midas" Schattendorfs; als Jagdpächter, der unter den neuen politischen Auspizien auf reiche ungarische Grafen verzichten muss, hat ihn der „Anschluss" schwer getroffen, seine Unterstützung gehört daher ganz der „Frontkämpfervereinigung".

Die Männer am Tisch, alle zugleich Jäger, haben wie immer ihre Gewehre mit dabei, denn die Stimmung an diesem Wintertag ist gespannt. Für 15 Uhr ist nach § 6 der Vereinssatzungen eine „Vollversammlung" aller Mitglieder angesetzt; auch aus Loipersbach und Mattersburg erwartet man Kameraden; ja sogar aus Wien soll eine Delegation eintreffen, mit ihr Oberst Hermann Ritter von Hiltl, der oberste Führer dieser 1919 von ehemaligen Offizieren der k. u. k. Armee gegründeten militanten Organisation. Ihre Ziele: die „Vereinigung aller arischen Frontkämpfer" sowie die „Pflege der Liebe zur Heimat". Und man hat ein klares Feindbild: Juden, Kommunisten und Sozialdemokraten.

Ausgerechnet für diesen Nachmittag, so hat man erfahren, hat nun auch der verhasste politische Gegner, die Sozialdemokratische Arbeiterpartei, zu einer Versammlung aufgerufen, sie soll zeitgleich im Gasthof Paul Moser, 500 Meter weiter an der Hauptstraße gelegen, stattfinden. Ursprünglich hat man vorgehabt, die Veranstaltung der „Sozis" zu sprengen, doch inzwischen hat sich das Blatt gewendet – Thomas Preschitz, der Bezirksleiter des Republikanischen Schutzbundes, und Michael Tranker, der Schutzbund-Gruppenleiter aus Schattendorf, sowie einige andere Funktionäre der SDAP haben beschlossen, als Antwort auf die geplante „Provokation" der Frontkämpfer eine groß angelegte Aktion des Schutzbunds zu starten, zu der man auch die Schutzbundgruppen aus Klingenbach, Draßburg und Baumgarten einlädt – der zahlenmäßige Vorteil auf der Straße liegt daher klar beim Schutzbund.

Es ist etwa 13.30 Uhr, als es vor dem Gasthaus Tscharmann laut wird – die Schutzbund-Kolonne, insgesamt 112 Mann, ist auf dem Marsch zum Bahnhof Loipersbach-Schattendorf, wo man die Ankunft der Frontkämpfer erwarten und ihren Einzug in Schattendorf verhindern will. Thomas Preschitz und 10 bis 15 weitere Schutzbündler können es sich nicht verkneifen, ihrem Gegner in seinem Hauptquartier einen „Besuch" abzustatten: Sie dringen in das Lokal ein, es kommt zu einer heftigen Auseinandersetzung; Josef Tscharmann, der Sohn des Wirts, greift zu einem Gewehr und gibt einen Schuss ab, um, wie er später erklärt, die Gendarmerie zu alarmieren. Gruppeninspektor Johann Wittwer vom Posten Schattendorf, der Ähnliches geahnt hat, ist sofort zur Stelle und schlichtet den Streit; Thomas Preschitz und seine Männer müssen das Gasthaus verlassen. Der Bezirksleiter des Schutzbunds ist für die Frontkämpfer ein besonders rotes Tuch, hat er doch während der Räteregierung Béla Kuns einem Tribunal angehört, das den Pfarrer von Nikitsch zum Tode verurteilte und hinrichten ließ.

Die Schutzbündler ziehen daraufhin weiter zum Bahnhof; um 14.40 Uhr fährt der Personenzug mit den Frontkämpfern aus Wien und Mattersburg ein; es sind nur zehn Personen, Oberst Hiltl ist nicht dabei, dafür aber sind mit Josef Landgraf, dem Sekretär der Frontkämpfervereinigung, und Anton Seifert, einem ehemaligen Hauptmann der k. u. k. Armee, führende Funktionäre Zeugen der Rauferei, die sich mit einem Teil der Schutzbündler entwickelt – die Situation droht außer Kontrolle zu geraten und Revierinspektor Anton Schmied fordert beim Gendarmeriebezirkskommando Mattersburg Verstärkung an, gleichzeitig versucht er zwischen den Streitparteien zu vermitteln. Immerhin erreicht er, dass die Versammlung im Gasthaus Tscharmann abgesagt wird.

Jetzt sind aber 40 weitere Frontkämpfer aus Loipersbach am Bahnhof eingetroffen; neuerlich beginnt eine Schlägerei; einige Schüsse fallen; durch einen Streifschuss erleidet der Kommandant der Loipersbacher Frontkämpfer eine leichte Verletzung am Ohr. Schließlich müssen die deutlich unterlegenen Frontkämpfer das Feld räumen – sie treten den Rückmarsch an.

Auch die „siegreichen" Schutzbündler ziehen ab; Frauen und Kinder sowie unbeteiligte Personen schließen sich dem Zug an, dessen Ziel der

Gasthof Moser ist – und wieder muss man am Gasthaus Tscharmann vorbei; es ist ca. 16 Uhr, als die Schutzbündler hier eintreffen. Inzwischen ist ihnen ein schlimmes Gerücht vorangeeilt – der Loipersbacher Frontkämpferkommandant soll bei der Auseinandersetzung am Bahnhof erschossen worden sein. Und wieder können es einige Schutzbündler nicht lassen und dringen in das Lokal vor, unter ihnen der Klingenbacher Schutzbündler Matthias Csmarits; Steine werden gegen die Fassade geworfen, Parolen und höhnische Drohungen gerufen: „Kommt's außi, wenn's euch trauts!"
Für Josef und Hieronymus Tscharmann, die beiden Söhne des Wirts, und ihren Schwager Josef Pinter ist das Fass nun voll: Sie ziehen sich in die Räume der Privatwohnung des Gasthauses zurück, hier stehen vorbereitet ihre geladenen Gewehre und von hier aus können sie durch die Fenster sowohl die Hauptstraße als auch den Hof des Anwesens unter Beschuss nehmen. Um die bereits in den Hof und in die Küche eingedrungenen Schutzbündler zu vertreiben, feuert Josef Tscharmann zunächst einige Schüsse auf die gegenüberliegende Hofmauer ab; sein Bruder und sein Schwager schießen durch ein vergittertes Fenster auf die Straße, wo die Menschen in Panik auseinander stieben. Dann kommt auch noch Josef Tscharmann in das straßenseitige Zimmer nach vorne und gibt noch mindestens einen Schuss ab.
Die drei Frontkämpfer, als Jäger geübte Schützen, verschießen Schrotladungen, die Schüsse haben daher eine furchtbare Wirkung: Matthias Csmarits, ein arbeitsloser Kriegsinvalide, wird in Kopf und Nacken getroffen und ist sofort tot; der siebenjährige Schüler Josef Grössing, der dem Zug der Schutzbündler nachgelaufen ist, wird durch einen Herzschuss getötet; mehrere Personen, auch sie zum Teil unbeteiligte Zuschauer, erleiden Verletzungen.
Die Nachricht von den blutigen Ereignissen verbreitet sich blitzschnell, Fahrradboten des Schutzbunds bringen sie nach Eisenstadt und Neufeld; SDAP-Landesparteisekretär Hans Bögl kommt noch am

Schauplatz der „Rauferei" zwischen Schutzbündlern und Frontkämpfern: der „Grenzbahnhof" Loipersbach-Schattendorf.

Abend nach Schattendorf, um sich ein Bild von der Lage zu machen. Am nächsten Morgen erfassen Wut und Betroffenheit über das Geschehen das ganze Land; es kommt zu spontanen Protestkundgebungen in mehreren Großbetrieben Wiens und Wiener Neustadts. Um 11 Uhr stehen auch die Maschinen in den Neufelder Industriebetrieben still, über 6.000 Menschen nehmen an einer Protestversammlung teil. Über 10.000 Menschen finden sich zu den Begräbnissen der beiden Opfer am 2. Februar 1927 in Klingenbach und Schattendorf ein; mit einem 15-minütigen Generalstreik in ganz Österreich setzt man ein Zeichen gegen die zunehmende politische Gewalt auf der Straße.
In der Sitzung des Nationalrats vom 3. Februar 1927 kommt es zu Tumulten, als sozialdemokratische Abgeordnete eine dringliche Anfrage einbringen, in der sie die Regierung unter Bundeskanzler Ignaz Seipel auffordern, die Schuldigen zur Rechenschaft zu ziehen, und die Auflösung der Frontkämpfervereinigung verlangen.
Am 5. Juli 1927 beginnt im Wiener Landesgericht für Strafsachen II der Prozess gegen Josef Tscharmann, Hieronymus Tscharmann und Johann Pinter. Die Anklage lautet auf: „Verbrechen der öffentlichen Gewalttätigkeiten durch boshafte Handlungen unter besonders gefährlichen Verhältnissen nach § 87 des Österreichischen Strafgesetzes.“ Über 100 Zeugen werden vorgeladen, 42 Zeugenaussagen verlesen. Die Angeklagten selbst bestreiten nie, die tödlichen Schüsse abgegeben zu haben, beharren jedoch darauf, dass sie nicht in der Absicht geschossen haben, zu töten oder zu verletzen. Geschickt verstehen es die Verteidiger, den Schuldanteil des Schutzbunds herauszukehren. Das Urteil der Geschworenen am 14. Juli 1927 ist dennoch für viele überraschend: Freispruch!
Die Empörung in der Öffentlichkeit über das „Schandurteil“ ist groß. Am nächsten Tag, dem 15. Juli, kommt es zu einer Massendemonstration vor dem Justizpalast, der schließlich in Brand gesteckt wurde; vergeblich versuchten Bürgermeister Karl Seitz, Otto Bauer und andere prominente Sozialdemokraten die aufgebrachte Menge zu beruhigen; schließlich befahl der Wiener Polizeipräsident Johann Schober den Einsatz von Waffen – etwa 600 Polizisten eröffneten das Feuer auf die Demonstranten: 89 Todesopfer und 600 Schwerverletzte waren die Folge.
Das beispiellose Blutbad vor dem Justizpalast zerstört die Gesprächsbasis zwischen Wiener Landesregierung und Bundesregierung endgültig; Intellektuelle wie Karl Kraus

Ein Dorf, zerrissen durch politische Leidenschaften: Trauerkundgebung für den erschossenen Schüler Josef Grössing.

Von der Gendarmerie Schattendorf angefertigtes Foto, das die Standorte der beiden Opfer vermerkt und die Schussbahnen verzeichnet.

fordern den Rücktritt des „Arbeitermörders“ Schober, heftige Kritik wird an Bundeskanzler Seipel, dem „Prälaten ohne Milde“, geübt – bis zum Jahresende 1927 treten 28.000 Menschen aus der Kirche aus. Für die Führung des Republikanischen Schutzbunds, aber auch für die Heimwehren, die sich nun großen Zulaufs erfreuten, wurde das Massaker zu einem wichtigen Argument im Hinblick auf eine weitere Aufrüstung – die Demokratie hatte nun bereits gefährliche Schlagseite bekommen.

Dazu kommt, dass sich die Rahmenbedingungen bald radikal verschlechtern: Die 1929 einsetzende Wirtschaftskrise lässt die Zahl der Arbeitslosen wieder steigen; soziale Not und politische Radikalisierung gehen Hand in Hand. Und plötzlich sind auch die „Hakenkreuzler“, die in Österreich jahrelang nur wenig bewirken konnten, im Aufwind. Der rasante Aufstieg der Nationalsozialisten im Deutschen Reich stärkt auch ihre österreichischen Ableger, die nun immer häufiger mit Aufsehen erregenden Aktionen hervortreten. Die Gewalt aus politischen Motiven erobert endgültig die Straße.

Der bekannte Publizist Hellmut Andics sah in Schattendorf – „Ein Dorf, gespalten im Hass“ – zu Recht ein Symbol: ein Symbol für den „zerrissenen“ Zustand der jungen Republik.

Literatur

Ute Bauer, 30. Jänner 1927, der Zusammenstoß von Schattendorf. Wien 1995 (Diplomarbeit)

Norbert Leser und Paul Sailer-Wlasits (Hrsg.), 1927 – als die Republik brannte. Von Schattendorf bis Wien. Klosterneuburg 2002

Der schönste Tag

Heldenplatz · 15. März 1938

„Die Ostmark ist heimgekehrt": Schon lange vor 10 Uhr drängen sich am 15. März 1938 die Massen zur „Anschluss"-Kundgebung auf dem Heldenplatz.

Wer mit offenen Sinnen durch das hohe schmiedeeiserne Tor aus den Lesesälen der Österreichischen Nationalbibliothek hinaustritt und die Stufen hinuntersteigt in das helle Licht dieses Platzes, wer den Blick schweifen lässt zu den Monumentalbauten am Ring, zu Parlament, Rathaus und Burgtheater, kann sich nur schwer eines merkwürdigen Gefühls erwehren: Hier lebt Vergangenheit in beinahe körperlich spürbarer Konzentration. Fiaker und Diplomatenkarrossen, der Gestank von Pferdeurin und Benzin können die besondere Aura dieses Ortes nicht zerstören; es ist, so schreibt Peter Stachel in seinem lesenswerten Buch „Mythos Heldenplatz" der „Hauptplatz der Republik Österreich und der neueren österreichischen Geschichte".

Es ist tatsächlich ein erinnerungsträchtiger Ort, nicht nur für die Republik, auch für das alte Österreich: Unweigerlich wandern die Gedanken zurück in den Blutsommer 1683, als sich hier der Brennpunkt des Kampfes um Wien, den „Goldenen Apfel" der Osmanen, befand. Meter für Meter kämpften sich die Sturmscharen Kara Mustafas damals in ihren Laufgräben an die Burgbastei heran, mit dem Mut der Verzweiflung stemmten sich ihnen die Verteidiger entgegen, ein zweimonatiges erbarmungsloses Ringen, in dem die glanzvolle Residenz der Habsburger nur knapp der Katastrophe entging. Von hier beobachteten der Student Franz Grillparzer und seine Kommilitonen in der Nacht vom 11. zum 12. Mai 1809 das Mündungsfeuer der französischen Kanonen und hier verabschiedete sich Napoleons *Grande Armée* im Oktober dieses Jahres mit einem gewaltigen Feuerwerk, gedacht als letzte Geste der Demütigung für das besiegte Österreich: der Sprengung der Burgbastei. Und einprägsam auch das düstere Herbstbild vom 30. November 1916: Der Leichenzug mit dem toten Kaiser Franz Joseph wird zum Symbol für den Untergang der „Welt von gestern".

Der Heldenplatz entsteht, nachdem die Burgbastei gefallen ist. Das „Geniecorps", eine Erzherzog Johann unterstellte Eliteeinheit aus Ingenieuren und Technikern, wird mit den Planungen für das von den Franzosen verwüstete Areal betraut. 1816 wird das Gelände planiert, 1818 bricht man das Alte Burgtor ab und schüttet anschließend den Stadtgraben zu – ein „Paradeplatz" ist geboren. Doch bald hat man anderes im Auge als Truppenaufmärsche und zackiges Exerzieren: Der Platz vor

der Hofburg, nunmehr der „Äußere Burgplatz", wird zum Erholungsraum für das „Publikum" und den kaiserlichen Hof umgestaltet. Der französische Gartenarchitekt Louis Rémy erhält 1819 den Auftrag, dem weiten Areal ein neues Gesicht zu geben. Er konzipiert um den Platz zwei einander gegenüberliegende Gartenanlagen: den „Volksgarten", der öffentlich zugänglich ist, und den „Kaisergarten", der bis 1918 der kaiserlichen Familie vorbehalten bleibt. Mit dem Volksgarten will Kaiser Franz I. den Wienern nicht zuletzt einen Ersatz für die einst so beliebten Basteigärten bieten. Dabei scheut man keinen Aufwand: Das beliebte, 1784 auf der Burgbastei begründete Corti'sche Kaffeehaus wird im Volksgarten neu errichtet.
Gleichzeitig treten jedoch architektonische Elemente hinzu, die eine unverkennbar symbolische Sprache sprechen: Der Äußere Burgplatz wird zur Gedenk- und Weihestätte der Habsburgermonarchie: Der Architekt Peter von Nobile erbaut den Theseustempel, eine Nachbil-

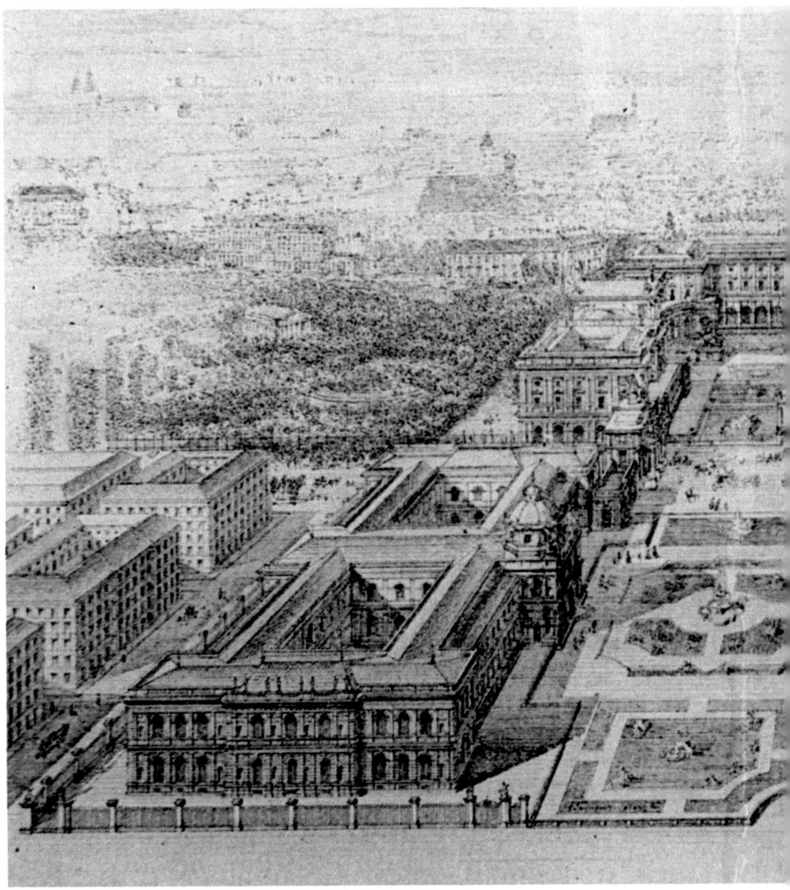

dung des „Thesaions“ auf der Akropolis, in dem Antonio Canovas als Sinnbild des Triumphes über Napoleon gedachte Kolossalgruppe „Theseus erschlägt den Minotaurus“ Aufstellung findet – ein besonders perfider Akt der Einverleibung eines „Siegesdenkmals“, denn ursprünglich hatte Canova sein marmornes Monumentalkunstwerk im Auftrag des Franzosenkaisers für den Mailänder *Foro Bonaparte* geschaffen. Eine ebenso symbolträchtige Konzeption erfährt das von Peter von Nobile erbaute Neue Burgtor. Wieder ist es die Antike, der man schon während des Baus die Zeichen entnimmt: Nach „Römerweise“ dürfen nur Soldaten an der Errichtung der mächtigen fünf Rundbogentore teilnehmen; der mittlere Durchgang bleibt dem Herrscher vorbehalten. Eingeweiht wird das den Propyläen in Athen nachempfundene Denkmal am 18. Oktober 1824, dem elften Jahrestag der Völkerschlacht bei Leipzig. Versehen wird es mit dem hehren, den Sprüchen Salomos zugeschriebenen Wahlspruch des Kaisers: *Iustitia regnorum fundamentum* („Gerech-

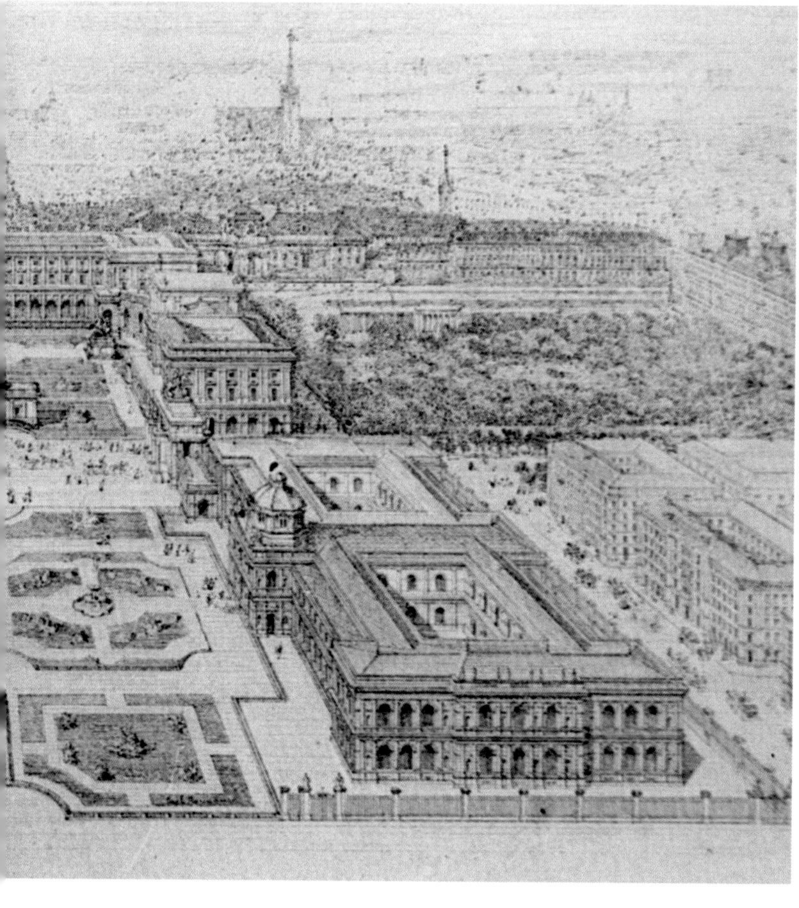

Soll den universalen Herrschaftsanspruch des Hauses Habsburg dokumentieren: das nach antikem Vorbild entworfene „Kaiserforum“ Gottfried von Sempers.

tigkeit ist die Grundlage der Königreiche"), auf den schon Franz Grillparzer 1840 in einem Epigramm eine kritische Antwort zu geben weiß:

Justitia regnorum fundamentum,
Ein schöner Spruch und doch ein böser Witz.
Justitia im Munde der Gemeinheit,
Heißt nicht Gerechtigkeit, heißt nur Justiz.

Kollektive „Erlösung": Österreichische „Volksgenossinnen" jubeln am Heldenplatz ihrem „Führer" zu.

Zwischen Stadt und Vorstadt entsteht so ein eigentümlicher neuer Raum: Idylle und privates Vergnügen wachsen zusammen mit dem Ort des inszenierten Gedenkens, der gleichzeitig zur bevorzugten politischen Bühne des Staates wird.

1848, im Jahr der Revolution, rückt der Platz vor der Hofburg selbst wieder in den Brennpunkt des Geschehens. Hier verschanzen sich im Oktober Nationalgardisten und Angehörige der Mobilgarde zur Verteidigung der Stadt gegen die Truppen der „Reaktion" unter Alfred Fürst Windisch-Graetz und dem Banus Jelačić von Buzim. Da die Durchgänge des Äußeren Burgtors von den „Aufständischen" mit Quadersteinen verbarrikadiert worden sind, befiehlt Windisch-Graetz das Denkmal unter Beschuss zu nehmen. Es ist ein ungleicher Kampf: Fabrikarbeiter, Studenten und Intellektuelle gegen die kriegsmäßig gerüsteten kaiserlichen Soldaten und kroatischen Kämpfer. Am 28. Oktober lässt Alfred Fürst Windisch-Graetz aus seinen Geschützen das Feuer eröffnen; drei Tage lang wehren sich die Revolutionäre verzweifelt, dann müssen sie die Stadt übergeben. Über 2.000 Tote sind in den Gefechten zu beklagen, die führenden Köpfe der Aufständischen werden zum Tode verurteilt und hingerichtet.

Mit dem Bau der Ringstraße, zu dem ein Handschreiben von Kaiser Franz Joseph vom 20. Dezember 1857 den Startschuss gibt, erhält auch der Äußere Burgplatz ein neues Umfeld. Das „symbolische Zentrum des *Ancien régime*" (Peter Stachel) wird von Parlament und Rathaus, von Burgtheater und den Hofmuseen, Bauten, die bürgerlich-liberalen Werten verpflichtet sind, gleichsam eingekreist; als Antwort darauf entsteht in der Hofburg der Plan zu einem monumentalen „Kaiserforum", das nach dem Vorbild antiker Foren den universalen und übernationalen Herrschaftsanspruch des Hauses Habsburg dokumentieren soll. Auch wenn auf den Schlachtfeldern Europas die Armeen der Monarchie von Solferino bis Königgrätz schwere Niederlagen hinnehmen müssen – hier im Herzen der Residenz will man architektonisch jenen glanzvollen Anspruch des österreichischen Kaisertums abbilden, der von der Realpolitik der zweiten Hälfte des 19. Jahrhunderts längst nicht mehr erfüllt werden kann. Stararchitekt Gottfried Semper entwirft dafür ein eindrucksvolles, geschlossenes Ensemble, das von der alten Hofburg bis zu den Hofstallungen reichen und die beiden Hofmuseen, das Kunst- und das Naturhistorische Museum, mit einbeziehen soll –

ein wahrhaft „imperialer Weihebezirk" (Inge Podbrecky) von gewaltiger Dimension. Doch die Realisierung dieses Riesenprojekts gelingt nur mehr in fragmentarischer Form; erst 1913, ein Jahr vor Ausbruch des Ersten Weltkriegs, wird nach jahrzehntelanger Bautätigkeit die „Neue Burg", der südöstliche Flügel des geplanten Kaiserforums, fertiggestellt; mit dem Bau des gegenüberliegenden Flügels wird nicht mehr begonnen; nach 1918 tritt die Republik Österreich das Erbe Habsburgs als neuer Eigentümer an, das Hoheitszeichen der Monarchie, der Doppeladler, bleibt jedoch allgegenwärtig.

Schon zuvor, 1878, verwandelt sich der „Äußere Burgplatz" offiziell in den „Heldenplatz"; nachträglich würdigt man damit den neuen Charakter des Platzes als Ort heroischer Erinnerungen, den dieser durch die Errichtung der beiden monumentalen Reiterstandbilder des Erzherzogs Carl, enthüllt 1860, und des Prinzen Eugen, enthüllt 1865, gewonnen hat. Der Mythos der beiden Feldherren, die jedes Kind aus der Schule kennt, soll Identifikation ermöglichen, verkörpern der „Held von Aspern" und der gefeierte „Türkenbezwinger" doch österreichische Idealgestalten; ihre Standbilder erzählen von Macht und Sieg des schwarzgelben Doppeladlers, vom Triumph über Franzosen und Türken, die Erzfeinde der Monarchie. Von Anton Dominik Fernkorn kunstvoll in Erz gegossen, symbolisieren Carl und Eugen letztlich die „Erfolgsgeschichte" des Hauses Habsburg – sie lassen aber auch andere Interpretationen zu. Bezeichnend für diese Vieldeutigkeit ist die Inschrift am Standbild Erzherzog Carls: „Kaiser Franz Joseph dem Erzherzoge Carl von Österreich 1859/Dem beharrlichen Kämpfer für Deutschlands Ehre/Dem heldenmütigen Führer der Heere Österreichs." Verfasst vom angesehenen Historiker Theodor von Karajan, dokumentiert diese Widmung nicht nur die Verwirrtheit, die in jenen Tagen in Bezug auf die nationale Identität der deutschsprachigen Österreicher herrscht, sondern erlaubt 1938 auch problemlos den „Anschluss" des Heldenplatzes. Jetzt feiert man die Leistungen der beiden „ostmärkischen" Helden für Deutschland; der Heldenplatz wird für sieben Jahre zu einem Erinnerungsort des Dritten Reichs.

Der Platz, auf dem 1933 die Erste Republik in einer großen Feier der Türkenbelagerung von 1683 gedenkt und später die „Vaterländische Front" des diktatorischen Ständestaates ihre Kundgebungen abhält, ist im März 1938 das erste Ziel des „Führers". Hitler, der im Wien Karl Luegers seine Jugendjahre verbracht hat, hat ihn zur Bühne für seinen großen Auftritt erkoren. Am 12. März, gegen Mitternacht, es ist der erste Tag Österreichs unter der Nazi-Diktatur, erreicht die Panzerdivision Heinz Guderians Wien; vor der Staatsoper hält man eine improvisierte Parade ab. Zwei Tage später, am Abend des 14. März, trifft Hitler von Linz kommend an der Spitze einer Wagenkolonne in Wien ein, die Straßen sind gesäumt von jubelnden Menschen, am Ring haben SA und Berliner Polizei alle Hände voll zu tun, um die Menge zurückzudrängen. Im

Hotel Imperial, seinem Quartier, empfängt der „Führer" die letzte Regierung des untergegangenen Staates, das Kabinett Seyß-Inquart, während vor dem Hotel seine Anhänger immer wieder nach ihm rufen. George Eric Rowe Gedye, der Mitteleuropakorrespondent der *New York Times*, ein überzeugter Demokrat und Gegner des Nationalsozialismus, ist Zeuge der Ereignisse: „Die Menschenmassen weigerten sich, nach Hause zu gehen, obgleich durch Lautsprecher mitgeteilt wurde, dass der Führer ‚zu müde' sei, um eine Ansprache zu halten." Schließlich hat der Ruf „Wir wollen unseren Führer sehen!" doch Erfolg – Hitler erscheint zusammen mit dem ehemaligen k. u. k. General Alfred Krauss, einem deutschnationalen Reaktionär, auf dem Balkon und hält eine kurze Ansprache; dann gibt er ein großes Versprechen ab, so ganz nach dem Geschmack der Massen: „Was immer auch kommen mag, das Deutsche Reich, so wie es heute steht, wird niemand mehr zerschlagen und niemand mehr zerreißen können! Keine Not, keine Drohung und keine Gewalt kann diesen Schwur brechen! Dies sprechen heute gläubig aus alle deutschen Menschen von Königsberg bis Köln, von Hamburg bis nach Wien!" Frenetischer Beifall ist die Antwort; die Massenhysterie erreicht einen ersten Höhepnkt.

Während für viele Österreicher das Leiden im Staat des „Führers" inzwischen schon begonnen hat, die Gestapo erste Verhaftungen vornimmt

Sammlung zur „Defilierung vor dem Führer": Belegschaften von Firmen, Gruppen und Vereine treffen ein.

und manchen doch noch im letzten Augenblick die Flucht gelingt, zieht es die anderen am Dienstag, dem 15. März 1938, zum Heldenplatz. Sie wollen ihr Idol sehen, von dem sie glauben, dass es sie von allem Übel erlösen würde. Auf dem Platz, der an die glanzvollen Waffentaten der Monarchie erinnert, im Schatten der habsburgischen Heroen wollen sie sich Hoffnung holen für die Zukunft. Es sind Hunderttausende, die in Richtung Heldenplatz ziehen, Straßen und Gassen füllen, auf Bäume klettern, um einen Blick auf IHN zu erhaschen, den Mann, der sie in ihren Bann zieht.

Die „Anschluss"-Kundgebung ist für 10 Uhr angesetzt, doch schon um 7 Uhr früh säumen die Menschen die Ringstraße vom Hotel Imperial bis zum Heldenplatz. Autobusse aus dem Umland treffen ein; die Belegschaften von Firmen, Gruppen und Vereine wie die Träger der Tapferkeitsmedaille sammeln sich zur „Defilierung vor dem Führer"; vor der Votivkirche nehmen 28.000 Hitlerjungen und BDM-Mädchen aus Niederösterreich und Salzburg sowie aus dem Burgenland in Sechserreihen Aufstellung und marschieren zum Heldenplatz. Unverhüllt zeigt sich das erschreckende Ausmaß der Durchdringung der österreichischen Gesellschaft mit NS-Gedankengut.

„Wie immer der Weg führt, wir folgen nach": Ex-Bundeskanzler Arthur Seyß-Inquart darf am Heldenplatz die Massen auf Adolf Hitler einstimmen.

Die Musikkapellen der Wehrmacht und der Polizei beziehen vor der „Neuen Burg" mit klingendem Spiel ihre Positionen; hektisch bereiten Techniker alles für die Rundfunkübertragung vor, nicht weniger als 25 Übertragungswagen des Reichsautozugs „Deutschland" sind vorgefahren – das Spektakel soll live in die Haushalte „Großdeutschlands" geliefert werden. Strahlender Sonnenschein liegt über dem Heldenplatz – „richtiges Hitler-Wetter".

Vor dem Hotel Imperial halten Posten der Leibstandarte „Adolf Hitler" Wache; aus den Lautsprechern, die man an den Bäumen montiert hat, tönen Kinderstimmen, sie skandieren: „Ein Volk, ein Reich, ein Führer!" Nun schon Ex-Bundeskanzler Arthur Seyß-Inquart ist als Partner für den Auftritt des „Führers" vorgesehen und darf ihn deshalb vom Hotel abholen. Hitler überprüft noch den Text Seyß-Inquarts, dann besteigen die Herren und ihre Entourage die wartenden Autos. Kurz nach

11 Uhr vormittags trifft die Wagenkolonne beim Äußeren Burgtor ein und Hitler nimmt hier den Gruß der SA, der SS, der Hitlerjugend und des Bundes deutscher Mädel entgegen. Dann steigen er und seine Begleiter die Stufen zum schmiedeeisernen Tor in die „Neue Burg" hinauf und treten auf den Balkon zum Mikrofon. Hinter ihnen steigt die Führerstandarte in die Höhe. Seyß-Inquart beginnt seinen vorbereiteten Text zu sprechen: „Mein Führer! Als letztes oberstes Organ des Bundesstaates Österreich melde ich dem Führer und Reichskanzler den Vollzug des gesetzmäßigen Beschlusses nach dem Willen des deutschen Volkes und seines Führers. Österreich ist ein Land des deutschen Reiches." Tosender Applaus von den Hunderttausenden, dann kann Seyß-Inquart fortsetzen: „Dem deutschen Volk und der ganzen Welt verkünde ich, dass Adolf Hitler als Führer und Reichskanzler zur Stunde in die Burg der alten Reichshauptstadt, der Hüterin der Krone des Reichs, eingezogen ist. Wonach Jahrhunderte deutscher Geschichte gerungen haben, wofür ungezählte Millionen der besten Deutschen geblutet haben und gestorben sind, was in heißem Ringen letztes Ziel, was in bitterster Stunde letzter Trost war – heute ist es vollendet: Die Ostmark ist heimgekehrt." Wieder antwortet stürmischer Beifall, Sprechchöre branden auf: „Wir danken unserem Führer!" Seyß-Inquart kommt zu seinem großen Finale: „Mein Führer! Die Kräfte aller Generationen des deutschen Volkes sind in Ihrem Wollen zusammengeballt, und Sie, mein Führer, schufen das Werk für alle Generationen der deutschen Zukunft. Heute grüßen alle Deutschen aus der Ewigkeit den Führer als den Vollender, heute grüßt der Führer das neue, ewige Deutschland! ... Mein Führer! Wie immer der Weg führt, wir folgen nach! Heil mein Führer!" Der „Führer" ist gut vorbereitet, er weiß um die Macht griffiger Formulierungen. Schon die Anrede an seine Zuhörer ist Programm: „Deutsche! Männer und Frauen!", sagt er und signalisiert: Die Begriffe „Österreicher" und „Österreich" gibt es nicht mehr. Und konsequent vermeidet er sie in seinen folgenden Ausführungen, so gut es geht: „In wenigen Tagen hat sich innerhalb der deutschen Volksgemeinschaft eine Umwälzung vollzogen, die wir heute wohl in ihrem Umfange sehen, deren Bedeutung aber erst spätere Geschlechter ganz ermessen werden. (...) Ich proklamiere nunmehr für dieses Land seine neue Mission. Sie entspricht dem Gebot, das einst die deutschen Siedler aus allen Gauen des Altreiches hierher berufen hat. Die älteste Ostmark des deutschen Volkes soll von jetzt an das jüngste Bollwerk der deutschen Nation und damit des Deutschen Reiches sein." Tosender Applaus unterbricht Hitler, der Gedanke vom „Bollwerk" kommt gut an. Und Hitler zögert nicht, ihn weiter auszuführen: „Dies Land ist deutsch, es hat seine Mission begriffen, es wird diese erfüllen, und es soll an Treue zur großen deutschen Volksgemeinschaft von niemandem jemals überboten werden. Unsere Aufgabe aber wird es nun sein, durch Arbeit, Fleiß und gemeinsames Einstehen und Zusammenstehen die großen

sozialen, kulturellen und wirtschaftlichen Aufgaben zu lösen, vor allem aber Österreich immer mehr zu einer Trutzburg nationalsozialistischer Gesinnung und nationalsozialistischer Willenskraft zu entwickeln und auszubauen." Die Menge tobt, begeisterte „Sieg Heil!"-Rufe sind die Antwort auf diesen geschickt formulierten Appell; Hitler muss warten, bis der Jubel etwas abebbt, dann setzt er mit einem Dank an die Parteifunktionäre fort, um schließlich zur Botschaft des Tages zu kommen: „Ich kann somit in dieser Stunde dem deutschen Volk die größte Vollzugsmeldung meines Lebens abstatten. Als Führer und Kanzler der deutschen Nation und des Deutschen Reiches melde ich vor der deut-

„Sieger" Hitler am Heldenplatz: Wie im Rausch genießen die Menschen die Illusion von neuer Macht und Stärke.

schen Geschichte nunmehr den Eintritt meiner Heimat in das Deutsche Reich" – Augenblicke des Schweigens, dann hebt er die rechte Hand zum Gruß. Der Applaus der Menge bricht los, in den tosenden Beifall mischen sich Jubelrufe und Sprechchöre. Hitler setzt den Schlusspunkt: „Deutschland und sein neues Glied, die Nationalsozialistische Partei und die Wehrmacht unseres Reiches Sieg Heil!" Auf dem Heldenplatz zu seinen Füßen hat die Hysterie einen neuen Höhepunkt erreicht; wie im Rausch genießen die Menschen die perfekt evozierte Illusion von neuer Macht und Stärke, das lang vermisste Gefühl, in den Reihen eines Siegers zu stehen. Sie glauben tatsächlich, wie G. E. R. Gedye schreibt, dass „mit der Ankunft des kleinen Mannes in der braunen Uniform" das „Tausendjährige Reich" angebrochen sei, und erleben „in einem unbeschreiblichen Aufschwung des Nationalgefühls", wie die *Neue Freie Presse* am Tag danach resümiert, eine „Wiedergeburt", ein „Bekenntnis der Treue und Liebe zum Führer, wie es erschütternder und erhebender undenkbar ist". Es sind diese Bilder, die die „Anschluss-Kundgebung" am Heldenplatz, die „Befreiungsfeier", zum Symbol für den Fall Österreichs werden lassen.

Der Festtag mit dem „Führer" ist noch nicht vorbei: Nach dem Mittagessen im Hotel Imperial nimmt Hitler, begleitet von Generaloberst von Brauchitsch, dem Oberbefehlshaber der Wehrmacht, und zahlreichen Generälen, an der Ringstraße eine Militärparade ab. Eine Tribüne gegenüber dem mit Hakenkreuzfahnen geschmückten Äußeren Burgtor, zu dessen Seiten „Opferflammen" aus den Pylonen lodern, ist aufgebaut worden; Ehrenformationen sind angetreten. Gemeinsam mit General „Lakeitel" Wilhelm Keitel und Seyß-Inquart begibt sich Hitler

in das Innere des Heldendenkmals und legt vor der Ehrentafel der k. u. k. Armee einen Kranz nieder, dann kehrt er auf die Tribüne zurück. Das „Dritte Reich" präsentiert zwei Stunden lang seine imponierende Wehrmacht: 400 Flugzeuge überfliegen im „Paradeflug" dröhnend die Stadt, die „Massen jubeln zu diesen Zeichen der vollendeten gesamtdeutschen Wehrbereitschaft empor" *(Völkischer Beobachter)*, auf der Prachtstraße Franz Josephs rollen deutsche Panzer und Flugabwehrgeschütze; Kraftradfahrer und leichte Artillerie; auch österreichische Truppen dürfen dem „Führer" huldigen: das Kraftfahrjägerbataillon II etwa und eine Schwadron Dragoner vom Dragonerregiment Nr. 1. Während sie mit gezogenem Säbel an der Tribüne vorbeireiten, ein „Bild von besonderer Schönheit", wie der Berichterstatter der *Neuen Freien Presse* befindet, spielt die Musikkapelle das Prinz-Eugen-Lied – Klänge aus einer untergegangenen Welt, die nun von den neuen Herren als Teil ihrer Vergangenheit reklamiert wird.
Den Soldaten folgen Heinrich Himmlers Polizisten und die Leibstandarte „Adolf Hitler", in „strammem Schritt" geführt von SS-Obergruppenführer Sepp Dietrich – sieben Jahre später, im Frühjahr 1945, wird er es sein, der das in Trümmern liegende Wien vergeblich gegen den Ansturm der Roten Armee zu verteidigen sucht.
Gegen 16 Uhr ist die Parade zu Ende; Hitler fährt, vorbei an den noch immer jubelnden Menschenmassen, die nun sogar durch die Absperrungsketten der Polizei drängen, zurück ins Hotel Imperial. Ein Termin wartet auf ihn: Kardinal Theodor Innitzer hat sich zu einem Gespräch angesagt. Als der Kirchenfürst vor dem Hotel vorfährt, empfängt ihn nicht nur der deutsche Botschafter Franz von Papen, sondern auch ein wüstes Pfeifkonzert; Rufe wie „In den Kanal mit dem Kardinal!" und „Nach Dachau, nach Dachau!" werden laut. Doch der „Führer" zeigt sich gnädig und in guter Stimmung. Er bietet Innitzer die Zusammenarbeit an, der Kardinal versichert Hitler, dass die Katholiken Österreichs sich loyal zum neuen Staat verhalten würden. Der „Führer" ist mit dieser Erklärung zufrieden, Innitzer darf gehen, auch er ist zufrieden, glaubt er doch in diesem Moment an ein mögliches Auskommen mit den Nazis.
Hitler tritt unverzüglich die Rückreise ins „Reich" an; um 19 Uhr landet er in München auf dem Flugplatz Oberwiesenfeld, auch hier begeistert empfangen von Tausenden von Menschen. Die Spitzen der Partei, des Staates und der Wehrmacht sind angetreten, um die „historische Tat" des „Führers" zu feiern. Und der Jubel scheint kein Ende zu nehmen. Er hat wieder alles richtig gemacht: Die Fahrt in die Innenstadt von München führt Hitler durch ein Spalier von 15.000 Fackelträgern. Eine mehrstündige Besprechung mit seinem Stellvertreter Rudolf Heß über den „Wiederaufbau" der NSDAP in Österreich steht noch auf dem Programm.
Deutsche Korrespondenten haben indes schon die Schlagzeile für ihren Bericht über den Wiener Auftritt des Reichskanzlers gefunden:

„Wien hatte seinen schönsten Tag."
Kaum jemand registriert, dass Heinrich Himmler an diesem Tag auch die Organisation der „Geheimen Staatspolizei" (Gestapo) in Österreich verfügt hat. Die Generaldirektion für öffentliche Sicherheit wird durch eine „Staatspolizeileitstelle" ersetzt, zu ihrem Leiter SS-Sturmbannführer Huber ernannt. Es beginnt der Terror der Gestapo.
Auch die Schikanen gegen die jüdischen Österreicher nehmen bald systematischen Charakter an: Ab Mai 1938 galten auch in der „Ostmark" die „Nürnberger Rassengesetze"; öffentliche Parks, Bäder, später auch Theater und Kinos dürfen von Juden nicht mehr besucht werden; jüdische Ärzte dürfen nur mehr jüdische Patienten behandeln, und alle Juden müssen eine „Kennkarte" bei sich tragen. Am 9. November 1938, in der sogenannten „Reichskristallnacht", kommt es in zahlreichen Orten zu schweren Ausschreitungen gegen jüdische Einwohner und jüdische Einrichtungen, und ab 1. September 1940 sind alle Juden ab dem 6. Lebensjahr zum Tragen des Judensterns verpflichtet – durch eine jahrzehntelange antisemitische Sprache möglich gewordener Terror, an dessen Ende der industrielle Massenmord steht.
Etwa 50.000 Juden verlassen zwischen März und November 1938 Österreich, unter ihnen zahlreiche Angehörige der intellektuellen und künstlerischen Elite der Ersten Republik: Sigmund Freud, Stefan Zweig, Berthold Viertel, Max Reinhardt, Alfred Polgar, Kurt Gödel, Otto Neurath, Robert Stolz und viele andere. Allein vom Lehrkörper der Philosophischen Fakultät der Universität Wien gehen 37 Lehrkräfte ins Exil, nur 8 werden nach 1945 zurückkommen – ein Verlust an geistiger Kreativität, der auch die Zweite Republik noch schwer belasten wird ...
Widerstand gegen die Gewaltmaschinerie der Diktatur scheint zwecklos, und doch bilden sich bereits im Sommer 1938 erste Gruppen, die es wagen, ihre Ablehnung der NS-Herrschaft zu formulieren, eine Haltung, die stets von der Drohung des Todes überschattet ist. Die Mitglieder des Widerstands kommen aus allen politischen Lagern der Ersten Republik: Kommunisten und Katholiken, Sozialdemokraten und Monarchisten finden sich im Kampf gegen den Staat Hitlers.
Am 9. April 1938, einen Tag vor der Volksabstimmung, ist Hitler wieder in Wien und spricht zum Abschluss des „Volksabstimmungskampfes" in der Halle des Nordwestbahnhofs. Die *Kronenzeitung* weiß, was sie dem Diktator schuldig ist: „Ihn erwählte Gott", schreibt sie, „der Welt zu zeigen, was in unserem Volke am edelsten Vermögen schlummert."

Literatur

Alisa Douer und Herbert Haupt, Wien, Heldenplatz. Mythen und Massen 1848–1998. Wien 1998 (Begleitbuch zur gleichnamigen Ausstellung)
Peter Stachel, Mythos Heldenplatz. Wien: Pichler Verlag 2002

ASPANGBAHNHOF
75.712

Von hier fuhren die Todeszüge

Wien/Aspangbahnhof · Oktober 1939–Oktober 1942

Bahnhofsidylle in Wien-Landstraße: Der Aspangbahnhof wird von der „Zentralstelle für jüdische Auswanderung“ zum Ausgangspunkt für die Deportationszüge gewählt.

Eisenbahn-Nostalgiker wissen über die kleine Bahnlinie aus der k. u. k. Zeit gut Bescheid. Geplant war einst, dass die hier abgehenden Züge über Aspang, Friedberg, Radkersburg, Agram *(Zagreb)*, Banja Luka und Novi Grad bis nach Saloniki fahren sollten. Doch die Wien-Saloniki-Bahn (W.S.B.), das ehrgeizige Projekt der „Ersten österreichischen Schiffahrts-Canal AG“, der Eignerin des Wiener Neustädter Kanals, erweist sich als Traum. Zwar kann man gemeinsam mit der „Société Belge des chemins de fer“ die k. k. privilegierte Eisenbahn Wien–Aspang (EWA) gründen, der ferne Balkan bleibt jedoch unerreicht. Stattdessen beginnt der Bau der 85 Kilometer langen Bahnlinie nach Aspang und bald bringen die Züge am Wochenende Ausflügler in die Bucklige Welt und ins Wechselland. Nur die aufgestellten Grenzsteine künden noch von der ursprünglichen Planung, tragen sie doch die stolzen Initialen W.S.B. Und im 3. Bezirk wird auf dem ehemaligen Hafengelände des Wiener Neustädter Kanals nach Entwürfen des Architekten Franz von Gruber ein repräsentativer Kopfbahnhof im historisierenden Renaissancestil errichtet. Im Juli 1879 fährt das letzte Schiff aus dem Kanalhafen; 1881 ist der Aspangbahnhof fertig.

Das 97 Meter lange Gebäude ist inzwischen aus dem Stadtbild Wiens verschwunden und man könnte es bei netter Eisenbahn-Nostalgie belassen, wären hier nicht auch zwischen Oktober 1939 und Oktober 1942 genau 47 Züge abgefertigt worden, die nicht nach Süden, sondern nach Norden fuhren und Menschen an Bord hatten, die dem Tode geweiht waren. Die Orte als Ziel hatten, deren Namen man kaum noch gehört hatte und die nach Ungewissheit und Unheil klangen.

Es beginnt damit, dass ein ehrgeiziger junger Mann namens Adolf Eichmann, Leiter der im August 1938 gegründeten „Zentralstelle für jüdische Auswanderung“ in der Prinz-Eugen-Straße 22, sich mit der Idee trägt, im eben erst von der Wehrmacht eroberten Polen, das zum „Generalgouvernement“ umgestaltet wird, ein „Judenreservat“ zu gründen, und zwar im Gebiet von Nisko am Grenzfluss San. Die Idee stößt auf Zustimmung bei seinem Vorgesetzten Reinhard Heydrich, dem Chef des Reichsicherheitshauptamts (RSHA), und auch Reichsführer SS Heinrich Himmler gefällt dieser Vorschlag zur Zwangsumsiedlung der Juden. Zwar stellt sich bald heraus, dass der Plan so nicht realisiert werden kann, doch Heydrich lässt dennoch Deportationstransporte aus Wien und Mährisch Ostrau *(Moravska Ostrava)* nach Nisko zusammenstellen.

Die Wiener Israelitische Kultusgemeinde erhält den Auftrag, eine Liste für den ersten „Transport" vorzubereiten. Eine große Täuschungsaktion läuft an: Den betroffenen Männern wird mitgeteilt, dass sie sich eine neue Existenz aufbauen könnten, sie sollen daher auch notwendige Arbeitsbehelfe, Werkzeug und Instrumente mitnehmen sowie Listen dieser Gegenstände anlegen. Zum Ausgangspunkt der „Nisko-Aktion" wählt man den Aspangbahnhof, da dieser abseits der großen Reiserouten in einem Industriegebiet liegt, wenig frequentiert ist und unliebsame Zeugen daher einfach fernzuhalten sind. Am 20. Oktober 1939, kurz vor 22 Uhr, ist es so weit: 912 jüdische Männer steigen am Aspangbahnhof mit umfangreichem Gepäck in den Zug nach Nisko, unter ihnen auch der 1892 in Wien geborene Metallarbeiter Leopold Sonnenfeld, der den Holocaust überleben wird. In seinen Erinnerungen berichtet er über diesen Exodus: „Inzwischen ist die G'schicht kommen mit dem Verschicken. Da sind wir in die Seitenstettengasse reingeholt worden, der Tempel war ja dann zu einem Lager umgearbeitet. Und es hat geheißen, im Oktober muss ich weg, muss ich Österreich (sic!) verlassen. Wir müssen uns in Polen ansiedeln. Wir sind dann gesammelt worden, und am 20. Oktober 1939 sind wir weggefahren vom Aspangbahnhof.

Ich hab mir mein Werkzeug mitgenommen, das ich in dem kleinen Kastl gehabt hab. Da hab ich mir mitgenommen, was ich als Schlosser, als Metallarbeiter brauchen kann. Und die Ärzte haben sich ihre Sachen mitgenommen, Schneidermeister haben sich ihre Sachen in die Waggons verladen, um sich draußen neu anzusiedeln. Am Aspangbahnhof ist unsere österreichische (sic!) Polizei zugestiegen. Wir haben nicht gewusst, was mit uns ist. In Mährisch-Ostrau ist die Polizei ausgestiegen und die Gestapo zugestiegen. Jetzt haben wir gewusst, was los ist. Sie haben uns alle Dokumente weggenommen, und wir sind weitergefahren und bis in die Nähe von Lublin gekommen."

Am 27. Oktober 1939 fährt der zweite Zug nach Nisko, diesmal mit 672 Männern. Die versprochene „Neuansiedlung" sieht so aus, dass nur 200 Handwerker im Lager von Nisko verbleiben können, die anderen Deportierten müssen ihr Gepäck ablegen und werden dann völlig mittellos mit Schreckschüssen über den San gejagt – geradewegs den Sowjets in die Hände. So wie Leopold Sonnenfeld geraten viele in sowjetische Arbeitslager in Sibirien; das Lager Nisko wird im Frühjahr 1940 bereits aufgelöst, 198 Menschen kehren nach Wien zurück, von wo sie später neuerlich deportiert werden. Aus Sibirien kommen bis 1957 etwa 100 Männer zurück nach Wien.

Eichmann und seinen Gehilfen ist klar, dass sie für ihr „Problem" – das „Reich" so rasch wie möglich „judenrein" zu kriegen, noch nicht die richtige „Lösung" gefunden haben. Da das Projekt „Reservat" gescheitert ist, konzentriert man sich im „Generalgouvernement" zunächst auf die Errichtung von Ghettos, so etwa auch in Opole Lubelskie (Woiwodschaft Lublin), das zum Ziel zweier „Tranporte“ wird, die am 15. und am 26. Februar 1941 den Aspangbahnhof verlassen. Deportiert werden nun auch Frauen und Kinder, insgesamt sind es 2.003 Menschen, die in Waggons 3. Klasse nach Norden fahren und im Ghetto von Opole Lubelskie eine notdürftige Unterkunft finden. Der Terror der Nazis lässt sie jedoch keine Hoffnung schöpfen: Das Ghetto von Opole Lubelskie wird ab Frühjahr 1942 in einigen Etappen „liquidiert“, die Insassen, unter ihnen auch die Wiener Juden, in die Vernichtungslager Belzec und Sobibor gebracht. Nur etwa 28 Menschen der beiden Transporte werden überleben …

Die beiden Transporte nach Opole Lubelskie bilden den Auftakt zur immer häufigeren Abfertigung von Deportationszügen; für die „Spielregeln“ erhält die Israelitische Kultusgemeinde von SS-Obersturmbannführer Dr. Karl Ebner, dem Leiter des „Judenreferats“ in der Gestapo-Leitstelle Wien, am 1. Februar 1941 genaue Anweisungen; für die Durchführung der „Transporte“ bleibt die „Zentralstelle für jüdische Auswanderung“ verantwortlich.

Die zur Deportation vorgesehenen Juden werden in Sammelstellen „zusammengetrieben“, so in der Castellezgasse 35, in der Kleinen Sperlgasse 2a oder in der Malzgasse. Allmählich wird es üblich, die Opfer nicht nur per schriftlicher Verständigung in die Sammelstelle kommen zu lassen, sondern regelrecht „auszuheben“: Mitten in der Nacht holt sie eine Gruppe von vier oder fünf Juden und einem SS-Mann aus ihren Wohnungen, die „Ausheber“ helfen noch beim Einpacken, dann geht es mit dem auf der Straße wartenden LKW zur Sammelstelle. Hier müssen sie oft tagelang auf den „Transport“ warten, zusammengepfercht

Ein Kopfbahnhof im historisierenden Renaissancestil: der 1881 fertiggestellte Aspangbahnhof.

auf Matratzen, gedemütigt und ihrer Menschenwürde beraubt. Emil Gottesmann, 1903 geboren und kaufmännischer Angestellter, Mitglied des Republikanischen Schutzbunds und der illegalen Revolutionären Sozialisten, 1943 nach Theresienstadt deportiert und 1944 von dort nach Auschwitz, schildert das weitere Schicksal der Opfer: „Vom Lager aus sind sie auf den Bahnhof geführt worden, in Lastautos. Die Autos hat man durch die Straßen Wiens geführt, das war schon bekannt, man hat das gesehen. Die Autos waren hinten offen, da hat man gesehen, dass da Leute drinnen sitzen. Am Aspangbahnhof im 3. Bezirk war eine ganze Zugsgarnitur für die ca. 1.000 Leute vom Transport. Der Aspangbahnhof war für solche Transporte bestimmt. So ein Transport ist alle 14 Tage gegangen, da war der ganze Bahnhof irgendwie abgesperrt. Die Verladung und so weiter hat sich ja in ein paar Stunden abgespielt, dann war das erledigt."

Und so sieht Wien zu, wie weiter Menschen aus seiner Mitte geholt, abtransportiert und in die Todeszüge getrieben werden. Aus den Personenwaggons 3. Klasse werden bald Viehwaggons, aus denen eine Flucht kaum möglich ist; schwer bewaffnete „Transportkommandos", bestehend aus einem Reserveoffizier und mindestens sechs Wachtmännern, begleiten die Züge. Am 19. Februar 1941 verlässt ein Zug mit 1.004 jüdischen Männern, Frauen und Kindern den Aspangbahnhof, Ziel ist Kielce nördlich von Krakau, wo ein neues Ghetto eingerichtet wird und die arbeitsfähigen Männer zur Zwangsarbeit eingesetzt werden. Das Ghetto von Kielce, in dem der Typhus zahlreiche Opfer fordert und die Nazi-Schergen eine wahre Schreckensherrschaft aufrichten, wird im August 1942 „liquidiert"; 21.000 Menschen werden nach Treblinka gebracht und dort in den Gaskammern ermordet; nur 2.000 können bleiben und kommen in die Arbeitslager von Pionki, Blizyn und Skarzysko Kamienna. 18 Wiener Juden dieses „Transports" überleben …

Am 5. März 1941 fährt vom Aspangbahnhof ein Zug nach Modliborzyce. 990 Männer, Frauen und Kinder drängen sich in den Waggons; viele sterben in dem kleinen Ort an der Südgrenze der Woiwodschaft Lublin an Hunger; im Oktober 1941 werden die überlebenden Juden zunächst nach Zaklików gebracht und von dort ins Vernichtungslager Belzec. Nur 13 Überlebende werden Wien wieder sehen …

Am 23. November 1941 wird Olga Hlawatsch aus Wolkersdorf im Weinviertel zusammen mit 1.000 anderen jüdischen Frauen, Männern und Kindern in Eisenbahnwaggons gepfercht, die vom Aspangbahnhof abfahren. Nach sechstägiger Fahrt kommt Olga Hlawatsch am 29. November 1941 in Kaunas in Litauen an. Unmittelbar nach der Ankunft werden sie und ihre Leidensgenossen von Angehörigen des Einsatzkommandos 3 unter dem Oberbefehl des SS-Standartenführers Karl Jäger und von litauischen Partisanen erschossen. Es gibt keine Überlebenden …

Wien sieht zu, wie Menschen abgeholt werden und für immer verschwinden: „Abtransport“ von Juden und ihren Habseligkeiten aus der Kleinen Sperlgasse in Wien-Leopoldstadt.

Zwischen dem 9. April und dem 5. Juni 1942 fahren vom Aspangbahnhof insgesamt vier Züge mit 4.000 jüdischen Männern, Frauen und Kindern nach Izbica südlich von Lublin ab. Von hier werden sie im Laufe des Sommers 1942 in das Vernichtungslager Belzec gebracht und ermordet. Es gibt keine Überlebenden dieser vier „Transporte“ …
Am 27. April 1942 um 19.11 Uhr, nach fast siebenstündiger „Einwaggonierung“ der Opfer, verlässt ein Zug mit 1.000 jüdischen Männern,

Frauen und Kindern den Wiener Aspangbahnhof. Ziel ist die Kleinstadt Wlodawa, ca. 100 Kilometer östlich von Lublin, wo der „Evakuierungstransport" am 29. April um 23 Uhr ankommt. Nach dem beinahe 52-stündigen Martyrium in den Waggons werden die Menschen aus dem Zug geholt und müssen noch in der Nacht die etwa sechs Kilometer lange Strecke bis zur Stadt Wlodawa zurücklegen, wo sie um 6 Uhr morgens eintreffen. Auch hier haben die Nazis ein Ghetto eingerichtet; die arbeitsfähigen Männer werden bei Entwässerungs- und Flussregulierungsarbeiten eingesetzt. Im Mai 1942 kommt es zur ersten „Selektion": Alte und kranke Menschen werden in das nur elf Kilometer entfernte Vernichtungslager Sobibor gebracht und dort in der Gaskammer ermordet; im Sommer 1942 trennt man die Kinder von ihren Eltern und tötet sie in Sobibor. Drei Angehörige dieses „Transports" überleben …

Am 20. Mai 1942 geht ein „Großtransport" vom Aspangbahnhof in das Vernichtungslager Maly Trostinec (Weißrussland). Der Zug ist sieben Tage unterwegs. Unmittelbar nach ihrer Ankunft in Maly Trostinec werden alle Deportierten ermordet. Niemand überlebt …

Am 17. Juli 1942 geht vom Aspangbahnhof bereits der 32. „Transport" ab: Wieder sind ungefähr 1.000 Menschen in den Waggons zusammengedrängt; der Zug fährt direkt ins Vernichtungslager Auschwitz …

Straßenschild am „Platz der Opfer der Deportation".

Am 9. Oktober 1942 fährt der letzte Deportationszug vom Aspangbahnhof. Der „Transport" trägt die Nr. 47 und führt nach Theresienstadt. Etwa 1.000 Menschen sind im Zug, nur wenige überleben den Holocaust …

Im Oktober 1942 enden die großen Deportationstransporte. Ende 1942 können die „Organisatoren" des Genozids zufrieden nach Berlin vermelden, dass Wien beinahe „judenrein" sei. Der Transport am 3. März 1943, der von der Postrampe des Nordbahnhofs abfährt, umfasst „nur mehr" 75 Juden. Der Aspangbahnhof wird aber weiterhin für „Judentransporte" genützt, dabei werden meist nur mehr einzelne Waggons an fahrplanmäßige Züge angehängt. Mit mörderischer Konsequenz verfolgen Hitlers Schergen die Ausrottungspolitik bis zum

Ende: Noch am 19. März 1945, wenige Wochen vor der Befreiung Wiens, werden elf Juden vom Aspangbahnhof nach Theresienstadt verschickt. Insgesamt werden bis Kriegsende 65.000 österreichische Juden von den Nazis ermordet.

„Niemals vergessen“: der Gedenkstein für die Opfer der Todeszüge.

Nach Kriegsende hält am Aspangbahnhof wieder der „normale“ Eisenbahnalltag Einzug. Während der Besatzungszeit nützen ihn die Briten als Kopfbahnhof; dann verliert die Lokalbahn jedoch immer mehr an Bedeutung, vor allem nach Eröffnung der Schnellbahnhaltestelle Rennweg 1971. Im selben Jahr noch wird der Aspangbahnhof gesperrt und schließlich 1977 abgebrochen. Der Bedeutung des Ortes für die Erinnerung an den Holocaust in Österreich wird von offizieller Seite lang nicht erkannt; erst am 5. Mai 1994 beschließt der Gemeinderatsausschuss für Kultur eine entsprechende Benennung der sogenannten „Aspanggründe“, die als „Stadtentwicklungsgebiet“ der Neugestaltung harren: „Platz der Opfer der Deportation“. Am 8. Mai 1995 wird dieser Erinnerungsort im Rahmen einer kleinen Feier eingeweiht; es sprechen Bezirksvorsteher Erich Hohenberger, der Präsident der Israelitischen Kultusgemeinde Wien Paul Grosz und Kulturstadträtin Ursula Pasterk. Der Platz erhält seinen Namen am 50. Jahrestag der bedingungslosen Kapitulation der Deutschen Wehrmacht und damit des offiziellen Kriegsendes in Europa.
Eine Gedenktafel, enthüllt während der Feier am 8. Mai 1995, erinnert an das Geschehen:

In den Jahren 1939–1942 wurden vom ehemaligen Aspangbahnhof
zehntausende österreichische Juden in Vernichtungslager transportiert
und kehrten nicht mehr zurück
Niemals vergessen

Literatur

Alfred Gottwald und Diana Schulle, Die „Judendeportationen“ aus dem Deutschen Reich 1941–1945. Wiesbaden 2005
Gerhard Kletter, Der Aspangbahnhof und die Wien-Saloniki-Bahn. Erfurt 2006
Herwig Wolfram (Hrg.), Geschichte der Juden in Österreich. Wien 2013

In der Hölle von Mauthausen

Steinbruch „Wiener Graben“ · 1938–1945

Unmenschliche Sklavenarbeit im KZ Mauthausen: der Rückmarsch der Häftlinge über die „Todesstiege“.

Ende des 18. Jahrhunderts beginnt im Markt Mauthausen im unteren Mühlviertel die Steinindustrie aufzublühen; Hunderte von Arbeitern finden hier in den Steinbrüchen neue Verdienstmöglichkeiten und können sich eine sichere Existenz aufbauen. Die Qualität des Granits aus Mauthausen spricht sich rasch herum: „Man lernte da die Schönheit und Härte des Gesteins kennen und machte ihn der Kunst dienstbar“, schreibt Archivrat und Pfarrer Josef Mayr in seiner 1908 erschienenen *Geschichte des Marktes Mauthausen.* Pflastert man zunächst in Wien und Linz nur die Straßen damit, so beginnt sich das bald zu ändern. Der Bildhauer Franz Anton Zauner verwendet für das Piedestal seines Kaiser-Joseph-Monuments Gestein aus Mauthausen und meißelt später aus diesem Material eine Kaiser-Joseph-Statue für den botanischen Garten in Schönbrunn; Antonio Canova erschafft seinen Theseus für den Volksgarten ebenfalls aus Mauthausener Granit. Zu Beginn des 20. Jahrhunderts klopfen und hämmern etwa 1.200 Arbeiter in den Steinbrüchen des Markts und erhalten mit dem Verdienst aus dieser Tätigkeit ihre Familien. Die schweren Quadersteine aus Mauthausen sind in der Monarchie weithin geschätztes Baumaterial; Eisenbahnbrücken werden damit ebenso errichtet wie die Unterbauten von Kirchen und anderen Gebäuden. Der Großkunde Gemeinde Wien entscheidet sich gar für eine eigene Lösung: Man erwirbt mit dem „Wiener Graben“ in der Katastralgemeinde Marbach einen eigenen Steinbruch in Mauthausen und lässt hier die Pflastersteine für die Metropole schlagen; später kauft man auch noch den Steinbruch „Bettelberg“.

Im März 1938, nur wenige Tage nach dem „Anschluss“, tauchen in den Mauthausener Steinbrüchen, aus Wien kommend, plötzlich Männer in schwarzen Uniformen auf, unter ihnen auch die beiden gefürchteten Drahtzieher des SS-Gewaltapparates: Reichsführer SS Heinrich Himmler und Oswald Pohl, der Leiter der SS-Betriebe. Die Herren haben große Pläne; sie haben die Idee geboren, hier in der Nähe der von Hitler so favorisierten „Neugestaltungsstadt“ Linz ein neues Konzentrationslager zu errichten und die Häftlinge in den Steinbrüchen arbeiten zu lassen. Die Inspektion verläuft zur Zufriedenheit Himmlers und Pohls und man zögert nicht – am 7. April 1938 spricht SS-Obersturmbannführer Arthur Ahrens von der Reichsführung der SS in München, begleitet von Dr. Josef Schadler, dem Geologen des Landesmuseums in

Linz, beim Wiener Magistratsdirektor Dr. Hornek vor und kommt gleich zur Sache: Die Reichsführung der SS möchte, dass ihnen die Stadt Wien die beiden Steinbrüche „Wiener Graben“ und „Bettelberg“ überlässt, da hier ein Konzentrationslager für 3.000 bis 5.000 Leute errichtet werden solle. Noch am selben Tag geht die Antwort der Stadt Wien nach München: „Auf das heute gestellte mündliche Ersuchen wird mitgeteilt, dass die Stadt Wien grundsätzlich bereit ist, die in ihrem Eigentum ste-

Die Mordarena der SS: der Steinbruch „Wiener Graben".

henden Steinbrüche ‚Wiener Graben' und ‚Bettelberg' in Mauthausen der Reichsführung SS für die Errichtung eines Konzentrationslagers zur Verfügung zu stellen." Die einzige Bedingung der Stadt: Man möchte, dass der Eigenbedarf an Steinen auch weiterhin aus den beiden Steinbrüchen gedeckt werden kann.
Mit der Zusage Wiens im Rücken geht die SS daran, die geschäftlichen Voraussetzungen für das Unternehmen Mauthausen zu optimieren. Am

29. April 1938 gründen Funktionäre der SS die Firma „Deutsche Erd- und Steinwerke, GmbH", abgekürzt auch „DEST". Oswald Pohl regelt ihre Finanzierung und bestimmt die Geschäftsführung. Erster Geschäftsführer wird, wie könnte es anders sein, Arthur Ahrens, der auch als Gesellschafter fungiert und treuhändisch für RM 10.000,– Stammkapital zeichnet. Dieselbe Summe verantwortet auch der zweite Gesellschafter, SS-Oberführer Dr. Walter Salpeter. Ahrens erweist sich in den Augen Pohls bald als unfähig für diese Aufgabe und wird schon 1939 durch Dr. Salpeter ersetzt; vom Herbst 1941 bis Kriegsende ist SS-Obersturmbannführer Karl Mummenthey leitender Geschäftsführer der DEST. Während die Firma schon handlungsfähig ist und mit dem Bau von je einem Großziegelwerk in Sachsenhausen und Buchenwald beginnt, verhandelt man am 5. Mai 1938 in Wien noch die Details der Transaktion Mauthausen; wieder sind zwei Herren von der SS aus München eingetroffen, ihr Gesprächspartner ist diesmal der Bürgermeister selbst, der ehemalige GESIBA-Generaldirektor und prominente „Illegale" Hermann Neubacher. Zur Diskussion steht der Entwurf eines Pachtvertrags, der die Verpachtung des Bettelberg-Marbacher-Bruches auf zehn Jahre gegen einen jährlichen Pachtzins von RM 5.000,– vorsieht. Weiters soll die Stadt Wien am Umsatz beteiligt werden und entsprechende Lieferungen von Steinmaterial bekommen. Man einigt sich grundsätzlich; wenig später, am 16. Mai 1938, fixiert die Gemeinde Wien die Verpachtung der Steinrüche „Wiener Graben" und „Marbacher-Bruch" an die DEST; der „Bettelberg-Bruch" verbleibt vorerst noch im Besitz der Stadt. Am selben Tag nimmt die SS mit vorerst 30 Zivilarbeitern den Betrieb in den beiden Steinbrüchen auf; am 18. August 1838 übergibt sie das Gelände der DEST, für die bereits die neuen „Arbeitskräfte" bereitstehen: Zehn Tage zuvor, am 8. August 1938, sind aus dem KZ Dachau die ersten 300 Häftlinge angekommen, Österreicher und einzelne deutsche „Polizei-Sicherheitsverwahrungs-Häftlinge", die nun beim Bau des Hauptlagers Mauthausen und ab Herbst 1939 auch bei der Errichtung des Nebenlagers Gusen eingesetzt werden. Mit den Häftlingen aus Dachau kommen auch ihre Bewacher: Angehörige der SS, die ab diesem Tag die Idylle im „Heimatgau des Führers" in einen Ort des Terrors verwandeln. Erster Kommandant des Lagers ist der aus Pommern stammende Albert Sauer; bald wirft man ihm „zu große Milde" gegenüber den Häftlingen vor und so folgt ihm am 9. Februar 1939 der Ausbilder der SS-Totenkopfstandarte III, der Münchner Nazi Franz Ziereis, nach. Er wird 1942 auch Betriebsdirektor der „Granitwerke Mauthausen". Über dem Schreibtisch von Franz Ziereis hängt eingerahmt sein Wahlspruch:

Ein Pfui dem Mann,
der nicht schlagen kann.
Noch lebt das Gebot:
Schlag' tot, schlag' tot!

Waggonladungen mit Pflastersteinen und Granitwürfeln verlassen bald regelmäßig Mauthausen. Und die DEST macht ein hervorragendes Geschäft: Der Gesamtumsatz der KZ-Produktionsstätten der DEST – dazu zählt neben Mauthausen etwa auch das KZ Flossenbürg – wächst von bescheidenen 133.000 Reichsmark im Jahre 1938 auf knapp 15 Millionen Reichsmark im Jahre 1943 an.
Die Zahl der in den beiden Steinbrüchen eingesetzten Arbeitssklaven steigt rasch; bis Ende 1938 werden über 1.000 Häftlinge nach Mauthausen eingewiesen. Im Frühjahr 1939 kommen die politischen Gegner der Nazis aus dem Sudetenland ins Lager, dann erstmals auch als „asozial“ diskriminierte „Zigeuner“ aus dem Burgenland und erste jüdische Häftlinge. Und mit den Siegen Hitlers auf dem Kontinent wird Mauthausen zum Sammelbecken für Opfer des Nazi-Terrors aus ganz Europa: Polnische Intellektuelle und sowjetische Kriegsgefangene, republikanische Spanier und holländische Juden, Angehörige von insgesamt 30 Nationen, sehen sich Tag für Tag mit der Unmenschlichkeit und dem Sadismus der Schergen Hitlers konfrontiert. Im Herbst 1940 treffen die ersten Kinder und Jugendlichen im Alter zwischen 13 und 18 Jahren ein, im April 1942 die ersten Frauen. Und am 9. Mai 1942 wird die Gaskammer „in Betrieb genommen“: 208 sowjetische Kriegsgefangene sterben einen qualvollen Tod.
Die Nazi-Bürokratie erfindet für Mauthausen die Kategorie „Lagerstufe III“ – hier werden Menschen in „Schutzhaft“ genommen, deren Rückkehr „unerwünscht“ ist; offiziell sind dies „schwerbelastete, unverbesserliche, auch gleichzeitig kriminell vorbestrafte und asoziale, das heißt kaum noch erziehbare Schutzhäftlinge“, tatsächlich aber sind 93 Prozent der Insassen auf Grund ihrer nationalen, rassischen, religiösen Zugehörigkeit oder ihrer politischen Orientierung im Lager; einziges Ziel ist es, sie auszubeuten bis zum Tode.
Das Arbeitstempo, das von der SS im „Wiener Graben“ vorgegeben wird, ist dementsprechend mörderisch; bis zur Erschöpfung jagen die Wachen die Häftlinge durch das Gelände. Da jegliche Sicherheitsvorkehrungen fehlen, sind Unfälle an der Tagesordnung. Am Ende des Arbeitstages, der im Sommer um 6.30 Uhr, im Winter um 7.30 Uhr beginnt und je nach Jahreszeit bis 16.45 Uhr, längstens bis 18.30 Uhr, dauert, wartet eine besondere Schikane: der Rückmarsch über die „Todesstiege“. Sie besteht aus 151 (heute 186) Stufen, gebildet aus ungleich großen Felsblöcken, die bis zu einem halben Meter hoch sind. Dazwischen fehlen die Steine auch manchmal, sodass sich die Häftlinge über steilen, rutschigen Lehmboden quälen müssen. Da die Angehörigen des „Steinträgerkommandos“ mehrmals täglich einen schweren Stein hochschleppen müssen, wird das wiederholte Bezwingen der „Todesstiege“ zur ungeheuren Anstrengung für sie; jeder Sturz, jedes Ausrutschen kann den Tod bedeuten. Bleibt ein Häftling vor Erschöpfung stehen, so wird er von der SS aufgefordert, den Stein

Schikanen ohne Ende: Häftlinge bei der Sklavenarbeit im „Wiener Graben".

abzuwerfen und „freiwillig" in die SS-Postenkette zu gehen, wo er erschossen wird. Wer sich weigert, seiner Erschießung entgegenzugehen, wird mit Gewalt zur Postenkette getrieben. Als Todesursache wird dann „Auf der Flucht erschossen" vermerkt.

Für die schwere Arbeit im Steinbruch reicht die magere Kost, die man den Häftlingen vorsetzt, bei weitem nicht: Zum „Frühstück" – geweckt wird im Sommer um 4.45 Uhr, im Winter um 5.15 Uhr – erhält jeder 5 Deziliter schwarzen Ersatzkaffee ohne Zucker, manchmal gibt es auch die gleiche Menge „Extraktsuppe". Das „Mittagessen" besteht aus etwa einem Liter Steckrübeneintopf, in dem neben den Futterrüben auch einige Kartoffeln und 25 Gramm Fleisch bzw. Fett schwimmen sollen. Am Abend händigt man jedem Häftling 300 bis 400 Gramm Graubrot und 25 Gramm Wurst aus, manchmal statt der Wurst auch 25 Gramm Margarine – insgesamt eine Tagesration von etwa 1450 Kalorien. Nagender Hunger ist daher der ständige Begleiter der Häftlinge; zahlreiche Krankheiten sind die Folge dieser Unternährung. Penibel dokumentierten die Ärzte des Lagers das Durchschnittsgewicht des „guternährten" Häftlings: 42 bis 48 kg.

Eine beliebte „Unterhaltung" der SS-Wachen ist das „Fallschirmspringen": Dabei werden die Opfer gezwungen, die zwischen „Todesstiege" und Zufahrtsstraße befindliche Steilwand des Steinbruchs hinunter in den Tod zu springen. Viele der Unglücklichen zerschellen am Fuß der Wand oder fallen in einen der tiefen Wassertümpel, in denen sie ertrinken. „Beliebt" ist die „Fallschirmspringerwand" auch bei jenen, die die Qual im Lager nicht mehr zu ertragen vermögen – sie wählen für ihren Freitod den Sprung in die Tiefe.

Die Straße von der „Todesstiege" zum Lager ist durch Stacheldraht gesichert; auch hier stehen zahlreiche SS-Posten, an denen die Häftlinge vorbei müssen. Immer wieder kommt es zu Zwischenfällen, gibt es doch für den „Abschuss" eines Häftlings drei Tage Sonderurlaub und eine Geldprämie. Einzelne Stellen sind gefürchtet: so das „Judenloch", in dem zahlreiche jüdische Häftlinge getötet werden, oder der „Rosengarten", der sich knapp vor der „Todesstiege" rechts von der Straße befindet. Hier züchten die SS-Leute Rosen für ihre Liebsten und töten Gefangene, die ihnen ein Dorn im Auge sind, vor allem Offiziere der Alliierten. Die Unglücklichen werden aufgefordert, den Garten zu betreten und Rosen zu pflücken; folgen sie dem Befehl, werden sie von den SS-Männern erschossen.

Beste Stimmung bei den Nazi-Schergen: Reichsführer SS Heinrich Himmler und Mauthausen-Kommandant Franz Ziereis (links), 1941. Insgesamt kommen in Mauthausen und seinen Nebenlagern mehr als 105.000 Menschen ums Leben.

Da die SS beim Töten der Juden keine Munition verschwenden will, nützt sie „Todesstiege“ und „Fallschirmspringerwand“ auch für gezielte größere Mordaktionen. So wird die erste Gruppe holländischer Juden, die im Sommer 1942 nach Mauthausen kommt, am zweiten Tag nach ihrer Ankunft in den „Wiener Graben“ getrieben. Eugen Kogon schildert in seinem Buch *Der SS-Staat* das Schicksal der Todgeweihten: „Sie durften die 148 (sic!) Stufen, die in die Tiefe führten, nicht hinuntergehen, sondern mussten im seitlichen Steingeröll hinunterrutschen, was vielen bereits den Tod oder zumindest schwere Verletzungen eintrug. Man legte ihnen dann die zum Steintragen bestimmten Bretter über die Schultern, und zwei Häftlinge wurden gezwungen, jedem Juden einen überschweren Stein auf das Brett zu heben. Dann ging es im Laufschritt die 148 Stufen aufwärts! Zum Teil fielen die Steine gleich nach hinten, so dass manchem Nachfolgenden die Füße abgeschlagen wurden. Jeder Jude, dem der Stein herunterfiel, wurde entsetzlich geschlagen, der Stein von neuem aufgeladen. Viele verübten aus Verzweiflung gleich am ersten Tag Selbstmord, indem sie sich von oben in die Tiefe stürzten. Am 3. Tag öffnete die SS das ‚Todestor‘: Man trieb die Juden unter furchtbaren Prügeln über die Postenkette, wo sie von den Turmposten mit den Maschinengewehren haufenweise niedergeschossen wurden. Tags darauf sprang jeweils nicht mehr bloß einer der Juden in die Tiefe, sondern sie gaben einander die Hand, und der erste zog neun bis zwölf Kameraden hinter sich her in den schrecklichen Tod. Es dauerte nicht sechs, sondern knapp drei Wochen, und der Block war judenleer.“

Wie Eugen Kogon berichtet, bitten die Zivilangestellten der DEST im Steinbruch vergeblich, das „Fallschirmspringen“ zu verhindern, da sie den „grausigen Anblick“ der Gehirn- und Fleischfetzen, die am Gestein kleben, nicht mehr ertragen könnten. Die SS kümmert sich darum jedoch wenig; das zynische Morden im „Wiener Graben“ geht weiter. Seinen Höhepunkt erreicht es am 31. März 1943. SS Reichsführer Himmler ist zu Besuch im Lager; vor seinen Augen wirft man 1.000 holländische Juden die Steilwand hinunter; wer nicht sofort tot ist, wird von den SS-Wachen am Fuß der Wand getötet. „Dem Steinbruch gegenüber war die Hölle, wie Dante sie beschrieb, ein Lunapark“, wird der Mauthausen-Überlebende Simon Wiesenthal später feststellen.

Herr über Tod und Leben im „Wiener Graben“, in dem auch 25 zivile Angestellte tätig sind, ist ab dem Frühjahr 1942 SS-Obersturmführer Johannes Bernhard Grimm, den die spanischen Häftlinge nur *El Seco*, den „Dürren", nennen. Grimm, Angestellter der DEST, verheiratet und Vater einer Tochter, seit 8. Oktober 1941 Mitglied der SS und ab 10. April 1942 bei der Waffen SS, wird später vor dem US-Militärgericht in Dachau aussagen, dass während seiner dreijährigen Ägide etwa 10.000 Menschen im Steinbruch ums Leben gekommen sind, die meisten von ihnen ermordet durch die SS-Wachen. Neben dem Steinbruch hat Grimm einen kleinen „Küchengarten" für seinen persönlichen Gebrauch angelegt; als Dünger verwendet er Asche aus dem Krematorium des Konzentrationslagers. Das bunte Gemüse in Grimms Garten verlockt so manchen Häftling zum Diebstahl; wer erwischt wird und wenn auch nur bei dem Versuch, eine Tomate oder eine Kartoffel zu stehlen, ist ein toter Mann.

„Dem Steinbruch gegenüber war die Hölle, wie Dante sie beschrieb, ein Lunapark" (Simon Wiesenthal): die „Todesstiege" heute.

Grimms unmittelbarer Untergebener ist Steinbruchmeister Otto Drabek, doch der Mann, den die Häftlinge am meisten fürchten, ist SS-Hauptscharführer Hans Spatzenegger. Der schmalgesichtige Mann, der vorgibt, „Ingenieur" zu sein, und Zigarrenraucher ist, hat das Handwerk des Tötens in Dachau gelernt und verbreitet nun in Mauthausen Angst und Schrecken. Geboren am 1. März 1900, ist Spatzenegger seit 1933 mit der Mitgliedsnummer 22057 in den Reihen der SS tätig; seit 1938 ist er Mitglied der Waffen SS und ein derart fanatischer Anhänger des Nationalsozialismus, dass ihn sogar seine eigenen Kameraden von der SS nur „der Nazi" nennen; für die Häftlinge ist er der „Spatz", der sich einen Spaß daraus macht, seine Zigarre auf den Genitalien seiner Opfer auszudämpfen, nachdem er ihnen befohlen hat, die Hose runterzulassen. Das „Scheusal" Spatzenegger, so berichtet ein Überlebender, habe Häftlinge, die nach dem Fall von der „Fallschirmspringerwand" noch lebten, getötet, indem er sich „mit dem Stiefelabsatz so lange auf ihre Gurgel" stellte, „bis kein Atemstoß mehr zu bemerken war". Mit besonderem Hass verfolgt „der Nazi" Angehörige der Zeugen Jehovas, die er als „Himmelskomitee" und als „Bibelwürmer" bezeichnet. Neuankömmlingen unter ihnen erklärt er: „Kein Zigeuner und kein Bibelforscher wird hier lebend wieder herauskommen. Höchstens kommt ihr alle nur durch den Kamin des Krematoriums wieder heraus."
Dem oberösterreichischen Kommunisten Richard Dietl (1911–1971), der als Einziger von den mit ihm am 7. September 1944 verhafteten KP-Kameraden Mauthausen überlebt, verdanken wir eine eindrucksvolle Schilderung des Alptraums „Todesstiege". Verurteilt zur Strafkompanie im Steinbruch, wird er am 18. September 1944 vom Kapo Nr. 18, Paul Beck, zusammen mit seinen 15 Leidensgenossen an Spatzenegger übergeben:
„Herr Hauptscharführer, das sind die Hunde, die in Österreich eine neue Regierung bilden wollten! Worauf ihm der Hauptscharführer die Antwort gab, die Steine von 80 bis 110 Kilo aufzusuchen und hernach zu einem großen Steinhaufen zu führen. Dort befand sich schon ein Rottenführer. Als erstes, bevor uns der Steinblock gegeben wurde,

bekam jeder einen Faustschlag vom Rottenführer. Dann hieß es Aufnehmen der Steine, worauf wir Kräftigen zuerst aufhalfen. Teufl Sepp, Höllermann Hermann, Wagner, Fritz Alois und ich hatten jeder einen Stein nicht unter 100 Kilogramm. Hier begann dann der zweite Leidensweg. Bis zur Stiege waren es zirka 100 Meter bergauf zu gehen. Dort brachen schon mehrere Kameraden zusammen und wurden von der SS wie Hunde überfallen und mit Peitschen und Ochsenziemern bereits tot geschlagen."

Als Erste aus der Gruppe der Kommunisten erschießen die SS-Wachen an diesem Tag Hermann Bichlbauer und Ferdinand Sigmund aus Steyr; sieben weitere Männer werden an diesem Tag getötet: „Was das Bild auf dieser berüchtigten Stiege ergab, ist nicht zu beschreiben. Höllermann stand oben auf der Stiege, blutüberströmt. Ich selbst sah mich noch um und konnte mit Wahrheit sehen, wie ihn zwei SS-Männer schlugen und in den Draht warfen, wo zwei SS-Posten schon mit dem Gewehr warteten und seinem Leben mit zwei Schüssen ein Ende bereiteten. Als nächste kamen dann Schwarzlmüller und Fritz Alois entgegen, mit der Bitte: Richard, Du bist einer, der noch Kraft hat; halte durch; grüße meine Frau und meine Kinder, wenn es Dir gelingt, daß Du es noch ertragen kannst. Wir wissen, daß wir jetzt sterben müssen, denn unsere Kräfte sind zu Ende. Mit weinenden Augen nahmen wir voneinander Abschied. Ich hörte drei Schüsse und wußte, wen sie getroffen haben." (zitiert nach: www.kommunisten-online.de)

Hans Spatzenegger, der Hunderte von Morden mit eigener Hand begeht, steht eines Tages selbst dem Henker gegenüber: Er wird 1947 im Dachauer „Mauthausen Hauptprozess" gegen die SS-Besatzung von Mauthausen und Gusen zusammen mit 57 anderen Mittätern – unter ihnen auch Johannes Bernhard Grimm und Gauleiter August Eigruber – vom US-Militärgericht *(General Military Government Court)* zum Tode verurteilt und am 27. Mai 1947 in Landsberg am Lech am Galgen hingerichtet.

Im Herbst 1943 wird der Arbeitseinsatz von Häftlingen im „Wiener Graben" gedrosselt; man benötigt die Arbeitskraft der Sklaven nun für die Rüstungsproduktion. Im Steinbruch wird daher eine Produktionsstätte für Flugzeugbauteile für die Firma Messerschmitt eingerichtet. Anfang 1945 beginnt man auf dem Gelände des Steinbruchs mit dem Bau von Baracken für weibliche Häftlinge.

Nach der Befreiung durch US-Truppen im Mai 1945 kommt das KZ Mauthausen im Sommer 1945 unter sowjetische Verwaltung. Einige Monate lang quartiert man Soldaten der Roten Armee hier ein, dann steht es leer, eine Geisterstadt des Todes, die für die Rotarmisten und die Bevölkerung der Umgebung ein willkommenes „Materiallager" abgibt.

Am 20. Juni 1947 übergibt die sowjetische Besatzungsmacht das ehemalige KZ Mauthausen in einem feierlichen Akt der Republik Österreich. Die Bedingungen: Der Lagerkomplex muss erhalten bleiben und zu einer Gedenkstätte umgestaltet werden. Im Übergabeprotokoll verpflichtet sich die Bundesregierung, „die Gebäude des ehemaligen Konzentrationslagers Mauthausen als Denkmal zur Erinnerung an die durch nazistische Henkersknechte hingemordeten Opfer in ihre Obhut zu nehmen und zu erhalten". Einige Monate vorher, im April 1947, besucht eine Delegation ehemaliger österreichischer Häftlinge das seit Juni 1946 frei zugängliche Lager und ist schockiert über die „unfassbaren" Zustände: „Ein Platz, der in jedem anderen Lande eine Weihestätte wäre, ist bei uns eine Mistgstäten (sic!) und Kartoffelacker." Einige Baracken sind zu diesem Zeitpunkt bereits völlig verschwunden, in den noch vorhandenen Gebäuden fehlen zum Teil bereits Tür- und Fensterstöcke, Sanitäreinrichtungen und Elektroinstallationen. Immerhin erreicht der aufrüttelnde Bericht, dass nun endlich mit Aufräumungsarbeiten begonnen wird.

Die Errichtung der Gedenkstätte, die schließlich am 2. Mai 1949 eröffnet wird, wird von einer heftigen öffentlichen Diskussion begleitet. Nicht wenige Stimmen vertreten die Ansicht, dass das KZ Mauthausen nicht Teil der österreichischen Kultur sei; als „unösterreichisch" und „landfremd" dürfe es daher nicht konserviert werden. Überlebende des Lagers wiederum stoßen sich an der „beschönigenden" Gestaltung der Gedenkstätte, die nach dem Abriss zahlreicher weiterer Baracken einen „sanatorienhaften" Eindruck vermittle und die Realität des erlebten Grauens nicht mehr wiedergeben könne. Oberösterreichs Landeshauptmann Heinrich Gleißner (ÖVP) verteidigt in seiner Eröffnungsansprache die Entscheidung für das „Öffentliche Denkmal" Mauthausen jedoch mit Nachdruck: „Es sind Zweifel laut geworden, ob es richtig ist diesen Schandfleck zu erhalten. Die einen sagen, hier wird Hass verewigt, es sei kein Schaustück für Neugierige, die dritten meinen, dass niemals die Atmosphäre eines KZ der Nachwelt überliefert werden dürfte. Aus zwei Gründen ist es jedoch notwendig, das Lager zu erhalten: Hunderte und tausende Angehörige aus allen Ländern Europas kommen hierher, um wenigstens die Stelle zu sehen, wo der letzte Seufzer ihres Liebsten ausgehaucht wurde. Es ist Pflicht, hier auf diesem gigantischen Friedhof auch die äußersten Merkmale des Gedenkens zu zeigen. Das Testament der Toten ist es, eine Welt zu bauen, die bereit ist, die Andersdenkenden nicht zu vernichten, sondern anzuerkennen."
Mit der Verschärfung des Kalten Krieges und der forcierten Wiedereingliederung der ehemaligen Nazis in die österreichische Gesellschaft rückt die Gedenkstätte Mauthausen an den Rand der öffentlichen Wahrnehmung; erst in den 1970er-Jahren gewinnt sie als Ort, an dem „politische Bildung" vermittelt wird, neue Bedeutung; die Besucherzahlen steigen. 2003 kann der Historiker und Holocaust-Fachmann Bertrand Perz in seiner Habilitation über die Nachgeschichte Mauthausens

zu Recht feststellen: „Für Österreich ist Mauthausen heute ein Gedächtnisort im Sinne Pierre Noras, eine Art säkularer heiliger Ort, wie es ihn hier kein zweites Mal gibt."

Literatur

Hans Marsálek, Die Geschichte des Konzentrationslagers Mauthausen. Dokumentation. Wien 2006

Landesgericht Wien · Das Graue Haus

Mitten in Wien steht es, eine „babylonische Festung" (Gerhard Roth) mit langen Gängen, mit Zimmern, Kammern und Zellen: das Graue Haus. Ein wuchtiger spätklassizistischer Bau mit vergitterten Fenstern, an dem der Verkehr der Großstadt vorbeiflutet, abweisend und kalt, niemand betritt ihn, der nicht unbedingt muss. 1.248 Menschen wurden hier hingerichtet, getötet im Namen des Kaisers, des „Führers" und der Republik. Allein in der Zeit von 1938 bis 1945 sterben hier 537 Widerstandskämpfer durch die Hand der Nazi-Schergen, 647 Menschen werden wegen militärischer oder „gemeiner Verbrechen" exekutiert. Ein Schicksal sei herausgegriffen:
Am 2. November 1943 wird Elfriede Hartmann zum Schafott geführt. Sie ist 22 Jahre alt, zum Tode verurteilt wegen ihrer Widerstandstätigkeit innerhalb des illegalen Kommunistischen Jugendverbandes. Eine hübsche junge Frau, die im Herbst 1939 an der Universität Wien die Fächer Chemie und Physik inskribiert hat und nach der Verpflichtung zum Arbeitsdienst und einem Fabrikseinsatz als „Mischling" keine Erlaubnis zur Fortsetzung ihres Studiums erhält. Sie engagiert sich als Funktionärin des Kommunistischen Jugendverbandes und organisiert die Herstellung und Verbreitung der „staatsfeindlichen Hetzschriften" *Die Rote Jugend* und *Der Soldatenrat*. Am Heiligen Abend des Jahres 1942 wird sie festgenommen, am 22. September 1943 findet vor dem Volksgerichtshof in Wien die Verhandlung statt. Auch die Vorbereitung von „Sabotageakten" findet sich nun auf der Anklageschrift. Für die tapfere junge Frau gibt es keine Rettung: „Wegen Vorbereitung zum Hochverrat und Feindbegünstigung" wird das Todesurteil gesprochen. Elfriede Hartmann, die so gerne studiert hätte und nun auf den Tod wartet, schreibt in einem Kassiber vom 15. September an ihre Eltern: „Bitte, auch ihr dürft euch keinen Illusionen hingeben, ihr müsst den Dingen gefasst ins Auge blicken. Bitte, ihr müsst mit der Überzeugung zur Verhandlung kommen, dass es für mich nur ein Urteil geben kann. Meine Lieben, ich will euch nichts vormachen, darf es auch gar nicht, denn die Reaktion wäre noch viel furchtbarer dann für euch."

Gedächtnisstätte für die Opfer des Kraftwerkbaus: Gedenkkreuz und Barbara-Kapelle auf der Bielerhöhe, errichtet 1965–1967 von der Vorarlberger Illwerke AG.

„Deutschlands höchste Baustelle" – die Bielerhöhe

Adolf Hitler ernennt Franz Hofer am 29. April 1945, am Vortag seines Selbstmordes, zum „Reichsverteidigungskommissar der Alpenfestung". Franz Hofer wird im Juni 1949 in Abwesenheit zum Tod verurteilt.
Im Juni 2008 lädt die Stadt Dornbirn ehemalige Zwangsarbeiter und Zwangsarbeiterinnen aus dem Ort Rowenki zu einem Besuch ein; im Gegenzug organisieren die Historiker Margarethe Ruff und Werner Bundschuh ein offizielles „Österreicher-Fest der ehemaligen Zwangsarbeiter/innen" in Rowenki. 55 ehemalige Zwangsarbeiter/innen sind anwesend.
Die Illwerke AG lässt eine Gedenktafel anbringen:
„Die Würde des Menschen ist unteilbar. Wir gedenken aller Männer und Frauen, die auf den Baustellen der Vorarlberger Illwerke AG ums Leben gekommen sind. Unter ihnen waren von 1939 auch Zwangsarbeiter und Kriegsgefangene aus vielen Ländern Europas."
Mit Florian Freund und Bertrand Perz wird man feststellen müssen, dass „wesentliche Grundlagen des ‚Wiederaufbaus' Österreichs durch die Arbeit von zum großen Teil zwangsweise eingesetzten zivilen AusländerInnen, Kriegsgefangenen, KZ-Häftlingen und ungarischen Juden" geschaffen wurden.

Literatur

Margarethe Ruff, Um ihre JUGEND betrogen. Herausgegeben von der Vorarlberger Autoren-Gesellschaft. Bregenz 1996
Werner Bundschuh, Zwangsarbeiter während des Zweiten Weltkrieges auf den Baustellen der Illwerke.

Drama am Südostwall

Kreuzstadl Rechnitz · 24./25. März 1945

Massaker um Mitternacht: der Kreuzstadl bei Rechnitz.

Es ist die Nacht zum Palmsonntag, dem 25. März 1945. Auf Schloss Rechnitz hat die Besitzerin des Anwesens, Gräfin Margit Batthyány-Thyssen, zur Party geladen, ein fröhliches „Kameradschaftsfest“ steht auf dem Programm. Um 21 Uhr treffen die ersten Gäste ein; vom Krieg – die Front ist etwa fünfzig Kilometer entfernt – will man hier noch nichts wissen. Die Gastgeberin, 1911 als Tochter des steinreichen deutschen Großindustriellen Heinrich von Thyssen-Bornemisza hier geboren, hat ihr Haus in den letzten Monaten ganz der Nazi-Prominenz geöffnet, die hier so etwas wie ihren Hauptstützpunkt in diesem Abschnitt des „Südostwalls“ gefunden hat. Wochenlang hat man in den Kellergewölben auch Hunderte Juden zusammengepfercht; täglich hat man sie von hier zur Arbeit an den Feldbefestigungen getrieben; angeblich hat sich Gräfin Margit den Anblick der Unglücklichen nie entgehen lassen.

Und auch an diesem Abend lässt sich die 34-Jährige nicht lumpen. Eine Musikkapelle spielt auf, man tanzt und lacht; der Alkohol fließt in Strömen. Etwa vierzig bis fünfzig Personen sind der Einladung gefolgt, unter ihnen auch der 1911 in Wien geborene Gestapobeamte Franz Podezin, der Ortsgruppenleiter von Rechnitz, der den Unterabschnitt Rechnitz I beim Bau des „Südostwalls“ leitet. Er hat seine „Kanzleikraft im Einsatzstab“ Hildegard Stadler, eine Lehrerin aus Stainz, mitgebracht, angeblich auch seine Geliebte. Die örtliche Nazi-Elite ist fast vollzählig vertreten, anwesend sind etwa NSV-Kreisamtsleiter Schachenreiter, der ehemalige Bürgermeister von Oberwart Ludwig Groll, Vertreter des Kreisleiters Edmund Nicka, und der aus Köflach stammende Glasermeister Josef Muralter, Leiter des Abschnittes Rechnitz II – er hat für die Gräfin die Organisation des Festes übernommen. Auch Graf Ivan, der Mann Margit von Batthyánys, der jenseits der ungarischen Grenze in Körmend ein Gestüt betreibt, und der Gutsverwalter Hans Joachim Oldenburg, die rechte Hand der Gräfin, ein enger Freund Podezins und ebenso skrupelloser Nazi wie dieser, amüsieren sich bestens. Margit von Batthyány, so wird ein Zeuge später berichten, findet vor allem an den Tanzkünsten von Kreisleiter-Stellvertreter Ludwig Groll reges Gefallen.

Gegen 23 Uhr wird Podezin zum Telefon gerufen. Die Vorbereitungen für eine besondere „Unterhaltung“, so der Inhalt des Anrufs, seien abgeschlossen. Franz Podezin zögert daher nicht, mit einer Idee aufzu-

warten, wie man sich noch besser amüsieren könnte: „Geh'n ma Jud'n erschießen!" – ein Vorschlag, der bei den fünfzehn Gästen, die er von Hildegard Stadler in die Waffenkammer des Schlosses rufen lässt, auf lautstarke Zustimmung stößt. Man versorgt sich mit Gewehren und Munition – ausgegeben werden die Waffen vom Waffenmeister des Schlosses, einem Rechnitzer namens Karl Muhr, der als einer der besten Schützen der Gegend und gefürchteter Wilderer gilt, mit den Nazis aber nichts am Hut hat. Die Opfer hat Podezin bereits „organisiert": 180 völlig erschöpfte, teils kranke und an Erfrierungen an Armen und Beinen leidende ungarische Juden, die für den Arbeitseinsatz am „Südostwall" zu schwach sind und deshalb zum Bahnhof Rechnitz zurückgeschickt wurden; drei Männer sterben kurz nach dem „Ausladen" aus den Waggons an Entkräftung. Sie gehören zu einem Transport von 600 Juden, die am frühen Morgen aus Güns (Köszeg) eingetroffen sind. Für 21 Uhr hat Podezin einen LKW bestellt, der die halb verhungerten Menschen etappenweise abholen und zum sogenannten „Kreuzstadel" bringen soll, einer Scheune, die etwa 15 Gehminuten vom Schloss entfernt ist und auf halbem Weg zwischen Bahnhof und Ort liegt. Bewacht werden die Juden von zwei Vertrauten des Ortsgruppenleiters, einem gewissen Gottfried Brunner und dem aus Hodis stammenden Volkssturmmann Stefan Beiglböck, dem Josef Muralter um etwa 19 Uhr durch den Hundertschaftsführer Hermann Schwarz die letzten Anweisungen zukommen lässt: Die Juden würden ohnehin „in einer Stunde umgelegt werden", man solle ihnen daher nichts mehr zu essen geben.
In zwei Autos machen sich Podezin und die Partygäste auf den Weg zum Kreuzstadel; einige ziehen es vor, zu Fuß durch die Märznacht zu wandern, werden dann aber von Ludwig Groll mitgenommen. Als man beim Kreuzstadel eintrifft, wartet hier schon der mit den ersten 25 Juden „beladene" LKW. Am Steuer sitzt ein gewisser Franz Ostermann, begleitet wird er von Hundertschaftsführer Hermann Schwarz und zwei SA-Männern aus Leoben, die „möglicherweise Leugert und Weber heißen".
Man befiehlt den Todgeweihten, von der Ladefläche zu steigen. Sie sind bereits so entkräftet, dass sie sich gegenseitig beim Aufstehen helfen müssen. Während der LKW sofort zum Bahnhof Rechnitz zurückfährt, um die nächsten 25 Opfer heranzukarren, müssen sich die Juden „in der Nacht und der noch immerhin winterlichen Kälte auf einer Wiese nackt ausziehen, zu einem Graben gehen und sich dortselbst niederknien". Dann beginnen die Partygäste mit dem Töten – sie schießen die Opfer in den Kopf. Dann wartet man auf die nächste „Fuhre". Insgesamt sind es sieben „Ladungen", die antransportiert werden; etwa drei Stunden dauert das Blutbad; dann kehren die Mörder aufs Schloss zurück, wo man nach Aussagen von Zeugen bis in die Morgenstunden weiterfeiert. Achtzehn Juden hat man verschont; sie müssen am Morgen ihre toten Landsleute begraben; ihre Kleidungsstücke, Mäntel, Schuhe, Röcke, Hemden und sogar die Unterhosen werden von Franz Ostermann mit

dem LKW ins Schloss gebracht. Die „Totengräber" treibt man in den Kreuzstadel, wo sie unter strenger Bewachung den Tag verbringen; zwei Juden sterben während des Tages an Entkräftung. In der Nacht vom Palmsonntag auf den Karmontag werden die Überlebenden auf Befehl von Oldenburg und Podezin vom Kutscher der Gutsverwaltung, einem Mann namens Johann Paal, auf einem Pferdefuhrwerk zum Schlachthaus von Rechnitz gebracht. Von dort geht es noch etwa 400 Meter in nordöstlicher Richtung weiter; dann hält der Leiterwagen unmittelbar neben den bereits für die Juden ausgehobenen Gräbern. Die Mörder warten schon: Zwei SA-Leute befehlen den Juden abzusteigen, ihre Oberkleider auszuziehen und die Essschalen abzugeben. Mit Stockschlägen treiben sie ihre Opfer an den Rand der Gräber, wo sie sich niedersetzen müssen und anschließend erschossen werden, einige werden offenbar auch erschlagen. Einer der Juden versucht zu flüchten, wird jedoch von den SA-Männern wieder eingefangen; man zwingt ihn, mit einer Schaufel die in das Grab gerutschte Erde wieder herauszuschaufeln, dann erschießt man auch ihn. Johann Paal fährt noch vor Beginn der „Liquidierung" mit den Kleidern der Juden zum Schloss nach Rechnitz zurück. Vor Gericht wird er später aussagen, dass sein Bruder Josef den Kreisleiter Podezin zusammen mit Hildegard Stadler in der Nähe des „Tatortes" gesehen habe. Die Stadler habe sich bei Podezin eingehängt gehabt und eine Aktentasche getragen, aus der der Griff einer Maschinenpistole hervorragte.

Erwähnt sei an dieser Stelle, dass es wenige Tage später, am 29. März, auch in Deutsch-Schützen zur Massenerschießung von ungarischen Juden kommt. Angehörige der SS-Division „Wiking" töten auf einer Waldlichtung südwestlich der Pfarrkirche von Deutsch-Schützen bis zu 57 jüdische Zwangsarbeiter. In der Anzeige des Bezirksgendarmeriekommandos Oberwart vom 31. August 1945 an die Staatsanwaltschaft Wien heißt es darüber:

„Dortselbst sicherten 4 Feldgendarmen und 1 SS-Mann den Platz durch Aufstellen rundherum des Grabens. Die Juden wurden vorerst angewiesen ihr Werkzeug abzulegen. Dann mußten sie vortreten und ihre Uhren abgeben. […] Dann mußten sich die Juden nebeneinander im Graben aufstellen. Sodann schoß der SS Unterscharführer Storms mit einer Pistole, und der SS Hauptscharführer und 1 Feldgend. mit einer Maschinenpistole die Juden nieder. Noch bevor die Juden in den Graben gingen, flehten sie die SS Männer mit gefalteten Händen an, sie mögen sie doch nicht erschießen. Doch dies war vergebens und die SS Männer versetzten mehreren Juden mit den Füßen Tritte, so daß diese in den Graben fielen."

Erst 1995 wird das Massengrab entdeckt und zu einem Grabdenkmal, eingeweiht im Juni 1996, umgestaltet.

In der Nacht vom 29. zum 30. März 1945 erreicht die Rote Armee Rechnitz, das von der SS noch drei Tage lang verteidigt wird. Wer kann, flieht in die Höhlen und Wälder des Geschriebensteins; während der Kampfhandlungen geht auch das Schloss in Flammen auf – um Beweismaterial zu vernichten, wird es vermutlich von den Deutschen selbst in Brand gesteckt. Gräfin Margit Batthyány kann sich zuvor nach Westen absetzen, begleitet wohl von ihrem Gutsverwalter Oldenburg, vielleicht auch von Franz Podezin, von dem Gerüchte wissen wollen, dass er eine Liaison mit der Gräfin hätte. Wohl unterstützt von ihrer adeligen Freundin, gelingt es den beiden Nazi-Mördern, nach Kriegsende unterzutauchen.

Die Bluttat vom Palmsonntag bleibt den Sowjets nicht lange verborgen: Sie entdecken die frischen Massengräber, die sie am 5. April öffnen lassen. Ein Protokoll wird angefertigt, das insgesamt 21 Gräber, jedes vier bis fünf Meter lang und einen Meter breit, dokumentiert. In jedem Grab, so das Dokument, hätten sich 10 bis 12 Juden befunden, die durch Genickschuss mit Pistolen oder automatischen Gewehren getötet worden seien. Die Ermordeten seien stark abgemagert, ihre Körper übersät mit Blutergüssen und blau verfärbten Stellen – ein Indiz dafür, dass sie vor ihrem Tod noch mit Stöcken und Gummiknüppeln geschlagen worden seien. Am 12. April 1945 wird dieses Protokoll sogar in einigen sowjetischen Zeitungen abgedruckt; von österreichischer Seite glaubt man zunächst an ein Gräuelmärchen.

Kein Widerstand hatte sich geregt gegen die Ermordung von 200 Menschen, niemand hatte eine Hand erhoben, niemand wollte die gellenden Hilfeschreie der Opfer und die Schüsse gehört haben. Die Bluttat jedoch ist nicht vergessen: Am 26. September 1945 wagt es das Bezirksgendarmeriekommando Oberwart, für die Gerechtigkeit in die

Der „Kreuzstadl", so genannt wegen seines kreuzförmigen Grundrisses, gehörte zum ehemaligen Meierhof des Gutes Batthyány.

Bresche zu springen: Man erstattet Anzeige bei der Staatsanwaltschaft Wien gegen Franz Podezin und weitere sieben Personen wegen des Verdachts der Ermordung von ca. 220 (sic!) Juden bei der sogenannten „Remise", einem kleinen Nadelgehölz in der Nähe des Rechnitzer Bahnhofes. Ihre Nachforschungen, so vermerken die Oberwarter Gendarmen in der Anzeige, seien „auf verschiedene Schwierigkeiten" gestoßen und in der Bevölkerung sei „eine gewisse Zurückhaltung" zu diesem Verbrechen zu bemerken; außerdem habe man zu wenige Berufsgendarmen, um die „notwendigen Arbeiten" zu bewältigen. Sie haben mit ihrer Initiative dennoch Erfolg, denn am 12. Oktober 1945 beantragt die Staatsanwaltschaft Wien die Einleitung der Voruntersuchung gegen

Eduard Nicka, Franz Podezin und weitere sieben Verdächtige „wegen Ermordung, Misshandlung und Verletzung der Menschenwürde von beim ‚Südostwallbau' in Rechnitz eingesetzten Juden". Gegen eine weitere Person wird die Einleitung der Voruntersuchung nur „hinsichtlich Misshandlung und Verletzung der Menschenwürde von ungarischen Juden" beantragt. Konkret wird die „wenigstens stichprobenweise Exhumierung" der Ermordeten angeordnet. Dazu gibt Dr. Wiltschke, der provisorische Amtsarzt von Rechnitz, am 17. Dezember 1945 vor dem Bezirksgericht Oberwart ein Gutachten ab, in dem er feststellt, dass bei Grabungen an den von Zeugen angegebenen Stellen tatsächlich die Überreste von Leichen gefunden worden seien. Zwei Schädel habe man genauer untersucht: „Es handelte sich (…) bei beiden untersuchten Schädeln um Tötung durch Kopf-Nah-Schüsse."
Bereits zuvor hat die Kommunistische Partei des Burgenlandes die Burgenländische Landesregierung in einem Artikel in ihrer Zeitung *Freies Burgenland* vom 7. Dezember 1945 darauf hingewiesen, dass man bei der so genannten „Remise" insgesamt 21 Gräber, jedes mit sieben bis zehn Leichen ermordeter Juden, gefunden habe, man fordere deshalb die Einsetzung einer Gerichtskommission.
Doch noch wissen sich die Täter zu schützen und schrecken dabei auch vor weiteren Gewalttaten nicht zurück: Als ein Wiener Erhebungsbeamter im März 1946 nach Rechnitz kommt und mit dem Kronzeugen Karl Muhr, dem ehemaligen Waffenmeister im Schloss der Batthyánys, der sich nun durch Hilfsarbeiten über Wasser hält, einen Gesprächstermin vereinbart, verkündet dieser stolz im Wirtshaus: „Jetzt werde ich den Mord zur Sühne bringen!" – am Abend desselben Tages, es ist Ostersonntag, der 24. März 1946, wird er im Wald, beim sogenannten „Zigeunersteig", durch Genickschuss getötet, sein Leichnam mit Benzin übergossen und in Brand gesteckt. Die Täter rauben dem Toten die Schlüssel und dringen damit in dessen Wohnung in der Judengasse 23 in Rechnitz ein, die sie durchsuchen und dann in Brand stecken. Wie die Witwe Muhrs dem Berichterstatter des Wiener *Abends* versichert, kenne sie den Auftraggeber des Mordes, ja, der ganze Ort wisse, wer der Verdächtige sei, die Angst, selbst getötet zu werden, zwinge sie jedoch zum Schweigen – der „Fluch dieser Taten aber lebt in der Angst weiter, in der die Rechnitzer vor den Mördern leben", schließt der Korrespondent des *Abends* seinen Bericht.
Tatsächlich folgen weitere Morde der „Nazifeme": Am 15. April 1946 wird der 50-jährige ungarische Zahntechniker Aladar Horvath auf dem Heimweg von der Arbeit durch drei Genickschüsse getötet und seine Leiche in einen Brunnenschacht geworfen. Horvath ist Assistent von Dr. Wiltschke, der die Leichen der ermordeten Juden obduziert und die Genickschüsse als Todesursache festgestellt hat, und kannte auch Karl Muhr. Da die Leiche von den Verwandten Horvaths nach Ungarn gebracht wird, bleibt es bei einem dürren Aktenvermerk der Rechnit-

zer Gendarmen, die sich nur wenige Wochen später schon wieder mit einem Mordalarm konfrontiert sehen: In der Nacht zum 6. Mai 1946 wird der 30-jährige Bauer Michael Babzel auf seinem Einschicht-Hof bei Rechnitz von unbekannten Tätern erschossen; neuerlich wird ein Raubmord vorgetäuscht. Und auch Juden geraten wieder ins Visier der alten Nazis: In der Nacht vom 11. zum 12. September 1946 eröffnen unbekannte Täter an der Straße zwischen Rechnitz und Lockenhaus das Feuer auf einen Pkw, besetzt mit den beiden Juden Nikolaus Weiß und Abraham Grünwald. Bei dem Überfall wird Nikolaus Weiß getötet; Abraham Grünwald erleidet schwere Verletzungen.
Die Polizei betreibt die Nachforschungen mit wenig Nachdruck, wichtige Indizien werden verschlampt; ein Verdächtiger, der 30-jährige Rechnitzer Elektroschweißer Alois Grafl, wird zwar verhaftet, es gelingt ihm aber, den Verdacht von sich abzuwenden und seine Freilassung zu bewirken. Im Sommer 1951 wird Grafl auf Grund neuer Verdachtsmomente in Wien erneut verhaftet, mit ihm werden drei weitere verdächtige Männer aus Rechnitz in Gewahrsam genommen; es gelingt ihnen aber, den Tod Muhrs als „Wildererdrama" darzustellen.
Inzwischen ziehen sich die von der Staatsanwaltschaft eingeleiteten Voruntersuchungen beinahe zwei Jahre lang dahin; erst am 27. November 1947 wird Anklage gegen fünf Beschuldigte wegen „vielfachen vollbrachten gemeinen Mordes" erhoben. Es sind dies: Stefan Beiglböck, Ludwig Groll, Josef Muralter, Hermann Schwarz und Hilde Stadler. Die Hauptverhandlung findet vom 28. Juni bis 12. Juli 1948 statt; die Anklage vertritt der Erste Staatsanwalt Dr. Mayer-Maly, der selbst als Zwangsarbeiter am Südostwall eingesetzt war. Seltsamerweise wollen sich die Zeugen nun an nichts mehr erinnern können; in der Voruntersuchung noch gesprächig, entlasten sie jetzt die Verdächtigen, die sich konsequent mit der Lüge rechtfertigen, dass die Juden an Flecktyphus gelitten hätten und deshalb erschossen worden seien. Einer der wichtigsten Zeugen, der ungarische Staatsangehörige Ing. Paul Szomogyi, ein Überlebender des Transports vom 24. März, ist plötzlich verschwunden; auch der als Zeuge vorgeladene Rechtsanwalt Dr. Ludwig Draxler, unter Schuschnigg Finanzminister und später KZ-Häftling in Dachau, zieht dem Auftritt vor Gericht einen „Urlaub" in der Schweiz vor.
Um möglichst Klarheit zu gewinnen, ordnet der Volksgerichtshof einen Lokalaugenschein in Rechnitz an, mit dabei auch der Berichterstatter des *Abends*. Seiner Schilderung zufolge löst das Auftreten der Wiener Behörde beim Kreuzstadel eine wahre „Volksversammlung" aus, selbst Frauen mit ihren Kindern am Arm erscheinen bei der Ruine, um sich nichts entgehen zu lassen. Der Wiener Journalist berichtet von der entscheidenden Szene: „Der Angeklagte Groll wird vorgerufen und wiederholt am Tatort mit unbewegter Miene seine Aussagen: ‚Die kranken Juden wurden in der Nacht mit Wagen vom Bahnhof geholt, hier muss-

ten sie sich nackt ausziehen und hier wurden sie erschossen. Wer sie erschossen hat, weiß ich nicht. Ich habe nur die Leichen eingegraben …'
Groll ist ein hochgewachsener Mann mit grauen Schläfen. Er macht seine Aussage ohne jede innere Bewegung. ‚Wo sind die Gräber?', fragt mit leiser Stimme der Staatsanwalt.
‚Hier müssen sie sein', antwortet Groll und weist auf den bebauten Acker. ‚Es waren sechs Gräber, gegen 150 Tote liegen darin.'
Kein Mensch, der hinter der Ruine des ausgebrannten Kreuzstadels stand, konnte sich des Grauens erwehren. Es stieg aus der feuchten Ackererde, unter der die Gebeine der Ermordeten vermodern. 150 Tote! Das ganze Feld ist ein einziger Friedhof und die Bevölkerung weiß das. Frauen brachen in leises Weinen aus, Männer wandten sich ab. Da geht auch im Gesicht des Angeklagten eine Veränderung vor. Es wird langsam bleich."
Nach dem Lokalaugenschein in Rechnitz wird die Verhandlung im Bezirksgericht Oberwart fortgesetzt; die Angeklagten werden von einer aufgebrachten Menge mit Pfuirufen empfangen. Am nächsten Tag kehrt der Volksgerichtshof nach Wien zurück.
Trotz aller Bemühungen scheitert das Gericht jedoch an der Konkretisierung der Verdachtsmomente: So werden am 6. Verhandlungstag die Angeklagten Stefan Beiglböck und Hildegard Stadler freigesprochen, schon zuvor durften Hermann Schwarz und auch Johann Paal, der Kutscher des Schlosses, als freie Männer nach Hause gehen. Die Urteile am Schlusstag des Prozesses fallen – wenig überraschend – nicht allzu hart aus: Der Angeklagte Ludwig Groll wird zu acht Jahren schweren Kerkers und Vermögensverfall verurteilt; der Angeklagte Josef Muralter zu fünf Jahren schweren Kerkers und Vermögensverfall.
Da klar ist, dass die Drahtzieher des Massakers noch immer nicht gefasst sind, ermittelt die Staatsanwaltschaft weiter, nun vor allem gegen Eduard Nicka, den ehemaligen Kreisleiter von Oberwart und SA-Obersturmbannführer, den man verdächtigt, mitverantwortlich für die Erschießungen in Rechnitz zu sein. Nicka leugnet alle Delikte, die man ihm vorwirft; schließlich behauptet er sogar, nie Kreisleiter gewesen zu sein. Unterstützung erhält er durch Aussagen der Bevölkerung, die nun alle Eide schwört, dass der Nicka ein „gerechter, hilfsbereiter Mann" gewesen sei. Den Vogel schießt dabei der Pfarrer von Unterschützen ab, der behauptet, dass Nicka vom „ersten Tage seiner öffentlichen Tätigkeit als guter Mensch gewirkt" habe, in seinen Entscheidungen habe er sich von „keiner Parteidoktrin" leiten lassen, sondern nur „von seinem guten Herzen". Die Staatsanwaltschaft scheitert so kläglich bei dem Versuch, Nicka eine Verwicklung in die Massaker von Deutsch-Schützen und Rechnitz nachzuweisen; wegen seiner Tätigkeit als „Illegaler" vor 1938 und als Kreisleiter wird Eduard Nicka am 1. Oktober 1948 zu drei Jahren schweren Kerkers und Vermögensverfall verurteilt – am

17. Dezember 1948 wird er vom Bundespräsidenten begnadigt und am 20. Dezember aus der Haft entlassen; 1956 erhält er auch sein Vermögen zurück; 1958 wird der Mann, der seinen Parteifreunden als „besonders verlässlicher und vertrauenswürdiger Nationalsozialist" galt, Landesparteiobmann der FPÖ Burgenland.

Und Franz Podezin? Wie ein Aktenvermerk vom 13. August 1948 beweist, weiß die Staatsanwaltschaft auf Grund einer mündlichen Mitteilung des Gendarmerieabschnittskommandos Oberwart inzwischen, dass er sich zusammen mit Hans Joachim Oldenburg und der Gräfin Batthyány in der Schweiz befindet; es gelingt ihr aber nicht, seinen genauen Aufenthaltsort auszuforschen. Erst später wird bekannt, dass ihm Margit von Batthyány eine kleine Wohnung über einer Bar in Lugano beschafft hat, in der er einige Jahre verbringt. Schließlich wird Podezin der Boden in der Schweiz jedoch zu heiß unter den Füßen und er wechselt wieder nach Deutschland, wo er in Kiel einen Unterschlupf findet. Da er sich auch hier nicht sicher fühlen kann, beginnt er seinen alten Kumpan Oldenburg und die Gräfin zu erpressen: Wenn sie ihm nicht Geld für die Flucht nach Südafrika gäben, so schreibt er an Oldenburg, würde er sie beide „durch den Schmutz" ziehen. Margit von Batthyány zieht es vor zu zahlen und das zur rechten Zeit, denn die Fahnder sind ihm auf der Spur: Im Juli 1962 hat sich das Bundesministerium für Justiz in Wien noch einmal an die deutschen Kollegen in Bonn gewandt. Am 2. Jänner 1963 schreibt der Amtsgerichtsrat Opitz von der „Zentralen Stelle der Landesjustizverwaltungen zur Aufklärung nationalsozialistischer Verbrechen" in Ludwigsburg: *„Da Podezin sehr*

Grabmal und Mahnmal zugleich: Der Kreuzstadl ist zur Gedenkstätte für alle Opfer des Südostwallbaus geworden.

Die Drahtzieher des Blutbades bleiben unbehelligt: Beim Prozess von 1948 gegen einen Teil der Täter scheitert das Gericht an der Konkretisierung der Verdachtsmomente. Die Wiener Tageszeitung „Der Abend" berichtet täglich über den Fortgang der Verhandlung.

Heute und täglich: Josephine Baker über den Rassenkrieg in den USA

Dr. Wilhelm Steiner, einer der drei Präsidenten des neuen KZ-Verbandes

Der Abend

Erscheint täglich (Sonntag ausgenommen) um 13 Uhr

Preis 35 Groschen

Abonnement (mit Postzustellung) Inland . . . S 7.80 Ausland . . S 13.—

Redaktion und Verlag: Wien, I. Fleischmarkt 3

Telephon R 20-5-50 Serie

Telegrammadresse: Wienerabend

Inseratenannahme: I. Fleischmarkt 3, 1. Stock

Nr. 110 — Wien, Mittwoch, 7. Juli — Jahrgang 1948

An der Stätte des Verbrechens

Das Massaker beim Tanzfest

Der Sonderberichterstatter des „Abend" war mit dem Volksgericht in Rechnitz

Oesterreichs Chancen im Stockholmer Länderkampf

Heute acht Seiten

Oesterreichischer Olympiafahrer: Schwergewichtsboxer Ameisbichler hat Aussichten auf eine Medaille

Der Abend

Erscheint täglich (Sonntag ausgenommen) um 13 Uhr

Preis 35 Groschen

Redaktion und Verlag: Wien, I. Fleischmarkt 3

Telephon R 20-5-50 Serie

Telegrammadresse: Wienerabend

Inseratenannahme: I. Fleischmarkt 3, 1. Stock

50-S-Rätselcoupon 10. Juli 1948

Nr. 113 — Wien, Samstag, 10. Juli — Jahrgang 1948

Immer neue Geheimnisse um den Rechnitzer Prozeß

Kronzeuge wird durch Radio gesucht — Minister a. D. Dr. Draxler plötzlich in die Schweiz gereist

enge Beziehungen zur Gräfin Margit Batthyány, der Ehefrau des seinerzeitigen Besitzers des Schlosses unterhält, besteht der Verdacht, daß sie sowohl Oldenburg als auch Podezin bei ihrer Flucht nach West-Deutschland behilflich war und sie in einem Unternehmen der Familie Thyssen untergebracht hat." Seltsam nur, dass Margit von Batthyány trotz dieses konkreten Verdachts von der Justiz unbehelligt bleibt. So kann Franz Podezin seinen Vorsprung nützen: Vermutlich im Mai 1963 verlässt er Kiel; über Kopenhagen oder auch die Schweiz flüchtet er nach Spanien und von dort nach Südafrika. Hier verliert sich seine Spur. Die letzte Adresse des Mörders von Rechnitz in Südafrika: 1 Briley Court, De Jager Street, Hillbrow, Johannesburg …

Margit von Batthyány, die sich auf dem Gestüt „Erlenhof" bei Bad Homburg ganz der Pferdezucht widmet, kehrt einige Jahre später sogar noch einmal nach Rechnitz zurück, diesmal als „Feriengast" im neu erbauten „Jagdhotel" der Batthyánys. Sie stirbt am 15. September 1989 in der Schweiz.

Ein Dokumentarfilm (1994) von Margareta Heinrich und Eduard Erne verfolgte unter dem Titel „Totschweigen“ die weiteren Ereignisse. Literatur-Nobelpreisträgerin Elfriede Jelinek setzte sich in ihrem Stück *Rechnitz (Der Würgeengel)*, uraufgeführt am 28. November 2008 in den Münchner Kammerspielen, mit dem Massaker auseinander.
Seit 1991 bemüht sich die Rechnitzer Flüchtlings- und Gedenkinitiative (RE.F.U.G.I.U.S) unter ihrem Vorsitzenden Paul Gulda darum, dass der Kreuzstadl als Mahnmal erhalten bleibt. Durch eine private Spenden-Initiative von Marietta Torberg, Karl Prantl und David Axmann ist es 1993 möglich, die Ruine des Kreuzstadls zu erwerben und an den Bundesverband Israelitischer Kultusgemeinden zu übergeben. In der Zwischenzeit ist diese Ruine zu einem beeindruckenden Symbol des Gedenkens an den Holocaust geworden. Weil bis zum heutigen Tag das tatsächliche Massengrab in Rechnitz nicht gefunden wurde, gewinnt das Mahnmal Kreuzstadl in Vertretung eines Grabmales an zusätzlicher Bedeutung. Dabei erscheint dieser Ort – mit seinem einzigartigen suggestiven Charakter – zur Schaffung eines Mahnmales für alle Opfer des Südostwallbaus als besonders geeignet. Alljährlich am Palmsonntag findet beim Kreuzstadl eine Gedenkveranstaltung statt.

Quellen

Prozessakten des Landgerichts Wien – LG Wien Vg 11d Vr 190/48 (Archiv der Stadt Wien)

Literatur

Eva Holpfer, Der Umgang der burgenländischen Nachkriegsgesellschaft mit NS-Verbrechen bis 1955 am Beispiel der wegen der Massaker von Deutsch-Schützen und Rechnitz geführten Volksgerichtsprozesse. Wien 1998 (Diplomarbeit)
Gregor Holzinger (Red.), Das Drama Südostwall am Beispiel Rechnitz. Daten, Taten, Fakten, Folgen. Eisenstadt 2009
Walter Manoschek (Hrsg.), Der Fall Rechnitz – Das Massaker an Juden im März 1945. Mit einem Text von Elfriede Jelinek. Wien 2009
Eleonore Lappin-Eppel, Ungarisch-Jüdische Zwangsarbeiter und Zwangsarbeiterinnen in Österreich 1944/45: Arbeitseinsatz - Todesmärsche - Folgen. Berlin–Wien 2010
Daniel Blatman, Die Todesmärsche 1944/45. Das letzte Kapitel des nationalsozialistischen Massenmords. Reinbek bei Hamburg 2011
Sacha Batthyany, Und was hat das mit mir zu tun? Ein Verbrechen im März 1945. Die Geschichte meiner Familie. München 2016

Große

ÖSTERREICH

Illustrierte

Nr. 21
Wien, 21. Mai 1955
VII. JAHRGANG V. b. b.
ÖSTERREICH . . . S 2.50
Vierteljahrsabonnement S 32.50
Auslandspreise........Seite 20

Heute:
5 seitige Großreportage von der Unterzeichnung des Staatsvertrages

Endlich frei!

„Seht her, da ist er!" ruft Außenminister Ing. Figl vom Balkon des Belvedere den jubelnden Wienern zu. Links John Foster Dulles und Antoine Pinay, rechts Vizekanzler Dr. Schärf, Außenminister Molotow und Bundeskanzler Ing. Raab. Foto: Franz Fink

MIT ILLUSTRIERTEM RUNDFUNKPROGRAMM

Der Staatsvertrag

Schloss Belvedere · 15. Mai 1955

Willi Resetarits, der später unter seinem Alter Ego „Kurt Ostbahn“ als Musiker, Kabarettist und Menschenrechtsaktivist bekannt werden wird, ist sechs Jahr alt, als ihn sein Vater, ein Bauarbeiter aus dem burgenländischen Stinatz, an einem Sonntag aus besonderem Anlass mit auf die Baustelle in der Mommsengasse im 4. Bezirk nimmt. Gearbeitet wird an diesem Tag nicht, Vater und Sohn Resetarits steigen gemeinsam auf das Dach eines Hauses und schauen von hier Richtung Schloss Belvedere. Der Balkon des Gebäudes ist gut einsehbar, wenn auch die Menschen darauf aus der Entfernung nur mehr winzige Figuren sind. Es ist jener Tag in Österreichs Geschichte, der sich dem Jungen besonders einprägt und ihm unvergessen bleibt. In einem Interview wird er später sagen: „Heute kommt mir freilich vor, als hätte ich damals auch Leopold Figls ‚Österreich ist frei!‘ gehört. Aber in Wirklichkeit hat er es am Balkon gar nicht gesagt, sondern nur im Zimmer dahinter. Am Balkon hat er nur den unterschriebenen Staatsvertrag hergezeigt. Aber dieses ewige Wort hat man so oft gehört, dass alle, die im Belvedere oder auch nur in der Nähe waren, nun meinen, es auch tatsächlich vernommen zu haben.“

Die Erinnerung von Willi Resetarits zeigt eindrucksvoll die Wirkkraft, die der Mythos Staatsvertrag entfaltet: Legende und persönliches Erleben fließen zusammen und halten das eine zentrale Bild – Leopold Figl zeigt der jubelnden Menge den unterschriebenen Staatsvertrag – im kollektiven Gedächtnis der Österreicher gegenwärtig.

Bis zu diesem denkwürdigen Tag im Mai 1955 ist es jedoch ein langer Weg. So erfreulich die großen Erfolge des Wiederaufbaus nach 1945 sind, so bleibt doch die Tatsache, dass Österreich ein besetztes Land ist, geprägt durch die Einteilung des Landes in vier Besatzungszonen und die damit verbundenen Schikanen, etwa an der Zonengrenze zwischen Amerikanern und Russen an der Enns. Für eine weitere gedeihliche Entwicklung des Landes ergeben sich dadurch zahlreiche Hindernisse; auch für die österreichische Bundesregierung ist daher der Abschluss eines „Staatsvertrags“ vorrangiges Ziel. Die Verhandlungen dazu werden seit 1947 geführt, allerdings zunächst ohne sichtbaren Erfolg; die Vertragsentwürfe der westlichen Alliierten scheitern immer wieder am Widerstand der Sowjetunion – die Sowjets sehen sich noch immer in einem „feindlichen“ Land und verbreiten mit Verhaftungen und Verschleppungen Angst und Schrecken. Der Kalte Krieg führt 1948

„Seht her, da ist er!“: Titelseite der „Großen Österreich Illustrierten“ vom 21. Mai 1955. Links neben Außenminister Leopold Figl John Foster Dulles und Antoine Pinay, rechts Vizekanzler Adolf Schärf, Wjatscheslaw Molotow und Bundeskanzler Julius Raab.

und nach einer vorübergehenden Entspannung 1949 zu einer deutlichen Verhärtung der Fronten im Jahre 1950. Im Juni dieses Jahres überfällt Nordkorea Südkorea, im Herbst 1950 kommt es zu Streiks und Demonstrationen, die vor allem von kommunistischen Funktionären gelenkt werden; die Regierung unter Bundeskanzler Figl, die sogar mit der Gefahr eines Putsches rechnet, nähert sich daraufhin weiter den Westmächten an.

Neue Voraussetzungen schafft erst der Tod Josef Stalins am 5. März 1953. Mit der Machtübernahme durch Nikita S. Chruschtschow kommen die Gespräche wieder in Gang. Ein wichtiges Signal der Hoffnung setzt Außenminister Molotow mit einer Rede am 8. Februar 1955, in der er erklärt, dass die Sowjetunion bereit sei, die Unabhängigkeit Österreichs zu sichern. Im Bundeskanzleramt, wo man für die Äußerungen der „Russen" längst ein feines Gespür entwickelt hat, wird man sofort hellhörig. Von nun an sucht man intensiv das Gespräch und ist bemüht, dieses nicht mehr abreißen zu lassen. Der Durchbruch wird schließlich bei Verhandlungen in Moskau von 12. bis 15. April 1955 erzielt, zu denen überraschend die Sowjets einladen: Bundeskanzler Julius Raab, Außenminister Leopold Figl, Vizekanzler Adolf Schärf und Staatssekretär Bruno Kreisky gelingt es, mit den sowjetischen Chefverhandlern Molotow und Anastas Mikojan, dem stellvertretenden Ministerpräsidenten der Supermacht, ein „Memorandum" auszuhandeln, das den raschesten Abschluss des Staatsvertrags vorsieht. In wichtigen, bisher umstrittenen Punkten hat man Einigung erzielt: Um die Angst der Sowjets vor einem neuerlichen „Anschluss" an Deutschland zu zerstreuen, haben sich die Österreicher bereit erklärt, eine Neutralität, „wie sie von der Schweiz geübt wird", einzugehen. Die UdSSR wiederum überträgt das in ihrem Besitz befindliche „deutsche Eigentum" gegen eine Ablösesumme von 150 Millionen US-Dollar an Österreich, weiters gegen eine Lieferung von 10 Millionen Tonnen Rohöl auch alle Rechte am Erdölkomplex. Und für 2 Millionen US-Dollar Entschädigung stimmen die Sowjets auch einer Rückgabe der DDSG an die Republik Österreich zu. Weit mehr als diese wirtschaftlichen Konzessionen bewegt jedoch eine große, erfreuliche Nachricht des „Moskauer Memorandums" die Herzen der Menschen: Die Sowjetunion verspricht, ihre Truppen bis zum Jahresende 1955 aus Österreich zurückzuziehen.

Nach einer vorbereitenden Konferenz der alliierten Botschafter von 2. bis 12. Mai 1955 und einigen letzten Änderungen treten am 14. Mai die Außenminister Dulles, MacMillan, Pinay, Molotow und Figl zu einer „Schlussbesprechung" zusammen. Der Hauptpunkt dieser Außenministerkonferenz: die Garantie der österreichischen Neutralität durch die vier Großmächte. Doch Leopold Figl hat für seine Kollegen und „zum Entsetzen der eigenen Delegation", wie sich Ludwig Steiner, damals Sekretär von Julius Raab, erinnert, noch einen überraschenden Wunsch bereit: Das Andenken „an seine zu Tode gefolterten KZ-Kame-

raden" lasse es nicht zu, dass er diesen Vertrag unterschreibe, er fordere daher die Streichung der sogenannten „Mitschuldklausel" aus der Präambel des Staatsvertrags, jenes Passus, der festschreibt, dass sich Österreich „nach der Annexion als Bestandteil Hitlerdeutschlands am Krieg gegen die alliierten und assoziierten Mächte und gegen andere Vereinte Nationen beteiligte" und daher „einer gewissen aus dieser Beteiligung am Krieg hervorgehenden Verantwortung nicht entgehen kann". Figl erhält die Chance, seinen Antrag in einer Rede zu begründen, und trifft geschickt den richtigen Ton. Er lehnt die Mitschuld Österreichs ab und verweist auf die Leiden des österreichischen Volkes, auf den Widerstand gegen den Nationalsozialismus und auf die schweren Verfolgungen durch das Terror-Regime. Die vier Außenminister sind nur kurz verblüfft – als sich Molotow, berüchtigt als „Mr. Njet", zu Wort meldet und erklärt, er könne auf die Präambel verzichten, ist man sich rasch einig: Die Mitschuldklausel wird gestrichen.

„Ein 17 Jahre dauernder dornenvoller Weg der Unfreiheit ist beendet": die Unterzeichnung des Österreichischen Staatsvertrags im Marmorsaal des Oberen Belvederes. Gemälde von Robert Fuchs, 1955–1957.

Endlich ist der ersehnte Tag der Freiheit gekommen: Bundeskanzler Julius Raab ist früh auf den Beinen – um 6 Uhr morgens besucht er in der Franziskanerkirche die Frühmesse, dann begibt er sich für letzte protokollarische Vorbereitungen in das Bundeskanzleramt; von hier fährt er über Ring und Schwarzenbergplatz ins Obere Belvedere, die Straßen sind gesäumt von jubelnden Menschen, nur langsam kommt die Autokolonne des Kanzlers voran. Raab trifft vor den Außenministern ein; alle Spitzen der Republik sind vertreten: die Bundesregierung und die Landeshauptleute, die Abgeordneten zum Nationalrat und die Präsidenten der Obersten Organe.

Außenminister Leopold Figl unterzeichnet das schicksalsschwere Vertragswerk als Letzter.

Die Spannung im Marmorsaal des Schlosses erreicht ihren Höhepunkt, als um Punkt 11.30 Uhr die Zeremonie der Vertragsunterzeichnung beginnt. Als Erster setzt der sowjetische Außenminister Molotow seine Unterschrift unter den Staatsvertrag, dann unterzeichnen US-Außenminister Dulles, der britische Außenminister Macmillan, Frankreichs Außenminister Pinay und schließlich Leopold Figl – das Markenzeichen seiner Signatur ist wie immer die grüne Tinte. Nach der Unterschrift wird gesiegelt, und zwar in umgekehrter Reihenfolge: Figl siegelt als Erster, dann setzen die Außenminister der vier Besatzungsmächte ihre Siegel auf das schicksalsschwere Vertragswerk. Ludwig Steiner erinnert sich: „Nach allem, was man in den letzten zwei Jahren verkraften musste, war es einfach großartig, diese Stunde miterleben zu dürfen."

Jeder der fünf Außenminister hat Redezeit zugebilligt bekommen, als Erster ergreift Molotow das Wort und betont die besondere Bedeutung der Zeremonie für die „Entspannung der internationalen Beziehungen", der Österreichische Staatsvertrag beweise, dass man internationale Probleme auch durch Verhandlungen lösen könne. Der Brite Macmillan versichert, dass sich Österreich auf die „treue Freundschaft des britischen Volkes" verlassen könne, und der Amerikaner Dulles meint, dass Österreich mit diesem Vertrag wieder seinen Platz unter den freien Völkern einnehmen werde. Frankreichs Pinay sieht im Staatsvertrag die Möglichkeit, den „Geist des Misstrauens" zu überwinden. Dann ist der Augenblick für Leopold Figl gekommen. Sichtlich bewegt, kaum der Tränen Herr werdend, bringt er die Gefühle dieses Tages auf den Punkt: „Ein 17 Jahre dauernder dornenvoller Weg der Unfreiheit ist beendet. Die Opfer, die Österreichs Volk im Glauben an seine Zukunft gebracht hat, haben nun ihre Früchte getragen. Wir haben zehn Jahre auf diesen Tag gewartet ... Ich bin der festen Überzeugung, dass dieses Vertragsinstrument den Ausgangspunkt einer neuen und glücklichen Epoche darstellen wird, die sich künftig unter dem Zeichen einer Politik der Neutralität und Unabhängigkeit gegenüber allen Staaten entwickeln wird. Österreichs Volk jubelt heute, dankt für die Freiheit. Österreichs Volk geht aber auch mit dem festen Vorsatz der Pflichterfüllung für die ganze Welt an die Arbeit. Wenn nun die Glocken von ganz Österreich, vom Bodensee bis zum Neusiedler See, von der Thaya bis zu den Karawanken läuten, dann läuten sie eine neue Zeit für Österreich ein. Österreich wird nunmehr als freier, souveräner Staat seinen Platz in der großen Familie der Völker einnehmen und in aktiver Mitarbeit in den weltumfassenden Vertragsorganisationen alles daran setzen, um seinen Beitrag für die internationale Verständigung und den Frieden zu leisten. Mit dem Dank an den Allmächtigen wollen wir die Unterschrift setzen, und mit Freude rufen wir aus: Österreich ist frei!"

Gemeinsam mit den Außenministern und Botschaftern der Signatarstaaten, begleitet von Bundeskanzler Raab und Vizekanzler Adolf Schärf, tritt Figl nun auf den Balkon des Schlosses. Ludwig Steiner und sein Sekretärskollege Franz Karasek haben in diesem Moment eine zündende Idee – gegen den Widerstand eines Protokollbeamten, der Angst hat, der Vertrag könne im Gedränge zu Schaden kommen, nehmen sie den unterschriebenen Staatsvertrag vom Tisch und reichen ihn Figl, der am Balkon die Seite mit den Siegeln aufschlägt und das Dokument in die Höhe hält: Der Jubel von Tausenden, die gekommen sind, um diesen historischen Moment zu erleben, brandet auf und gleichzeitig beginnen in ganz Österreich die Glocken zu läuten.

Für Bundeskanzler Julius Raab und Außenminister Leopold Figl wird die Fahrt zurück zum Bundeskanzleramt zum Triumphzug. Nach einem Treffen mit Bundespräsident Theodor Körner findet im Stephansdom ein „sehr bewegendes und feierliches" Tedeum statt, das auch von den drei Außenministern der Westmächte besucht wird. Für Ludwig Steiner ein unvergessliches Erlebnis: „Als dann zum Schluss ‚Großer Gott wir loben Dich!' erklang, standen auch sonst eher rauen Zeitgenossen die Tränen in den Augen."

Die Unterschriften auf dem Staatsvertrag vom 15. Mai 1955, rechts unten die Signatur von Leopold Figl.

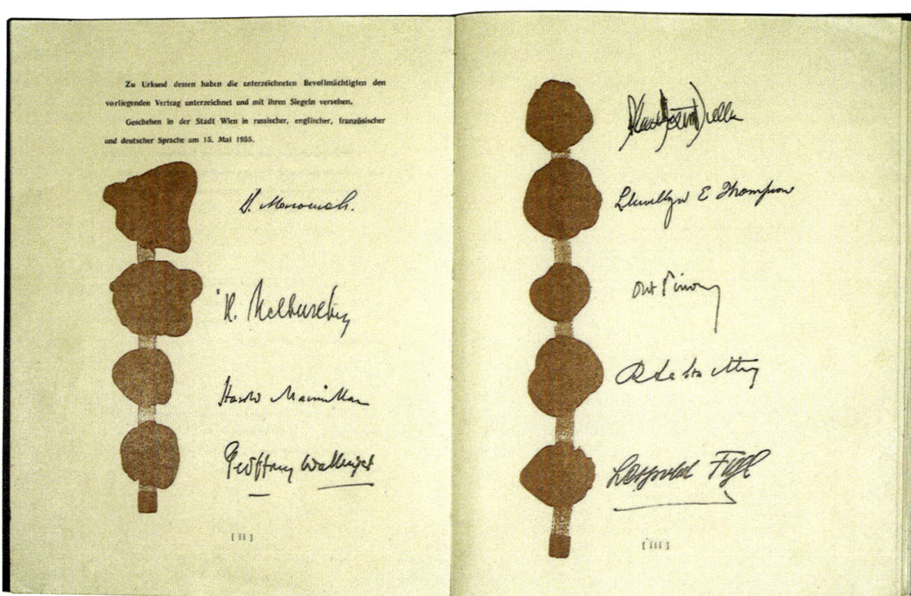

Der erste Tag der Freiheit geht mit einem festlichen Empfang in Schönbrunn zu Ende. Österreich ist, wie es im Artikel 1 des Staatsvertrags heißt, als ein souveräner, unabhängiger und demokratischer Staat wiederhergestellt. Es ist ein Tag, der sich ins Gedächtnis der Österreicher brennt und ihr politisches Selbstverständnis in den folgenden Jahrzehnten bestimmt.

Am 16. Mai 1955 beginnt die Arbeit an der Umsetzung des Vertragswerks: Am 7. Juni stimmt der Nationalrat dem Staatsvertrag zu, einen Tag später auch der Bundesrat; gleichzeitig beschließt der Nationalrat mit den Stimmen aller Parteien eine Resolution, in der man die Absicht bekundet, Österreichs immerwährende Neutralität zu erklären, und die Bundesregierung auffordert, einen entsprechenden Gesetzesentwurf vorzulegen. Im Sommer 1955 setzt der Abzug der Besatzungstruppen ein; die letzten sowjetischen Soldaten verlassen am 19. September Österreich, eine letzte britische Einheit überschreitet am 25. Oktober die Grenze, einen Tag später, am 26. Oktober 1955, beschließt der Nationalrat das Bundesverfassungsgesetz über die immerwährende Neutralität Österreichs – mit einer Festkundgebung im Wiener Konzerthaus, an der Abordnungen aus allen Bundesländern teilnehmen, feiert man die Rückkehr zu Freiheit und Demokratie. Der 26. Oktober, der „Tag der Fahne", wird zum Nationalfeiertag erklärt, das Neutralitätsgesetz wird zur „Magna Charta der Zweiten Republik" (Oliver Rathkolb).

Der große Augenblick, der für immer mit dem Namen Leopold Figls verbunden sein wird: Österreichs Außenminister zeigt der jubelnden Menschenmenge (oben) den unterzeichneten Staatsvertrag.

Literatur

Oliver Rathkolb, Die paradoxe Republik. Österreich 1945–2005. Wien 2005

Heidemarie Uhl, Der Staatsvertrag – Ein Gedächtnisort der Zweiten Republik. In: Gertraud Diendorfer (Red.), Frei – souverän – neutral – europäisch. 1945, 1955, 1995, 2005. Herausgegeben vom Forum Politische Bildung. Innsbruck 2004

Stefan Karner und Gottfried Stangler (Hrsg.), „Österreich ist frei!". Der Österreichische Staatsvertrag 1955. Beitragsband zur Ausstellung auf Schloss Schallaburg 2005. Unter Mitarbeit von Peter Fritz und Walter M. Iber. Horn-Wien 2005

Der Weg in die Freiheit

Die Brücke von Andau · November/Dezember 1956

Wurde im Spätherbst 1956 zu einer der „wichtigsten Brücken der Welt" (James A. Michener): die Brücke von Andau.

Am 23. Oktober 1956 beginnt mit zwei spontanen Studentendemonstrationen in Budapest die „unerwartete Revolution" (Paul Kecskemeti) der Ungarn gegen den Sowjetkommunismus. Die Studenten wollen ihre Solidarität für den Reformkurs in Polen bekunden, wo der lange inhaftiert gewesene Wladyslaw Gomulka am 21. Oktober an die Spitze der Partei zurückgekehrt ist. Wie „elektrisiert" von der Entwicklung in Polen, fordern die jungen Menschen nun Ähnliches auch für ihre Heimat. „Polen zeigt uns, dass es geht, folgen wir auf Ungarns Weg!", liest man auf den Transparenten. Schon am Vortag ist ein 16-Punkte-Programm ausgearbeitet worden; die radikalste aller Forderungen, jene nach dem Abzug der Sowjets, steht an der Spitze des Papiers, das man in der Nacht vervielfältigt hat und das von nun an die Budapester Bevölkerung an Plakatsäulen und Hauswänden lesen kann. Dinge, an die man bisher nicht einmal zu denken gewagt hat, stehen hier schwarz auf weiß aufgelistet: Entfernung der verhassten Stalinisten aus ihren Ämtern, freie Wahlen, freie Medien und Bildung einer neuen Regierung unter dem populären, 1955 aus der Partei ausgeschlossenen ehemaligen Ministerpräsidenten Imre Nagy.

Ziel der Demonstrationszüge, denen sich bald auch Arbeiter und andere Sympathisanten anschließen, ist in Buda das Denkmal des polnischen Generals Józef Bem, der 1849 die ungarischen Aufständischen in siegreichen Schlachten gegen die Truppen Franz Josephs und des Zaren geführt hat. Vor dem Denkmal des polnischen Freiheitskämpfers wird die Stimmung immer explosiver, man lässt dem Hass gegen die Sowjets freien Lauf. „Russen raus!", skandiert die Menge und „Bist du Ungar, bist du mit uns!" Aus den Fahnen wird der rote Sowjetstern herausgeschnitten; die Lage gerät für die kommunistischen Funktionäre vor Ort zusehends außer Kontrolle.

Während das Politbüro der ungarischen KP eine Krisensitzung nach der anderen abhält und durch seine Entscheidungsschwäche die Situation weiter anheizt, ziehen die Massen über die Margaretenbrücke vor das auf der anderen Seite der Donau liegende Parlament und rufen hier nach Imre Nagy; ein Teil der Demonstranten bricht zum Rundfunkgebäude auf und verlangt hier, dass die 16 Punkte der Studenten in den Nachrichten verlesen werden sollen. Als dies abgelehnt wird, versuchen die Demonstranten mit Gewalt in das Gebäude einzudringen; eine um 20 Uhr ausgestrahlte, mit den bekannten Phrasen der moskautreuen

Führung operierende Rundfunkrede von KP-Chef Ernö Gerö verschlimmert die Lage weiter. Vor dem Rundfunkgebäude fallen Schüsse; um 21.37 Uhr wird der erste Tote gemeldet. In derselben Minute wird im Budapester Stadtpark das riesige Stalindenkmal vom Sockel gekippt und in Stücke zerschlagen; Bücher über Marx, Lenin und Stalin werden angezündet – der Aufstand des ungarischen Volkes gegen die sowjetischen Unterdrücker hat begonnen; es ist ein „politisches Naturereignis ohne Zentrum, ohne Konzept und ohne koordinierte Führung", wie Augenzeuge Paul Lendvai, damals Journalist bei der Abendzeitung *Esti Hirlap*, später urteilen wird.

Etwa um 22 Uhr meldet sich telefonisch Nikita S. Chruschtschow aus Moskau bei Ernö Gerö – das sowjetische Parteipräsidium habe soeben den Einsatz der in Ungarn stationierten sowjetischen Streitkräfte gegen die Aufständischen befohlen. Während der Nacht rollen die ersten Panzer der Roten Armee durch die Straßen Budapests; am 24. Oktober, Imre Nagy übernimmt wieder das Amt des Ministerpräsidenten, wird in den Straßen bereits gekämpft; auch unbewaffnete Demonstranten werden von den Sowjets und den Truppen der Staatssicherheit getötet. Für wenige Tage scheint es, als könnten sich Imre Nagy und seine Landsleute tatsächlich gegen die Sowjets behaupten und ein freies Ungarn installieren; am 1. November tritt Ungarn aus dem Warschauerpakt aus und erklärt die Neutralität. Doch nun handelt Moskau mit brutaler Konsequenz: Truppen aus der Ukraine und aus Rumänien werden gegen Ungarn in Marsch gesetzt; am 4. November beginnt der Generalangriff auf Budapest, der in wenigen Tagen jeden bewaffneten Widerstand zermalmt; in der Stunde der Niederlage wird die Flucht in den Westen für viele Ungarn zur letzten Hoffnung …

Der Verlauf der Grenze wird mit rot-weiß-roten Fähnchen markiert. Foto: Österreichisches Bundesheer.

Für das Nachbarland Österreich wird die Tragödie des ungarischen Volksaufstands zur ersten großen Bewährungsprobe nach dem Abschluss des Staatsvertrags. Die Allüren der Sowjets sind noch in allerbester Erinnerung, dennoch zeigt man entschlossen Haltung: Am 28. Oktober appelliert die österreichische Regierung unter Bundeskanzler Julius Raab an die sowjetische Führung, sich um eine „Normalisierung der Verhältnisse in Ungarn" durch die „Wiederherstellung der Freiheit im Sinne der Menschenrechte" zu bemühen; ohne zu zögern beschließt man die 375 km lange Grenze offen zu halten und alle Flüchtlinge aufzunehmen – ohne jede Formalität, mit oder ohne Papiere. Gleichzeitig fordert man die österreichische Presse auf, sich in der Berichterstattung gemäßigt zu zeigen – man will die ohnehin schon verstimmten Sowjets nicht noch unnötig herausfordern. Es gibt aber auch einen klaren Befehl von Generaltruppeninspektor Erwin Fussenegger an die 2.787 Soldaten des Bundesheeres, die im Genzgebiet im Einsatz stehen: „Wer österreichisches Gebiet bewaffnet betritt, ist zu entwaffnen, wer sich widersetzt, auf den ist das Feuer zu eröffnen. Das gilt auch für sowjetrussische Einheiten."

Spontane Solidarität mit den ungarischen Flüchtlingen, die ab dem 4. November zu Tausenden kommen, zeigt die Zivilbevölkerung. So wird der Verlauf der Grenze von Feuerwehrleuten mit rot-weiß-roten Fahnen markiert; in der Nacht zündet man Feuer an, um die Grenzübertritte zu markieren. Man spendet Geld, Kleidung und Lebensmittel für die Flüchtlinge, ja, Tausende von Österreichern bieten ihnen sogar ihre eigene Wohnung als Unterkunft an; Schulen, Hotels und Pensionen werden als Notquartiere genutzt. Prominente Künstler und Schriftsteller sind sich nicht zu gut, um mit der Sammelbüchse auf die Straße zu gehen. Bauern bringen auf ihren Traktoren erschöpfte Flüchtlinge aus

Das letzte Hindernis auf dem Weg in die Freiheit: der Einser-Kanal, der die Staatsgrenze bildet. Etwa 70.000 Flüchtlinge gelangen im Bereich der Brücke von Andau über dieses Gewässer.

dem Grenzgebiet in Sicherheit; ihre Frauen kochen und versorgen wund gelaufene Füße; in manchen Dörfern leben mehr Flüchtlinge als Einwohner; ja, es gibt Bauernhäuser, in denen jede Stube mit 20 Menschen belegt ist – es ist eine Welle aufrichtiger Hilfsbereitschaft, die durch alle Schichten der Bevölkerung geht.
Eine schmale Holzbrücke über den sogenannten „Einser-Kanal“, wenige Kilometer vom burgenländischen Ort Andau entfernt, rückt in diesen Novembertagen 1956 in den Mittelpunkt der Aufmerksamkeit. Der Einser-Kanal ist ein schlammiges Gewässer, errichtet in den Jahren 1896–1898, um die nahen Hanságsümpfe trockenzulegen und den Neusiedler See zu regulieren; die Brücke wurde vor allem von den Bauern der Umgebung benützt, um Gras und Heu von jenseits des Kanals einzubringen. Einst ein lokaler Verkehrsbehelf, markiert sie nun die Grenze zwischen zwei Welten, zwischen Ost und West. Es ist, wie US-Starautor James A. Michener in seinem berühmten Roman über diesen Ort schreiben wird, „eine unbedeutende Brücke, weder breit genug für ein Auto noch fest genug für ein Motorrad. Ihre wackligen Planken und das hölzerne, einer Kinderhand kaum erreichbare Geländer machten sie lediglich für den Fußgängerverkehr geeignet. (…) Allein die Laune des Schicksals wollte es, dass sie einige Wochen hindurch, in denen sich die Brandfackel des Krieges zu entzünden schien, zu einer der wichtigsten Brücken der Welt wurde …“

Die Brücke von Andau nach der Sprengung durch ungarische Soldaten am 21. November 1956. Foto: Österreichisches Bundesheer.

Am 3. November 1956 beginnen sowjetische Panzer das Grenzgebiet abzuriegeln, können aber den Exodus der Ungarn nicht stoppen: Am nächsten Tag überschreiten 10.000 Menschen die Grenze. Vielfach nehmen „praktisch" denkende Grenzsoldaten den Flüchtlingen auch nur die Wertsachen ab, dann lassen sie sie weiterziehen. Am Montag, dem 6. November 1956, kommen die ersten Flüchtlinge über die Brücke von Andau, rasch schwillt der Flüchtlingsstrom an, bald sind es Tausende, die hier den Weg in die Freiheit finden. Es flieht die Elite Ungarns: Studenten und Professoren, Ingenieure und Wissenschaftler, Künstler und Musiker, Facharbeiter und Sportler – es sind etwa 70.000 Menschen, die im Bereich des Stegs über den Einser-Kanal gelangen, und insgesamt etwa 200.000 ungarische Staatsbürger, die in Österreich Hilfe suchen.

Alle, die kommen, werden aufgenommen, mit oder ohne Papiere: Bei Kälte und Schnee gelangen die Flüchtlinge oft nur mit dem, was sie am Leibe tragen, über die Grenze.

An die Grenze gelotst werden die Menschen von ortskundigen „Führern", pro Kopf verlangen diese bis zu 50 Dollar für ihre „Dienstleistung", Frauen und Kindern helfen sie allerdings immer wieder auch ohne Bezahlung. Wesentlich erleichtert wird ihre Tätigkeit durch die Tatsache, dass wenige Monate vor Ausbruch des Volksaufstands der Minengürtel vor der Grenze geräumt wird. Und dann gibt es verwegene junge Männer, die sich einen Sport daraus machen, Flüchtlinge gegen „Bestellung" in den Westen zu bringen. Für 1.000,– Dollar holen sie Verwandte direkt aus Budapest und „schleppen" sie über die Grenze. Als die Sowjets Wind von diesen bezahlten „Transfers" erhalten, beteiligen sie sich auf ihre Weise an dem Geschäft: Russische Offiziere verfrachten die Flüchtlinge in Militärautos an die Grenze und kassieren dafür eine entsprechende „Gewinnbeteiligung".

Am Nachmittag des 21. November 1956 sprengen ungarische Soldaten die Brücke, auf den Trümmern des Bauwerks kommen die Menschen jedoch weiterhin über den Einser-Kanal. James Michener beobachtet das Flüchtlingsdrama als Berichterstatter für US-Medien vor Ort und wird Zeuge erschütternder Vorfälle: „Damals, die Russen hatten auf der Brücke ihre Posten aufgestellt, das Thermometer war auf minus zwölf

Grad abgesunken und eine klirrende Kälte erfüllte die Luft, wünschten wir uns nichts sehnlicher, als dass der Kanal endlich zufrieren möge, um den Gejagten einen neuen Fluchtweg zu bauen. Allein die hauchdünne Eisdecke über dem Wasser wollte sich nicht verstärken. An diesem Tage gelangte ein junger Ungar mit seiner erschöpften Frau und den todmüden Kindern an das trennende Wasser. Kein Steg führte in die nahe Geborgenheit. Die AVO-Männer (Angehörige des ungarischen Sicherheitsdienstes – J. S.) mit ihren Spürhunden konnten jeden Augenblick auftauchen.

Da legte der Vater seine Kleider ab, hob das Töchterchen empor und stieg in das tiefe Wasser, dessen Eisdecke er im Vorwärtsschreiten mit der nackten Brust durchbrach. Er kroch das sumpfige Ufer hinan und brachte das Kind auf österreichisches Gebiet. Dann ging er wieder zurück, rollte seine Kleider zum Bündel und drückte es dem kleinen Sohn in die Hand. Auch dieses Kind trug er durch das eisige Wasser in Sicherheit.

Noch einmal kehrte er zurück, seine erschöpfte Frau auf die Arme zu nehmen. Auch sie brachte er ans rettende Ufer, Frau und Kinder waren wohlbehalten, nicht einmal nasse Füße hatten sie bekommen. Sollte dieser Mann noch am Leben sein – als ich ihn sah, gab sein vollkommen blau gefrorener Körper allen Grund zur Besorgnis – wird er uns für immer gemahnen, wozu Liebe imstande ist."

Kurz vor Weihnachten 1956 kommt US-Vizepräsident Richard Nixon als amerikanischer Flüchtlingsbeauftragter nach Andau und macht sich vor Ort ein Bild der Lage. Im Gepäck hat er einen Scheck über 450.000,– US-Dollar für die Flüchtlingshilfe und eine Note von Präsident Eisenhower an die österreichische Bundesregierung, in der dieser nicht mit Lob spart: „Sie können auch der tiefen Bewunderung gewiß sein, die das mutige und menschliche Verhalten der österreichischen Regierung und des österreichischen Volkes, das diesen heldenhaften Menschen Asyl zuteil werden ließ, in Amerika hervorgerufen hat" – Anerkennung durch die westliche Supermacht, mit der Österreich gut leben kann. Eineinhalb Jahre nach dem Staatsvertrag hat sich das Land mit dieser humanitären Sonderleistung, die seine Ressourcen bis an die Grenzen des Machbaren erschöpft, erstmals ein klares Profil gegeben. Durch die Hilfe für die Ungarnflüchtlinge hat man ein neues Selbstbewusstsein gewonnen, das die „Identitätsentwürfe" (Karin Liebhart/Andreas

Insgesamt 90 Skulpturen und Installationen von Künstlern aus aller Welt säumen die „Fluchtstraße".

Pribersky) der Zweiten Republik maßgeblich mitbestimmen wird.
40 Jahre nach den Ereignissen bauen österreichische und ungarische Soldaten gemeinsam die Brücke wieder auf; am 14. September 1996, sieben Jahre nach dem denkwürdigen Auftritt von Außenminister Alois Mock am Grenzübergang Sopron/Klingenbach mit dem Durchschneiden eines Drahtrestes des Eisernen Vorhangs, wird sie feierlich eröffnet; entlang des schmalen Straßenbands zwischen der Brücke und Andau, der neun Kilometer langen „Fluchtstraße", werden insgesamt 90 Skulpturen und Installationen von Künstlern aus aller Welt aufgestellt. Es ist ein Bild des tiefen Friedens, das die Brücke dem Besucher heute bietet. Längst verschwunden sind die Relikte des Kalten Krieges, Warnschilder, Stacheldraht und Wachtürme, dennoch ist hier, in diesem stillen Winkel Österreichs, die Dramatik des Geschehens von damals noch zu spüren. Es ist ein kraftvoller Ort der Erinnerung, zugleich aber auch Symbol für das neue, geeinte Europa.

Erinnerungszeichen für all jene, denen ein Überleben in Freiheit nicht vergönnt war.

In seinem Roman *Die Brücke von Andau*, der später auch verfilmt wird, zieht James A. Michener ein bewegendes Resümee über seine Erlebnisse an der Brücke: „Ein ganzes Buch wäre zu schreiben, um Österreichs Beitrag für die Freiheit im einzelnen zu würdigen. Ich will es bei einem Satz bewenden lassen: Müßte ich je flüchten, so hoffe ich, dass es nach Österreich sein kann."
Würde Michener angesichts der aktuellen „Ausländerpolitik" des österreichischen Staates diesen Satz auch heute noch schreiben können?

Literatur

James A. Michener, Die Brücke von Andau. Ins Deutsche übertragen von Inge Lindt. Wien-Frankfurt 1957

Karin Liebhart und Andreas Pribersky, Brücke oder Bollwerk? Grenzland Österreich-Ungarn. In: Emil Brix (Hrsg.), Memoria Austriae Bd. 2: Bauten, Orte, Regionen. Wien 2005, S. 411 ff.

Paul Lendvai, Der Ungarnaufstand 1956. Die Revolution und ihre Folgen. München 2006

Ausgewählte Literatur

Allgemein:

Theodor W. Adorno, Was bedeutet: Aufarbeitung der Vergangenheit. In: Ders., Eingriffe. Frankfurt/Main 1963

Aleida Assmann, Erinnerungsräume. Formen und Wandlungen des kulturellen Gedächtnisses. München 1999

Peter Bettelheim und Robert Streibel (Hrsg.), Tabu und Geschichte. Zur Kultur des kollektiven Erinnerns. Wien 1994

Gerhard Botz, Geschichte und kollektives Gedächtnis in der Zweiten Republik. „Opferthese", „Lebenslüge" und „Geschichtstabu" in der Zeitgeschichtsschreibung. In: Wolfgang Kos und Georg Rigele (Hrsg.), Inventur 45/55. Österreich im ersten Jahrzehnt der Zweiten Republik. Wien 1996, S. 51–85

Ulrich Borsdorf und Heinrich Theodor Grütter (Hrsg.), Orte der Erinnerung. Denkmal, Gedernkstätte, Museum. Frankfurt am Main 1999

Emil Brix, Ernst Bruckmüller und Hannes Stekl (Hrsg.), Memoria Austriae, Bd. 1: Menschen, Mythen, Zeiten. Wien 2003

Emil Brix (Hrsg.), Memoria Austriae, Bd. 2: Bauten, Orte, Regionen. Wien 2005

Moritz Csáky und Peter Stachel (Hrsg.), Die Verortung von Gedächtnis. Wien 2001

Moritz Csáky, Astrid Kury und Ulrich Tragatschig (Hrsg.), Kultur, Identität, Differenz. Wien und Zentraleuropa in der Moderne. Innsbruck 2004

Arthur C. Danto, Analytische Philosophie der Geschichte. Frankfurt am Main 1974

Etienne François/Hagen Schulze (Hrsg.), Deutsche Erinnerungsorte. 3 Bände. München 2001

Johannes Fried, Der Schleier der Erinnerung. Grundzüge einer historischen Memorik. München 2004

Hans-Jürgen Goertz, Unsichere Geschichte. Zur Theorie historischer Referentialität. Stuttgart 2001

Maurice Halbwachs, Das Gedächtnis und seine sozialen Bedingungen. Frankfurt am Main 2006

Maurice Halbwachs, Das kollektive Gedächtnis. Frankfurt am Main 1991

Hugo Hantsch (Hrsg.), Gestalter der Geschicke Österreichs. Innsbruck-Wien-München 1962

Eva Kocziszky (Hrsg.), Orte der Erinnerung. Kulturtopographische Studien zur Donaumonarchie. Szombathely 2009

Reinhart Koselleck, Vergangene Zukunft. Zur Semantik geschichtlicher Zeiten. Frankfurt am Main 1989

Jacques Le Rider, Mittel- bzw. Zentraleuropa und Österreich als imaginäre Gedächtnisorte der europäischen Identität. In: Moritz Csáky und Peter Stachel (Hrsg.), Die Verortung von Gedächtnis. Wien 2001, S. 139–149

Friedrich Nietzsche, Vom Nutzen und Nachteil der Historie für das Leben. Stuttgart 1982

Pierre Nora (Hrsg.), Erinnerungsorte Frankreichs. München 2005

Pierre Nora, Zwischen Geschichte und Gedächtnis. Frankfurt am Main 1998

Paul Ricoeur, Gedächtnis – Vergessen – Geschichte. In: Klaus Müller und Jörn Rüsen (Hrsg.), Historische Sinnbildung. Problemstellungen, Zeitkonzepte, Wahrnehmungshorizonte, Darstellungsstrategien. Reinbek bei Hamburg 1997

Hayden White, Metahistory. Die historische Einbildungskraft im 19. Jahrhundert in Europa. Frankfurt am Main 1991

Thomas Winkelbauer (Hrsg.), Geschichte Österreichs. Stuttgart 2015

Erich Zöllner, Österreich. Sein Werden in der Geschichte. Wien 1961

Bildnachweis

Gerhard Trumler: 6, 20/21
Alfred Havlicek: 36/37
Rainer Juriatti: 289
Erwin Kurz, Schattendorf: 251, 252, 253
BMI/Fotoarchiv der KZ-Gedenkstätte Mauthausen:, Umschlag (rechts Mitte), 1 (Foto: Stephan Matyus), 276, 282, 283, 285 (Foto: Stephan Matyus)
Museu d'Història de Catalunya – Amical de Mauthausen (Foto: Fritz Kornatz oder Paul Ricken, 1941/42): 278/279
Österr. Nationalbibliothek: 169
IMAGNO/Votava: 224, 315
IMAGNO/Gerhard Trumler: 22, 29, 35, 212, 215
IMAGNO/Österreichisches Volkshochschularchiv: 31, 124, 153
IMAGNO/Ullstein: 38, 138, 259, 262, 265/265
IMAGNO/Austrian Archives: Umschlag (links oben, links unten, links 2. u. 3. von unten, unten Mitte), 62, 71 (Porträtgalerie Schloss Ambras, Tirol), 80, 127, 155, 167, 182, 186, 196, 217, 218, 223, 224, 234, 239, 243, 246, 254, 256/257, 261, 306
IMAGNO/Franz Hubmann: 76, 308
IMAGNO/Lois Lammerhuber: 156
IMAGNO/Erich Lessing: 309
IMAGNO/NB: 305, Umschlag rechts oben
Österreichisches Bundesheer: 312, 314
Kunsthistorisches Museum Wien: 226/227, 228
Bildarchiv der Österreichischen Nationalbibliothek: 48/49, 68, 72, 87, 187, 189, 191, 216, 219
Bundesmobilienverwaltung-Hofmobiliendepot Möbelmuseum Wien: 184, 185
Robert Bouchal: 2/3, 131, 137, 140, 143, 290, 294/295, 299
Willfried Gredler-Oxenbauer: 15, 16, 26, 52, 57, 58, 64, 66, 67, 102, 105, 107, 116/117, 192, 193, 194, 195, 274, 275
Foto Johannes Sachslehner: 47, 50, 88, 91, 310, 313, 316, 317
Peter Pleyel: 33, 44, 45
Foto Andreas Dobslaw: 307
Akg-images, Berlin: 79
Bundespolizeidirektion Wien, Archiv: 248
Dokumentationsarchiv des Österreichischen Widerstandes: 273
Tiroler Landesmuseum Ferdinandeum: Umschlag (rechts unten), 144, 147, 148/149, 151
Salzburger Landesarchiv: 110, 112, 118/119
Salzburger Museum Carolino Augusteum: 121
Österreichische Galerie Belvedere: 94/95
Österreichisches Staatsarchiv, Kriegsarchiv: 84/85
Neue Galerie im Landesmuseum Joanneum: 4
Landesmuseum für Kärnten: 19
Burgerbibliothek Bern: 25, Umschlag (Mitte)
Steiermärkisches Landesarchiv: 27
Oberösterreichisches Landesmuseum: 81
Stiftsarchiv Zwettl: 41
Österreichisches Institut für Zeitgeschichte, Bildarchiv: 232
Wien Museum: Vorsatz, 60, 61, 73, 92
Armeemuseum Ingolstadt: 82
Sammlung Czartoryski, Kraków: 98/99
Benediktinerstift Göttweig, Kupferstichsammlung: 101
Stadtgemeinde Hainfeld: 174, 176, 178, 179, 180
Verein für Geschichte der Arbeiterbewegung: 177
Marktgemeinde Schwarzach im Pongau: 108
Nofrontiere (Rekonstruktion, aus: Museum Judenplatz zum mittelalterlichen Judentum, herausgegeben von Gerhard Milchram im Auftrag des Jüdischen Museums der Stadt Wien. Pichler Verlag): 65
Sammlung Dr. Ingrid Hänsel: 115, 170
Eduard Duller, Erzherzog Carl von Österreich (Pest 1859): 13, 141, 142
A. F. Drieu, Leitfaden für den Pontonnier (1826): 135
Diebold Schilling, Luzerner Bilderchronik: 63
Hans Fronius, Das Attentat von Sarajevo (Graz 1988): 205, 207 (© Christine Fronius; Wiederabdruck mit freundlicher Genehmigung)
Wikimedia Commons: 43, 55, 74 (Sammlung Oskar Reinhart am Römerholz), 158, 160, 163, 168, 199 (Holzstich von Julius von Háry), 200, 202, 209, 210, 211 (Foto: Michael Büker), 221, 236, 237, 240, 245
Archiv Verlagsgruppe Styria: 171, 230/231
Sammlung Sachslehner: 34, 123, 172, 152, 229, 271, 300, 302
Privat: 268

Autor und Verlag bedanken sich für die freundlichen Abdruckgenehmigungen.

IMPRESSUM

ISBN: 978-3-222-13539-2

Bücher aus der Verlagsgruppe Styria gibt es
in jeder Buchhandlung und im Online-Shop

Covergestaltung: Bruno Wegscheider
Produktion und Gestaltung: Franz Hanns, Alfred Hoffmann

Reproduktion: Pixelstorm, Wien
Druck und Bindung: Neografia, a.s.

1 3 5 7 6 4 2

Printed in EU